Wolfgang Röd · Descartes

Wolfgang Röd

Descartes

Die Genese des Cartesianischen Rationalismus

Zweite, völlig überarbeitete
und
erweiterte Auflage

Verlag C. H. Beck München

Die erste Auflage erschien 1964
im Ernst Reinhardt Verlag, München und Basel,
unter dem Titel: Descartes. Die innere Genesis
des cartesianischen Systems

CIP-Kurztitelaufnahme der Deutschen Bibliothek

Röd, Wolfgang:
Descartes: d. Genese d. Cartesian. Rationalismus/
Wolfgang Röd. – 2., völlig überarb. u. erw.
Aufl. – München : Beck, 1982.
1. Aufl. im Verl. E. Reinhardt, München, Basel
ISBN 3 406 09100 8

ISBN 3 406 09100 8

Satz und Druck: Georg Appl, Wemding
Printed in Germany

Inhaltsverzeichnis

Vorwort

Die Aufgabe, dieses Buch für eine Neuauflage vorzubereiten, bedeutete für den Verfasser eine nicht geringe Schwierigkeit: Einerseits mußte er, da sich seine Auffassungen seit dem Erscheinen der ersten Auflage in mancher Hinsicht gewandelt haben, Änderungen vornehmen; andererseits durfte er aber das Buch nicht so einschneidend verändern, daß sich nicht mehr sinnvoll von einer Neuauflage sprechen läßt. Angesichts dieses Dilemmas hat sich der Verfasser entschlossen, dem Buch im wesentlichen seine ursprüngliche Gestalt zu lassen, im einzelnen jedoch manche Änderungen in Form von Präzisierungen, Kürzungen, Ergänzungen vorzunehmen, die Ergebnisse der immer wieder aufgenommenen Auseinandersetzung mit Fragen der Cartesianischen Philosophie sind. In keinem Fall wurden Gedanken eingearbeitet, die der Verfasser in seiner Untersuchung „Descartes' Erste Philosophie" (1971) entwickelt hat.

Dieses Buch behält auch in der zweiten Auflage den Charakter einer Einführung in Descartes' Denken unter dem Gesichtspunkt des praktischen Aspekts des Cartesianischen Rationalismus und seiner Entwicklung. Wie in der ersten Auflage wird die Darstellung von dem Gedanken geleitet, daß Descartes' Entscheidung für die rationalistische Wissenschaftskonzeption und namentlich für den rationalistischen Dogmatismus durch das Ideal einer rationalen, an vermeintlich vernünftigen Zwecken wie an vernünftiger Einsicht in Zweck-Mittel-Zusammenhänge orientierten Praxis bedingt war und daß dieses Ideal seinerseits dem Bedürfnis des Philosophen nach größtmöglicher Sicherheit im Bereich des Erkennens und Handelns entsprang. Obwohl dabei manches biographische Detail zu berücksichtigen war, stellt das vorliegende Buch keine Biographie dar, so wie in ihm auch nicht der Versuch unternommen wird, die Entwicklung von Descartes' wissenschaftlichen und mathematischen Auffassungen zu beschreiben oder gar mit Hilfe mehr oder weniger fundierter Vermutungen zu rekonstruieren. Es geht im vorliegenden Buch vielmehr darum, die subjektiven Wurzeln von Descartes' theoretischem und praktischem Rationalismus aufzudecken und Zusammenhänge der Cartesianischen Philosophie ausgehend von gewissen Motiven zu interpretieren, die in Descartes' Denken von Anfang an wirksam waren.

Obwohl durch die Aufklärung ihrer Genese nichts über die Wahrheit oder Falschheit von Descartes' Überzeugungen ausgesagt wird, ist die genetische Analyse philosophisch doch nicht bedeutungslos. Ihre Funktion besteht vor allem darin, den Entscheidungscharakter der rationalistischen Konzeption paradigmatisch deutlich werden zu lassen. Wenn der theoretische und praktische Rationalismus aber auf Entscheidungen beruht, dann darf auch gefragt werden, aus welchen Motiven diese Entscheidungen hervorgegangen sind. Daß die von Descartes getroffene Grundentscheidung auch heute noch Interesse verdient, erklärt sich daraus, daß sein dogmatischer Rationalismus bis in unser Jahrhundert weitergewirkt hat.

Die Neuauflage dieses Buches bietet dem Verfasser erwünschte Gelegenheit, den Dank an Eugen Thurnher für dessen immer wieder bewiesene großzügige Hilfsbereitschaft nicht nur zu wiederholen, sondern auf all das auszudehnen, wodurch er seit dem Erscheinen der ersten Auflage den Verfasser zu immer größerer Dankbarkeit verpflichtet hat.

Da die erste Auflage dieses Buches dem Verfasser zur Bekanntschaft mit dem bedeutenden Descartes-Forscher Gregor Sebba verholfen hat, sei diesem hier für viele wissenschaftliche Anregungen, für manchen Rat und für manche wichtige Hilfe gedankt.

Schließlich soll an dieser Stelle nochmals dem Ernst Reinhardt Verlag gedankt werden, der es seinerzeit gewagt hat, das Erstlingswerk eines unbekannten Autors zu veröffentlichen, so wie nunmehr der C. H. Beck'schen Verlagsbuchhandlung, namentlich Herrn Wolfgang Beck und Herrn Dr. Günther Schiwy, der aufrichtige Dank des Verfassers für die Aufnahme dieses Buches in das Verlagsprogramm gilt.

W. R.

Einleitung

Kaum eine andere Philosophie wurde so unterschiedlich interpretiert wie die Cartesianische. In den letzten hundert Jahren wurde sie bald als rudimentäre Form der kritischen Philosophie gedeutet und alles, was sich bei Descartes nicht als deren Antizipation verstehen ließ, als unbewältigter Rest scholastischen Denkens abgelehnt.[1] Bald wurde in ihr eine Vorstufe der Phänomenologie erblickt und namentlich der methodische Zweifel mit der phänomenologischen Reduktion und das *Cogito* mit der phänomenologischen Egologie in Verbindung gebracht, wobei wie im Neukantianismus die vorgebliche Substantialisierung und vermeintliche Verdinglichung des Subjekts bei Descartes kritisiert wurden.[2] Ähnlich meinten auch Vertreter der Existenzphilosophie, Descartes habe den Seinssinn des *sum* im *Cogito ergo sum* verfehlt.[3] Bald wurde versucht, den Cartesianismus mit dem existenzphilosophischen Denkansatz zu versöhnen und damit den von existenzphilosophischer Seite vorgetragenen Bedenken die Schärfe zu nehmen, indem Descartes' Denken der systematische Charakter abgesprochen und als sein eigentliches Anliegen der Versuch bezeichnet wurde, das Sein des Menschen in seinem Verhältnis zum Sein überhaupt zu erfassen.[4] Diese Auffassung hat jedoch die herkömmliche Deutung, derzufolge Descartes primär Systematiker gewesen ist, nicht zu verdrängen vermocht, so daß auch nach der Jahrhundertmitte vielen Interpreten die Analyse des Cartesianischen Systems und der Ordnung seiner Gründe als vordringliche Aufgabe erscheinen konnte.[5] Kontrovers war auch Descartes' weltanschauliche Einstellung: Bald wurde der Philosoph als kirchentreuer Katholik, ja als Apologet und beinahe als moderner Kirchenvater gesehen, der den christlichen Glauben mit den Mitteln der Metaphysik zu verteidigen suchte.[6] Diese Deutung mochte um so plausibler erscheinen, als die Abhängigkeit gewisser Voraussetzungen der Cartesianischen Philosophie von scholastischen Vorstellungen zweifelsfrei festgestellt wurde.[7] Selbst Descartes' skeptischer Ansatz wurde gelegentlich als Versuch verstanden, die herkömmliche metaphysische Betrachtungsweise gegen die neuen kritischen Tendenzen zu verteidigen.[8] Bald wurde umgekehrt Descartes als Freigeist, als *esprit fort,* begriffen, dessen Ergebenheitsbekundungen gegenüber der Kirche und ihrer Theologie nur Schutzmaßnahmen gewesen seien, die den revolutionären Elementen der Cartesianischen Philosophie ihre ungehinderte Wirkung sichern sollten.[9] Sogar Descartes' Metaphysik, und namentlich die Lehre von Gott und der Seele, wurden als Tarnung einer nicht nur antitheologischen, sondern auch antimetaphysischen Einstellung interpretiert.[10] Dieser Ansicht steht die Auffassung gegenüber, daß Descartes' Metaphysik vor allem als Versuch zu verstehen sei, den Anspruch der Wissenschaft auf objektive Gültigkeit ihrer Sätze, insbesondere ihrer Grundsätze, zu rechtfertigen.[11]

Während Kritizismus, Phänomenologie und Existenzphilosophie jeweils in ihrer Weise bemüht waren, in Descartes' Philosophie eine Vorstufe des eigenen Philosophierens zu erkennen, haben die Vertreter des logischen Empirismus und der sprachanalytischen Philosophie in der Nachfolge Wittgensteins in Descartes vor allem den Repräsentanten eines irregeleiteten Denkens gesehen, das sich mit den Mitteln der Analyse als verfehlt erweisen lassen soll. So wurde insbesondere Descartes' erstem Prinzip, dem *Cogito ergo sum*, der Charakter einer echten Aussage abgesprochen[12] und die Cartesianische Seelenmetaphysik auf die Physik eines „Gespenstes in der Maschine" zu reduzieren gesucht,[13] bis schließlich der Versuch, durch Rückgang auf die Innerlichkeit des Selbstbewußtseins ein absolut sicheres Fundament der Erkenntnis zu gewinnen, als fehlerhafte Interiorisierung sprachlicher Zusammenhänge bloßzustellen gesucht wurde.[14]

Man könnte wohl versucht sein, das Ausbleiben einer allgemein akzeptierten Descartes-Deutung als Skandal zu betrachten und diesen entweder dem Objekt der Interpretation oder den Interpreten als Mangel anzulasten. Beides geht nicht an. Zwar ist nicht zu bestreiten, daß die Schwierigkeiten der Interpretation zum Teil ihren Grund in dem Mangel jenes Grades von Präzision in Descartes' Äußerungen haben, die sich ein heutiger Interpret wünschen würde, doch reicht dieser Umstand keineswegs aus, um die Divergenzen der Deutungen zu erklären, die die Descartes-Forschung produziert hat. Man wird nach deren Gründen in der Tat vornehmlich auf seiten der Interpreten suchen müssen, freilich ohne von vornherein deren Versagen vor ihrer Aufgabe zu unterstellen. Um das vermeintliche Skandalon der unüberwindlichen Gegensätzlichkeit der Descartes-Deutungen zu verstehen und den Eindruck des Skandalösen zu überwinden, muß man sich vergegenwärtigen, daß die Interpretation überlieferter Philosopheme immer mehr ist als bloße Doxographie, nämlich nachkonstruierende Aneignung , bei der die tradierten Begriffe und Thesen im Rahmen der philosophischen Überzeugungen des jeweiligen Interpreten gedeutet werden. Daher gibt es keine an sich feststehenden Tatsachen der Philosophiegeschichte, sondern immer nur festzustellende, wobei die Feststellung stets durch den Interpretationsrahmen bedingt ist.[15] Weil die Philosophie immer in Entwicklung begriffen ist, gibt es keinen definitiven Deutungsrahmen und daher auch keine definitive Darstellung der Geschichte der Philosophie. Die Tatsache, daß die Descartes-Interpretation immer noch im Fluß ist, stellt somit nicht einen Skandal der Descartes-Forschung dar, sondern ist wesentlich mit der Natur von Philosophiehistorie verbunden. Sie ist darüber hinaus ein Indiz für die Lebendigkeit des Interesses an der Cartesianischen Philosophie.

Ungeachtet des anhaltenden Interesses an der Cartesianischen *Metaphysik* ist zu konstatieren, daß die Entwicklung der *Wissenschaft* über fast alle Sätze des Naturwissenschaftlers Descartes hinweggegangen ist. Seine Reduktion des Begriffs der Materie auf den der Ausdehnung wurde seit Newton, Locke und

Leibniz verworfen und damit gleichzeitig die Beschränkung der Mechanik auf Kinematik aufgegeben. Die von Descartes formulierten Stoßgesetze wurden schon von den Zeitgenossen als falsch erkannt. Der Satz von der Erhaltung des Bewegungsquantums im Universum galt Leibniz als einer der Grundirrtümer des Cartesianismus. Die kosmogonische Theorie, derzufolge das Sonnensystem aus Materiewirbeln entstanden ist, stieß auf den Widerspruch Newtons, dessen Theorie der Massenanziehung auch die Cartesianische Auffassung der Schwere von Körpern als Folge des Ätherdrucks verdrängte. Im Bereich der Physiologie konnte die Annahme, daß die Organismen rein mechanisch funktionierende Automaten seien, die Wissenschaftler auf die Dauer nicht befriedigen, und auch Descartes' Auffassung der Mathematik erwies sich rasch als zu beschränkt. Es handelt sich hierbei gerade um jene Lehren, die von Descartes' Anhängern für den entscheidenden Teil des Cartesianismus gehalten wurden, – durchaus im Sinne Descartes' selbst, der zwar einerseits forderte, ein jeder müsse einmal im Leben durch den Zweifel zu den Grundlagen der Metaphysik vorgestoßen sein, andererseits aber versicherte, er widme nur einen kleinen Teil seiner Zeit metaphysischen und einen nicht viel größeren Teil mathematischen Fragen, während er sich anhaltend mit naturwissenschaftlichen Problemen auseinandersetze. Dies zeigt, daß er in der Metaphysik zwar das Fundament erblickte, das ein für allemal zu legen sei, nicht aber einen dauernder Aufmerksamkeit bedürftigen Teilbereich der Philosophie. Daß es nichtsdestoweniger nicht seine Physik, sondern seine Metaphysik ist, die die Philsophiehistoriker wie die systematisch orientierten Philosophen bis auf den heutigen Tag beschäftigt, ist dennoch begreiflich, – nicht nur, weil sich die Cartesianische Naturphilosophie so bald als hinfällig erwies, sondern auch, weil in Descartes' Metaphysik Fragen aufgeworfen worden sind, die das philosophische Denken in der Folge immer wieder beschäftigt haben und zum Teil auch in der Gegenwart noch beschäftigen. Trotzdem darf der Philosophiehistoriker nicht außer acht lassen, daß Descartes' Metaphysik nicht unabhängig von den mathematischen und naturwissenschaftlichen Bemühungen des Philosophen gewesen ist und daher nur in Verbindung mit ihnen angemessen interpretiert werden kann. Das heißt natürlich nicht, daß immer auf das Detail der Cartesianischen Mathematik, Physik, Astronomie, Kosmologie, Physiologie eingegangen werden müßte. Dies ist vor allem Aufgabe der Historiker der Mathematik und der Naturwissenschaft. Aber der Philosophiehistoriker muß doch Descartes' mathematisch-naturwissenschaftliche Intentionen berücksichtigen, um seine Metaphysik richtig einschätzen zu können und um vor allem nicht der Versuchung zu erliegen, in Descartes nur den Philosophen des *Cogito ergo sum*, des psychophysischen Dualismus auf der Grundlage der Automatentheorie des Organismus und zweier fragwürdiger Gottesbeweise zu sehen.

Wenn Descartes' Metaphysik im Zusammenhang seiner Philosophie im weiten, Naturphilosophie und Naturwissenschaft einschließenden Sinn betrachtet und dabei die Funktion berücksichtigt wird, die sie innerhalb dieses Rahmens hat, dann erweist sie sich in doppelter Hinsicht als Grundlage der

Philosophie im allgemeinen: Sie dient erstens der Begründung der Annahme objektiver Gültigkeit der evidenten Sätze aller anderen Teilbereiche der Philosophie, und sie soll zweitens oberste Prinzipien formulieren, aus denen die Grundsätze der spezielleren Disziplinen der Philosophie und der Naturwissenschaften abgeleitet werden können. Die zweite dieser Aufgaben, die wesentlich mit der rationalistischen Konzeption einer Universalwissenschaft zusammenhängt, ist undurchführbar, wie auch Descartes, obwohl prinzipiell der Idee einer apriorischen, auf metaphysischen Prämissen beruhenden Physik verpflichtet, im Hinblick auf die faktisch erreichbare wissenschaftliche Erkenntnis einräumte. Die erste der genannten Aufgaben besteht in der erkenntnismetaphysischen Rechtfertigung des von den Vertretern der Naturwissenschaft erhobenen Anspruchs objektiver Geltung von Theorien. Diese Aufgabe steht von nun an im Mittelpunkt der neuzeitlichen Metaphysik als Erster Philosophie neuer Art. Wenn Descartes die Idee einer solchen Metaphysik auch noch nicht scharf von der Idee der Metaphysik als Obertheorie aller spezielleren wissenschaftlichen Theorien trennte, so ist sie doch in seiner Philsophie angelegt. Da aber Descartes die Wissenschaft ihrerseits nicht als Selbstzweck betrachtete, sondern in typisch moderner Weise, ähnlich wie Fr. Bacon, als Mittel zur Erreichung praktischer Zwecke auffaßte, genügt es noch nicht, die Metaphysik in ihrer Verbindung mit Descartes' wissenschaftlicher Konzeption zu sehen; es ist vielmehr nötig, auch den indirekten – nämlich durch die Wissenschaft vermittelten – Zusammenhang von Metaphysik und praktischen Zielsetzungen zu berücksichtigen. Descartes selbst hat immer wieder auf diesen Zusammenhang hingewiesen, dessen Vernachlässigung ebenso wie die Vernachlässigung der wissenschaftlichen Intentionen des Philosophen eine Verkürzung der historischen Perspektive zur Folge haben müßte.

Im folgenden soll daher die Aufmerksamkeit auf die Tatsache gelenkt werden, daß nach Descartes die wissenschaftliche Erkenntnis ihren Wert nicht in sich selbst, als beseligende Schau der Wahrheit, hat, sondern ihre Erfüllung erst in der Anwendung auf jene praktischen Aufgaben findet, die in rationaler Weise bewältigt werden können. Vernünftiges Handeln und Verhalten setzt insbesondere die Erkenntnis von Kausalbeziehungen mit den Mitteln der Wissenschaft voraus, wobei sich Descartes als typischer Rationalist allerdings nicht damit begnügte, den (verglichen mit der an der alltäglichen Erfahrung orientierten Praxis) größeren Erfolg des an wissenschaftlichen Erkenntnissen orientierten Handelns hervorzuheben, sondern darüber hinaus versuchte, vernünftiges Verhalten als solches mit metaphysischen Mitteln zu rechtfertigen, indem er eine Theorie der Übereinstimmung des Erkennens – namentlich des wissenschaftlichen Erkennens – und der an-sich-seienden Wirklichkeit formulierte, die freilich mit der sich bei ihm gelegentlich schon ankündigenden pragmatischen Auffassung der wissenschaftlichen Erkenntnis kaum vereinbar sein dürfte.

Für Descartes ist die Philosophie, d.h. die systematisch geordnete Gesamtheit der wissenschaftlichen Erkenntnisse nebst ihren erkenntnistheoretischen und ontologischen Voraussetzungen, ein Mittel zur Bewältigung praktischer Aufgaben in Technik, Medizin und Moral, wie es der berühmte Vergleich der Philosophie mit einem Baum in der Einleitung der *Prinzipien der Philosophie* erkennen läßt, wo die eben genannten Anwendungsbereiche wissenschaftlicher Erkenntnisse mit den Ästen verglichen werden, von denen erst die Früchte geerntet werden können, während Stamm und Wurzel – denen die theoretische Physik und die Metaphysik entsprechen – im Hinblick auf die Ernte der Früchte nur die Rolle der notwendigen Bedingungen spielen. Die Auffassung der Funktion der Philosophie, die in diesem Vergleich, aber auch in zahlreichen anderen Äußerungen des Philosophen, zum Ausdruck kommt, läßt die moderne Inspiration der Cartesianischen Philosophie erkennen. Philosophie ist nun nicht mehr oder nur mehr am Rande ein Versuch, Inhalte des christlichen Glaubens mit Hilfe des Verstandes durchschaubar oder wenigstens akzeptabel zu machen; ihre Funktion wird nicht mehr im Nachweis der Widerspruchsfreiheit kirchlicher Dogmen erblickt, deren Anerkennung einer früheren Epoche als notwendige Bedingung für die Erreichung des jenseitigen Zieles des Menschen galt; ihr Pathos ist vielmehr diesseitig und auf die Verbesserung der Daseinsbedingungen des Menschen gerichtet, d.h. auf Erleichterung der Arbeit, auf Überwindung von Krankheiten und Einschränkung des physischen Leidens, auf Beeinflussung des affektbedingten Verhaltens, auf Bekämpfung schädlichen Aberglaubens, auf Verbesserung des Verhältnisses der Menschen untereinander. Allerdings wäre es eine zu enge Auffassung des von Descartes geforderten Praxisbezugs der Philosophie, wenn man ihn im Sinne des handgreiflichen Nutzens allein interpretieren wollte; vielmehr hat Descartes – mit vielen Zeitgenossen – an eine Veränderung der *conditio humana* mit wissenschaftlichen Mitteln gedacht. Die Vernachlässigung des reformatorischen Pathos der Philosophie des 17. Jahrhunderts hat eine Fehldeutung der frühneuzeitlichen Gestalt der Philosophie zur Folge, die zur Überbetonung der metaphysischen Elemente in den philosophischen Systemen und zur Überbewertung der inhaltlichen Übereinstimmungen gewisser ihrer Bestandteile mit Gedanken der mittelalterlichen Philosophie führt, die doch in vielen Fällen nur der traditionelle Ballast waren, dessen sich die neuere Philosophie nicht mit einem Schlage zu entledigen vermochte.

Im folgenden soll zu zeigen versucht werden, daß nicht nur die Grundlegung des Cartesianischen Systems, das in seiner Gesamtheit auf Praxis bezogen ist, von der praktischen Zielsetzung mitbestimmt, sondern daß schon die Entscheidung für die wissenschaftliche Methode durch diese Zielsetzungen bedingt war. Indem die Cartesianische Philosophie unter dem Gesichtspunkt der Praxisbedingtheit zu interpretieren gesucht wird, wird ganz bewußt eine gewisse Einseitigkeit der Betrachtungsweise in Kauf genommen, zu deren Rechtfertigung allerdings auf Descartes' eigenes Vorgehen verwiesen werden kann. In seinem ersten wissenschaftlichen Werk systematischen Charakters, der Abhandlung *Le Monde ou Traité de la lumière* stellte Descartes die materielle Wirklichkeit im Hinblick auf das Licht dar, indem er zunächst das Licht selbst zu erklären suchte, sodann das Wesen der Dinge, von denen wir vornehmlich durch das Licht wissen, zu erfassen trachtete, um schließlich den menschlichen Organismus bzw. die Organismen im allgemeinen zu betrachten, sofern sie das Licht und mit seiner Hilfe die sichtbaren Dinge wahrnehmen können. Die Ordnung der Erscheinungen, die sich auf diese Weise ergibt, ist keine empirisch vorgefundene, sondern eine durch den zugrunde gelegten Gesichtspunkt erzeugte. Dies entspricht Descartes' methodischer Forderung, die Dinge nicht durch Klassifikation mit Hilfe von Kategorien, sondern durch Angabe von Gründen zu erklären und sich dabei für diejenige Ordnung zu entscheiden, die dem Erklärungszweck am angemessensten ist. Wenn im folgenden, ähnlich wie bei Descartes, der Gegenstand der Untersuchung, d.i. die Cartesianische Philosophie, insbesondere sofern sie theoretischer und praktischer Rationalismus ist, einem ganz bestimmten, eine Vereinseitigung der Darstellung bewirkenden Gesichtspunkt zu unterwerfen versucht wird, so hat das zur Folge, daß es nicht darauf ankommt, die ganze Fülle von Tatsachen, die die historische Forschung darbietet, und die Gesamtheit der Probleme, auf die man in der systematischen Auseinandersetzung mit dem Cartesianismus stößt, zu erörtern, sondern in erster Linie darauf, den die Untersuchung leitenden Gesichtspunkt möglichst konsequent beizubehalten und von ihm aus die Zusammenhänge der Cartesianischen Philosophie, namentlich in ihrer Genese, darzustellen. Es geht mit anderen Worten darum, die Genese des Cartesianischen Rationalismus, insbesondere der Cartesianischen Konzeption der Wissenschaft und des rationalen Handelns, im Lichte fundamentaler praktischer Ziele nachzuvollziehen.

Würde gegen das angedeutete Vorhaben eingewendet, daß eine Deutung der Metaphysik unter Gesichtspunkten, die selbst nicht metaphysisch sind, einer Disziplin unangemessen sei, die als wesentlich theoretisches Unterfangen zu gelten hat, so würde dieses Bedenken als auf einem Mißverständnis beruhend zurückgewiesen werden müssen. In der vorliegenden Untersuchung wird nicht vorausgesetzt, daß die angedeutete Betrachtungsweise die einzig mögliche sei. Selbstverständlich ist es notwendig, metaphysische Sätze systematisch zu diskutieren, d.h. nach ihrer Begründung und den Voraussetzungen ihrer Begründung zu fragen, um nach Möglichkeit zu entscheiden, ob sie als wahr gelten können oder nicht. Gleichzeitig aber ist davon auszugehen, daß es metaphysische Positionen gibt, die mit theoretischen Mitteln nicht als definitiv wahr oder falsch erwiesen werden können, da sie letzten Endes nicht infolge von Begründungen, sondern auf Grund von theoretisch nicht mehr zu rechtfertigenden Entscheidungen eingenommen werden, so daß es sinnvoll ist, nach den Motiven dieser Entscheidungen zu fragen.[16] Zu den Positionen dieser Art – und daß damit nur gewisse metaphysische Positionen, nicht die Metaphysik schlechthin gemeint ist, sei nachdrücklich betont – gehört der theoretische und erst recht der praktische Rationalismus. Descartes war demgemäß nicht Rationalist, weil er sich durch Gründe von der Richtigkeit dieser Position überzeugt hätte, sondern weil er aus bestimmten Motiven für den Rationalismus optierte.

Was ihn zu dieser Option veranlaßte, ist die Hauptfrage, auf die im folgenden eine Antwort zu geben versucht werden soll.

Daß diese Untersuchung, die zweifellos auch in bezug auf andere bedeutende Philosophen durchgeführt werden könnte, Descartes zum Gegenstand hat, beruht auf mehreren Gründen, die hier nicht darzulegen sind. Nur ein Grund sei genannt: Bei kaum einem anderen Philosophen läßt sich der Schritt in die Philosophie so genau zeitlich und örtlich lokalisieren wie bei Descartes. Darüber hinaus lassen sich auch die folgenden Schritte auf dem unter außerordentlichen äußeren und inneren Umständen betretenen Felde mit hinreichender Deutlichkeit verfolgen, so daß es nicht nötig ist, die Motive seiner Entscheidung für die Philosophie im allgemeinen und gleichzeitig für diese bestimmte – rationalistische – Philosophie lediglich vermutungsweise vorauszusetzen, sondern die Möglichkeit besteht, sie den Äußerungen des Philosophen selbst zu entnehmen. Es geht dabei nicht darum, den verschiedenen Descartes-Interpretationen eine neue Deutung hinzuzufügen, sondern darum, den Zusammenhang von Descartes' Denken von einem bestimmten Gesichtspunkt aus verständlich zu machen. Nicht dieser Gesichtspunkt ist das Wesentliche, sondern die von ihm aus in einer bestimmten Weise zu erschließende Philosophie. Die Wahl des Gesichtspunkts läßt sich genau so weit rechtfertigen, als mit seiner Hilfe etwas sichtbar wird, was sich sonst nicht – oder mindestens nicht so deutlich – sehen läßt.

Die rasche Orientierung über die Zusammenhänge von Descartes' Biographie ermöglicht die Zeittafel S. 187.

I. Philosophische Ansätze und Antriebe in Descartes' Frühzeit

1. Descartes' Traum

Descartes' erste Lebensjahrzehnte bieten kaum Anhaltspunkte für die Annahme, daß Descartes zum Philosophen geboren gewesen sei. Erst in der Zeit des Ausbruchs des Dreißigjährigen Kriegs gerät er in eine Krise, in deren Überwindung er zum Wissenschaftler und Philosophen aus Berufung wird.

Die Metamorphose, in der sich Descartes vom unsicheren Sucher, der sich seiner Bestimmung noch nicht bewußt ist, zum seiner und seiner Berufung absolut gewissen Philosophen wandelt, war sicherlich durch eine längere Entwicklung vorbereitet; nach außen stellt sie sich aber als eine scharfe Zäsur in Descartes' Leben dar, die unverkennbar die Züge einer Entscheidungssituation trägt: Es handelt sich um die Nacht vom 10. auf den 11. November 1619, in der Descartes durch eine Serie von drei Träumen seine Berufung zum Philosophen zu erfahren glaubte und daher die Richtung seines weiteren Weges klar vorgezeichnet sah.[17] Diese entscheidende Zäsur kann daher wie keine andere Episode im Leben des Philosophen zum Anlaß dienen, einen ersten Einblick in die Motive zu gewinnen, die Descartes' philosophische Entwicklung bzw. die Genese seiner Metaphysik bestimmten.

Im Interesse dieser Aufgabe ist es zunächst angezeigt, die bekannten Daten der Biographie Descartes' vom Abschluß seiner Studien in La Flèche bis zum Herbst 1619 kurz zu rekapitulieren.

Descartes verließ das Kolleg von La Flèche 1614, nicht schon 1612, wie Baillet meinte.[18] Obwohl sich dadurch das Intervall zwischen dem Verlassen der Schule und Descartes' Eintritt in die Armee verkürzt, liegen diese Jahre für den Historiker fast ganz im Dunkeln. Einige Jahre dürfte Descartes auf die Erwerbung des Titels eines Lizentiaten der Jurisprudenz (in Poitiers) verwendet haben. In Paris hat er sich jedoch, entgegen dem anderslautenden Bericht Baillets, wohl nur vorübergehend aufgehalten.

Sicher aber ist, daß Descartes Reisen unternahm, von denen er sich Lebenserfahrung und die Kenntnis fremder Verhältnisse erhoffte. Damals lag ihm, nach seinem eigenen Zeugnis, der Gedanke noch ferne, sein Leben der Wissenschaft zu widmen. Im *Discours de la Méthode* schrieb er über seine Absichten zu jener Zeit: „Sobald mein Alter es mir daher erlaubte, mich von meinen Lehrern freizumachen, gab ich das gelehrte Studium gänzlich auf, und, entschlossen, kein anderes Wissen fürderhin zu suchen als das, was sich in mir selbst oder aber in dem großen Buche der Welt finden möchte, verwandte ich den Rest meiner Jugend darauf zu reisen, Höfe und Heere zu sehen, mit Menschen von verschiedener Art und Stellung zu verkehren, mannigfache Erfahrungen zu sammeln, mich selbst in den Ereignissen, die das Geschick mir darbot, auf die Probe zu stellen und überall über die sich mir darbietenden Dinge so nachzudenken, daß ich daraus einen Nutzen ziehen konnte" (Discours I; AT VI, 9). Von dieser Absicht gelenkt, ging Descartes schließlich nach Holland, um sich in das Heer des Prinzen Moritz von Nassau aufnehmen zu lassen und die für einen Offizier nötigen Kenntnisse durch praktische Erfahrung zu erwerben. Wahrscheinlich glaubte er, als Offizier am leichtesten und vollständigsten in den Besitz jener Erfahrungen gelangen zu können, auf die es ihm ankam.

Unter demselben Gesichtspunkt müssen wir wohl auch seinen Entschluß verstehen, sich den ligistischen Truppen des Herzogs Maximilian von Bayern anzuschließen, mit denen er im Kriegswinter 1619 – der Dreißigjährige Krieg war eben ausgebrochen – nach Süddeutschland zog. Mit Beginn der schlechten Jahreszeit rückte das Heer in die Winterquartiere, und da der Dienst nicht mehr genügend Abwechslung bot, nahm Descartes Urlaub von der Truppe und mietete sich privat in oder in der Nähe von Neuburg an der Donau ein. Seine Tage auszufüllen, fiel ihm nicht schwer, denn manches in ihm war in Gärung und erheischte Klärung. Entscheidungen bahnten sich an, Entschlüsse über die künftig einzuschlagende Richtung des Lebensweges waren zu fassen.

Descartes dachte nach. Daß es besonders die Morgenstunden waren, die er seinen Meditationen widmete, mochte einer früh erworbenen, durch seine schwache Gesundheit bedingten Gewohnheit entsprechen. Von seiner Mutter hatte er nämlich die Disposition für die Tuberkulose geerbt, und allem Anschein nach war er schon als Kind akut erkrankt. Ein trockener Husten peinigte ihn, zeitweise zweifelte man daran, daß er am Leben bleiben würde. So gestatteten ihm auch die Patres von La Flèche, am Morgen so lange im Bett zu bleiben, wie er wollte.

Worüber aber meditierte er in jenen Wintermonaten des Jahres 1619 in der überheizten Stube seines Quartiers an der Donau? Hierüber lassen sich nur Vermutungen anstellen, die aber historisch gut fundiert sind, da bekannt ist, welches die Gedanken waren, die Descartes damals zu verarbeiten hatte.

Während seines Aufenthalts in Holland hatte Descartes am 10. November 1618 in Breda den Naturwissenschaftler und Mediziner Isaac Beeckman kennengelernt, der dem jungen französischen Edelmann, der trotz seiner schon im Kolleg deutlich bekundeten Begabung Gefahr lief, sich zu zerstreuen, den Weg wies, auf dem er später so Großes leisten sollte, den Weg der Wissenschaft. Die Bekanntschaft der beiden Männer kam über einem mathematischen Problem zustande, das der seit La Flèche mit der Mathematik hinreichend vertraute Descartes zum Erstaunen Beeckmans mit Leichtigkeit löste.

Isaac Beeckman stellt sich uns als ein Repräsentant der „Leonardo-Tradition" dar, deren Träger, ohne Rückhalt an den Universitäten, „bastelnde, diskutierende, korrespondierende Privatleute, eine Verschwörung gleichsam, deren Netz von Jahrzehnt zu Jahrzehnt an Dichte gewinnt", waren.[19]

Offenbar wirkten die Anregungen, die Beeckman während des persönlichen Zusammenseins und später durch Briefe zu vermitteln gewußt hatte – Descartes schreibt ihm einmal recht überschwenglich: „Ich will Dich als Förderer und ersten Urheber meiner Studien umarmen" (23.4. 1619; AT X, 162) –, im Herbst des Jahres 1619 noch nach, so daß der junge Offizier „dans son poêle", also wörtlich „in seinem Ofen", wie er sein überheiztes Zimmer nennt, keinen Mangel an Gedanken leidet. Er mußte sich angesichts der Faszination, die wissenschaftliche Probleme auf ihn ausübten, ernstlich fragen, ob es nicht seine Bestimmung sei, sich ausschließlich der Forschung zu widmen. Offenbar fehlte es ihm aber zunächst noch an jener Sicherheit und an jener Zuversicht, die das Zeichen echter Berufung sind. Er mochte jedoch fühlen, daß der Augenblick der Entscheidung gekommen war.

Seinem Freund Beeckman hatte Descartes vor allem die so bedeutende Idee der Mathematisierung der Naturwissenschaft zu verdanken. In seinem Tagebuch beansprucht Beeckman, diese Idee entwickelt und Descartes vermittelt zu haben: „Dieser Mann aus Poitou hat mit vielen Jesuiten und anderen Wissenschaftlern und gelehrten Männern verkehrt. Dennoch erklärt er, außer mir niemanden getroffen zu haben, der eine solche Art des Forschens anwendet wie ich und exakt die Physik mit der Mathematik verbindet. Und ich habe auch zu niemandem, ihn ausgenommen, über diese Art des Forschens gesprochen", notierte er selbstbewußt (AT X, 52).

Die Anregungen Beeckmans wirkten weiter und führten Descartes auf die Bahn wissenschaftlicher Entdeckungen, die ihn mit Begeisterung für die Forschung erfüllten. Unter Beeckmans Einfluß verfaßte er gegen Ende 1618 ein *Compendium Musicae* (AT X, 89 ff.). Aus Beeckmans Tagebuch (AT X, 41 ff.) geht ferner hervor, daß sich Descartes mit mathematischen, physikalischen und logischen Problemen auseinandersetzte. In seinen – leider verlorengegangenen – Aufzeichnungen aus dieser Zeit fand sich, wie wir wissen, eine unter dem Datum des 10. November 1619 eingetragene Äußerung, die das bestätigt: „X Novembris, cum plenus forem Enthusiasmo, et mirabilis scientiae fundamenta reperirem ..." (AT X, 179; vgl. Baillet, Bd. I, 51). Um was es sich bei der „wunderbaren Wissenschaft", die Descartes mit solchem Enthusiasmus erfüllte, gehandelt hat, läßt sich nicht mit Sicherheit feststellen.[20] Vermutlich handelte es sich um eine erste Idee der Universalmathematik, von der Descartes etwa zehn Jahre später in den „Regeln zur Leitung des Geistes" sprach. Was immer aber gemeint gewesen sein mag, auf jeden Fall geht aus der angeführten Notiz deutlich hervor, wie stark Descartes von der neuen Idee ergriffen war.

In dieser Situation sah sich Descartes vor die Entscheidung gestellt, entweder beim Soldatenberuf zu bleiben oder, wozu ihn die Fortschritte der Erkenntnis während der letzten Monate ermutigten, sich ganz der Wissenschaft zuzuwenden. Diese Entscheidungssituation spiegelt sich in drei Träumen der auf den 10. November folgenden Nacht, deren Inhalt uns Baillet, gestützt auf

Descartes' Aufzeichnungen, übermittelt. Diese viel diskutierten Träume Descartes' – manche ziehen es vor, von Fieberphantasien zu sprechen – gewähren uns, so wirr ihr Inhalt auch anmutet, Aufschluß über die innere Verfassung des Philosophen im damaligen Zeitpunkt.

In dem ersten dieser Träume sieht sich Descartes durch die Straßen einer Stadt gehen, während ein heftiger Sturm ihn erfaßt und auf die linke Seite drückt, so daß er trotz aller Anstrengungen nicht imstande ist, sich aufzurichten. Er sieht eine Kirche, strebt auf sie zu, hört sich aber plötzlich angesprochen. Ein Unbekannter gibt ihm eine Melone. Descartes ist bestürzt, weil er feststellt, daß alle anderen Menschen aufrecht gehen, während er durch den Wirbelwind unwiderstehlich zur Seite gedrückt wird. Er erwacht, um jedoch nach etwa zwei Stunden wieder einzuschlafen und die Vision eines Funkenregens, verbunden mit der Halluzination eines donnerähnlichen Lärms, zu erleben. Wieder erwacht der Träumende, wieder schläft er ein und erlebt nun den klarsten, den rationalsten der drei Träume. Er sieht vor sich ein Dictionnaire – offenbar eine Art Enzyklopädie des damaligen Wissens – sowie ein anderes Buch, das sich als Corpus Poetarum, also als eine Art Anthologie klassischer Dichtung, erweist. Beim Öffnen stößt er auf den Vers: „Quod vitae sectabor iter?" („Welchen Lebensweg werde ich einschlagen?"), während ihm ein Unbekannter ein anderes Gedicht empfiehlt: „Est et non", das sich allerdings in der Anthologie nicht finden läßt. Descartes beginnt noch im Schlafe mit der Interpretation der Träume, während er allmählich ins Wachbewußtsein zurückkehrt.

Bei diesem Deutungsversuch, den Baillet ausführlich überliefert, fällt auf, daß Descartes seinen Träumen einen ausgesprochen ethischen Sinn unterlegt. So faßt Baillet, was er noch im Wortlaut vorliegen hatte, vermutlich weitgehend korrekt so zusammen: „Der Wind, der ihn, als er sich an der rechten Seite schwach fühlte, gegen die Kirche des Collège drängte, war nichts anderes als der böse Geist, der ihn an einen Ort zu treiben versuchte, an den er freiwillig zu gehen beabsichtigte. Deshalb gestattete Gott nicht, daß er weiter ging und sich an einen, sei es auch heiligen, Ort von einem Geist, den er nicht geschickt hatte, bringen ließ, obwohl er zutiefst überzeugt war, daß es Gott gewesen war, der ihn die ersten Schritte auf die Kirche hin hatte tun lassen. Das Erschrecken, das ihn durch den zweiten Traum überkam, bezeichnete seiner Ansicht nach die ‚syndérèse', das heißt die Gewissensbisse wegen der Sünden, die er während seines bisherigen Lebenslaufs begangen haben konnte. Der Donner, dessen Krachen er hörte, war das Zeichen des Geistes der Wahrheit, der auf ihn herabstieg, um von ihm Besitz zu ergreifen" (Baillet, I, 85).

An der Richtigkeit dieser Selbstdeutung wird wohl gezweifelt werden dürfen; nicht zu bezweifeln ist aber, daß Descartes dem Traum einen moralischen Sinn gab, und dies ist im vorliegenden Zusammenhang vor allem von Bedeutung.

Noch deutlicher tritt die ethische Komponente im dritten Traum zutage. Die Frage: *Quod vitae sectabor iter?* läßt das klar erkennen. H. Gouhier hat darauf hingewiesen,[21] daß die Auslegung der beiden ersten Träume vom letzten her beeinflußt war. In der Tat weist der dritte Traum so deutlich auf eine bevorstehende Lebensentscheidung hin, daß es nicht erstaunlich ist, wenn Descartes auch die beiden ersten Träume, so wenig das durch die Phänomene nahegelegt erscheint, im ethischen Sinne interpretiert.

Die Träume des Philosophen in jener Fiebernacht sind oft und unter verschiedenen Gesichtspunkten zum Gegenstand scharfsinniger Untersuchungen gemacht worden. Immer wieder aber fällt den Interpreten der praktische Sinn der Traumbilder auf. So erblickt A. Gehlen den Grund der Krisis, die durch einen akuten Tuberkulose-Anfall verschärft wird, in der Ablösung vom Jesuitismus. Besonders das „Est et non", das Schwanken zwischen links und rechts sind Symbole der Entscheidung, der sich Descartes gegenübergestellt sieht.[22] Jacques Maritain hob dagegen besonders das Berufungsgefühl hervor, das die Träume in Descartes hervorriefen, da er nun der Übereinstimmung mit dem Geist der Wahrheit gewiß zu sein glaubte.[23]

Eine völlig andere Bedeutung möchte H. Quiring[24] den Träumen beigelegt wissen. Er vermutet, daß Descartes seine astronomischen Überzeugungen, die er aus Furcht vor der Kirche nicht direkt zu publizieren wagte, in die Form von Traumvisionen kleidete. Dabei spielt dann der Sturm, der ihn nach links zwingt, die Rolle der im Gegenuhrzeigersinn verlaufenden Ätherwirbel, die Melone, die ihm überreicht wird, war das damals übliche Anschauungsmodell der Erdkugel usw. Besonders diese letzte Interpretation zeigt, wie weit der Rahmen für die Auslegung gespannt zu sein scheint; freilich ist die Annahme einer Verschlüsselung für das Jahr 1619 nicht sehr wahrscheinlich, weil Descartes doch noch in *Le Monde* seine kosmologischen Theorien unverschlüsselt entwickelte und erst im letzten Augenblick von der Veröffentlichung absah, als die Verurteilung Galileis eine veränderte Situation geschaffen hatte. Auch die Tiefenpsychologie hat sich dieser Träume bemächtigt, so etwa unter dem Gesichtspunkt der Jungschen Schule Marie Louise v. Franz.[25] Bezüglich der im dritten Traum erwähnten Gedichte schreibt die Verfasserin: „Zugleich sind diese zwei Gedichte *Spiegelungen der unbewußten Gefühlshaltung von Descartes:* er traut dem Leben überhaupt nicht, auch sich nicht und keinem anderen ... Es ist wohl der frühe Tod der Mutter, der jeden Lebensmut, jedes Vertrauen zum Leben und zum eigenen Gefühl so von ihm weggenommen hat, so daß er sich in der alleinigen Aktivität seines Denkens abkapselte."

Die Interpretation der Träume oder wenigstens der in ihnen verborgenen Grundtendenz wäre sehr erleichtert, wenn wir wüßten, welches die Gedanken waren, die Descartes tags zuvor, also am 10. November 1619, gedacht hatte. Daß sich seine Begegnung mit Beeckman an diesem Tage jährte, rechtfertigt die Annahme, daß der Enthusiasmus, den er in sich fühlte, jene Begeisterung für eine rationale Naturerkenntnis mit mathematischen Mitteln und folglich mit mathematischer Sicherheit war, die Beeckman in ihm zu wecken gewußt hatte. Es mag sein, daß eine spezielle Entdeckung, die er gemacht hatte, seinen Entschluß zum Reifen brachte, sich der Wissenschaft zu widmen; wir wissen es nicht, und die Vermutung hat viel für sich, daß der Enthusiasmus nicht nur auf das bestimmte Datum, sondern auf eine längere Zeitdauer zu beziehen ist. Es ist aber für den hier verfolgten Gedankengang auch nicht unerläßlich, im einzelnen zu wissen, worum es sich bei der scientia mirabilis gehandelt hat. So viel kann nämlich auf jeden Fall mit Bestimmtheit gesagt werden: Die Entscheidung, mit der Descartes rang, war eine praktische, von ihm als moralisch relevant erfahrene Entscheidung, die in der Traumfrage: Quod vitae sectabor iter? zum Ausdruck kommt. Diese Entscheidung betraf nicht nur die äußere Form des Lebens, sie hatte nichts mit Zweckmäßigkeitserwägungen zu tun, sondern sie war vor allem eine ethisch höchst relevante Entscheidung für den Weg der Vernunft, für ein Leben unter der Leitung des Geistes der Wahrheit, den Descartes auf sich niedersteigen fühlte und der ihn mit der Gewißheit erfüllte, richtig zu handeln. Descartes wählt, bestärkt durch ein mystisches Erlebnis, den Weg des theoretischen und praktischen Rationalismus im Sinne des Glaubens an die Möglichkeit unbedingt sicherer Wirklichkeits- und Werterkenntnis und an die Möglichkeit einer an solcher Erkenntnis orientierten Praxis. Der „Geist der Wahrheit" ist der Geist des Rationalismus, d.h. die Überzeugung, daß es eine absolute, an sich bestehende Wahrheit gebe und daß der menschliche Geist dieser Wahrheit teilhaftig werden könne oder sogar immer schon, wenn auch nur der Möglichkeit nach, teilhaftig sei. Der Zusammenhang zwischen einer irrationalen, nämlich auf dem Wunsch nach letzter Sicherheit beruhenden Motivation und der Entscheidung für den Rationalismus im angedeuteten Sinn mutet paradox an. Er muß aber als Tatsache zur Kenntnis genommen werden. Vermutlich läßt er sich auch bei anderen Vertretern einer rationalistischen Metaphysik der absoluten Wahrheit konstatieren.

Descartes' Abhängigkeit von äußeren Anstößen ist im vorliegenden Zusammenhang von untergeordneter Bedeutung, weil es hier nicht primär um Einflüsse, sondern um Motive geht, die im Hinblick auf ihre möglichen Ursachen erörtert werden sollen. Einflüsse, denen Descartes in der Phase der Kristallisation seiner philosophischen Ideen ausgesetzt war, sind zwar zu berücksichtigen, aber nur so weit, als sie die beherrschenden Motive in Descartes' Denken deutlicher hervortreten lassen. Daher ist es zwar für die Rekonstruktion der wissenschaftlichen Ideen, mit denen sich Descartes damals befaßte, wichtig, den Anteil Beeckmans an der gedanklichen Entwicklung des Philosophen zu berücksichtigen; die Art aber, in der sie sich Descartes aneignete und in der er sie durchdrang, ist aus dieser Abhängigkeit von Beeckman nicht ableitbar: sie ist spezifisch Cartesianisch. Die Träume von 1619 lassen etwas von den Antrieben, die in Descartes' Denken wirksam waren, erkennen. Sie zeigen uns einen hochbegabten jungen Mann, der über seinen weiteren Lebensweg noch im unklaren ist und der den Zustand des Schwankens mit der Sicherheit einer durch eine überindividuelle Instanz sanktionierten Entscheidung vertauschen möchte. Die Begegnung mit Beeckman hat ihm neue Perspektiven eröffnet. Aber die Überzeugung, vom Geist der Wahrheit erfüllt zu sein, die in Descartes' entwickelter Philosophie ihren Niederschlag in der Idee der göttlichen Wahrheitsgarantie finden sollte, ging nicht auf Beeckman zurück, sondern entsprang Descartes' Bedürfnis nach unbedingter Sicherheit im Erkennen und Handeln.

Weil im vorliegenden Zusammenhang die Frage nach den Einflüssen der Frage nach den Motiven untergeordnet werden muß, ist auch die Frage, ob Descartes Rosenkreuzer gewesen sei, hier als zweitrangig anzusehen. Angesichts der Spärlichkeit der Anhaltspunkte können in dieser Frage ohnedies nur mehr oder weniger wahrscheinliche Hypothesen verfochten werden. Es ist zweifellos auffallend, daß sich Descartes hinsichtlich der Forderung nach einer rational gelenkten Praxis mit dem Programm der Rosenkreuzer in bemerkenswerter Übereinstimmung befindet. Allerdings genügt diese Übereinstimmung allein nicht, um einen direkten Einfluß der Rosenkreuzer auf den Philosophen stringent nachweisen zu können, so sehr manche Indizien auf einen solchen Einfluß hinzudeuten scheinen. Descartes dürfte Rosenkreuzerische Anschauungen durch den Mathematiker Faulhaber, den er in Ulm traf, kennengelernt haben. Diese Berührung ist ziemlich wahrscheinlich, obwohl der fromme Abbé Baillet nichts unversucht läßt, jede Verbindung des Philosophen mit den Rosenkreuzern in Abrede zu stellen, ja sie als unmöglich erscheinen zu lassen. Dennoch treten selbst in Baillets Darstellung Indizien für eine solche Verbindung zutage. Wenn es dort etwa heißt: „Ziel ihrer Institution war eine allgemeine Reform der Welt, aber nicht im Bereich der Religion, der Politik oder der Sitten, sondern allein in den Wissenschaften" (Baillet, I, 90), so erinnert das auffallend an die Gedanken des zweiten Teils des *Discours de la Méthode*, wo Descartes erklärt, er habe sich überzeugt, „daß es in der Tat keinen rechten Sinn hätte, wenn etwa ein einzelner plante, einen Staat zu reformieren ... Vielmehr sah ich ein, daß ich mit all den Ansichten, von denen ich mich bis dahin hatte überzeugen lassen, nichts besseres tun konnte, als sie ein für allemal aus meiner Überzeugung zu entfernen, um an ihre Stelle später entweder andere, bessere einzusetzen oder auch dieselben, wenn ich sie erst der Höhe der Vernunft angepaßt haben würde. Und zwar war ich der festen Überzeugung, daß es mir durch dieses Mittel gelingen würde, mein Leben weit besser zu führen, als wenn ich nur auf alten Grundlagen weiterbaute ..." (Disc. II; AT VI, 13f.) Auch ihre Forderung, sich nach der jeweiligen Landessitte zu kleiden (Baillet, I, 90), entspricht jenem Konformismus, den Descartes empfahl.

Zugunsten der Annahme, daß sich Descartes zu den Rosenkreuzern hingezogen fühlte, spricht auch, daß er einem niemals geschriebenen Werk den Titel geben wollte: „Thesaurus mathematicus von Polybius dem Kosmopoliten, worin die wahren Mittel zur Lösung aller Schwierigkeiten dieser Wissenschaft mitgeteilt werden und in bezug auf sie bewiesen wird, daß vom menschlichen Geiste nichts darüber hinaus erlangt werden könne; bestimmt, jene zur Zurückhaltung zu veranlassen, die neue Wunderdinge in allen Wissenschaften aufzuzeigen versprechen, und ihnen ihre Leichtfertigkeit auszutreiben; ferner, die mühseligen Arbeiten vieler Menschen zu erleichtern, die, in gewisse gordische Knoten dieser Wissenschaft Tag und Nacht verstrickt, das Öl ihres Geistes unnütz verbrauchen: den Gelehrten der ganzen Welt und insbesondere den hochberühmten Brüdern vom Rosenkreuz in Deutschland neuerdings dargeboten" (Cogitationes privatae, AT X, 214).[26]

Descartes glaubte also schon früh, daß er in der Mathematik mit Hilfe einer geeigneten Methode zur Auflösung aller ihrer prinzipiell lösbaren Probleme imstande sein würde und gleichzeitig alle Ansprüche zurückweisen könne, mittels anderer Methoden nicht zu denselben, sondern zu weiterreichenden Resultaten zu gelangen. Nur mit Hilfe der „wahren Mittel zur Lösung aller Schwierigkeiten" – d.i. mit Hilfe der richtigen Methode – sollen sichere Ergebnisse gewonnen werden, und zwar mit dem kleinstmöglichen Aufwand an geistiger Energie. Es ist bemerkenswert, daß diese Überzeugung schon in den frühen Notizen Descartes', die durch Leibnizens Abschrift überliefert und vom Erstherausgeber „Cogitationes privatae" genannt wurden, so deutlich zum Ausdruck kommt. Demgegenüber tritt die Frage, ob Descartes wirklich Mitglied der Rosenkreuzer-Brüderschaft war, zurück, zumal von einer Einigung der Historiker über diesen Punkt keineswegs gesprochen werden kann. Während zum Beispiel M. Leroy die Verbindung mit den Rosenkreuzern für erwiesen hält, spricht H. Gouhier vom „roman rosicrucien" als von einer unhaltbaren Annahme.

Ohne daß also hinreichend geklärt werden könnte, welche äußeren Einflüsse gegen Ende des Jahres 1619 im Denken Descartes' wirksam waren, muß festgehalten werden, daß er damals von dem Gefühl beherrscht war, eine ethisch relevante Entscheidung über seinen weiteren Lebensweg herbeiführen zu müssen. Die Unentschiedenheit seiner inneren und davon abhängig auch seiner äußeren Situation führte zu jener Krise, die ihren Ausdruck in den Träumen der denkwürdigen Nacht vom 10. auf den 11. November 1619 fand. Auf dem Höhepunkt der Krise wird die Unsicherheit des Schwankens überwunden und an ihre Stelle tritt die Sicherheit eines Berufungsgefühls auf vermeintlich transzendenter Grundlage. Die existentiell erfahrene Sicherheit wird sich als theoretischer und praktischer Rationalismus äußern und die ganze Lebensführung des Philosophen nachhaltig beeinflussen. Descartes ergreift das neue Ideal mit allen Kräften seiner Persönlichkeit, wie der Enthusiasmus, der ihn erfüllte, beweist. Dieser Enthusiasmus mag später nur noch selten zutage treten; er verschwindet dennoch nicht völlig aus den persönlichen Bekundungen des Philosophen. Man vergegenwärtige sich nur, was Descartes im *Discours* über die humanitären Verpflichtungen sagt, die der Besitz der Wahrheit ihm auferlegt: „Sobald ich aber zu einigen allgemeinen Begriffen in der Physik gelangte und, da ich sie bei verschiedenen besonderen Schwierigkeiten zu erproben begann, bemerkte, bis wohin sie führen können und wie weit sie von den Prinzipien abweichen, deren man sich bis jetzt bedient hat, habe ich geglaubt, man könne sie nicht verborgen halten, ohne gewaltig gegen das Gesetz zu verstoßen, nach dem wir, soweit es uns möglich ist, verpflichtet sind, für das allgemeine Wohl aller Menschen zu sorgen" (Disc. VI; AT VI, 61). In diesen Sätzen äußert sich, wenn auch hinter bescheidenen Wendungen teilweise verborgen, jenes Sendungsbewußtsein, das Descartes in der fiebrigen Novembernacht 1619 erstmals mit Macht überkam.

Höchst bedeutungsvoll für das Verständnis der Cartesianischen Philosophie, namentlich für das Verständnis des Cartesianischen Rationalismus, scheint der Umstand, daß auf dem Grunde dieses wissenschaftlichen Berufungsbewußtseins irrationale Momente liegen. In einem ekstatischen Erlebnis fühlt Descartes den Geist der Wahrheit auf sich herabsteigen, der alle Anfechtungen, denen sich der Philosoph ausgesetzt fühlte, überwindet. Doch nicht genug damit, daß solche Erfahrungen am Anfang seiner eigenständigen philosophischen Entwicklung stehen: Sie bleiben, wenn auch in abstrakter und sozusagen verdünnter Form, auch später noch wirksam. So wird es nicht schwerfallen, im wahrhaften Gott der Cartesianischen Metaphysik, der mit dem Zweck eingeführt wird, den Gedanken des Betrüger-Gottes, des malin génie, außer Kraft zu setzen, den Geist der Wahrheit wiederzuerkennen, dem sich der Philosoph in der Fiebernacht des Spätherbstes 1619 anheimgegeben fühlte. Der Begriff des wahrhaften Gottes, der innerhalb des entwickelten Cartesianischen Systems als theoretisches Konstrukt im Rahmen einer die Annahme unrevidierbarer objektiver Erkenntnis begründenden Theorie auftritt, hat seine subjektive Basis in dem Gefühl der Teilhabe am Geist der Wahrheit, das Descartes in jener Nacht überkam.

Obwohl in dem barocken Titel des geplanten „Thesaurus mathematicus" das rationalistische Vertrauen in die Vernunft und die wissenschaftliche Methode klar zum Ausdruck kommt, gab es im Denken des jungen Descartes auch eine andersartige Tendenz, die sich in der späteren Cartesianischen Philosophie nicht mehr feststellen läßt. In den „Cogitationes privatae" findet sich nicht nur der weitreichende rationalistische Anspruch, der im Titel des „Thesaurus" zum Ausdruck kommt, sondern es heißt dort auch: „Es ist erstaunlich zu sehen, daß sich gewichtige Äußerungen häufiger in den Schriften der Dichter als in jenen der Philosophen finden. Der Grund dafür liegt darin, daß die Dichter auf Grund von Begeisterung und Einbildungskraft schreiben" (AT X, 217). Descartes wollte im übrigen keineswegs einen unbedingten Vorrang des Enthusiasmus gegenüber der Vernunft behaupten. Die Keime des Wissens, von denen er in Anlehnung an die stoische Lehre von den lógoi spermatikoi spricht und die er mit den Funken vergleicht, die aus einem Kieselstein herausgeschlagen werden können, werden von den Philosophen mit Hilfe der Vernunft, von den Dichtern mit Hilfe der Imagination zutage gefördert. Die dichterische Einbildungskraft hat gegenüber der Vernunft nur den Vorteil, die Wahrheit in hellerem Licht erstrahlen zu lassen (AT X, 217). Descartes hat diese Auffassung später nicht mehr vertreten, so wie er sich auch radikal von der im selben Zusammenhang der „Olympica" geäußerten Auffassung distanzierte, alle Zusammenhänge der Natur müßten in Analogie zu sinnlich wahrnehmbaren Dingen begriffen werden. 1619/20 hegte Descartes also noch Ansichten, die mit der mechanistischen Betrachtungsweise, die sich ihm unter Beeckmans Einfluß bereits erschlossen hatte, unvereinbar waren. Das Vorhandensein von Auffassungen, die mit den rationalistischen und mechanistischen Tendenzen, die in seinem Denken seit seiner Hinwendung zu Wissenschaft und Philosophie wirksam waren, nicht im Einklang stehen, zeigt, daß sich jene Tendenzen nicht schlagartig durchsetzten, was ja keineswegs überraschend ist. Selbst der Umstand, daß Descartes erst etwa zehn Jahre später zu einer mechanistischen Theorie der Schwere vorstieß, läßt sich mit dem frühen Vorhandensein mechanistischer Ansätze ohne weiteres vereinbaren, wenn man nur nicht annimmt, daß diese Ansätze sogleich allseitig entwickelt gewesen sein müßten, was sicher nicht der Fall war.

2. *Das praktische Interesse*

Descartes versichert im autobiographischen Teil des *Discours de la Méthode,* er sei frühzeitig von großer Lernbegierde erfüllt gewesen, weil man ihn überzeugt hätte, daß sich durch die Studien eine klare und sichere Erkenntnis alles für das Leben Nützlichen erwerben lasse (Disc. I; AT VI, 4). Abbé Baillet schreibt in diesem Sinne vom Schüler Descartes: „Schon mit vierzehn Jahren bezog er alles, was er lernte, auf das Ziel, das er sich gesetzt hatte, alles das zu erkennen, was ihm fürs Leben nützlich sein konnte" (Baillet, I, S. 24). Baillet konnte sich dabei nur auf die Andeutungen im *Discours* stützen, so wie alle Informationen über Descartes' Einstellung während der Jahre im Kolleg von La Flèche aus dieser Quelle zu schöpfen sind. Da die autobiographischen Ausführungen des 1637 erschienenen *Discours de la Méthode* eine viel später geschriebene, offensichtlich von systematischen Gesichtspunkten beherrschte und in diesem Sinne stilisierte Retrospektive darstellen, kann prinzipiell an der Zuverlässigkeit der einzelnen Angaben gezweifelt werden, zumal es Indizien zugunsten der Annahme gibt, daß Descartes nicht in jeder Hinsicht zuverlässig berichtet. So fällt auf, daß er systematisch seine Bildungsquellen verschweigt.[28] Namentlich ist befremdlich, daß jeder auch noch so flüchtige Hinweis auf den bedeutenden Anreger Beeckman vermieden wird. So begründet solche Bedenken auch sein mögen, so wird man ihnen doch in dem Augenblick nicht mehr allzu großes Gewicht beizulegen brauchen, in dem man darauf verzichtet, Descartes als Historiker seines Lebens zu betrachten, und sich entschließt, ihn als Historiker seines Systems zu lesen, dem es um die Genese der entscheidenden Voraussetzungen seiner Philosophie ging. Wesentlich ist dabei der Zusammenhang der Grundmotive und -tendenzen, von dem angenommen werden darf, daß er im *Discours* unverfälscht dargestellt ist.

Descartes verwendet auffallend oft Wendungen, in denen die praktische Ausrichtung des Wissens zum Ausdruck kommt. Man hat sich gefragt, ob Descartes wirklich in so frühem Alter bereits ein fest umrissenes Wissenschaftsideal, nämlich das Ideal einer praktisch anwendbaren Wissenschaft als Inbegriff absolut sicherer Erkenntnisse, vor Augen gehabt haben kann.[29] Mit Recht weist etwa Gilson darauf hin, daß die eingangs erwähnte Stelle nur besagt, daß Descartes' Lehrer ihm ein solches Ideal einer praktisch fruchtbaren Wissenschaft vor Augen gestellt hätten. Unberührt davon aber bleibt, daß Descartes durch dieses Motiv offenbar wirklich stark angespornt wurde, denn sein Wunsch, dieses Ideal zu realisieren, war, wie er sagt, sehr groß. Nichts rechtfertigt die Annahme, jene Äußerung sei eine Rückprojektion einer späteren Einstellung, wenn man auch die Form des Gedankens im *Discours,* insbesondere die Wahl der Ausdrücke „claire et certaine" einer späteren Phase von Descartes' Denkentwicklung wird zuschreiben müssen. Descartes erinnert sich an ein früh zutage tretendes Bedürfnis nach definitiven Erkenntnissen, die eine fruchtbare Anwendung in der Führung des Lebens und in der Bewältigung seiner Anforderungen zuließen; oder noch einfacher ausgedrückt: Er suchte nach etwas Sicherem, Zuverlässigem, er bedurfte einer Stütze, er wünschte Halt, nicht nur in bezug auf die Theorie, sondern auch auf die Praxis, zu finden.

Wird nicht erst aus diesem früh erwachten und zweifellos sehr lebhaft empfundenen Bedürfnis die schwere Enttäuschung begreiflich, die den jungen Mann erfüllte, als er am Ende seiner Studien sich eingestehen mußte, nichts Sicheres gewonnen zu haben? Jede Enttäuschung setzt ja eine entsprechend intensive Erwartung voraus. Nun spricht das Gefühl einer solchen Enttäuschung aus dem ganzen Rückblick auf die in La Flèche genossene Bildung: „Sobald ich aber diesen ganzen Studiengang, an dessen Ende man gewöhnlich unter die Gelehrten aufgenommen wird, vollendet hatte . . ., fand ich mich in so viel Zweifel und Irrtümer verstrickt, daß ich, wie mir schien, aus dem Versuche, mich zu belehren, keinen anderen Nutzen gezogen, als daß ich mehr und mehr meine Unwissenheit entdeckt hatte" (Disc. I; AT VI, 4).[30]

Als Folge dieser Enttäuschung muß es offenbar verstanden werden, daß Descartes, sobald er der Schule entwachsen war, sich von den theoretischen Bemühungen vollständig abwandte und beschloß, „in dem großen Buch der Welt" zu lesen. Das Ziel aber hat sich nicht zugleich mit dem Weg geändert. Descartes will nach wie vor aus der Kenntnis der Dinge „tirer quelque profit", „einen Nutzen ziehen". Er macht allerdings sogleich klar, daß er nicht etwa in erster Linie an materiellen Nutzen denkt, sondern an die Anwendbarkeit der erworbenen Erfahrungen zum Behuf ethisch verstandener Bewältigung der Lebensaufgaben. „In mir lebte nämlich stets ein brennend großer Wunsch, das Wahre vom Falschen unterscheiden zu lernen, um in meinen Handlungen klar zu sehen und in meinem Leben sicher zu gehen" (Discours I; AT VI, 10).[31]

Das starke Bedürfnis nach Sicherheit, und zwar in erster Linie nach Sicherheit in praktischer Hinsicht (zu deren Erreichung die wissenschaftliche Erkenntnis als Mittel dienen soll), stammt aus einem von Natur aus schwankenden, unentschlossenen Charakter. Einmal aufmerksam geworden, findet man immer neue Äußerungen dieses Unsicherheitsgefühls, das den Philosophen lange Zeit beherrscht. Aufschlußreich ist z. B. die Wahl eines Vergil-Zitats, um seinen eigenen Zustand im Jahr 1619 zu kennzeichnen: „Noch bin ich ungewiß, wohin das Schicksal mich führt, wo Fuß zu fassen mir gewährt ist." Auch

Baillet spricht öfter von der Unentschlossenheit des Philosophen, die ihn bedrückte: „Herr Descartes fand sich durch seine Unentschlossenheit verwirrt, da er noch nicht wußte, in welchem Sinne er sich bei der Wahl einer Lebensweise entscheiden sollte, die für die Ausführung seiner Pläne geeignet gewesen wäre“ (Baillet, I, S. 92).

Sowohl die Äußerungen des Philosophen wie deren Paraphrase durch Baillet lassen erkennen, daß Descartes nicht, wie J. Segond meinte, einen von Natur aus festen Geist (un esprit ferme par nature) besaß und deshalb vom Bedürfnis nach Sicherheit (besoin de certitude) erfüllt war,[32] sondern daß umgekehrt das Sicherheitsbedürfnis einer tief verwurzelten Unsicherheit entsprang, die es zu kompensieren galt.

Angesichts dieser ursprünglichen Unsicherheit, die das gerade Gegenteil des von Segond angenommenen, vermeintlich in Descartes' Temperament begründeten Dogmatismus ist, mußte die Skepsis, die damals sowohl als theoretische als auch als praktische, d. i. moralische Skepsis (in Gestalt des sogenannten Libertinismus) in intellektuellen Kreisen eine Rolle spielte, für Descartes eine ungeheure Herausforderung bedeuten. Weil die Skepsis mit seiner usprünglichen Einstellung so sehr im Einklang zu sein schien, mußte er sie von Grund auf zu überwinden suchen, um sich ihrem Einfluß ein für allemal zu entziehen. Er setzte sich mit der Skepsis nicht, wie zu Beginn unseres Jahrhunderts von A. Espinas und neuerdings wieder von R. Lefèvre angenommen wurde,[33] als christlicher Apologet auseinander, der die herkömmliche Religion und Moral zu sichern suchte; er bekämpfte die Skepsis auch nicht von einem bereits gewonnenen dogmatischen Standpunkt aus; er sah sich vielmehr genötigt, der Skepsis die Stirn zu bieten, weil er nur so sein Bedürfnis nach unbedingter theoretischer und praktischer Sicherheit befriedigen konnte. Der Zustand der Unsicherheit, in dem sich Descartes 1619 befand, verlangte nach Überwindung, und das Mittel, das sich ihm dazu anbot, war die Wissenschaft, und zwar die vom Geist der Wahrheit garantierte wissenschaftliche Einsicht. Nicht das mathematisch-naturwissenschaftliche Wissen als solches vermag, wie Descartes damals mehr ahnte als erkannte, das Bedürfnis nach unbedingter Sicherheit zu befriedigen, sondern nur ein metaphysisch fundiertes Wissen dieser Art. Das Ideal definitiver wissenschaftlicher Erkenntnis im Sinne der rationalistischen Wissenschaftskonzeption bedarf, in der Sprache des entwickelten Cartesianischen Systems gesprochen, der Rechtfertigung durch die Erste Philosophie, namentlich durch den Rekurs auf die göttliche Wahrhaftigkeit, die alle auf Grund von klaren und distinkten Begriffen gefällten Urteile in unbedingter Weise garantiert.

Obwohl sich Descartes zunächst mit mathematischen und wissenschaftlichen Problemen beschäftigte, konnte es nicht ausbleiben, daß das metaphysische Fundament seiner Wissenschaftskonzeption, auf das er sich stillschweigend immer stützte, eines Tages seine Aufmerksamkeit direkt beanspruchte. Bereits in den „Regeln zur Leitung des Geistes“, die wahrscheinlich um 1628 entworfen wurden, wird andeutungsweise der metaphysische Aspekt der Cartesianischen Wissenschaftskonzeption sichtbar,[34] ohne daß er thematisch behandelt würde. Um 1630 nahm Descartes einen metaphysischen Traktat in Angriff, der nicht erhalten ist, jedoch mindestens zu einem großen Teil niedergeschrieben worden sein muß, da Descartes in einem Brief an Mersenne vom 27.2. 1637 (nach Alquié; AT: März 1637) versicherte, er habe vor etwa acht Jahren die im vierten Teil des „Discours de la Méthode" erörterten Fragen behandelt, und zwar ziemlich ausführlich (assez au long). 1630 dachte er nicht an eine Publikation des geplanten „Traité de métaphysique", denn ihm lag vor allem daran, seine eigenen Kenntnisse zu erweitern, namentlich im Hinblick auf die Lebensführung (conduite de ma vie). Die Verbindung zwischen Descartes' wissenschaftlichen Forschungen und seinen metaphysischen Untersuchungen tritt deutlich hervor, wenn davon die Rede ist, daß der notwendige Zusammenhang der physikalischen Sätze im metaphysischen Traktat erklärt werden soll. Ohne die vernünftige Erkenntnis Gottes und des eigenen Ich hätte er, wie er betont, die Grundlagen seiner Physik nicht finden können. Gleichzeitig beansprucht er, die metaphysischen Wahrheiten noch evidenter als die Wahrheiten der Geometrie beweisen zu können (AT I, 144). Man darf annehmen, daß im „Traité de métaphysique" auch die in der Korrespondenz mit Mersenne aus dem Jahre 1630 mehrfach erwähnte These der Geschöpflichkeit der sogenannten ewigen Wahrheiten enthalten gewesen ist oder enthalten sein sollte, die mit der Cartesianischen Theorie der Erkenntnis aufs engste verbunden ist,[35] weil sie Descartes notwendig zu sein schien, um den rationalistischen Anspruch unbedingt sicherer Wirklichkeitserkenntnis zu rechtfertigen, – also jener Art von Erkenntnis, deren er zu bedürfen meinte, um unbedingte Sicherheit auch im Bereich der Praxis als möglich behaupten zu können.[36]

Die Überzeugung, Probleme praktischer Natur mit Hilfe vernünftiger Einsicht besser als im Rahmen überkommener Schemata bewältigen zu können, ließ Descartes im „Discours de la Méthode" rückblickend sagen, er hätte, als er daranging, alle überlieferten Ansichten einer kritischen Sichtung zu unterziehen, gehofft, daß es ihm gelingen würde, sein Leben besser als bisher zu gestalten (Disc. II; AT VI, 14). Hierbei ist nicht nur die Lebensführung im eigentlichen Sinn (la conduite de la vie) gemeint, sondern der Bereich der Praxis im allgemeinen, insbesondere die Beherrschung der Naturkräfte mit den Mitteln der Technik, die Überwindung von Krankheit und Leiden in der Medizin und die Kontrolle der Affekte im Rahmen einer wissenschaftlichen Ethik, wie sie Descartes vorschwebte. Als ihm klar geworden war, daß die von ihm (auf der Basis seiner Metaphysik, wie er meinte) gewonnenen wissenschaftlichen Erkenntnisse am besten geeignet seien, die angedeuteten praktischen Ziele, die er nicht weiter rechtfertigen zu müssen glaubte, zu erreichen, hielt er sich zur Veröffentlichung der Grundlagen der Mathematik, der Optik, teilweise auch der Physiologie und Kosmologie, für verpflichtet. Darüber hinaus hielt er es aber für notwendig, den „Essais", in denen er seine wissenschaftlichen Ergebnisse in den Grundzügen darstellte, eine Einführung in seine Methodologie und, wesentlich mit dieser verbunden, seine Metaphysik voranzuschicken, nämlich den „Discours de la Méthode". Hier sprach er davon, daß er den Entschluß zur Veröffentlichung der „Essais" und des „Discours" gefaßt habe, um nicht die Pflicht der Förderung des allgemeinen Wohls der Menschen zu verletzen. Er war von der Möglichkeit von Erkenntnissen überzeugt, die im Leben höchst nützlich sind (AT VI, 61: fort utiles à la vie), sofern sie eine Praxis begründen, die die Menschen zu Herren und Meistern der Natur machen kann (AT VI, 62: maîtres et possesseurs de la nature).

Descartes ging es somit nicht um Erkenntnis als solche, es ging ihm nicht um eine Theorie um der Theorie willen, sondern um ein Wissen, das Macht ist, wie es Fr. Bacon formulierte, mit dem Descartes nicht nur hinsichtlich des Primats der Praxis übereinstimmte, sondern auch in anderen Punkten, wie z. B. der geringschätzigen Beurteilung der syllogistischen Logik, der Beschränkung von Erklärungen auf Kausalerklärungen und der kritischen Einstellung gegenüber rational ungeprüften traditionellen Meinungen.[37] Mit Bacon teilte er auch die Überzeugung, daß es im Interesse des raschen wissenschaftlichen Fortschritts nötig sei, die Forschungsarbeit zahlreicher Wissenschaftler zu koordinieren, und wie dieser kam auch er zu der Ansicht, daß dies nur mit staatlicher Unterstützung möglich sei. Ungeachtet dieser wichtigen Übereinstimmungen war Descartes kein Baconianer. Von Bacon trennte ihn nicht nur seine Ablehnung des naiven Induktivismus, den der Verfasser des „Novum Organum" vertreten hatte, sondern auch und vor allem seine Einsicht in die Bedeutung apriorischer Prinzipien für die Naturwissenschaft.

Hinweise auf den Zusammenhang von Theorie und Praxis finden sich auch in den *Essais,* die auf die programmatischen Ausführungen des *Discours* folgen. So hob Descartes die praktische Bedeutung der *Dioptrique* hervor: „Unsere ganze Lebensführung hängt von unseren Sinnen ab. Von ihnen ist der Gesichtssinn der umfassendste und edelste. Die Erfindungen, die seine Fähigkeit vergrößern, sind zweifellos die nützlichsten, die es geben kann" (AT XI, 81).[38] Es fällt ferner auf, welch großes Gewicht Descartes auf die medizinischen Anwendungsmöglichkeiten seiner wissenschaftlichen Ergebnisse legte. Offenbar war er der Ansicht, durch den Hinweis auf diese Art von Anwendbarkeit das öffentliche Interesse, an das er appellierte, leichter gewinnen zu können als durch Hinweise auf ferner liegende Zwecke oder auf die Moral, die ihm vor allem am Herzen lag, von der er jedoch vorsichtig erklärte, daß er sich nicht unterfange, als ihr Reformer aufzutreten. Descartes zieht sich zunächst, jedoch keineswegs definitiv auf den Standpunkt zurück, daß die Moral rein privaten Charakter habe, weshalb verhältnismäßig wenig über die moralischen Konsequenzen seiner Einstellung im *Discours* zu finden ist. Diese Zurückhaltung hatte aller Wahrscheinlichkeit nach taktische Gründe. Die Idee einer rationalen Praxis war längst konzipiert, als der „Discours de la Méthode" entstand, und wenn Descartes nicht alle ihre Konsequenzen, namentlich im moralischen und politischen Bereich, ausdrücklich zog, so heißt das nicht, daß er sich über sie nicht im klaren war. Sicher ist es nicht erst eine Einsicht des älteren Descartes, sondern bereits eine Überzeugung seiner Jugend, wenn 1646 in einem Brief an Chanut die Rede ist von der Abhängigkeit der Moral von der Physik: „Jener Begriff von Physik, nach dem ich strebte, hat mir bei der Errichtung sicherer Grundlagen der Moral sehr geholfen" (AT IV, 441). Wenn Descartes erst gegen Ende seines Lebens von der Bedeutung der Naturwissenschaft für die Moralphilosophie spricht, so erklärt sich das aus der Tatsache, daß die rationale Ethik dasjenige seiner Ziele war, das als letztes erreicht werden konnte. Hieraus darf nicht gefolgert werden, daß dieses Ziel nicht von vornherein sein Denken geleitet hätte.

Damit soll keineswegs gesagt sein, daß alles Interesse, das Descartes der Mathematik und den Wissenschaften entgegenbringt, direkt auf die Praxis als die letzte Instanz gerichtet gewesen sei. Das wäre eine Verkennung seines wissenschaftlichen Genies, dessen Wissensdrang zweifellos ausreichte, das Suchen nach neuen Erkenntnissen in Gang zu bringen. Aber es läßt sich zeigen, daß in seinen wissenschaftlichen und vor allem in seinen *metaphysischen* Bemühungen ein Motiv wirksam ist, das seinen Grund im praktischen Bereich hat, ein Motiv, das als Streben nach allseitiger und endgültiger Sicherheit des Handelns und Verhaltens, nach Beherrschung der materiellen Welt und unser selbst zu beschreiben ist. Um dieses Ziel zu erreichen, glaubte Descartes, die Wissenschaft als Inbegriff notwendig wahrer Sätze auffassen zu müssen, – wenigstens im Prinzip, denn in concreto operierte auch er mit hypothetischen Erklärungsprinzipien, wie es dem modernen Wissenschaftsverständnis entspricht. Grundsätzlich erhob er jedoch den Anspruch, wissenschaftliche Gesetze formulieren zu können, die denselben Charakter wie Sätze der Mathematik haben. Deshalb versuchte er, den Unterschied zwischen gewissen empirischen Aussagen – nämlich den Grundsätzen der Naturwissenschaft und deren nächsten Folgesätzen – und Sätzen der Mathematik zu verwischen. Da sich nach Descartes die Sätze der Physik wie die der Geometrie auf „wahre", unveränderliche „Naturen" beziehen, d.i. auf ideale Sachverhalte, die wir nicht durch Beobachtung, sondern durch den Verstand erfassen, konnte er es prinzipiell für möglich halten, der Physik dadurch den Sicherheitsgrad der Mathematik zu geben, daß er sie geradezu als einen Teil der Geometrie betrachtete.

Damit nicht genug, hielt er es auch noch für nötig, selbst die Mathematik gegen den Zweifel abzuschirmen, von dem sie, seiner Ansicht nach, in extremen Fällen betroffen werden könnte. Diese endgültige Abschirmung geschieht durch die *Metaphysik*, die mithin eine Schlüsselstellung innerhalb des Gesamtsystems erhält. Es wird sich zeigen, daß die Metaphysik vor allem deshalb bemüht wird, weil durch sie jede Möglichkeit des Zweifels beseitigt werden soll, anders ausgedrückt, weil mit ihrer Hilfe ein prätendiertes absolut sicheres Wissen von der Natur etabliert werden soll.

Woher kommt dieser von Descartes niemals in Frage gestellte Anspruch auf unbedingt sicheres, in keiner Weise bloß wahrscheinliches Wissen? Die Natur der Erfahrungswissenschaften selbst legt einen solchen Anspruch nicht nahe. Daher ist zu vermuten, daß jener Absolutheitsanspruch aus dem außertheoretischen Bereich stammt, näherhin aus dem Bereich der Praxis im weitesten

Sinn des Wortes. Das Grundgefühl, von dem Descartes erfüllt ist, ist das Bedürfnis nach Sicherheit und das heißt, da Sicherheit im Praktischen nur durch die Anwendung rationaler Prinzipien des Verhaltens erreichbar scheint, das Bedürfnis nach Überwindung des Risikocharakters praktischer Entscheidungen durch ihre Unterwerfung unter die Richtlinien einer (vermeintlich) absolut sicheren Erkenntnis.

Das ist nicht notwendig so zu verstehen, als hätte Descartes alle seine wissenschaftstheoretischen Auffassungen bewußt seinen praktischen Zielen untergeordnet. Man kann sicherlich annehmen, daß ein zunächst unbewußtes Bedürfnis nach unbedingter Gewißheit jenes Wissenschaftsideal bedingte, das durch den Anspruch absoluter Gewißheit gekennzeichnet ist und das *die Physikalisierung der Psychologie, die Geometrisierung der Physik und schließlich die Metaphysizierung der Geometrie* erzwingt. Als Descartes jedoch daran ging, seine Überzeugungen zu systematisieren und kritisch zu fundieren, mußte ihm klar werden, daß das von ihm verfolgte Ziel einer rationalen Praxis eine bestimmte Wissenschaftskonzeption voraussetzt und daß diese einer metaphysischen Legitimierung bedarf.[39]

Damit wird allerdings schon auf die entwickelte Form des Systems vorgegriffen, die dem jungen Descartes höchstens vage vor Augen stand, sagt er doch von seinen wissenschaftlichen Anfängen: „Vor allem fand ich an den mathematischen Wissenschaften wegen der Sicherheit und Klarheit ihrer Gründe Gefallen; doch bemerkte ich ihren wahren Nutzen noch nicht" (Discours I; AT VI, 7). Daß die Idee der Einheit von Wissen und Handeln, das, was Descartes *sagesse* nennt und worunter er „nicht nur die Klugheit im täglichen Leben" versteht, „sondern ein vollkommenes Wissen all der Dinge, die der Mensch erkennen kann, sowohl um eine Regel für sein Leben zu haben, wie um seine Gesundheit zu erhalten, wie um alle Künste zu erfinden" (Princ., Préf.; AT IX/2, 2), *als Ziel* erst am Ende des systematischen Aufbaus erreicht wird, schließt aber nicht aus, daß sie *als Motiv* schon an seinem Anfang stand. Einen Hinweis auf das Vorhandensein dieses Motivs beim jungen Descartes gibt auch Baillet, wenn er erklärt, die verlorene Schrift *Studium bonae mentis* hätte „Betrachtungen über unser Bedürfnis nach Erkenntnis, über die Wissenschaften, über die Anlagen des Geistes zum Lernen, über die Ordnung, die man beobachten muß, um die Weisheit zu erwerben, das heißt die Wissenschaft mitsamt der Tugend, indem man die Funktionen des Wissens mit denen des Verstandes verbindet" (Baillet II, S. 406), enthalten. Eine Verbindung zwischen dieser bald nach 1620 entstandenen unvollendeten Schrift und gewissen Passagen der *Regeln zur Leitung des Geistes* wird angedeutet durch den auch in der letzteren verwendeten Ausdruck „bona mens", der in den *Regeln* mit der Universalwissenschaft identifiziert wird (AT X, 360). Descartes warnt in den Ausführungen zur ersten Regel zwar ausdrücklich davor, sich in der Forschung von Nützlichkeitserwägungen im Hinblick auf praktische Vorteile oder auf die Genugtuung in der Betrachtung der Wahrheit leiten zu lassen, weil die Konzentration auf diese an sich durchaus legitimen Ziele zur Vernachlässigung von unmittelbar nicht praktisch anwendbaren theoretischen Zusammenhängen führen kann. Er verliert aber die Beziehung der Theorie auf die Praxis im allgemeinen darüber nicht aus den Augen. „Wer ernsthaft die Wahrheit der Dinge erforschen will", erklärt er im Zusammenhang der ersten der Regeln zur Leitung des Geistes, „darf sich nicht für irgendeine besondere Wissenschaft entscheiden, denn alle Wissenschaften hängen untereinander im Sinne wechselseitiger Abhängigkeit zusammen. Er muß nur daran denken, das natürliche Licht der Vernunft zu entwickeln, nicht um dieses oder jenes Schulproblem zu lösen, sondern damit sein Verstand bei jedem praktischen Anlaß seinem Willen zeigt, welche Entscheidung getroffen werden muß" (AT X, 361).

Der Zusammenhang von „bon sens" und Praxis kommt auch im *Discours de la Méthode* deutlich zum Ausdruck. Dort wird der *bon sens* als Vermögen der Unterscheidung von wahr und falsch bestimmt (AT VI, 2) und dieses Vermögen auf die Erreichung größtmöglicher Sicherheit im Handeln und im Leben im allgemeinen bezogen. Descartes schreibt rückschauend, er habe immer ein stark ausgeprägtes Bedürfnis gehabt, „das Wahre vom Falschen unterscheiden zu lernen, um in bezug auf seine Handlungen klar zu sehen und mit Sicherheit in diesem Leben voranzuschreiten" (AT VI, 10). Den Weg zur gesicherten Erkenntnis und indirekt zur gesicherten Praxis weist die Methode. Schon 1619 notierte Descartes, daß er bemerkt habe, wie er nach bestimmten Regeln vorging, wenn er versuchte, ohne irgendeinem Autor zu folgen, selbständig zu Entdeckungen zu gelangen (AT X, 212). Hieran erinnerte er sich, als er die „Regeln zur Leitung des Geistes" niederschrieb. So wie er verfahren war, als er noch jung war, so verfuhr er auch zehn Jahre später, als ihn längere Erfahrung zur Auffindung von Regeln geführt hatte, deren er sich zum Zweck weiterer Entdeckungen bediente (AT X, 403).

Da aber das Ideal einer rationalisierten und deshalb optimalen Praxis nicht direkt, sondern nur mit den Mitteln der philosophischen und der wissenschaftlichen Erkenntnis realisiert werden kann und da diese einer durchgreifenden Reform bedarf, wie Descartes überzeugt war, muß für die Zeit der Rekonstruktion der Philosophie und der Wissenschaft dafür gesorgt werden, daß der praktische Bereich, für den definitive Regelungen noch nicht zur Verfügung stehen, wenigstens provisorisch so weit reguliert wird, daß ein Minimum an Rationalität gesichert, d.h. die völlige Irrationalität des Verhaltens und Handelns verhindert wird.

3. *Die provisorische Moral*

Der letzte Grund der theoretischen Bemühungen des Philosophen, deretwegen er „Vater der modernen Philosophie" genannt wird, war also ein Anliegen der Praxis, der Lebensgestaltung, der Ethik im allgemeinsten Sinne. Der Philosoph suchte Wahrheit nicht um ihrer selbst willen, [40] auch nicht aus purer intellektueller Neugierde – mag auch dieses Motiv nicht bedeutungslos gewesen sein –, sondern als Mittel zur Bewältigung praktischer Aufgaben.[41]

In dieser Haltung zeigt sich als wesentliche Komponente des Cartesianischen Weltbildes der Glaube an die Fähigkeit und an die Berechtigung – vielleicht sogar: an die Pflicht – der Vernunft, die Praxis zu bestimmen. Dieser Glaube ist kennzeichnend für jene Weise der Lebensführung, die man (in Anlehnung an die Bezeichnung „Pythagoreios bios") „vita cartesiana" nennen könnte. Damit würde dem Ausdruck „cartesianisch" eine Bedeutungsdimension wiedererschlossen, die allzu leicht außer acht gelassen wird, da Descartes zumeist nur als der Bahnbrecher einer neuen Wissenschaft und einer vorgeblich an dem Modell des mathematisch-naturwissenschaftlichen Denkens orientierten neuen Metaphysik gewürdigt wird, d.h. als Begründer einer neuen Methode, die auf neuen Wegen zu neuen Horizonten vorstößt, kaum aber als Vertreter eines neuen Lebensgefühls; und dennoch ist seine Bedeutung in dieser Richtung schwerlich geringer als im theoretischen Bereich, bestimmt sie doch die große Traditionslinie über die fortschrittsgläubige rationalistische Aufklärung bis zum Comteschen Positivismus und vielen späteren Vertretern dieser Richtung.

Der Glaube an die Vernunft als praktische Vernunft bzw. an die Möglichkeit einer rationalen Praxis sollte aber nicht als Ergebnis einer vorrationalen Entscheidung erscheinen, sondern selbst wieder rational gerechtfertigt werden können. Daher stellte sich Descartes die Aufgabe, die praktische Kompetenz der Vernunft aufzuweisen, was er dadurch zu leisten versuchte, daß er die Annahme der wesentlichen Rationalität der Wirklichkeit als solcher aus Voraussetzungen abzuleiten trachtete, die durch Analyse der Erfahrung gewonnen werden.[42]

Bevor aber die Kompetenz der Vernunft zur Lenkung der Praxis geprüft werden konnte, war es nach Descartes' Ansicht notwendig, provisorische Verhaltensregeln aufzustellen. Die Notwendigkeit dazu ergibt sich daraus, daß die theoretische Kritik alle Grundsätze in Frage stellen soll, das Leben selbst aber gewisser Richtlinien bedarf, die infolgedessen von der Kritik auszunehmen sind. Die Sichtung aller seiner Überzeugungen zum Zweck der Ausschaltung nicht nur des Falschen, sondern auch des Unsicheren und Zweifelhaften, die Descartes vorschwebt, ist riskant, denn es steht nicht von vornherein fest, ob sich nicht alles entweder als falsch oder als zweifelhaft und damit als unhaltbar erweisen wird. Würden einem solchen Verfahren auch die praktischen Überzeugungen unterworfen, so stünde man am Ende dieses Scheidungsprozesses möglicherweise vor dem Nichts und wäre schrankenloser theoretischer und praktischer Skepsis ausgeliefert. Der Zusammenbruch der praktischen Überzeugungen ist sogar noch wahrscheinlicher als der der theoretischen, weil für die Praxis in viel höherem Grade gilt, was Descartes von den theoretischen Ansichten annahm, daß sie nämlich fast sämtlich ungeprüft übernommen werden und daher bestenfalls eine gewisse Wahrscheinlichkeit, niemals aber die geforderte Gewißheit beanspruchen dürfen.

Für die Zeit des Neubaus (das Bild vom Bau eines Hauses[43] ist Descartes in diesem Zusammenhang geläufig) bedarf man also einer Notunterkunft; anders und ohne Bild gesprochen: Die Reform, die Descartes unternehmen wird, bezieht sich nur auf die Grundsätze der Wissenschaft und der mit wissenschaftlichem Anspruch auftretenden Moral, während die alltägliche Praxis von ihr zunächst nicht berührt erscheint, obwohl sie schließlich indirekt in die Reform einbezogen wird. Vor allem aber wird die Reform der Wissenschaft Konsequenzen für das Ideal einer rationalen Praxis als solches haben, sofern sie das Ziel, den Menschen zum Herrn der außermenschlichen wie der – sowohl physischen als auch psychophysischen – menschlichen Natur als vernünftig und mit vernünftigen Mitteln erreichbar zu rechtfertigen gestatten wird.

Um während der Zeit der Umorientierung, wenn alle theoretischen Überzeugungen ausgeklammert bleiben, nicht praktisch orientierungslos sein zu müssen („um nicht in meinen Handlungen unentschlossen zu bleiben", wie es im Discours III; AT VI, 22 heißt), entwirft Descartes eine vorläufige Moral, bestehend aus wenigen Regeln, von denen offensichtlich die erste dem angegebenen Zweck, der äußerlichen Weiterführung des gewohnten Lebens während der Reform der theoretischen Überzeugungen, in besonderer Weise angepaßt ist.

Diese *erste* Regel fordert nämlich möglichst vollständige Anpassung an das praktische Verhalten, an die Sitten und an die religiösen Gebräuche der Umgebung. Sie löst also das Problem in ausgesprochen konformistischer Weise.

Die *zweite* Regel kann „Regel der Entschlossenheit" genannt werden, denn sie fordert, einem einmal gefaßten Entschluß, und wäre er auch ohne einsichtige Gründe zustande gekommen, so lange treu zu bleiben, als nicht klare Gegengründe seine Revision erforderlich machen.

Die *dritte* soll „Regel der stoischen Grundhaltung" heißen; sie stützt indirekt den Konformismus der ersten, sofern sie verlangt, die eigenen Ansprüche angesichts von Umweltgegebenheiten, die nicht in unserer Macht stehen, zurückzustellen; mit Descartes' Worten: „lieber *mich* zu besiegen als das Schicksal und lieber meine Wünsche als die Ordnung der Welt zu ändern" (Discours III; AT VI, 25).

Betrachtet man diese Maximen mit unvoreingenommenem Blick, so dürfte sich zunächst der Eindruck einstellen, daß sich Descartes ziemlich unverhohlen zu einer konformistischen Grundhaltung bekannte. In der Tat hat er gelegentlich ausdrücklich versichert, seinem Temperament entspreche es nicht, gegen den Wind zu segeln. Descartes scheint den Konformismus auf die Spitze zu treiben, wenn er erklärt: „Ich vermag daher keineswegs die sprudelnden und unruhigen Launen der Menschen zu billigen, die, weder durch ihre Geburt noch durch das Geschick zur Handhabung der öffentlichen Angelegenheiten berufen, trotzdem es sich nicht versagen können, sich wenigstens in Gedanken mit irgendeiner neuen Reform zu befassen; und wenn ich dächte, daß das Geringste in dieser Schrift enthalten sein möchte, das mich dieser Torheit verdächtigen könnte, so würde es mir sehr leid tun, ihre Veröffentlichung geduldet zu haben" (Discours II; AT VI, 15).

Der scheinbare Konformismus könnte Descartes allen jenen in ungünstigem Licht erscheinen lassen, deren Sympathie eher dem kämpferischen Geist des Nonkonformisten als dem Geist willfähriger Anpassung gilt. Darüber hinaus liegt der Einwand nahe, es könne Descartes mit seinem Streben nach rationaler Lenkung der Praxis nicht sehr ernst gewesen sein, wenn diese Forderung schon durch Befolgung konformistischer Maximen zu befriedigen war. Bedeutet Konformismus nicht Kapitulation gegenüber den nun einmal vorhandenen Zuständen? Ist er nicht das Gegenteil der geforderten Orientierung des Verhaltens und Handelns an der Vernunft? Auf den ersten Blick wird man sicher geneigt sein, eine bejahende Antwort zu geben.

Nichtsdestoweniger wäre es falsch, in Descartes einen Konformisten im landläufigen Wortsinn sehen zu wollen. Seine provisorische Moral empfiehlt nämlich nicht Anpassung an die bestehenden Verhältnisse aus Passivität, sondern lediglich als Mittel der wissenschaftlichen Reform, die so sehr alle geistigen Energien absorbiert, daß es unmöglich wird, gleichzeitig Reformen im Bereich der Praxis ins Auge zu fassen. Weil aber die wissenschaftliche Reform auf weitere Sicht praktische Konsequenzen, letzten Endes auch soziale Konsequenzen haben soll, ist der in den Maximen des III. Teils des *Discours* empfohlene Konformismus ebenso provisorisch wie die dort entwickelte Moral. Wenn man den „Konformismus" Descartes' richtig beurteilen will, so muß man sich vergegenwärtigen, daß das Ziel einer rational gelenkten Praxis vorerst für den Philosophen noch in weiter Ferne lag und – wenn überhaupt – erst nach langer gedanklicher Arbeit erreichbar sein konnte. Wenn daher Richtlinien des Verhaltens aufgestellt werden, können sie *vor* der theoretischen Grundlegung, die die Berechtigung der Vernunft zur Lenkung der Praxis erweisen soll, nicht aus dem theoretischen Bereich stammen; und wenn man nicht der Willkür des momentanen Für-richtig-haltens unterworfen bleiben will, scheint sich kein anderer Halt für die Gleichförmigkeit der Entscheidungen zu bieten als der Rahmen der sozialen Ordnung, die man gerade vorfindet.

Die von der provisorischen Moral geforderte konformistische Anpassung an die bestehenden Ordnungen ist aber nicht nur vorläufig, sie soll auch nicht nur die für die als vordringlich erachteten Forschungen nötige Ungestörtheit sichern, sie ist vielmehr überhaupt nur zu verstehen, wenn man sie auf eine später zu konzipierende endgültige Moral bezieht, eine Moral, deren Grundzug die völlige Abhängigkeit der Praxis von rationalen Kriterien sein soll: „Ganz abgesehen davon, daß die drei obigen Maximen nur auf meiner Absicht beruhten, mich selbst weiter zu belehren . . ., hätte ich nicht geglaubt, mich mit den Ansichten anderer einen Augenblick zufrieden geben zu dürfen, wenn ich mir nicht vorgenommen hätte, mein eigenes Urteil zu brauchen, um sie, wenn es an der Zeit, zu prüfen . . . Schließlich hätte ich es auch weder verstanden, meine Wünsche einzuschränken noch zufrieden zu sein, wenn ich nicht einen Weg verfolgt hätte, auf dem ich des Erwerbs aller der Erkenntnisse sicher zu sein glaubte, deren ich fähig wäre, und ich glaubte, auf demselben Wege der Erwerbung aller wahren Güter sicher zu sein, die jemals in meiner Macht sein würden" (Discours III; AT VI, 27 f.).

Durch diesen Gesichtspunkt, der zweifellos den drei Maximen der provisorischen Moral überzuordnen ist und sie relativiert, wird deutlich, daß die vorläufige Moral nicht nur dazu dient, Descartes die zum Forschen unentbehrliche Ruhe zu gewährleisten; sie ist vielmehr in letzter Instanz ein Mittel zur Verwirklichung des praktischen Ziels, das dem Cartesianismus zugrunde liegt. Die Maximen der provisorischen Moral heben den moralisch-praktischen Anspruch der Vernunft keineswegs auf, sondern stellen ihn nur für einen späteren Augenblick zurück; was als Konformismus erscheint, ist nur vorläufiger, nicht endgültiger Verzicht auf autonome Vernunftbestimmung, und als solcher Mittel, um das Ziel des vernunftbestimmten Handelns zu erreichen.

Allerdings muß schon hier darauf hingewiesen werden, daß auch nach erfolgter systematischer Grundlegung und selbst nach teilweiser Ausarbeitung der Details des wissenschaftlichen Systems der Konformismus des Philosophen nicht völlig verschwindet. So schreibt er Jahre nach Veröffentlichung des *Discours* an Prinzessin Elisabeth von der Pfalz: „Was mich anbetrifft, bestand die Maxime, die ich in meiner gesamten Lebensführung am sorgfältigsten beachtete, darin, lediglich dem großen Weg zu folgen ..." (an Elisabeth, Egmond, Januar 1646; AT IV, 357). Es läßt sich nicht bestreiten, daß Descartes in bezug auf seine Person auch noch im Alter vornehmlich konformistisch eingestellt war, was die sozialen, politischen und religiösen Verhältnisse anbelangt; und wenn dieser Konformismus auch nach der Vollendung des Systems, das zur Rationalisierung der Praxis führen sollte, immer noch feststellbar ist, so muß entweder angenommen werden, daß Descartes' Bereitschaft zur Anpassung an die äußeren Umstände in seinem Charakter angelegt war oder aber daß sich der Glaube an die Macht der Vernunft, von dem er ausgegangen war, nicht in seiner ursprünglichen Form aufrecht erhalten ließ. Davon wird noch die Rede sein.

4. Das Ideal der Entschlossenheit

Die provisorische Moral ist nichts anderes als ein System von Aushilfen für den Zustand *vor* der theoretischen Begründung des praktischen Rationalismus. Für Descartes soll sich die Ratio als einzige Instanz erweisen, die das praktische Verhalten zu sichern vermag; diese Instanz kann aber so lange nicht angerufen werden, als die kritische Begründung ihres Anspruchs noch aussteht. Daher muß sich das praktische Verhalten zunächst anderweitig orientieren. Insbesondere muß die Gefahr ständigen entschlußlosen Schwankens vermieden werden, die als Folge einer auch auf die Praxis ausgedehnten Skepsis kaum vermeidbar wäre. Hinsichtlich des Handelns kann nämlich die Zurückhaltung des Urteils, die im theoretischen Bereich als Mittel gegen den Irrtum eingesetzt wird, nicht zur Anwendung kommen, da die Ansprüche der Praxis, des gewöhnlichen Lebens, bestehen bleiben und Befriedigung erheischen, auch wenn infolge der noch ausstehenden theoretischen Klärung rationale Richtlinien für die Entscheidung nicht angegeben werden können. Selbst wenn daher angesichts einer zu treffenden Entscheidung keine Gründe für die eine oder andere Richtung auffindbar zu sein scheinen, muß gehandelt werden, da die Selbstbehauptung in der Wirklichkeit es unumgänglich macht. Sofern Untätigkeit unter Umständen gefährlicher ist als ein beliebiges Handeln, muß der Entschluß zum Handeln auch dann als vernünftig gelten, wenn keine Möglichkeit besteht, Handlungsweisen als richtig zu erkennen. Descartes empfiehlt aber keineswegs einen irrationalen Dezisionismus, sondern es geht um die Durchsetzung eines Minimums an Rationalität in einer im Hinblick auf die Zweck-Mittel-Zusammenhänge undurchsichtigen Situation. Wenn aber Handeln in gewissen Situationen besser ist als Untätigkeit, gleichzeitig jedoch die Entscheidung über die Richtigkeit einer bestimmten Handlungsweise offen bleiben muß, dann kann sich der Entschluß zum Handeln nur unter der Bedingung positiv auswirken, daß die einmal gewählte Richtung des Handelns beibehalten wird, selbst wenn für die getroffene Wahl ursprünglich nicht mehr Gründe sprachen als für eine andere, die ebenfalls möglich schien. In dieser Haltung besteht die *Entschlossenheit,* die die provisorische Moral kennzeichnet. Entschlossenheit bedeutet, bei einer einmal gefaßten Entscheidung zu beharren in dem klaren Bewußtsein ihrer möglichen objektiven (aber im Augenblick subjektiv nicht feststellbaren) Falschheit. Demgemäß fordert die „Regel der Entschlossenheit", wie sie oben genannt wurde, „so fest und so entschlossen in meinen Handlungen zu sein, als ich nur konnte, und auch den zweifelhaftesten Ansichten nicht weniger beständig zu folgen, wenn ich mich einmal dafür bestimmt haben würde, wie wenn sie ganz sicher gewesen wären. Ich ahmte hierbei die Reisenden nach, die, wenn sie sich in einem Walde verirrt finden, nicht umherirren dürfen, indem sie sich bald nach der einen, bald nach der anderen Seite wenden, noch auch viel weniger an einer Stelle verharren dürfen, sondern stets so gerade wie nur möglich in einer und derselben Richtung schreiten müssen, die sie aus schwachen Gründen nicht abändern dürfen, wenngleich es vielleicht zu Beginn der Zufall gewesen ist, der sie bestimmt hat, eben diese zu wählen" (Discours III; AT VI, 24).

In der Regel der Entschlossenheit kommt die Einsicht zum Ausdruck, daß die Unentschlossenheit eine so große Gefahr ist, daß das entschlossene Festhalten an einer „unter Unsicherheit" getroffenen Entscheidung als vernünftig erscheint.[44] Es handelt sich also nicht um unbeschränkten praktischen Irrationalismus, sondern um den Versuch, in einer Situation, in der gesichertes Wissen nicht zur Verfügung steht, ein Minimum an Rationalität durchzusetzen. An dem Ideal einer rational gelenkten Praxis gemessen erscheint das der Regel der Entschlossenheit entsprechende Verhalten freilich als riskant; verglichen mit der grundsätzlichen Unentschlossenheit aber stellt es einen ersten Schritt in Richtung auf die rationale Determination dar. „So ist es denn, da die Tätigkeiten unseres Lebens häufig keinen Verzug leiden, eine ganz gewisse Wahrheit, daß wir, wenn es nicht in unserer Macht steht, die wahrsten Meinungen zu unterscheiden, stets den wahrscheinlichsten folgen müssen. Selbst wenn wir in den einen nicht die geringste überwiegende Wahrscheinlichkeit vor den anderen finden, müssen wir uns trotzdem für die einen entscheiden und sie danach nicht mehr als zweifelhaft betrachten, insofern sie sich auf die Praxis beziehen, sondern als ganz wahr und gewiß, weil der Grund, der sich uns für sie hat entscheiden lassen, sich als gewiß erweist. Auf diese Weise lernte ich nun von der Zeit an, mich von aller Art Reue und Vorwürfen freizumachen, die für gewöhnlich das Gewissen der schwachen und schwankenden Geister aufregen, wenn diese sich in ihrer Unbeständigkeit gehen lassen, die Dinge zu tun in dem Glauben, sie seien gut, um sodann zu erkennen, daß sie schlecht sind" (Discours III; AT VI, 25).

Da diese Maxime nur unter der Bedingung Gültigkeit hat, daß das Ideal des objektiv-richtigen Handelns noch nicht erreicht ist, erweist sich die provisorische Moral auch und gerade im Hinblick auf die Entschlossenheit als vorläufig. Sie ist das einzige *vor* der Begründung des Systems der Wissenschaften verfügbare Mittel, um dem Sicherheitsbedürfnis so gut als irgend möglich entgegenzukommen. Das entwickelte System erst soll dazu verhelfen, aus der Entschlossenheit zum Risiko eine prinzipiell risikolose Entschlossenheit zu machen. Die Metaphysik soll die Vernünftigkeit der Wirklichkeit als Bedingung der Übereinstimmung von evidenten Urteilen mit den entsprechenden Wesensstrukturen der Wirklichkeit erweisen und damit die Annahme rechtfertigen, daß richtiges Handeln auf Grund adäquater Erkenntnis der relevanten Faktoren der Handlungssituation grundsätzlich möglich ist.

Das Moment des Risikos, das mit Handlungen verbunden zu sein pflegt, läßt sich somit unter Descartes' Voraussetzungen eliminieren. Dies gilt allerdings nur im Idealfall der vollständigen Erkenntnis aller für eine Handlung relevanten Bedingungen. Wenn sich faktisch niemals alle Bedingungen vollkommen durchschauen lassen und deshalb die Folgen von Entscheidungen nicht mit Sicherheit vorhersagbar sind, so ist dies nur eine Konsequenz der Beschränktheit unserer Kenntnisse und berührt daher die prinzipiell anzuerkennende Isomorphie von vernünftiger Einsicht und Wirklichkeitsstruktur nicht.

Wenn der provisorische Charakter der Regel der Entschlossenheit im III. Teil des *Discours* behauptet wird, so wird damit zugleich allen jenen widersprochen, die in dieser Regel den Ausdruck eines definitiven Verzichts auf vollkommene Erkenntnis praktischer Zusammenhänge erblicken zu können meinen.[45] Descartes hat nicht nur, wie gesagt, mit dieser Regel ein Minimum an Rationalität bei Handlungen in undurchsichtigen Situationen sichern wollen, sondern er wollte diese Regel auch nur in undurchsichtigen Situationen angewandt sehen. Sobald die Bedingungen, unter denen eine Handlung erfolgen soll, erkannt sind, wird die Forderung der Entschlossenheit im Sinne der Maximen von 1637 hinfällig, da die mit den Mitteln der Metaphysik als objektiv gültig erwiesenen Sätze der Wissenschaft die Bestimmung des jeweils Richtigen ermöglichen. Deshalb wird nach der intellektuellen Reform, die in dem durch die provisorische Moral geschaffenen praktischen Freiraum vor sich gehen soll, nicht nur die Maxime der Entschlossenheit, sondern die provisorische Moral als ganze prinzipiell hinfällig, wenn es auch faktisch infolge der Beschränktheit unseres Erkenntnisvermögens meist nötig bleibt, im Sinne der Regel der Entschlossenheit zu handeln.

5. *Descartes' Konformismus*

Unter dem Gesichtspunkt der Genese des Cartesianischen Rationalismus kommt der Frage, ob und inwieweit sich Descartes selbst an die Maximen der provisorischen Moral gehalten hat, ein gewisses Interesse zu. Um sie beantworten zu können, müssen die wichtigsten Ereignisse aus Descartes' Leben nach seinem Ausscheiden aus dem Militärdienst in Erinnerung gerufen werden:

Obwohl sich Descartes 1619 entschieden hatte, Wissenschaftler zu werden, ist nicht anzunehmen, daß er damals schon eine klare Vorstellung von dem Weg hatte, den er konkret einschlagen wollte (vgl. Baillet I, 85f.). Immerhin scheint er nicht mehr an die militärische Laufbahn gedacht zu haben. Baillet berichtet zwar von weiteren kriegerischen Abenteuern, insbesondere von Descartes' Teilnahme an der Schlacht am Weißen Berg; doch sind die Ansichten über die Glaubwürdigkeit dieser Berichte geteilt.[46] Die Schlacht am Weißen Berg fand am 8. November 1620 statt. Unter dem Datum des 11. November 1620 findet sich in Descartes' Tagebuch die Eintragung: „Am 11. November 1620 begann ich die Grundlage einer erstaunlichen Entdeckung zu begreifen" (AT X, 179). Soll man wirklich annehmen, daß Descartes in dieser bewegten Phase des Feldzuges Zeit und Ruhe für wissenschaftliche Entdeckungen welcher Art auch immer (denn was das Inventum mirabile gewesen sei, läßt sich nicht mit hinreichender Sicherheit feststellen[47]) fand? Es ist zweifellos wahrscheinlicher, daß er in diesem Augenblick bereits das Heer verlassen hatte und sich seinen Forschungen widmete.

Descartes kehrte nach Frankreich zurück, ohne jedoch vorerst zu einem ruhigen Leben zu gelangen. Schon 1624 finden wir ihn wieder auf Reisen, und zwar in Italien, in Rom, Venedig, Florenz; ob er aber wirklich die seinerzeit in Deutschland gelobte Wallfahrt nach Loreto unternommen hat, steht nicht fest. Jedenfalls kann ihn Italien nicht fesseln, so wie es später Holland tun sollte, obwohl die Apenninenhalbinsel damals berühmte Gelehrte besaß, allen voran den berühmtesten Naturwissenschaftler der Zeit, Galilei, den Descartes jedoch nicht persönlich kennenlernte. Aber in Italien übte auch die Inquisition den stärksten Einfluß aus, und obwohl der Galilei-Prozeß erst etwa zehn Jahre später stattfand, mochte es genügen, an das Beispiel des Giordano Bruno zu denken, der 1600 in Rom auf öffentlichem Platz verbrannt worden war, um Descartes einen längeren Aufenthalt in Italien unangebracht erscheinen zu lassen. Unter den in Italien herrschenden Verhältnissen konnte sich ein Mann, der sich den fortschrittlichen Theorien der Naturwissenschaft verpflichtet wußte, nicht am Platze fühlen, und der Galilei-Prozeß sollte nur zu sehr Descartes' Abneigung gegen das Leben in einem von der Inquisition kontrollierten Lande rechtfertigen.

1625 bis 1627 hielt sich Descartes in Paris auf, wo er viele Kontakte zu bedeutenden Zeitgenossen unterhielt. Wichtig wurde die Begegnung mit dem Kardinal Bérulle anläßlich einer Debatte in kleinem Kreis, bei der Descartes, wie Baillet berichtet, einen nachhaltigen Eindruck auf den Kardinal machte. Dieser Eindruck war so tief, daß Bérulle den Philosophen auf sein Gewissen verpflichtete, sich der Wissenschaft bzw. der Philosophie zu widmen, um eine grundlegende Reform des Denkens herbeizuführen. Offenbar hatte der Kardinal den Eindruck gewonnen, daß die Prinzipien, die Descartes anwandte, mit den Interessen der Kirche nicht nur vereinbar waren, sondern ihnen sogar entgegenkamen, sofern die sich abzeichnende neue Philosophie, besser als die erstarrte Scholastik, auch den Ansprüchen der modernen Naturwissenschaft, deren Eigenständigkeit sich immer deutlicher zu äußern begann, gerecht werden konnte.

Versuche, sich den Freunden zu entziehen, um die für die wissenschaftliche Arbeit nötige Zeit zu finden, scheiterten. Aber das wäre allenfalls ein Grund gewesen, Paris, nicht aber Frankreich selbst zu verlassen. Dennoch begibt sich Descartes nach einem kurzen Besuch 1628 im Frühling 1629 endgültig nach den Niederlanden. Man wird annehmen können, daß sich Descartes in Holland größere Unabhängigkeit als in Frankreich zumindest erhoffte; aber worin sollte diese Unabhängigkeit bestehen? Handelte es sich um weltanschauliche Unabhängigkeit? Dazu wurde bemerkt, daß die Inquisition in Frankreich ebensowenig existierte wie in Holland; die religiöse Intoleranz erwies sich zudem in Holland als ebenso groß, wie sie in Frankreich hätte sein können. Trotzdem kann als sicher gelten, daß die Niederlande ein ausgeglicheneres geistiges Klima zu bieten versprachen als das Frankreich Ludwigs XIII. und des Kardinals Richelieu. Wenn wir Descartes Glauben schenken dürfen – und warum sollten wir es nicht? –, spielte bei seiner Übersiedelung freilich auch der Wunsch eine Rolle, sich von den zahlreichen Bekannten zu lösen, die ihn in Frankreich von seinen Aufgaben abzulenken drohten (Discours III; AT VI, 31), wobei allerdings das Mißverständnis vermieden werden muß, als wäre Descartes in Holland zu einem menschenflüchtigen Einsiedler geworden. Entscheidender noch war die Sympathie, die Descartes den Verhältnissen Hollands entgegenbrachte. Aus den Äußerungen, die der Philosoph im *Discours* über die Niederlande macht, hört man deutlich die Wertschätzung heraus, die er noch 1637, dem Jahr der Veröffentlichung dieses Werkes, seinem Gastland entgegenbringt: „So zog ich mich hierher zurück, in ein Land, wo die lange Dauer des Krieges derartige Ordnungen zustande gebracht hat, daß die dort unterhaltenen Heere nur dazu zu dienen scheinen, daß man die Früchte des Friedens mit um so größerer Sicherheit genießt. Hier konnte ich, unter der

Menge eines großen, außerordentlich tätigen Volkes, das sich mehr um seine eigenen Angelegenheiten kümmert, als neugierig auf die anderer schaut, ohne daß mir eine der Annehmlichkeiten fehlte, die es in den größten Städten gibt, ebenso einsam und zurückgezogen wie in den entferntesten Wüsten leben" (Discours III; AT VI, 31). Die Verhältnisse in Holland sind also derart, daß der Philosoph den Eindruck gewinnt, unter ihnen die in der provisorischen Moral geforderte Anpassung an die Umwelt am ehesten verantworten zu können, weil sie ihm vernünftiger schienen als die Verhältnisse in anderen Ländern. Daß nicht Schwäche das Motiv seines Verhaltens war, zeigt eine kleine Episode aus dem Jahr 1621, in der sich Descartes als äußerst entschlossen erwiesen hatte. Auf einer Seereise von Kopenhagen nach Holland wollten ihn die Matrosen umbringen und ausrauben, Descartes konnte sie aber allein durch sein entschlossenes Auftreten in Schach halten (Baillet I, 102f.).

In den Niederlanden hatte Descartes keinen festen Wohnsitz, sondern wechselte seinen Aufenthaltsort des öfteren. Er beschäftigte sich mit Mathematik, Physik, Anatomie gemäß den Grundsätzen seiner Methode in dem unvollendeten und zu seinen Lebzeiten unveröffentlicht gebliebenen Werk *Regulae ad directionem ingenii* und skizzierte 1629/30 einen kurzen Abriß seiner Metaphysik. In einem Briefe an Mersenne, in dem er von diesen Arbeiten spricht, versichert er, die ersten neun Monate in Holland ausschließlich metaphysischen Fragen gewidmet zu haben (an Mersenne, Amsterdam, 15.4.1630; AT I, 144).

Mit dem von den Maximen der provisorischen Moral empfohlenen Konformismus läßt sich Descartes' Verzicht auf die Veröffentlichung der ersten systematischen Darstellung seines Weltbildes, die unter dem Titel *Le Monde ou Traité de la lumière* erscheinen sollte und die 1633 abgeschlossen war, in Verbindung bringen. Der Grund für die Zurückziehung der gegenüber Mersenne schon seit langem angekündigten Abhandlung war der nachhaltige Eindruck, den der Prozeß gegen Galilei auf Descartes machte und der so stark war, daß man geradezu von einem Schock sprechen kann. Descartes hatte sich, wie Galilei, von der Richtigkeit des heliozentrischen Weltbildes überzeugt und auf dieser neuen kosmologischen Konzeption auch seine Darstellung in *Le Monde* aufgebaut. Er mußte nun fürchten, daß seine Theorien ebenso als irrig abgelehnt werden würden wie diejenigen Galileis. Sein Entschluß stand rasch fest: *Le Monde* wurde nicht in Druck gegeben; es dauerte vier Jahre, bis Descartes zu Fragen der Kosmologie Stellung zu nehmen wagte, und auch dann tat er es nur in verklausulierter und modifizierter Form.

Wie nachhaltig die durch das Urteil von 1633 erzielte Wirkung bei Descartes war, läßt sich einem Brief an seinen geistlichen Freund Mersenne in Paris, seinen getreuen Mittelsmann zur gelehrten Welt Frankreichs, entnehmen, den er Ende November 1633 schrieb und in dem er sagte, er habe erfahren, daß Galileis „System der Welt" gedruckt, aber sofort in Rom verbrannt worden, sowie daß Galilei selbst zu einer Geldbuße verurteilt worden sei; das habe ihn sehr gewundert, und er habe sich entschlossen, seine Aufzeichnungen zu verbrennen oder sie wenigstens niemandem zu zeigen (an Mersenne [Deventer, Ende November 1633]; AT I, 270 f.). Selbst als Descartes erfuhr, daß die Kirche nichts gegen den *als Hypothese* vertretenen heliozentrischen Standpunkt einzuwenden habe, beschloß er, von dieser Möglichkeit einer Ausflucht keinen Gebrauch zu machen, wie er versichert. Erst in den *Principia Philosophiae* wagte er es wieder, in systematischer Weise zu kosmologischen Fragen Stellung zu nehmen. Baillet erklärt, es bedurfte erst des Beispiels anderer katholischer Wissenschaftler und Mathematiker, „denen das Dekret der Inquisition nicht so viel Furcht eingeflößt hatte wie ihm",[48] um seine Bedenken gegenüber einer Publikation seiner kosmologischen Theorien zu zerstreuen. Sicher geht die Annahme zu weit, daß wir wegen des niederschmetternden Eindrucks, den der Galilei-Prozeß auf Descartes machte, von nun an nicht mehr den wahren Descartes hören, sondern nur mehr den von der Kirche eingeschüchterten, sich mit Hilfe einer komplizierten Metaphysik tarnenden und seine wissenschaftlichen Überzeugungen nicht mehr offen auszusprechen wagenden Descartes.[49] Man wird jedoch einräumen müssen, daß der Philosoph übervorsichtig wurde, sein großes kosmologisches Werk unpubliziert ließ und noch im *Discours de la Méthode*, der Hinweise auf seine Kosmologie enthält, diese wie eine romanhafte Darstellung aufgefaßt wissen wollte. In diesem Verhalten äußert sich wohl ein Mangel an kämpferischer Gesinnung, nicht jedoch Feigheit. Viel eher kann von taktischer Zurückhaltung die Rede sein, die sich mit der Hoffnung verband, ohne einen kräftezehrenden Konflikt, wie ihn Galilei durchzustehen hatte, die neue Konzeption durchsetzen zu können. Descartes' Tendenz, der äußeren Konfrontation auszuweichen, ist Ausdruck seines Vertrauens in die Macht der Wahrheit, die nach seiner Überzeugung groß genug ist, um sich auch ohne den persönlichen Einsatz eines einzelnen durchzusetzen.

Obwohl Descartes' spätere Bemühungen, vor kirchlichen Instanzen, insbesondere der theologischen Fakultät in Paris, im Hinblick auf seine Dogmentreue bestehen zu können, übertrieben wirken, und obwohl die immer wiederkehrenden Beteuerungen seiner Orthodoxie, ja seiner Bereitschaft, sich in allen seinen Überzeugungen dem Urteil der Theologen zu beugen, manchmal ans Peinliche grenzen, haben wir kein Recht, die Ehrlichkeit dieser Versicherungen und die Anhänglichkeit des Philosophen gegenüber der Kirche in Zweifel zu ziehen. Sein Verhältnis zur Religion entspricht im Effekt der Annahme einer doppelten Wahrheit, wie es ganz deutlich im *Entretien avec Burman*, einer Art von Interview, das Descartes 1648 gab, zu lesen ist: „Und zweifellos darf die Theologie unseren Schlüssen, die wir in der Mathematik und bei anderen Wahrheiten anwenden, nicht unterworfen werden, da wir sie nicht begreifen können; und je einfacher wir sie uns bewahren, desto besser werden wir sie besitzen. Und wenn der Autor wüßte, daß jemand aus seiner Philosophie Schlüsse in bezug auf die Theologie ableiten und auf diese Weise seine Philosophie mißbrauchen würde, würde er seine Bemühungen bereuen" (AT V, 176). Die Frage, ob es Descartes mit dieser Position ernst war, d.h. ob er meinte, daß die religiösen Anschauungen definitiv der rationalen Erörterung entzogen seien, oder ob er sich der angedeuteten Argumentation aus taktischen Gründen bediente, gleichzeitig aber damit rechnete, daß eines Tages auch die religiösen Überzeugungen rationalen Kriterien zu unterwerfen sein würden, läßt sich nicht eindeutig beantworten. Man kann hier nur Vermutungen anstellen, und wie sich zeigt, hängt die Richtung, in der von verschiedenen Interpreten nach einer Antwort gesucht wurde, mehr von deren Einstellung als von objektiven Anhaltspunkten ab.

Auch in politischer Hinsicht dachte Descartes alles andere als revolutionär. Freilich hoffte er, daß seine Anschauungen sich nach und nach durchsetzen würden, und er muß zugleich gehofft haben, daß allmählich auch durch die neue Art zu denken eine Veränderung der bestehenden Verhältnisse herbeigeführt würde. Diese Form der Wirksamkeit ist die ihm gemäße, und man darf wohl sagen, daß die weitere Entwicklung ihm recht gab: Das Denken, das er repräsentierte, führte in der Aufklärung tatsächlich zu jener allseitigen Revolutionierung, die Descartes unmittelbar nicht auslösen wollte. Er setzte auf die langsam wirkende Macht des Gedankens und verzichtete persönlich so gut als möglich auf jede kämpferische Auseinandersetzung, so daß seine Anpassungswilligkeit, die zum Teil gewiß in seinem Charakter begründet lag, zugleich auch als Ausdruck seines Glaubens an die Überlegenheit der Wahrheit über jede andere Macht bzw. seiner Überzeugung von der Überlegenheit vernünftiger Evolution über die Revolution angesehen werden kann. Descartes war, wie manche Begebenheit zeigt, nicht feige; er mied nur, wenn möglich, den Kampf; seine Wirkung vollzog sich zunächst auf rein gedanklicher Ebene.

Mit diesen Einschränkungen wird man ihn politisch konservativ nennen müssen. Seine Ergebenheit gegenüber dem König von Frankreich kann nicht in Zweifel gezogen werden, ja, er ist von der Richtigkeit der monarchischen Regierungsform so sehr durchdrungen, daß er selbst Gott in seinem Verhältnis zur Welt in der Stellung eines absoluten Monarchen sehen wird. Da Descartes' philosophische Anschauungen scheinbar keine Berührung mit den politischen Grundlagen des Staates hatten, konnte es in diesem Bereich zu solchen Interferenzen, wie sie sich im religiösen zeigen, nicht kommen.

Von seiner politischen Vorsicht zeugt sein Verhalten im Jahre 1648 während seines letzten Aufenthaltes in Paris. Der Dreißigjährige Krieg war eben vorüber, in Frankreich braute sich gerade jenes politische Gewitter zusammen, das als Aufstand der Fronde bekannt ist. Descartes bedauerte sehr, unter diesen Umständen sein friedliches Holland verlassen zu haben, und beeilte sich, dem Schauplatz so unangenehmer Ereignisse zu entfliehen.

Descartes ' Neigung zum Konformismus in bezug auf die äußeren Verhältnisse schlug sich auch in seinem persönlichen Äußeren nieder. Er vermied es beinahe ängstlich aufzufallen. Kleidung, Haartracht, Wohnung, alles sollte sich innerhalb der allgemein tolerierten Grenzen halten. In manchem mutet seine Anpassungswilligkeit sogar etwas pedantisch an: Seine Kleider, so wünschte er, sollten nicht nach der letzten, sondern nach der vorletzten Mode angefertigt werden. Seine Perücke sollte der natürlichen Haarfarbe entsprechen, weshalb er von einem bestimmten Alter an darauf bestand, daß sie einige weiße Haarsträhnen enthielt.

Ohne Zweifel sprach er also die Wahrheit, wenn er 1646 erklärte, er habe sich stets bemüht, dem großen Weg zu folgen. Aber sein Konformismus war nur zum Teil Natur, Charakter, das heißt angeborene oder unbewußt angenommene Einstellung; zum anderen Teil war auch er schon *Methode,* da er nicht etwa träger Ruhe und Bequemlichkeit dienen sollte, sondern jene Ungestörtheit zu vermitteln bestimmt war, die Descartes für die unerläßliche Voraussetzung des schöpferischen Arbeitens hielt; und da seine Studien wiederum die Mittel bereitstellen sollten, durch die das Leben aller Menschen vernünftiger, das heißt in seinem Sinne: besser gemacht werden kann, ist der Konformismus nicht einfach Zurückweichen, Nachgeben, Resignieren, sondern der erste Schritt auf jenem Weg, der dem praktischen Ziel vernunftbestimmten Verhaltens näherbringen soll. In diesem Sinne ist der äußerliche Konformismus nicht Passivität, sondern erste Bedingung der Aktivität, wenigstens in den Augen Descartes'; ist er nicht zufälliges Sichtreibenlassen, sondern methodisch vorgenommene Konzentration auf jenen Bereich, innerhalb dessen allein an der Realisierung des ins Auge gefaßten Zieles gearbeitet werden kann.

Der Konformismus des Philosophen ist also zwar im Sinne der provisorischen Moral auch Mittel zur vorläufigen Sicherung des praktischen Verhaltens; er darf aber keineswegs bloß als Maßnahme oberflächlicher Anpassung an die Umgebung verstanden werden: Er ist vielmehr in erster Linie als notwendige Folge der vorläufigen Ausblendung der praktischen Zielsetzungen zugunsten der theoretischen Grundlegung anzusehen. Um die theoretischen Voraussetzungen der Wissenschaft und der an den Ergebnissen der Wissenschaft orientierten Praxis zu klären, stellte Descartes das praktische Programm zurück, um sich ausschließlich auf die theoretischen Grundfragen konzentrieren zu können. Der Entwicklung der theoretischen Philosophie kommt somit gegenüber der praktischen Philosophie ein zeitlicher Vorrang zu, obwohl die praktischen Ziele in ihr von Anfang an wirksam waren und auch durch die provisorische Beschränkung der Aufmerksamkeit auf das Feld der reinen Theorie nicht aufhörten, wirksam zu sein.

II. Die Methode der Cartesianischen Philosophie

1. Gewißheitspostulat und methodischer Zweifel

Das Programm einer vernünftigen, d.h. an gesicherten wissenschaftlichen Erkenntnissen orientierten Praxis bestimmte zwar den Aufbau des Cartesianischen Systems von Anfang an, konnte aber erst im Rahmen des Systems philosophisch gerechtfertig werden. Zum Zweck dieser Rechtfertigung, um die es Descartes wesentlich ging, mußte er zu zeigen suchen, daß die Vernunft erstens ein Vermögen absolut wahrer Wirklichkeitserkenntnis ist und daß sie zweitens praktisch zu werden vermag. Die erste Aufgabe, die sich demnach im Rahmen des Cartesianischen Programms stellt, besteht darin, die Möglichkeit unbedingt wahrer, d.h. nicht nur hypothetischer, sondern prinzipiell unkorrigierbarer, objektiv gültiger Urteile über Zusammenhänge der Wirklichkeit aufzuzeigen. Da offensichtlich nicht alle Urteile notwendig wahr sind, kommt es darauf an, ein Kriterium der Wahrheit im angedeuteten Sinn zu finden. Als dieses Kriterium betrachtete Descartes die Evidenz, durch die Urteile ausgezeichnet sein sollen, die nicht nur subjektiv unbezweifelbar sind, sondern zugleich auf der Einsicht in den beurteilten Sachverhalt beruhen. Evidente Urteile sind nach Descartes m.a.W. nicht nur (subjektiv) gewiß, sondern auch (objektiv) wahr, und Descartes bemühte sich um den Nachweis, daß unter Umständen subjektive und objektive Evidenz, unbedingte Gewißheit des Urteilens und notwendige Wahrheit des Urteils koinzidieren. Daß es diese Koinzidenz geben könne, hat Descartes vorausgesetzt. Tatsächlich muß es sie geben, wenn das Ideal einer absolut richtigen Praxis – und sei es auch nur als Ideal – als möglich gelten soll. Da Descartes von diesem Ideal ausging und da die angedeutete Erkenntniskonzeption notwendige Bedingung für dieses Ideal ist, mußte die rationalistische Auffassung der Erkenntnis – im Rahmen der Metaphysik bzw. der „Ersten Philosophie" – gerechtfertigt werden. Anders ausgedrückt: Der praktische Rationalismus ist nur unter Voraussetzung des theoretischen Rationalismus legitim; soll der erstere als gerechtfertigt gelten dürfen, so muß zunächst der letztere gerechtfertigt werden. Zwischen der Forderung einer vernunftorientierten und dadurch optimal gesicherten Praxis und dem Postulat der notwendigen Wahrheit unbedingt gewisser Urteile besteht demnach ein notwendiger Zusammenhang. Unter dem Gesichtspunkt der Systemgenese ist das praktische Programm das Erste, seine theoretische Rechtfertigung – mit allem, was dazu gehört, wie der Formulierung oberster, unbezweifelbar gewisser und notwendig wahrer Prinzipien mit Hilfe des methodischen Zweifels als Anwendungsfall des Gewißheitspostulats – das Zweite. Innerhalb des Begründungszusammenhangs ist dagegen die Erste Philosophie als Inbegriff der obersten Prinzipien grundlegend, die spezielleren philosophischen Disziplinen und deren Anwendung im praktischen Bereich aber das Spätere. Demgemäß versuchte Descartes, Urteile zu finden, die absolut gewiß und zugleich notwendig wahr sind, um mit ihrer Hilfe den Erkenntnisanspruch der Wissenschaften zu rechtfertigen und um schließlich die Unterwerfung des Handelns unter die Erkenntnis zu legitimieren.

Ausgangspunkt dieses Weges ist das natürliche Weltbild, oder genauer: ein Weltbild, das Descartes für das natürliche hielt. Dieses Weltbild läßt sich in seinem Sinne, wenn auch nicht mit seinen Worten, folgendermaßen charakterisieren: Wir finden uns in einer Welt von Dingen und Menschen vor, von deren denkunabhängiger Existenz wir instinktiv und daher zweifelsfrei überzeugt sind. Nicht nur das: Wir sind ebenso natürlich überzeugt, daß sie in Wirklichkeit so sind, wie sie uns erscheinen. Die Sinnesorgane werden für Apparate gehalten, die uns Abbilder einer an sich seienden Realität vermitteln, der wir unkritisch all die vielfältigen wahrgenommenen Eigenschaften, wie Farbe, Ausdehnung, Ton, Geruch, Geschmack, Glätte, Temperatur usw. zuschreiben. Unter diesen Gegenständen der Umwelt finden wir uns selbst als Gegenstand, nämlich als Körper unter Körpern, vor. Als ausgedehnter, d.h. materieller Gegenstand verhalten wir uns analog den anderen Gegenständen. Der Unterschied ihnen gegenüber besteht nur darin, daß wir uns zugleich unserer Zustände und unseres Verhältnisses zur Umwelt bewußt sein können. Innerhalb der gegenständlichen Welt gibt es gewisse Beziehungen, die sich von den jeweiligen Dingen, an denen man sie feststellt, ablösen und verselbständigen lassen, so insbesondere die Ausdehnungsverhältnisse, die wir messen und zahlenmäßig ausdrücken können. Mit diesen Verhältnissen haben es Geometrie, Arithmetik und im weiteren Sinne auch die Naturwissenschaften zu tun. Unsere Überzeugungen betreffen aber nicht nur Dinge der Natur. Vielmehr glauben wir, daß wir eine geistige Seele besitzen, daß auch andere Menschen Bewußtsein haben (obwohl wir von ihren bewußten Erlebnissen keine direkte Wahrnehmung haben können) und schließlich, daß ein allmächtiges und höchst weises Wesen die Welt, in der wir leben und zu der wir gehören, erschaffen hat. Überzeugungen solcher Art werden durch Überlieferung erworben, meist schon in früher Kindheit.

Stellen diese Überzeugungen: nämlich, daß es Gegenstände außer uns gibt, daß sie so sind, wie sie erscheinen, daß wir einen ausgedehnten Körper und in ihm eine geistige Seele haben, daß Mathematik und Physik wirkliche Verhältnisse von Gegenständen beschreiben, daß es einen Gott gibt, Erkenntnisse der von Descartes gesuchten Art dar, d.h. sind sie nicht nur unbedingt gewiß, sondern auch notwendig wahr im Sinne der Übereinstimmung mit dem beurteilten Sachverhalt? Läßt sich von irgendeinem Urteil feststellen, ob es diese Bedingungen definitiv erfüllt?

Um dies zu entscheiden, muß man Urteile, die als Kandidaten notwendiger Wahrheiten in Betracht kommen, unter dem Gesichtspunkt ihrer Bezweifelbarkeit auf die Probe stellen, indem man sie der radikalen Skepsis aussetzt.

Hat der Versuch der skeptischen Erschütterung eines Urteils Erfolg, so ist es für die Grundlegung des Wissens ungeeignet, es ist beiseitezustellen und darf keinen Einfluß auf den Systembau ausüben; es ist, wie Descartes fordert, so zu behandeln, *als ob es falsch wäre*, obwohl natürlich keineswegs feststeht, daß es wirklich falsch ist. Im Gegenteil: Im weiteren Verlauf der Untersuchung kann sich sehr wohl herausstellen, daß es sich dennoch um eine wahre Überzeugung handelte; solange das aber noch nicht völlig klar ist, solange der betreffende Satz also in irgendeiner Weise in Zweifel gezogen werden kann, muß er wie ein falscher Satz behandelt werden, darf also nicht für die Grundlegung des Wissenssystems in Anspruch genommen werden. Denn „da schon die gemeine Vernunft rät, in ebenso vorsichtiger Weise bei dem nicht ganz Gewissen und Unzweifelhaften wie bei dem offenbar Falschen die Zustimmung zurückzuhalten, so wird es hinreichen, sie alle zurückzuweisen, wenn ich in einer jeden irgendeinen Grund zum Zweifel antreffe" (Med. I; AT VII, 18).

Schon in den *Regulae ad directionem ingenii* hatte Descartes gefordert: „Wir weisen also der obigen Regel gemäß [scil. Regel II] alle bloß wahrscheinlichen Erkenntnisse zurück und stellen fest, daß man nur denen Glauben schenken darf, die vollkommen erkannt sind und an denen sich nicht zweifeln läßt" (Reg. II; AT X, 362). In ähnlicher Formulierung taucht der hier ausgedrückte Gedanke in den Schriften und Briefen des Philosophen öfter auf, was allein schon darauf schließen läßt, daß er ihn für zentral hielt. Gelegentlich versicherte Descartes auch ausdrücklich, daß der Zweifel für den Systemaufbau unentbehrlich sei (vgl. AT VII, 350).

Zunächst allerdings hat der Zweifel eine lediglich propädeutische Funktion im Sinne eines Korrektivs der im Verlaufe des bisherigen Lebens aufgenommenen Vorurteile, die durch ihn auszumerzen sind. Neben dieser vorbereitenden und in gewissem Sinn negativen Funktion hat aber der Zweifel auch die positive Aufgabe, das Gewisse vom Zweifelhaften und Falschen abzuheben. Schließlich dient der Zweifel dazu, die Rückwendung von der objektiven Wirklichkeit im weitesten Wortsinn, also nicht nur der materiellen Wirklichkeit, auf das Denken bzw. auf das Subjekt des Denkens zu erzwingen und dadurch jene Blickrichtung herbeizuführen, die eingenommen werden muß, damit das erste Prinzip als sowohl gewisser als auch wahrer Satz formuliert werden kann.[50]

Auf den ersten Blick hat es den Anschein, als sei der Zweifel nur als eine Art Gegenmittel gegen alles Falsche und Ungewisse und gegen alle unkritisch aufgenommenen Vorurteile anzusehen. Durch die Vorurteile ist unsere Erkenntnis gleichsam verbogen; und so wie ein gekrümmter Stock, der gerade werden soll, zuerst in die entgegengesetzte Richtung gebogen werden muß, so darf man sich auch nicht damit begnügen, das Zweifelhafte einfach festzustellen, sondern man muß sich ihm gegenüber so verhalten, *als wäre es falsch*. Dieser Standpunkt des *Als ob* ist für das methodische Vorgehen Descartes' charakteristisch, wie später zu zeigen sein wird, wobei das methodische *Als ob* sich als die den Wissenschaften eigentümliche Betrachtungsweise darstellen wird. Der

Philosoph bedient sich auch hinsichtlich des bloß Wahrscheinlichen der *Als-ob-Betrachtung,* denn er weiß, „daß in dieser Weise oft zweckmäßig Falsches an Stelle von Wahrem gesetzt wird, um die Wahrheit zu erläutern; gerade so, wie wenn die Astronomen den Äquator, den Tierkreis und andere Kreise am Himmel annehmen, wenn die Mathematiker in der Geometrie neue Linien zu gegebenen Figuren hinzufügen; und so häufig auch die Philosophen bei vielen Gelegenheiten" (5. Resp.; AT VII, 349 f.).

Bei näherem Zusehen zeigt sich jedoch, daß der methodische Zweifel nicht nur als Korrektiv von Vorurteilen eingesetzt wird, sondern darüber hinaus als Mittel, um aus der Menge der faktisch akzeptierten Urteile diejenigen herauszufiltern, die unbedingt gewiß sind und von denen sich zeigen soll, daß sie auch wahr im Sinne objektiver Gültigkeit und damit geeignet sind, der geforderten rationalen Praxis zugrunde gelegt zu werden und infolgedessen das Sicherheitsbedürfnis zu befriedigen: „Da ich nun bei jedem Gegenstand ganz besonders darüber nachdachte, was ihn verdächtig machen und Veranlassung zum Irrtum geben könnte, so entwurzelte ich immerhin alle Irrtümer aus meinem Geist, die sich in ihn früher hatten einschleichen können. Nicht als ob ich deshalb die Skeptiker nachgeahmt hätte, die nur zweifeln, um zu zweifeln, und vorgeben, stets unentschlossen zu sein; denn es ging im Gegenteil meine ganze Absicht nur darauf, zur Sicherheit zu gelangen und die lose Erde und den Sand zu beseitigen, um Fels oder Ton zu finden" (Discours III; AT VI, 28 f.).

Zweifeln heißt also für Descartes: nach unbedingter Gewißheit suchen. Dem Zweifel liegt immer schon das Gewißheitspostulat zugrunde, und dieses Gewißheitspostulat ist nichts anderes als die Verlängerung des praktischen Sicherheitsanspruches in den theoretischen Raum hinein. Den praktischen Entscheidungen soll Sicherheit verliehen werden: davon geht Descartes aus; solche Sicherheit setzt Bestimmbarkeit des Handelns durch eine Vernunft voraus, die definitiver Erkenntnis fähig sein soll; um aber jene Erkenntnisse zu isolieren, die von keinem auch noch so radikalen Zweifel betroffen werden können, ist es erforderlich, die Skepsis bis zu ihrer äußersten Grenze voranzutreiben, um allenfalls eine Gewißheit zu finden, die jenseits selbst der extremsten Skepsis liegt. Descartes' methodische Skepsis stellt sich somit selbst als ein rationales Unterfangen dar. Die Überzeugung, daß eine rationale Einstellung einer irrationalen grundsätzlich überlegen ist, wird nicht in Frage gestellt, ja der methodische Zweifel dient gar keinem anderen Zweck als dem der Realisierung des grundlegenden rationalen Anspruchs, dessen Zusammenhang mit den in Descartes' Denken entscheidenden Motiven hervorgehoben wurde.[51]

Aber der Zweifel erschöpft sich auch nicht in seiner selektiven Funktion, d. h. er ist – über seine korrektive Funktion hinaus – nicht nur Mittel der Isolation schlechthin unbezweifelbarer Sätze. Verhielte es sich nämlich so, dann müßte von allen Urteilen, die sich als schlechthin unbezweifelbar erweisen, angenommen werden, daß sie der Intention des methodischen Zweifels entsprechen. Dies ist aber nicht der Fall. Während „Ich denke, also bin ich", als Erfüllung jener Intention gilt, ist dies bei einem Satz wie „Ich bin jetzt hier" nicht der Fall, obwohl er ebenso unbezweifelbar ist wie jener. Wer behaupten wollte „Ich bin jetzt nicht hier", würde sich mit seiner Äußerung ebenso ad absurdum führen wie jemand, der erklärte „Ich denke jetzt nicht". Wenn daher „Ich denke, also bin ich" als Erfüllung der Intention des methodischen Zweifels gilt, andere ebenso unbestreitbare Sätze dagegen nicht, dann muß der Zweifel über die korrektive und die selektive Funktion hinaus noch eine weitere haben, die jetzt noch nicht zu kennzeichnen ist. Die systematische Funktion des methodischen Zweifels – wie sie genannt werden kann – hängt so eng mit der Grundlegung des philosophischen Systems zusammen, daß sie sich unabhängig von dieser nicht charakterisieren läßt, andererseits aber im Zusammenhang mit deren Darstellung ohne weiteres deutlich wird.

Der Zweifel ist als methodischer Zweifel eine Einstellung, die dem natürlichen Bewußtsein fremd bleibt, wie gegen M. Leroy festzustellen ist.[52] Descartes hat ihn offensichtlich selbst als eine künstliche Als-ob-Konstruktion aufgefaßt. Noch größere Bedenken wird man gegen die Annahme hegen müssen, daß der Zweifel Ausdruck eines von Haus aus mißtrauischen Charakters sei und einer generellen Bereitschaft zur Auflehnung entspringe.[53] Der Zweifel hat viel eher mit Descartes' Bedürfnis nach Sicherheit im praktischen bzw. nach Gewißheit im theoretischen Bereich zu tun als mit einer Neigung zur Rebellion. Descartes zweifelte nicht, weil er zweifelsüchtig war, sondern weil er nach einer zweifelsfreien Basis des Erkennens suchte, von der aus sich auch der Anspruch des praktischen Rationalismus rechtfertigen ließ.

Obwohl es historisch gesehen durchaus plausibel ist, den Zweifel mit dem Einfluß in Verbindung zu bringen, den Fr. Bacons Forderung, die die Erkenntnis beeinträchtigenden Vorurteile zu eliminieren, auf Descartes ausgeübt hat, genügt im Rahmen einer Analyse der systematischen Zusammenhänge und ihrer idealtypischen Genese die Ableitung aus Einflüssen nicht. Dies geht schon daraus hervor, daß auf diese Weise nur die Herkunft des Zweifels in seiner korrektiven, kaum aber in seiner selektiven und erst recht nicht in seiner systematischen Funktion erklärt werden kann. Unter dem systematisch-genetischen Gesichtspunkt stellt sich der methodische Zweifel als Anwendung der ersten jener vier Regeln dar, die Descartes im zweiten Teil des *Discours* aufstellte und von denen er andeutete, daß sie sein Denken seit den Anfängen seiner wissenschaftlichen Denkentwicklung geleitet hätten. Da die Regel der Evidenz, um die es sich hier handelt, die Wahrheit aller evidenten Urteile postuliert und gleichzeitig Beschränkung auf evidente Urteile fordert, was darauf hinausläuft, alle nicht-evidenten, somit prinzipiell bezweifelbaren Urteile im wissenschaftlich-philosophischen Kontext unberücksichtigt zu lassen, kann die Maxime des methodischen Zweifels, alles wie etwas Falsches zu behandeln, was sich in irgendeiner Weise bezweifeln läßt, als negative Wendung der Regel der Evidenz gelten.

Historisch gesehen war der Zweifel für Descartes ursprünglich allerdings nur korrektiver Zweifel. Bereits von den Erfahrungen, die er als positivstes Ergebnis seiner Reisen ansah, sagte Descartes, sie hätten ihn von einer Menge von Irrtümern befreit; er hätte, indem er auf die Verschiedenartigkeit der Ansichten der Völker aufmerksam wurde, gelernt, „nichts von dem allzu fest zu glauben, wozu man mich nur durch Beispiel und Gewohnheit überredet hatte" (Discours I; AT VI, 10). Die Berichtigung unkritisch übernommener Vorurteile bleibt nicht nur wichtig, sondern erweist sich womöglich als noch wichtiger als bisher, sobald Descartes nicht mehr die Umwelt, sondern sich selbst als ersten Gegenstand seiner Bemühungen um Erkenntnis zu betrachten beginnt. „Eines Tages" faßte er, wie er sagt, den Entschluß, „auch in mir selbst zu studieren und alle Kräfte meines Geistes darauf zu verwenden, die Wege auszuwählen, die ich einschlagen mußte" (Discours I; AT VI, 10). Dieser Entschluß fällt, wie am Beginn des zweiten Teils des *Discours* zu verstehen gegeben wird, in die Zeit seines Aufenthaltes in Süddeutschland. Schon damals stieß er, wie er versichert, auf das Prinzip des Zweifels: Er sah ein, „daß ich mit all den Ansichten, von denen ich mich bis dahin hatte überzeugen lassen, nichts besseres tun konnte, als sie ein für allemal aus meiner Überzeugung zu entfernen, um an ihre Stelle später entweder andere, bessere einzusetzen oder auch dieselben, wenn ich sie erst der Höhe der Vernunft angepaßt haben würde" (Discours II; AT VI, 13f.). Der Zweifel ist hier immer noch primär korrektiv, d.h. seine Funktion besteht darin, durch die Beseitigung irriger oder auch nur ungesicherter Meinungen den Boden für das echte Wissen vorzubereiten. Er spielt in diesem Sinne eine ähnliche Rolle wie Bacons Sichtung möglicher Fehlerquellen des Erkennens in der Idolenlehre.

Auch die *Regulae ad directionem ingenii* enthielten schon, wenn auch in wenig ausgesprochener Weise, das Zweifelsprinzip. In dieser frühen und unvollendet gebliebenen Schrift ist vom Zweifel noch nicht thematisch die Rede, was leicht zu verstehen ist, wenn man sich das Ziel der *Regulae* vergegenwärtigt. Descartes wollte in dieser Schrift die bei der Behandlung wissenschaftlicher und insbesondere, wie er deutlich sagt (Reg. II; AT X, 363), mathematischer Probleme anzuwendende Methode klären und deren Grundregeln festlegen; er wollte keineswegs eine umfassende Reform des Denkens in die Wege leiten, er wollte auch keine Metaphysik entwerfen, welcher Aufgabe er sich erst 1629 zuwandte, während die *Regulae* spätestens 1628 abgefaßt sein dürften.

In den *Regulae* wird aber auch schon deutlich, daß der Zweifel eine unmittelbare Auswirkung des Gewißheitspostulats ist, wie es etwa in Regel II formuliert wird, die besagt: „Man sollte sich nur den Gegenständen zuwenden, zu deren klarer und unzweifelhafter Erkenntnis unser Geist zuzureichen scheint." Zur Erläuterung fügt Descartes hinzu: „Wir weisen also der obigen Regel gemäß alle bloß wahrscheinlichen Erkenntnisse zurück und stellen fest, daß man nur denen Glauben schenken darf, die vollkommen erkannt sind und an denen sich nicht zweifeln läßt" (Reg. II; AT X, 362). Daneben wird andeutungsweise schon die Bedeutung des Zweifels für die Metaphysik sichtbar (Reg. XII; AT X, 421). In den *Regulae* ist aber der Zweifel noch keineswegs, wie in Descartes' entwickelter Philosophie, der eigentliche Weg zur Grundlegung des

Systems. Dazu wurde er erst später, nämlich offenbar zwischen der Abfassung der *Regulae* und der des *Discours;* denn in der letzteren Schrift wird er – im vierten, nicht mehr autobiographisch-referierenden Teil – bereits deutlich als Methode zur Gewinnung des ersten Prinzips eingeführt.[54] Die ausgereifte Form der Grundlegung der ersten Gewißheit im Zweifel bieten die *Meditationen über die Erste Philosophie,* die zuerst den methodischen Abbau des naiv für sicher Gehaltenen in mehreren Phasen beschreiben (in welcher Hinsicht der Zweifel also immer noch propädeutische Funktion besitzt), gleichzeitig aber die Grundlegung des Systems durch den Zweifel leisten sollen.

Wie der zweite Teil des *Discours* stellen auch die *Meditationen* die wiedergegebenen Überlegungen in den Rahmen der konkreten Umstände, in dem sie ursprünglich erfolgten. Descartes hatte sich damals nach Santpoort zurückgezogen, immer seiner einmal gewählten Lebensweise treu bleibend. Er experimentierte und meditierte. Eine vielleicht typische Situation des nachdenkenden Philosophen läßt die erste Meditation erraten: Descartes sitzt, mit seinem Winterrock bekleidet, am Kamin; er hält das Schreibpapier in der Hand und beginnt die skeptische Sichtung dessen, was er bisher für richtig gehalten hatte (Med. I; AT VII, 18). In ähnlicher Situation zeigt die zweite Meditation den Philosophen. Wieder sehen wir ihn am offenen Kamin. Er hält ein Stückchen frischen Bienenwachses in der Hand (es ist eben erst dem Stock entnommen, denn es duftet noch nach Honig und Blüten) und nähert es dem Feuer. Es ist Winter und draußen vor dem Fenster gehen Menschen vorüber, wegen der Kälte tief in ihre Mäntel vermummt, denn Descartes schreibt: „ich sehe sie, und doch sehe ich nichts als die Hüte und Kleider . . ." (Med. II; AT VII, 32).

Die Schilderung des winterlichen Zimmers in einem holländischen Haus betrifft eine typische Situation des meditierenden Descartes, nicht den einmaligen Augenblick, da er selbst sich jenem Zweifel unterwarf, aus dem die erste unbedingte Gewißheit hervorgehen wird. Denn wenn auch Descartes von seinem Leser fordert, er müsse sich wenigstens *einmal* in seinem Leben dem Zweifel unterziehen, so hat er doch die Schritte des Zweifels immer wieder durchmessen, bis sie nach und nach jene zentrale Bedeutung innerhalb seines Systems gewannen, von der noch die Rede sein wird. Von dieser grundlegenden Bedeutung spürt man noch in den *Regulae,* die 1628 entstanden sein können, nichts, auch die rückblendenden Teile des *Discours* lassen sie noch nicht ahnen. Erst der vierte Teil dieser Schrift, später noch ausführlicher die *Meditationen* und in methodisch klarster Weise das Spätwerk *Recherche de la vérité* zeigen den Zweifel als Weg zur ersten, grundlegenden Gewißheit, die sich als notwendige Wahrheit erweisen soll.

Der methodische Zweifel ist nicht einfach eine Fortsetzung der älteren Skepsis, obwohl skeptische Einflüsse eine gewisse Rolle gespielt haben dürften. Sie gingen wohl nicht nur von den Schriften Charrons oder Montaignes aus, sondern wurden durch eine verbreitete Stimmung der damaligen Zeit genährt, die etwas mit der Auflösung des einheitlichen religiös-theologisch-wissenschaftlichen Weltbildes des Mittelalters in der frühen Neuzeit zu tun gehabt haben dürfte.[55] Daher darf bei manchen Gegnern der Skepsis eine weltanschauliche Motivation vorausgesetzt werden, die aber bei Descartes, soweit sich das erkennen läßt, keine Rolle spielte. Descartes suchte die Skepsis zu überwinden, weil sie mit dem theoretischen und praktischen Rationalismus, dem er sich verpflichtet fühlte, unvereinbar war. Die rationalistische Position konnte nur vertreten werden, wenn die Skepsis überwunden wurde; umgekehrt bedeutet die Begründung des Rationalismus auch schon die Aufhebung der Skepsis. Daß dies bei Descartes in Form der Selbstaufhebung der Skepsis durch deren äußerste Radikalisierung geschah, macht seine Auseinandersetzung mit der Skepsis besonders eindrucksvoll. Zugleich birgt aber Descartes' Ansatz die Gefahr eines Mißverständnisses, sofern er die Auffassung nahelegen kann, es gehe primär um die Befreiung von der Skepsis mit dem Mittel der Skepsis selbst. Wichtiger als diese kathartische Funktion ist die systematische im Hinblick auf die Grundlegung des Rationalismus durch Begründung absolut wahrer Grundsätze der Philosophie im weiten Wortsinn (s. S.76ff.).

2. *Die Stufen des Zweifels*

Der dem Gewißheitspostulat unterstellte Zweifel richtet sich zunächst gegen die Prinzipien des praktischen Verhaltens, um deren kritische Begründung es letztlich geht. Hierzu ist es nach Descartes' Überzeugung nötig, den Wahrheitsanspruch der Wissenschaft, mit deren Hilfe rationale Entscheidungen im Bereich der Praxis möglich sein sollen, zu rechtfertigen. Dies erfordert die provisorische Ausklammerung aller praktischen Fragen, d.h. die ausschließliche Konzentration auf den theoretischen Bereich, innerhalb dessen, immer unter der Leitung des Gewißheitspostulats, weitere Einschränkungen des Horizonts der Betrachtung vorgenommen werden, bis schließlich jene Blickrichtung herbeigeführt ist, bei der sich eine Gewißheit ergibt, die sich zugleich als unbedingte Wahrheit erweist.

Unter dem Eindruck des Gewißheitspostulats ergeben sich im Sinne sukzessiver Ausklammerung von Gewißheitsbereichen bzw. sukzessiver Einengung des Horizonts, innerhalb dessen nach Wahrheit gefragt wird, eine Reihe von Stufen des Zweifels, deren erste der Zweifel an den das praktische Verhalten bestimmenden Überzeugungen ist. Da es nach Descartes nur im theoretischen Bereich Evidenz gibt, praktische Grundsätze dagegen nicht evident sein können, ist die Ausklammerung des praktischen Bereichs notwendig. Eine rationale Praxis ist nicht eine solche, die auf evidenten praktischen Grundsätzen beruht – solche Grundsätze gibt es unter Descartes' Voraussetzungen nicht –, sondern eine Praxis unter der Leitung evidenter Sätze der theoretischen Philosophie und der Wissenschaft. Solange der Erkenntnisanspruch der Wissenschaft noch nicht durch die Erste Philosophie gerechtfertigt ist, besteht also prinzipiell keine Möglichkeit, das für den praktischen Rationalismus charakteristische Ideal vernünftigen Handelns zur Geltung zu bringen. Dennoch muß in vielen Fällen gehandelt werden, ohne daß so lange zugewartet werden könnte, bis der Zweifel an der Möglichkeit definitiv wahrer Urteile und deren Anwendbarkeit im praktischen Bereich überwunden ist. „Ich hatte seit langem bemerkt", sagt Descartes im *Discours,* „daß man hinsichtlich der Sitten bisweilen sich genötigt sieht, Ansichten zu folgen, von denen man weiß, daß sie recht ungewiß sind, genau so, als ob sie unbezweifelbar wären" (Disc. IV; AT VI, 31).

Descartes wußte also, daß die Ansprüche des Lebens nicht beiseite geschoben werden können. Die Ausschaltung der Praxis im Hinblick auf die Begründung eines sicheren, d.h. evidenten Wissens bedeutet daher *nicht Beseitigung* der praktische Sphäre (die unmöglich wäre), sondern *Vereinseitigung durch methodisches Absehen* vom praktischen Bereich in seiner Gesamtheit, wobei die faktisch unerläßliche Verbindung mit dem wirklichen Leben durch die provisorische Moral aufrecht erhalten wird.

Man kann nicht verkennen, daß schon durch diese Vereinseitigung eine sehr wichtige Vorentscheidung für das zu errichtende philosophische Weltbild getroffen wird. Zwar können die auf Grund der immer rigoroser gefaßten Zweifelsmaxime vorgenommenen Horizontverengungen wegen ihrer Abhängigkeit von subjektiven methodologischen Gesichtspunkten nur vorläufigen Charakter haben und müssen ebenso sukzessive, wie sie vorgenommen wurden, auch wieder rückgängig gemacht werden; aber da die (wenn auch nur vorläufig) ausgeschalteten Aspekte – zuerst also der der Praxis – auf die Grundlegung keinen Einfluß mehr haben können, liegt auf der Hand, daß die methodische Vereinseitigung bei all ihrer Vorläufigkeit doch zu einer dauernden Einseitigkeit führen muß, sofern die Entscheidung für *einen* Weg alle anderen möglichen Wege ausschließt. Das kann nicht ohne Auswirkung auf das Resultat bleiben, da durch den Entschluß, sich dem Gewißheitspostulat zu unterwerfen, das System im rationalistischen und, was den Ausgangspunkt anbetrifft, auch im subjektivistischen Sinne prädeterminiert wird. Wenn auch diese Vereinseitigung bis zu einem gewissen Grade wieder rückgängig gemacht wird, so müssen doch alle der Philosophie und Wissenschaft später revindizierten Bereiche auf den vom methodischen Zweifel aufgenötigten Ausgangspunkt der Grundlegung des Wissens bezogen und von diesem in ihrem Charakter bedingt sein.

Dabei muß sogleich eingeräumt werden, daß das Gewißheitspostulat (das, wie gesagt, die Ausschaltung alles dessen fordert, was nicht endgültig gewiß ist) nicht konsequent angewandt wird. Die wichtigste Einschränkung, die es innerhalb des theoretischen Bereichs erfährt, bezieht sich auf den Bereich des Glaubens, von dem Descartes immer wieder versichert, daß er ihn nicht antasten wolle, wofür er allerdings sozusagen als Gegenleistung die Anerkennung der Autonomie des wissenschaftlichen Denkens von seiten der Theologie beansprucht. Das von Gott Geoffenbarte ist für den Philosophen, seinen wiederholten Beteuerungen zufolge, gewisser als alles andere. Auch wenn das Licht der Vernunft einen Inhalt des Wissens noch so klar und deutlich zeigt, müssen wir seiner Ansicht nach doch der göttlichen Autorität noch mehr vertrauen als unserem Urteil.

Diese Ausnahmestellung der Offenbarungswahrheiten befindet sich offenbar in schroffem Gegensatz zu der sonst behaupteten Rigorosität des Gewißheitspostulats. Dieser Gegensatz hat Anlaß gegeben, die Ehrlichkeit von Descartes' Äußerungen in diesem Punkt in Zweifel zu ziehen. Hat sich der Philosoph bei seinen Ergebenheitsbekundungen gegenüber der herrschenden Theologie nicht etwa bloß verstellt? War es nicht etwa die Angst, in gefährliche Konflikte verwickelt zu werden, die ihn zu dieser Inkonsequenz in der Anwendung des Gewißheitspostulats bewog?

Diese Fragen lassen sich nicht eindeutig beantworten. Zwar ist die Forschung in der Gegenwart von den aufsehenerregenden Thesen, die M. Leroy vor mehr als dreißig Jahren aufstellte, weitgehend abgerückt, Thesen, in denen die Aufrichtigkeit des Philosophen in bezug auf seine religiösen Äußerungen grundsätzlich bezweifelt wurde,[56] dennoch wird man in Einzelfällen den Verdacht der Unaufrichtigkeit nie ganz entkräften können.[57] Auf jeden Fall veranlaßte die Rücksicht auf die Dogmen der Kirche Descartes zu einer Einschränkung der Anwendung des Gewißheitspostulats, das im übrigen jede Meinung, die sich nur auf Autorität und nicht auf autonome Einsicht stützt, abzulehnen zwingt. „Aber in Dingen, wo der göttliche Glaube uns nicht belehrt, ziemt es dem Philosophen nicht, etwas für wahr zu halten, was er nicht als wahr erkannt hat, und den Sinnen, das heißt den unbedachten Urteilen seiner Kindheit, mehr zu trauen als der gereiften Vernunft" (Princ. I,76; AT VIII, 76). Die Orientierung an Autoritäten – ausgenommen die der Kirche – verwirrt höchstens durch die Gegensätzlichkeit der bisher vertretenen Ansichten. Man wird nie und nimmer Philosoph, wenn man zwar alle Argumente Platos und Aristoteles' kennt, aber kein eigenständiges Urteil über einen Gegenstand zu bilden vermag (Reg. III; AT X, 367).

Sicherlich wäre es angesichts dieser kritischen Einstellung gegenüber Autoritäten konsequent gewesen, auch die Lehrautorität der Kirche und den Absolutheitsanspruch ihrer Dogmen kritisch in Frage zu stellen. Aber in Weltanschauungsfragen darf man nicht immer Konsequenz erwarten, auch nicht bei einem kritischen Philosophen. Die Geschichte lehrt ebenso wie die Lebenserfahrung, daß eine grundsätzlich kritische Einstellung mit einer unkritischen Haltung in gewissen Bereichen verbunden sein kann, in denen die Abhängigkeit von Traditionen oder Vorurteilen den Ausschlag gibt. Wichtiger als die Frage, ob es Descartes mit seinen Beteuerungen der Glaubenstreue Ernst war oder nicht, ist die Berücksichtigung des Umstands, daß er, ungeachtet aller Versicherungen der Dogmentreue, der kirchlichen Lehrautorität keinerlei Einfluß auf die Philosophie zugestand, so daß sie in dieser Hinsicht ebenso zu behandeln ist wie jede andere traditionelle Autorität. Obwohl es Descartes sehr darum zu tun war, die Kompatibilität seiner Philosophie mit den religiösen Dogmen hervorzuheben, war er nicht bereit, im philosophischen Bereich Argumente zuzulassen, die Dogmen zu Prämissen haben. Damit wird seine

Anerkennung der kirchlichen Autorität auf den rein religiösen Bereich beschränkt und ihr jede Wirksamkeit im philosophischen Bereich genommen.

Innerhalb des durch Ausklammerung des praktischen Bereichs eingeschränkten Horizonts der Betrachtung erhebt sich für Descartes die Frage, ob die Annahme der Realität jener Dinge, die unserem Bewußtsein in der Wahrnehmung gegenwärtig sind – unseren eigenen Körper eingeschlossen –, über jeden Zweifel erhaben ist, d. h. ob die natürliche Überzeugung von ihrer Existenz und ihrer Erkennbarkeit unter dem Gesichtspunkt des Gewißheitspostulats aufrechterhalten werden kann.

Gemäß der Regel der Evidenz genügt es, in einem Wissensbereich eine minimale Möglichkeit des Irrtums aufzuweisen, um ihn insgesamt von der Grundlegung auszuschließen; denn wenn in einer Art von Erkenntnissen *manchmal* Irrtümer vorkommen, so muß man *grundsätzlich* zugeben, daß die Möglichkeit des Irrtums *immer* vorhanden ist, ohne daß man das im Augenblick des – echten oder vermeintlichen – Erkennens feststellen könnte; diese Überprüfung erfolgt immer erst im nachhinein.

Das ist nach Descartes zunächst für den gesamten Bereich sinnlicher Erfahrungen anzunehmen. Tatsächlich ist die Unzuverlässigkeit der Wahrnehmung durch öfter eintretende Sinnestäuschungen so augenfällig, daß sie besonderer Hervorhebung nicht bedarf. Descartes sagt daher im *Discours* recht lakonisch: „Weil nun unsere Sinne uns bisweilen täuschen, so wollte ich annehmen, daß es kein Ding gibt, das so ist, wie wir es auf Grund ihrer vorstellen" (Discours IV; AT VI, 31 f.). Auch in den *Meditationen* begnügte er sich mit einem ähnlich kurzen Hinweis und folgerte, daß Urteile auf Grund von Sinneswahrnehmungen auszuklammern seien, weil es ein Gebot der Klugheit ist, niemals denen ganz zu trauen, die uns auch nur einmal getäuscht haben (Med. I; AT VII, 18). In der *Recherche de la vérité* erklärte er noch pointierter, „daß wir gewichtige Gründe haben, an dem, was uns einmal getäuscht hat, *stets* zu zweifeln" (Recherche; AT X, 510). Daß es Descartes bei solchen kurzen Hinweisen bewenden lassen kann, kommt daher, daß er die entsprechenden Argumente als geläufig voraussetzen durfte. Die Bedenken angesichts der Zuverlässigkeit der Sinne gehören zum Grundbestand der skeptischen Argumentation seit der Antike, und die frühneuzeitlichen Skeptiker griffen sie sogleich wieder auf. Für Descartes waren sie nur ein erster Schritt auf dem Wege des methodischen Zweifels, dem als nächster der Zweifel an der denkunabhängigen Existenz materieller Dinge folgt. Wenn behauptet wird, daß wir uns nicht nur hinsichtlich der Beschaffenheit der Dinge, sondern auch hinsichtlich ihres Daseins täuschen können, so läßt sich das allerdings nicht mehr so leicht plausibel machen wie beim Zweifel an der Zuverlässigkeit der Sinneswahrnehmungen. Um Descartes' Ansicht angemessen beurteilen zu können, muß man das Gewißheitspostulat rigoros fassen, denn die Gründe, die zum Zweck der skeptischen Erschütterung ins Treffen geführt werden, dürfen um so schwächer sein, je schärfer das Postulat gefaßt wird. Es wird also genügen, darauf hinzuweisen, daß auch im Traum eine Welt von Objekten gegenwärtig ist, um auch die Existenz der realen Welt bezweifeln zu können. Während man träumt, weiß man im allgemeinen nicht, daß man träumt. Während man wacht, kann man nicht zwingend ausschließen, daß die Objekte unserer Erfahrung grundsätzlich von derselben Art sind wie die Objekte des Traums: nämlich Erzeugnisse der Phantasie und mithin nichts dem Subjekt unabhängig Gegenüberstehendes.

Um diesem Argument das Befremdliche zu nehmen, das der Annäherung des Wacherlebens an den Traum anhaftet, muß man sich deutlich machen, daß nicht gesagt wird: Wir träumen immer. Vielmehr zeigt die Traumerfahrung lediglich, daß es gegenständliche Erlebnisse gibt, ohne daß materielle Gegenstände im gewöhnlichen Sinne des Wortes vorhanden wären. *Grundsätzlich,* will das Cartesianische Argument sagen, könnten die im wachen Zustand erlebten Dinge von derselben Natur sein wie die im Traum gegenwärtigen, nämlich Hervorbringungen des Subjekts. Nur in diesem Sinne wird gesagt, das Wacherleben könnte prinzipiell als eine Art Traum verstanden werden.

Das Traumargument beruht auf der Annahme, daß nur Bewußtseinsinhalte unmittelbare Objekte des Bewußtseins sein können und daß wir natürlicherweise, ja instinktiv, voraussetzen, daß unsere Ideen (als Modifikationen des Bewußtseins, nicht als Bewußtseinsakte) denkunabhängige Dinge repräsentieren. Descartes wollte keineswegs sagen, daß wir uns möglicherweise in einer permanenten und umfassenden Halluzination oder mindestens in einer permanenten Illusion befänden; diese Descartes immer noch gelegentlich zugeschriebene These ist offenkundig absurd; sondern er hatte nur die Absicht, klar zu machen, daß Vorstellungen im Wachzustand in bezug auf den Anspruch der Objektrepräsentation grundsätzlich nicht von Traumvorstellungen (Disc. IV; AT VI, 32) bzw. von Wahnvorstellungen (Med. I; AT IX/1, 14) unterschieden werden können, so daß sich ohne Widerspruch annehmen läßt, auch die als „Wahrnehmung" bezeichneten Vorstellungen hätten denselben Status wie die Vorstellungen des Traums oder der Halluzination. Wenn es sich aber so verhält, dann muß der natürliche Realismus des alltäglichen Erfahrungsbewußtseins als zweifelhaft gelten.

Descartes war von der Richtigkeit der Repräsentationstheorie der Wahrnehmung von vornherein überzeugt, wie daraus hervorgeht, daß er sie, ohne sie zu begründen, bereits in den *Regeln zur Lenkung des Geistes* vertrat. Auch in der *Dioptrik* legte er sie seiner Theorie der Gesichtswahrnehmung ohne Beweis zugrunde, wobei er betonte, daß das Verhältnis von Idee und Ideat nicht als Verhältnis von Bild und Abgebildetem – d.i. als Beziehung qualitativer Ähnlichkeit –, sondern als Verhältnis von Zeichen und Bezeichnetem aufgefaßt werden müsse (AT VI, 114 u.ö.). Hierbei nahm er an, daß zwar zwischen der Gestalt des wahrgenommenen Objekts und der Gestalt des Eindrucks im Sensorium eine Ähnlichkeitsbeziehung bestehe, nicht jedoch zwischen den materiellen Eindrücken im Nervensystem und den Wahrnehmungsvorstellungen. Einerseits sah er, daß die Sinneseindrücke nicht gleichsam mittels eines inneren Auges beobachtet würden. Andererseits aber konnte er sich nicht von der Annahme lösen, daß die Ideen Objekte des Bewußtseins seien, die sich direkt erfassen ließen. Indem er erklärte, die Ideen böten sich dem Geiste dar (cf. Med. III; AT IX/1, 38), behandelte er den Begriff „Idee“ wie den Begriff von etwas Beobachtbarem.

Gleichzeitig soll mit Hilfe des Traum-Arguments die „ideistische“ Voraussetzung, derzufolge immer nur Ideen unmittelbar erfahren werden, plausibel gemacht werden. Wenn es möglich ist, an der realistischen Deutung der Wahrnehmungsvorstellungen zu zweifeln, während sich am Vorhandensein der entsprechenden Erfahrungsinhalte in keiner Weise zweifeln läßt, dann können die letzteren nur den Charakter von Ideen haben. Da aber das Traum-Argument offensichtlich auf der ideistischen Voraussetzung beruht, kann diese Voraussetzung mit seiner Hilfe nicht bewiesen werden. Das Traum-Argument hat in dieser Hinsicht somit nur explikative, nicht demonstrative Funktion.[58]

Es scheint, als hätte mit der Aufhebung der Gewißheit der realen Welt der Zweifel bereits seinen Höhepunkt erreicht. Aber Descartes treibt ihn noch weiter: Auch der Bereich der Verstandeseinsichten wird ihm unterworfen. Das gilt zunächst für das Schließen, von dem die Beobachtung zeigt, daß es Irrtümern ausgesetzt ist, besonders wenn man den Schluß oder allgemein die gedankliche Operation nicht aufmerksam vollzieht. Diese Überlegung ist durchaus empirisch und steht somit auf derselben Stufe wie der Zweifel an der Zuverlässigkeit der Wahrnehmung: Aus der Tatsache gelegentlicher Fehler wird die prinzipielle Unzuverlässigkeit des folgernden Denkens abgeleitet. Im *Discours* gibt sich Descartes mit diesem Argument auch zufrieden. In den *Meditationen* geht er jedoch um einen entscheidenden Schritt weiter, indem er die Skepsis nun auch auf einfache Verstandeseinsichten ausdehnt, bei denen nicht, wie es beim Schließen der Fall war, das Gedächtnis als Unsicherheitsfaktor beteiligt ist. Es handelt sich dabei um Urteile von der Form „Das Quadrat hat vier Seiten“ oder „2 + 3 = 5“, „oder was man sich noch Leichteres denken mag“, wie Descartes, keinen Zweifel an der Einfachheit der gemeinten Einsichten lassend, hinzufügt (Med. I; AT VII, 21).

Wie aber sollen Sätze dieser Art noch zweifelhaft gemacht werden können? Genügt hier der Hinweis auf früher unterlaufene Irrtümer, also ein empirischer Zweifelsgrund? Offensichtlich ist das nicht der Fall, zumal Sätze der genannten Art nicht etwa in der Erinnerung, sondern während ihres Vollzugs in Zweifel zu ziehen sein sollen. Das ist unter empirischem Gesichtspunkt sehr befremdlich; in der Tat tut Descartes, um in bezug auf solche Einsichten noch Zweifelgründe beibringen zu können, schon einen entscheidenden Schritt in die Metaphysik.

Es wäre möglich, überlegt er, daß wir von einem höchst mächtigen Wesen erschaffen wurden, das aber nicht gut, sondern im Gegenteil böse und von dem Willen erfüllt ist, uns immer dann zu täuschen, wenn wir meinen, ganz sicher zu sein. Wenn wir wirklich von einem *dieu trompeur*, einem *malin génie* abhängig wären – die Annahme eines Unterschieds zwischen den beiden Vorstellungen beruht auf Überinterpretation –,[59] würde der letzte Halt unserer bisherigen Überzeugungen zusammenbrechen, da nämlich die Regel der Evidenz nunmehr hinfällig würde. Daher muß unter dem Eindruck eines solchen Arguments, läßt man es erst einmal gelten, auch das letzte Bollwerk gegen die Skepsis zusammenbrechen: „Auf diese Gründe habe ich schlechterdings keine Antwort, und so sehe ich mich endlich gezwungen zuzugestehen, daß an allem, was ich früher für wahr hielt, zu zweifeln möglich ist, und das nicht aus Unbesonnenheit oder Leichtsinn, sondern aus triftigen und wohlerwogenen Gründen" (Med. I; AT VII, 21).

Die Einführung der Hypothese des *malin génie* ist deshalb so radikal, weil durch sie die Regel der Evidenz außer Kraft gesetzt wird. Descartes war davon ausgegangen, nur klare und deutliche Einsichten gelten zu lassen, weil nur sie unzweifelhaft richtig seien. Alles andere muß ausgeschlossen bleiben. Die Scheidung zwischen evidenten und nicht evidenten Überzeugungen geschieht durch den Zweifel, wie er eben beschrieben wurde.

Wenn nun die Regel der Evidenz aufgehoben wird, verliert dann nicht der Zweifel seinen Sinn? – Auf dieses Bedenken ist zu erwidern, daß durch die Hypothese des *malin génie* das Moment der Gewißheit nicht aufgehoben wird; es wird lediglich seiner Funktion als Wahrheitskriterium beraubt. Daß uns etwas als gewiß erscheint, ist nur noch eine psychologische Tatsache, kein Anhaltspunkt mehr für die Wahrheit des fraglichen Urteils. Da das Gewißheitsmoment durch die Beschränkung auf die psychologische Ebene als Faktum nicht aufgehoben wird, kann es immer noch die Richtschnur des methodischen Zweifels bilden. Sofern aber durch den Gedanken des *malin génie* jede objektive Gültigkeit aufgehoben wird, ist die erreichte Radikalisierung des Zweifels das Äußerste an Skepsis, das gedacht werden kann. Wenn gesagt wird: Zweifeln heißt nach Wahrheit suchen, also ist im Zweifel der Gegensatz von Wahr und Falsch implicite schon anerkannt, so gilt das jetzt nur mehr bedingt: Auch der vorausgesetzte Unterschied von Wahr und Falsch erscheint als bloß subjektiv, und sofern wirklich Zweifel nur unter Voraussetzung objektiver Wahrheit möglich sein sollte, beginnt der skeptische Gedankengang sich selbst zu zerstören, da kein objektives Koordinatensystem mehr einen Bezugspunkt bietet. Kann es aus solcher Skepsis noch einen Ausweg geben?

Descartes hielt die Aufhebung des Zusammenhangs von Gewißheit und Wahrheit für ein so wichtiges Korrektiv der bisherigen vorurteilsbehafteten Einstellung, daß er forderte, sich die daraus hervorgehenden Folgerungen immer wieder zu vergegenwärtigen; darüber hinaus aber soll es sich erweisen, daß der radikalisierte Zweifel gerade infolge seiner Radikalisierung die Auffindung einer Wahrheit verbürgenden Gewißheit ermöglicht. Wegen der Wichtigkeit der im Gedanken des *malin génie* erreichten extremen Steigerung der Skepsis muß diesem Gedanken besondere Aufmerksamkeit geschenkt werden.

Bei der Interpretation des radikalisierten, „hyperbolischen" Zweifels wird immer wieder von der „Hypothese" des *genius malignus* gesprochen. Man muß sich jedoch klar machen, daß es sich hier nicht um eine Hypothese von der Art wissenschaftlicher Hypothesen handelt, die zu dem Zweck aufgestellt werden, irgendwelche Tatsachen begreiflich zu machen. Die Annahme des *genius malignus* dient dagegen nicht der Erklärung irgendwelcher Tatsachen. Descartes wollte mit Hilfe dieser „Hypothese" lediglich deutlich machen, daß wir nicht ausschließen können, von einem Wesen geschaffen worden zu sein, das uns eine solche Natur verliehen hat, daß wir immer dann irren, wenn wir meinen, ganz sicher zu sein, d.h. wenn sich uns eine Einsicht als evident darbietet. Diese Möglichkeit bleibt sogar bestehen, wenn man versucht, ohne die Annahme der Erschaffung durch ein göttliches Wesen auszukommen; denn daß der Mensch einen Urheber hat, ist nicht zu leugnen, und je weniger vollkommen wir diesen Urheber denken, um so wahrscheinlicher wird, daß der Mensch ein sehr unvollkommenes Wesen ist, das heißt ein Wesen, das grundsätzlich dem Irrtum ausgesetzt ist. Descartes hält also den Begriff des *malin génie* für prinzipiell entbehrlich. Tatsächlich hat er die Annahme eines Betrügergottes ausdrücklich als Fiktion erklärt.

Dieser betrügerische Gott, der wie ein absoluter Fürst mit uns nach Willkür verfahren kann, geistert auch durch die zweite und die dritte Meditation. Allerdings bezeichnete Descartes den auf diese Vorstellung gestützten Zweifel als „schwach und sozusagen metaphysisch" (Med. III; AT VII, 36). Nach und nach distanziert er sich immer mehr von ihm und erklärt, er sei rein fiktiv, ja sogar widersprüchlich. Vor allem betonte er, daß er mit ihm eine durchaus positive Absicht verbunden habe, da es ihm, während er zweifelte, stets um die Überwindung des Zweifels gegangen sei, das heißt um die Begründung der notwendigen Wahrheit unbedingt gewisser Urteile. So erklärt er in einem Schreiben an die Universität von Leiden: „Mein Zweck aber war höchst positiv, da ich mich jener Voraussetzung nur bediente, um den Skeptizismus und den Atheismus überzeugender zu überwinden und zu beweisen, daß Gott kein Betrüger sei, sowie dies als Fundament jeglicher menschlichen Gewißheit aufzustellen" (an die Kuratoren der Universität von Leiden; Egmond, 4.5. 1647; AT V, 9).

Die Vorstellung eines betrügerischen Gottes dient der Umschreibung des erkenntnismetaphysischen Sachverhalts, daß bei Beschränkung auf das Subjekt und seine Erlebnisweisen ein Kriterium der Wahrheit im Sinne objektiver Gültigkeit nicht angegeben werden kann. Es ist jener Gedanke, den Descartes später auch in die Worte kleidet, vor der Erkenntnis des wahren Gottes, der nicht betrügen kann, lasse sich die Annahme definitiv wahrer Urteile nicht rechtfertigen.

Hinter der Metapher vom Betrüger-Gott steht eine Auffassung des Erkennens im allgemeinen, die sich am Modell der ideistischen Theorie der Wahrnehmungserkenntnis orientiert. So wie die Wahrnehmungsvorstellungen als „Bilder" von Gegenständen aufgefaßt werden, so sollen auch die Verstandesbegriffe eine Art von Bildern sein, die sich auf objektive Sachverhalte („wahrhafte Naturen") beziehen. Im Unterschied von den Gegenständen, die durch Wahrnehmungsvorstellungen repräsentiert werden, haben die den Verstandesbegriffen korrespondierenden Sachverhalte jedoch den Charakter idealer Entitäten. Unter dieser Voraussetzung zeigt sich eine Analogie zwischen dem Zweifel an der Wahrheit von Wahrnehmungsurteilen und dem Zweifel an der Wahrheit von Urteilen von der Art der mathematischen: In beiden Fällen wird nicht das Vorhandensein der Ideen und nicht die Gewißheit der auf sie bezüglichen Urteile, sondern ihre Wahrheit, d.i. die Korrespondenz von Urteil und beurteiltem Sachverhalt, in Zweifel gezogen. Der mit Hilfe der Vorstellung eines Betrüger-Gottes vorgetragene Zweifel läuft auf den Aufweis der Zweifelhaftigkeit der Korrespondenzannahme hinaus. Unsere Verstandeseinsichten könnten m.a.W. eine Art von rationalem Traum sein, sofern nicht ausgeschlossen werden kann, daß auch Urteilen auf Grund klarer und distinktiver Begriffe keine wahrhaften Naturen als ideale Gegenstände entsprechen oder daß ihnen andere solche Naturen entsprechen, als im Urteil behauptet. Die Täuschung durch den Betrüger-Gott würde demnach darin bestehen, daß wir glaubten, in evidenten Verstandesurteilen Wesenheiten zu erfassen, die es nicht gibt oder nicht so gibt, wie wir urteilen.

So und nur so kann sinnvoll vom Zweifel an Urteilen wie „das Quadrat hat vier Seiten" gesprochen werden. Selbstverständlich ist ein solches Urteil analytisch, d.h. seine Gewißheit beruht auf den Definitionen der in ihm vorkommenden Begriffe. Wer also die Bedeutung der Begriffe kennt, kann unmöglich urteilen, Quadrate hätten mehr oder weniger als vier Seiten. Das war Descartes natürlich klar, und deshalb betonte er auch, daß die Gewißheit von Urteilen der fraglichen Art durch den hyperbolischen Zweifel nicht aufgehoben würde.[60] Kritiker, die Descartes hier einen Unsinn glauben vorrechnen zu können, haben nicht begriffen, womit es der metaphysische Zweifel zu tun hat. Was unter Descartes' Voraussetzungen „Zweifel" im Sinne des metaphysischen, hyperbolischen Zweifels bedeutet, wird erst verständlich, wenn der spekulative Rahmen berücksichtigt wird, innerhalb dessen vom Betrüger-Gott die Rede ist, namentlich die Annahme idealer Sachverhalte und die Voraussetzung, daß die ideistische Deutung nicht nur für Wahrnehmungsvorstellungen, sondern auch für Verstandesbegriffe gilt.

Die Pointe des methodischen Zweifels dürfte nun deutlich geworden sein: Solange Ideen und Urteile nicht auf eine bewußtseinsjenseitige Wirklichkeit realer oder idealer Sachverhalte bezogen werden können, läßt sich der mit Urteilen auf Grund ihrer subjektiven Gewißheit natürlicherweise verbundene Anspruch objektiver Wahrheit nicht rechtfertigen. Die Aufgabe der Metaphysik (als Prima Philosophia) besteht infolgedessen wesentlich darin, die Möglichkeit wahrer Urteile aufzuweisen und zu Urteilen zu führen, die notwendig wahr sind und daher als oberste Prinzipien fungieren können.

Obwohl im vorliegenden Zusammenhang primär die Rolle der Vorstellung des *genius malignus* innerhalb des systematischen Zusammenhangs der Grundlegung der Philosophie zu untersuchen war, verdient doch auch die psychologische Seite dieses Gedankens Interesse.

Es ist bemerkenswert, daß schon in Baillets Bericht über die Träume vom

10. November 1619 der Ausdruck *mauvais génie* vorkommt, dem sicher im Traumbericht der *Olympica*, auf die sich Baillet stützt, ein ähnlicher Cartesianischer Ausdruck entsprach. „Er erwachte über dieser Vorstellung und fühlte sogleich einen wirklichen Schmerz, der ihn fürchten ließ, daß es sich um die Einwirkung eines bösen Dämons handelte, der ihn versuchen wollte ..." (Baillet, I, 82).[61]

Ohne daß hier die Verbindung zwischen dem *malin génie* der *Meditationen* und dem *mauvais génie* der *Olympica* diskutiert werden könnte – hier dürften stichhaltige Beweise weder *pro* noch *contra* beizubringen sein –, muß doch bemerkt werden, daß die Metapher vom *malin génie*, wie sie sich in den *Meditationen* und später findet, keine Spur von Mystizismus mehr zeigt, mag der Ursprung des Gedankens gewesen sein, welcher er wolle; seiner Funktion im System nach ist er ausschließlich unter erkenntnistheoretisch-ontologischem Gesichtspunkt zu betrachten, wenn man ihm gerecht werden will.

Unter dem Gesichtspunkt der vorrationalen Antriebe gesehen ist die Annahme des *malin génie* nur die äußerste Konsequenz der durch den methodischen Zweifel bezeichneten Tendenz, die sich in extremer Radikalisierung nun auch gegen den ursprünglichen Ausgangspunkt, die Regel der Evidenz, richtet. Dadurch wird jene Rückwendung des Gedankens auf sich selbst erzwungen, die die Bedingung für die Formulierung des ersten Prinzips als eines Satzes ist, der unbedingt gewiß und gleichzeitig notwendig wahr ist. In dieser Annahme kommt die Unsicherheit des Philosophen zum Ausdruck, so wie in der Abweisung jener Annahme sein Bedürfnis nach Sicherheit eine erste partielle Befriedigung erfährt. An einem entscheidenden Punkt der Metaphysik erscheint dann der wahrhaftige Gott als Sieger über den *genius malignus.*

Die Funktion des Zweifels kann nur dann angemessen beschrieben werden, wenn nicht nur berücksichtigt wird, was dem Zweifel zum Opfer fällt, sondern auch das, was mit seiner Hilfe positiv bewirkt wird, nämlich die Auszeichnung eines Satzes als oberstes, weil nicht nur unbedingt gewisses und notwendig wahres, sondern auch systematisch grundlegendes Prinzip. Während Descartes die Zweifelsgründe vorträgt, tut er so, als wären sie nicht von vornherein auf ein Ziel bezogen. Das erste Prinzip wird – mindestens im *Discours* und in den *Meditationes de Prima Philosophia* – als ein eher zufälliges Ergebnis des Zweifels dargestellt. Tatsächlich ist aber der Zweifel in Descartes' entwickelter Philosophie vom ersten Augenblick an auf das Ziel gerichtet, die objektive Wahrheit eines unbedingt gewissen Urteils begründen zu helfen, wie dies auch in dem späten Entwurf *Recherche de la vérité* deutlich zum Ausdruck kommt. Da aber der methodische Zweifel als radikaler Zweifel aufgefaßt werden muß, kann Descartes, solange er auf der Stufe des Zweifels steht, nicht einmal voraussetzen, daß es überhaupt Sätze gibt, die den geforderten Charakter haben. Das einzige, was sich unter den Bedingungen des radikalen Zweifels sagen läßt, ist das folgende: Wenn es Urteile geben sollte, die nicht nur unbedingt gewiß, sondern zugleich notwendig wahr sind, dann können sie nicht Urteile von der Art der im Zweifel in Frage gestellten, d.h. weder Wahrnehmungsurteile noch Urteile über Wesensbeziehungen, sein. Als Urteile der geforderten Art kommen somit nur Urteile in Betracht, die sich weder auf Wahrnehmungsgegenstände beziehen noch ideale Sachverhalte betreffen. Descartes versuchte in dem auf den methodischen Zweifel folgenden Schritt der philosophischen Grundlegung zu zeigen, daß die Urteile „Ich bin" und „Gott ist" die ersten sind, die die genannten Bedingungen erfüllen (s. S. 76 ff.).

3. Die Prinzipien der Methode

In den *Regeln zur Leitung des Geistes* unterschied Descartes zwischen der *Intuition* als der Art, in der wir die Grundsätze eines Wissensbereichs erfassen, und der *Deduktion* als der Art, in der wir den logischen Zusammenhang zwischen den Grundsätzen und den von ihnen abhängigen Folgesätzen erkennen. In diesem Sinne erklärte er von der Intuition, sie sei „nicht das mannigfach wechselnde Zeugnis der Sinne oder das trügerische Urteil, das sich auf die verworrenen Bilder der sinnlichen Anschauung stützt, sondern ein so einfaches und distinktes Begreifen des reinen und aufmerksamen Geistes, daß über das Erkannte weiterhin kein Zweifel übrigbleibt" (Reg. III; AT X, 368). Gegenüber der Intuition erweist sich die Deduktion insofern als sekundär, als nach Descartes auch jeder deduktive Gedankenschritt intuitiv als korrekt eingesehen werden muß. Da auf diese Weise die Deduktion als eine Folge intuitiver Akte aufgefaßt werden könnte, sah sich Descartes genötigt, die Deduktion wenigstens als relativ selbständig darzustellen. So betont er: „Wir unterscheiden ... die Intuition von der Deduktion wenigstens insofern, als man in dieser eine bestimmte Bewegung oder Folge sich zu Bewußtsein bringt, in jener nicht ebenso; außerdem aber insofern, als bei dieser nicht, wie bei der Intuition, eine gegenwärtige Evidenz erforderlich ist, da sie vielmehr in gewisser Weise ihre Sicherheit dem Gedächtnis verdankt" (Reg. III; AT X, 370).

Die Methode hat die Aufgabe, dazu anzuleiten, die Bedingungen herbeizuführen, unter denen intuitive Erkenntnis erfolgen kann. Die *Regulae* dienten diesem Zweck mit besonderer Berücksichtigung der mathematischen Erkenntnis bzw. der Erkenntnis im Bereich der mathematischen Naturwissenschaft, und im *Discours de la Méthode* sollten die methodologischen Prinzipien so allgemein formuliert werden, daß sie auch in der Philosophie zur Geltung gebracht werden konnten. Descartes hat seine methodischen Prinzipien im *Discours* so präzis und so knapp formuliert, daß es das beste ist, sich seiner eigenen Worte zu bedienen:

„Die erste Regel war, niemals etwas als wahr anzunehmen, was ich nicht klar als solches erkannte, d. h. alle Überstürzung und alle Vorurteile aufs sorgfältigste zu vermeiden, und nichts mehr in meine Urteile aufzunehmen, als was sich so klar und so distinkt meinem Geist darbieten würde, daß ich keine Veranlassung haben würde, es in Zweifel zu ziehen.

Die zweite, jede Schwierigkeit, die ich untersuchen würde, in so viele Teile zu zerlegen, als nur möglich und als erforderlich sein würde, um sie in der besten Weise aufzulösen.

Die dritte, der Ordnung nach meine Gedanken zu leiten, also bei den einfachsten und am leichtesten zu erkennenden Gegenständen zu beginnen, um nach und nach sozusagen gradweise bis zur Erkenntnis der zusammengesetzten aufzusteigen, wobei ich selbst unter denen Ordnung voraussetzte, die nicht in der natürlichen Weise aufeinander folgen.

Und die letzte, überall so vollständige Aufzählungen und so allgemeine Übersichten anzustellen, daß ich sicher wäre, nichts auszulassen" (Disc. II; AT VI, 18 f.).

Bezeichnen wir diese Regeln der Kürze halber in der angeführten Reihenfolge als Regel der Evidenz, Regel der Zerlegung, Regel der Ordnung und Regel der vollständigen Synthese.

Die erste dieser methodischen Anweisungen im Telegrammstil (deren ausführliche Darstellung die *Regulae* bieten) wurde schon erörtert. Die übrigen Regeln galten ursprünglich der mathematischen Methode, wurden aber von Descartes bald verallgemeinert und auch beim Aufbau der Metaphysik angewandt, wenigstens so weit die Metaphysik nach dem Vorbild der Cartesianischen Geometrie, also analytisch, verfährt.

Auch der methodische Zweifel unterliegt den genannten Regeln, abgesehen davon, daß er, wie gesagt, die unmittelbare Anwendung der Regel der Evidenz ist. Die Behandlung des Gewißheitsproblems auf verschiedenen Stufen entspricht offenbar der Regel der Zerlegung. Die Stufen der Gewißheit bzw. die Stufen des Zweifels sind zwar auf den ersten Blick *sachlich* unterschiedene Bereiche, nämlich die Stufe der Wahrnehmungsgewißheit bezüglich Inhalt und Existenz von realen Dingen, die Stufe der diskursiven Gewißheit und schließlich die der Einsichten in einfache begriffliche Beziehungen. Bei genauer Betrachtung aber zeigt sich ein anderes Einteilungsprinzip, das nicht eine Ordnung der Sachen voraussetzt, mithin ontologisch ist, sondern unter methodischen Gesichtspunkten, nämlich gemäß der Art der Zweifels*gründe*, gewonnen wird. Die Unterscheidung ist zunächst eine solche in empirische und rationale Gewißheit; erstere wiederum wird unterteilt in die Gewißheit von Eigenschaften und die der Existenz von Dingen; letztere ist als Relationsgewißheit entweder mittelbar, wie beim Schließen, oder unmittelbar, wie bei der Erfassung einfacher Beziehungen. Eingeteilt wird hier danach, durch welche Art von Zweifelsgründen eine Art von Gewißheit erschüttert werden kann; und je nachdem, ob diese Gründe empirischer oder rationaler Natur sind, heben sich erst sachliche Bereiche ab. Der methodische Gesichtspunkt geht voraus, der sachliche ergibt sich erst aus dem methodischen.

Ein derartiges Vorgehen entspricht deutlich der Regel der Ordnung; denn ganz wie dort gefordert, wird vom Leichtesten und Nächstliegenden ausgegangen, sozusagen von den alltäglichsten Zweifeln, die sich jedem wie von selbst aufdrängen. Die empirischen Gründe wiederum sind näherliegend als die rationalen, insbesondere der Gedanke des genius malignus. Lediglich die

Regel der vollständigen Synthese kann jetzt noch nicht nachgewiesen werden, da sie eine Regel des Aufbaus, der Konstruktion ist, und im Zweifel erst die Basis für den späteren Aufbau geschaffen wird.

Die Methode wurde konzipiert, um der Bewältigung mathematischer Probleme zu dienen, blieb aber nicht auf den mathematischen Bereich beschränkt. Schon im *Discours* werden ihre Regeln nämlich als Grundsätze einer universalen Methode erkannt, die sich freilich, wie die Regeln der *Regulae ad directionem ingenii,* am Vorbild der Mathematik orientieren. Descartes spricht dies im *Discours* klar aus: „Die langen Ketten von ganz einfachen und leicht einzusehenden Vernunftgründen, deren sich die Geometer zu bedienen pflegen, um zu ihren schwierigsten Beweisen zu gelangen, hatten mich darauf geführt, mir vorzustellen, daß alle Dinge, die unter die Erkenntnis des Menschen fallen können, untereinander in derselben Beziehung stehen und daß, wenn man darauf achtet, kein Ding für wahr zu halten, das es nicht ist, und stets die Ordnung beibehält, die erforderlich ist, um die einen von den andern abzuleiten, es keine so entfernten Erkenntnisse geben kann, zu denen man nicht gelangte, noch auch so verborgene, die man nicht entdeckte“ (Discours II; AT VI, 19). Im Sinne dieser Einstellung wird insbesondere die Regel der Ordnung mit dem Hinweis auf die Sicherheit der Mathematik, die sich ihrer selbstverständlich bedient, allgemein gerechtfertigt.

Die Ordnung, die Descartes meint, ist also nicht die natürliche Ordnung der Dinge, sondern eine logische Ordnung, gemäß der bekannten Forderung des Philosophen, nicht der Ordnung der Sachen, sondern derjenigen der Gründe zu folgen (an Mersenne, 24.10.1640; AT III, 266). Dieses Vorgehen ist für die Cartesianische Methode charakteristisch: Wie in der Mathematik wird eine Ordnung gefordert, die nicht auf Beziehungen der Über- und Unterordnung von Art- und Gattungsbegriffen beruht, sondern die eine Ordnung auf Grund von Folgebeziehungen zwischen Sätzen ist. In diesem Sinne fordert auch die Regel VI der *Regulae,* die der dritten Regel des *Discours* II entspricht, die Einordnung der Gegenstände in bestimmte Reihen, „nicht zwar sofern diese Dinge sich auf eine bestimmte Art des Seins beziehen, wie die Philosophen sie in ihre Kategorien eingeteilt haben, sondern sofern die einen aus den anderen erkannt werden können“ (Reg. VI; AT X, 381). Descartes hält daran fest, „daß wir hier die Reihen der zu erkennenden Dinge betrachten, nicht die Natur eines jeden Dinges“ (Reg. VI; AT X, 383).

Dieser methodische Grundzug der Cartesianischen Philosophie und Wissenschaft bot der neukantianischen Interpretation den Ansatzpunkt. So stellte Natorp hinsichtlich der methodischen Einstellung Descartes' fest, daß die Objekte nicht so vorgegeben seien, daß die Methode nachträglich auf sie angewendet werden könnte; vielmehr würden die Gegenstände erst mit Hilfe der Methode konstituiert. Descartes soll sich, so gesehen, in den *Regulae* als Vertreter einer kritizistischen Philosophie interpretieren lassen, die sich als rudimentäre Form des Kantischen Kritizismus darstellt.[62]

Descartes hat nachdrücklich betont, daß die Ordnung der Objekte, die

Voraussetzung der Erkenntnis ist, als Ergebnis erkenntnismäßigen Ordnens und nicht als kategoriale Seinsordnung aufzufassen ist (Reg. VI; AT X, 381); es wäre aber verfehlt, die „Ordnung der Gründe", die Descartes der „Ordnung der Sachen" gegenüberstellt, im Gegensatz zu dieser als rein subjektive Ordnung aufzufassen.[63] Zwar lassen sich Grund-Folge-Beziehungen im Hinblick auf ein und dasselbe Problem auf verschiedene Weise konstruieren, so daß derselbe Satz das eine Mal als Grundsatz, das andere Mal als Folgesatz auftritt. In diesem Sinn betont Descartes, daß die Einteilung der Propositionen in „absolute" und „relative" (Reg. VI; AT X, 381 f.) selbst relativ auf den Ordnungsgesichtspunkt ist. Aber er deutet gleichzeitig auch an, daß die mit den Mitteln der Methode herzustellende Erkenntnisordnung auf idealen Sachverhalten beruht, die er „einfache Naturen" (naturae simplices) nennt (Reg. VI; AT X, 382 u. ö.). Zwischen absoluten und relativen Propositionen besteht ein wechselseitiger Zusammenhang, den er als „natürliche Ordnung" bezeichnet (Reg. VI; AT X, 382). Es gibt nämlich notwendige Beziehungen (necessariae connexiones) zwischen einfachen Naturen, die ebenso wie diese Gegenstand der Intuition sind (Reg. XII; AT X, 425). Man wird somit annehmen dürfen, daß Descartes eine objektive Ordnung idealer Sachverhalte voraussetzte, auf die das einen bestimmten Begründungszusammenhang herstellende Subjekt verwiesen ist, wobei es innerhalb gewisser Grenzen von den Gesichtspunkten des Erkennenden abhängt, welche Elemente der objektiven Ordnung als „absolut" und welche als „relativ" betrachtet werden.

Ob die einfachen Naturen etwas sind, das Begriffen entspricht (wie die einfachen Naturen „Erkenntnis", „Ausdehnung" usw. in Regel XII), oder ob sie den Charakter von Beziehungen haben, wie verschiedene von Descartes' Beispielen nahelegen, läßt sich – wie so manches andere in den *Regulae* nicht völlig klar entwickelte Problem – wohl nicht definitiv entscheiden. Auch in bezug auf ihre Einfachheit bleiben Fragen offen. So sagt Descartes gelegentlich, sie seien „in bezug auf unseren Verstand einfach" (Reg. XII; AT X, 419), während er doch zugleich die Passivität des Intellekts gegenüber den einfachen Naturen hervorhebt, wenn er feststellt, daß ihre Erkenntnis keine Bemühung erfordert, da sie an sich hinreichend bekannt sind (per se sunt satis notae) (Reg. XII; AT X, 425). Zugunsten der Objektivität auch des Moments der Einfachheit der „Naturen" spricht, daß Descartes mehrmals erklärt, die *naturae simplices* würden, entweder unabhängig von der Anschauung oder in Verbindung mit ihr, durch das eingeborene natürliche Licht *erfahren* (wobei zu beachten ist, daß „Erfahrung" in den *Regulae* einen so weiten Sinn haben kann, daß auch die Einsicht des reinen Verstandes darunter fällt). Ferner muß berücksichtigt werden, daß die Vernunft nach Descartes nicht nur ein individuelles Erkenntnisvermögen, sondern wesentlich auch allgemeine Vernunft ist: Der Geist enthält etwas Göttliches, sofern er die Keime von Erkenntnissen in sich trägt, die in der Erkenntnistätigkeit zur Entfaltung kommen (Reg. IV; AT X, 373). Wenn in den *Regulae* das Ideal einer Einheitswissenschaft aufgestellt wird, das auf der Einheit der Erkenntnismethode und letzten Endes auf der Einheit der Vernunft beruhen soll, dann handelt es sich um die objektive Vernunft im angegebenen Sinn. Da die eine Vernunft, auf der die Einheitswissenschaft beruht, nicht als etwas Substantielles aufgefaßt werden kann, wird es am befriedigendsten sein, ihre Einheit als Einheit einer Struktur zu deuten, deren Elemente einfache Naturen sind und der bestimmte methodologische Prinzipien entsprechen, die daher in gewissem Sinne als „eingeboren" bezeichnet werden können (vgl. Reg. IV; AT X, 373: „die eingeborenen Prinzipien dieser Methode").

Dies muß auch für den methodischen Zweifel gelten. So wie die Methode im allgemeinen der Isolation einfacher Naturen dient, die ohne weiteres eingesehen werden können, so soll der methodische Zweifel zur Isolation der einfachen Natur des Selbstbewußtseins und der von diesem implizierten Existenz führen. Dabei ist ein wichtiger Unterschied zwischen den im Zweifel zu gewinnenden Grundsätzen der *Meditationen* und den „absoluten Propositionen" der *Regulae* zu konstatieren: Die Funktion der letzteren erschöpft sich darin, die Ableitung „relativer" Sätze zu ermöglichen. Die Frage nach der Wahrheit dieser Sätze im Sinne objektiver Gültigkeit wird überhaupt nicht gestellt. Dies ist auch nicht zu erwarten, sofern mathematische Sätze in Betracht gezogen werden. Descartes hat aber in den *Regulae* auch physikalische Erklärungen aufgestellt, von denen er objektive Gültigkeit beanspruchte. So stellte er z.B. im Hinblick auf die anaklastische Linie (d.i. die Begrenzungslinie einer Linse, die parallel einfallende Strahlen so bricht, daß sie in einem Punkt zusammentreffen: Reg. VIII; AT X, 393f.) fest, daß das hier eine Rolle spielende Verhältnis von Einfalls- und Brechungswinkel nicht mit den Mitteln des Mathematikers allein bestimmt werden kann. „Vergeblich wird er ... ein bestimmtes Verhältnis zwischen Winkeln der erwähnten Art voraussetzen, das er seiner Mutmaßung nach für das wahrste hält, denn er würde dann nicht mehr die anaklastische, sondern nur diejenige Linie suchen, die sich aus seinen Voraussetzungen ergibt" (ib., 394). In den Realwissenschaften genügt es also nicht, jene Ordnung der Gründe herzustellen, auf die sich die Methodologie der *Regulae* in erster Linie konzentriert. Über die Gewißheit, wie sie im Bereich der Mathematik zu erreichen ist (certitudo: Reg. II; AT X, 366), hinaus, muß von Sätzen der Realwissenschaft Wahrheit gefordert werden, weil ihr Zweck – wie es der allgemeinen Ausrichtung der Cartesianischen Philosophie von Anfang an entspricht – darin besteht, in praktischen Angelegenheiten dem Willen zu zeigen, was zu wählen ist (Reg. I; AT X, 361: ut in singulis vitae casibus intellectus voluntati praemonstret quid sit eligendum). In den *Regulae* wird das Problem, wie über die Gewißheit hinaus Wahrheit möglich ist, nicht aufgenommen; dies geschieht erst in Descartes' späteren Schriften, in denen das Problem der Möglichkeit von Erkenntnis bzw. von erkenntnisgeleitetem Handeln in einem weiteren Rahmen erörtert wird, ohne daß dadurch aber ein Gegensatz zur früheren Methodologie entstünde.

Die Evidenz des intuitiv Erfaßten führt Descartes auf die Unabhängigkeit der Intuition von der sinnlichen Anschauung zurück, sofern sich seiner Ansicht nach die Intuition nur auf das „reine Licht der Vernunft" stützt (Reg. IV; AT X, 373). Was ist aber der Gegenstand der Intuition bzw. des *mentis intuitus*, wie es in den *Meditationen* heißt? Descartes' Antwort läßt deutlich platonische und stoische Einflüsse erkennen, denn sie besagt, daß alle Einsicht gleichsam aus „Samen" des Wissens entspringt, die „wurzelhafte Grundlagen der menschlichen Vernunft" bzw. „dem menschlichen Geist von Natur angeborene Wahrheiten" sind.[64]

Im Hinblick auf die „einfachen und unveränderlichen Naturen" ist zu bemerken, daß die auf sie gerichteten Urteile infolge der Einfachheit dieser Naturen wahr sein müssen. Da ein einfaches Wesen nur entweder erfaßt oder nicht erfaßt, keineswegs aber teilweise ergriffen und daher teilweise verfehlt werden kann, gelangte Descartes zu dem Ergebnis, „daß wir uns jedesmal täuschen, wenn wir urteilen, es bliebe uns von einer dieser einfachen Naturen etwas verborgen; denn wenn wir von einer solchen nur das Geringste mit dem Geist erreichen – was wahrlich notwendig ist, wenn man annimmt, daß wir darüber doch ein Urteil fällen –, so ist eben daraus der Schluß zu ziehen, daß wir sie vollständig erkennen" (Reg. XII; AT X, 420).

Gestützt auf die Annahme unveränderlicher Naturen konnte Descartes auch die Wahrheit mathematischer Sätze als Übereinstimmung von Urteil und beurteiltem Sachverhalt interpretieren. Nur so ist es zu verstehen, daß er sich genötigt glaubte, auch in bezug auf Sätze der Mathematik die Frage ihrer objektiven Gültigkeit aufzuwerfen. Bei evidenten mathematischen Urteilen kann seiner Ansicht nach die Wahrheit im angedeuteten Sinn vorausgesetzt werden, weil infolge der göttlichen Wahrhaftigkeit Übereinstimmung zwischen den im Urteil behaupteten Beziehungen und den Beziehungen zwischen den unveränderlichen Naturen bestehen muß. (Vgl. hierzu S. 110ff.)

4. Die Entwicklung von Descartes' methodologischer Konzeption

Descartes hat die Prinzipien seiner Methode zunächst in bezug auf die Mathematik entwickelt und erst nachträglich verallgemeinert. Dabei orientierte er sich nicht an der synthetischen Methode der Euklidischen „Elemente", sondern an der analytischen Methode seiner Geometrie.

Der Gedanke, daß der mathematischen Methode innerhalb der Philosophie eine besondere Bedeutung zukomme, findet sich bei Descartes sehr früh. Schon im Kolleg meinte er, am ehesten in der Mathematik die Sicherheit finden zu können, die er von einer Wissenschaft erwartete; hier gab es vor allem jenes methodische Vorgehen, nach dem er suchte, wenn auch die herkömmliche Mathematik, wie sie in La Flèche gelehrt wurde, gerade in dieser Hinsicht noch keineswegs befriedigen konnte, wie Descartes bald sah.

Es war nicht die Art des Philosophen, sich gegenüber dem Vorhandenen rein rezeptiv zu verhalten; immer war er bestrebt, auf eigenen Grundlagen zu bauen. Selbst bei der Lektüre unterbrach er das Lesen öfters, um zu prüfen, welchen Weg zur Lösung eines Problems er selbst einschlagen würde; dann erst wandte er sich der Lösung zu, die der Autor zu bieten hatte. Im Zusammenhang mit seinem Bestreben, zu selbständigen Erkenntnissen zu gelangen, bemerkte er frühzeitig, daß er unbewußt und wie von selbst bestimmte Regeln beachtete: „Als ich in meiner Jugend geniale Erfindungen kennenlernte, suchte ich, ob ich sie nicht selbständig finden könnte, auch ohne Studium eines Autors: dabei kam ich allmählich darauf, daß ich bestimmte Regeln benützte" (Cogitationes privatae; AT X, 214).

Descartes fragte, woher die Kenntnis jener Regeln stamme, die so wichtig waren, da sie sich als geeignet erwiesen, auch die Schwächen einer nicht mehr als durchschnittlichen Intelligenz auszugleichen. Da sie offenkundig nicht erlernt waren, meinte er in ihnen einen angeborenen Besitz des Geistes erblicken zu können, womit er schon jene Richtung einschlug, die später auch seine Metaphysik kennzeichnen sollte. Bereits in den *Cogitationes privatae,* wie Foucher de Careil als Erstherausgeber diese frühen Aufzeichnungen des Philosophen nannte, findet sich die Feststellung: „In uns liegen die Keime der Erkenntnis wie [die Funken] im Feuerstein, die von den Philosophen durch die Vernunft zutage gefördert werden" (AT X, 217). Weniger metaphorisch spricht die vierte Regel der *Regulae* von „eingeborenen Prinzipien der Methode" (Reg. IV; AT X, 373), bzw. von wurzelhaften Grundlagen der menschlichen Vernunft (Reg. IV; AT X, 374), und bestimmt sie als „Samenkörner der dem menschlichen Geiste von Natur eingebornen Wahrheiten" (Reg. IV; AT X, 376). Dabei versäumt Descartes nicht zu betonen, daß aus jenen Samenkörnern *nützliche* Erkenntnisse als Frucht hervorgehen sollen, insbesondere mittels ihrer Realisierung in der Mathematik: „Denn der menschliche Geist besitzt etwas, ich weiß nicht was, Göttliches, in das die ersten Samenkörner nützlicher Erkenntnisse so gestreut sind, daß sie häufig, so sehr man sie auch vernachlässigt und durch verkehrte Studien erstickt hat, eine spontane Frucht hervorbringen" (Reg. IV; AT X, 373). Die Richtung auf die reife Metaphysik der *Meditationen* liegt, wie man sieht, hier bereits fest: Die Lehre von den *ideae innatae,* die Abbilder der wahren und unveränderlichen Naturen oder der Wesenheiten sein sollen, ist schon klar vorweggenommen, wenn auch in den *Regulae* – und natürlich erst recht in den *Cogitationes privatae* – an die spezifisch metaphysische Anwendung zur Begründung des Erkenntnisanspruchs noch nicht explizit gedacht zu sein scheint, sondern zunächst nur an den systematischen Aufbau der Mathematik. Immerhin ist nicht zu verkennen, daß der hier angebahnte Innatismus dem rationalistischen Erkenntnisideal entgegenkommt.

Für Descartes' frühe Konzeption der Methode ist eine Äußerung aus der Zeit des ersten Aufenthalts in den Niederlanden besonders charakteristisch, weil in ihr das Ziel, eine umfassende Lehre von den quantitativen Relationen zu entwickeln, mit größter Klarheit ausgesprochen ist: „Und sicherlich möchte ich – um Dir klipp und klar zu eröffnen, worum ich mich bemühe – nicht die *Ars brevis* des Lullus, sondern eine gänzlich neue Wissenschaft vermitteln, durch die allgemein sämtliche Fragen gelöst werden können, die hinsichtlich jeder beliebigen Art von Größen, sowohl kontinuierlicher als diskontinuierlicher, sich stellen lassen. Doch jede gemäß ihrer Natur . . .“ (an Beeckman; Breda, 26.3. 1619; AT X, 156 f.). Er hofft, exakt zeigen zu können, welche mathematischen Probleme unter Zuhilfenahme von Geraden und welche anderen nur unter Zuhilfenahme von Kurven gelöst werden können, und bei welchen man schließlich zu Kurven greifen muß, die man sich durch Zusammensetzung mehrerer erzeugender Bewegungen entstanden zu denken hat und die Descartes als imaginär bezeichnet. „Meines Erachtens läßt sich nichts vorstellen, was nicht wenigstens durch solche Linien lösbar ist; aber ich hoffe beweisen zu können, welche Fragen auf diese oder jene und auf keine andere Art gelöst werden können; so daß fast nichts mehr in der Geometrie zu entdecken bleibt“ (an Beeckman; Breda, 26.3. 1619; AT X, 157).

Das Selbstbewußtsein, das aus diesen Worten spricht, stammt aus der Einsicht in die Wichtigkeit der wissenschaftlichen Neuerung, die sich infolge der konzipierten Methode abzuzeichnen beginnt. Doch Descartes erkennt, daß die Durchführung seines ehrgeizigen Programms bis ins Detail die Kräfte eines Einzelnen bei weitem übersteigt, weshalb der Gedanke unabweisbar wird, daß zur Erreichung des Ziels Mitarbeiter nötig sind. Die Einsicht in die Unentbehrlichkeit der Helfer und Fortsetzer des Begonnenen tritt um so deutlicher hervor, je klarer die Möglichkeiten der Anwendung der Methode im praktischen Bereich eingesehen werden: „Das ist freilich eine unendliche Arbeit, die von einem Einzelnen nicht bewältigt werden kann. Unglaublich, wie ehrgeizig dieses Projekt ist; aber ich habe ein gewisses Licht im düsteren Chaos dieser Wissenschaft entdeckt, mit dessen Hilfe ich auch die dichteste Dunkelheit zerstreuen zu können hoffe“ (an Beeckman, a.a.O., 157 f.).

Diese Äußerungen sind nicht nur wichtig für die Rekonstruktion der Anfänge jener Methode, die zur analytischen Geometrie führte und die ursprünglich sogar zu einer Universalmethode mathematischer Natur hinführen sollte; sie geben auch einen Hinweis auf die ursprüngliche Verbindung zwischen Descartes' Streben nach Rationalisierung aller theoretischen und praktischen Verhältnisse und dem die Quelle seines philosophischen Enthusiasmus bildenden Gefühl, vom Geist der Wahrheit erfüllt und erleuchtet zu sein. Die Verwendung von „Licht“ als Metapher für „Einsicht“ bzw. „Erkenntnis“, die bei Descartes immer wieder zu finden ist, kann als besonders charakteristisch für die Verbindung der rationalistischen Erkenntniskonzeption mit einem irrationalen Motiven entspringenden Berufungsgefühl gelten. Die Erleuchtung durch den Geist der Wahrheit und die Aufgabe der Erhellung theoretischer Zusammenhänge bezogen sich allerdings beim jungen Descartes nicht nur auf den wissenschaftlichen Bereich. Dies geht deutlich daraus hervor, daß er erklärte, die „Samenkörner der Wissenschaft“ seien in uns potentiell wie der Funken im Kiesel, und sie würden aus ihm entweder durch den Verstand oder durch die dichterische Phantasie herausgeschlagen, in welchem Falle sie noch heller leuchteten (AT X, 217). Bei Descartes spielt aber neben dem *lumen naturale,* das allen Menschen von Gott verliehen ist, noch jene ganz besondere Erleuchtung eine Rolle, der er seine außerordentliche Berufung zu verdanken meinte.

Es liegt nahe, von hier aus eine Verbindung zum mittleren jener drei Träume vom November des Jahres 1619 herzustellen. Dieser Traum enthielt außer einem donnerartigen Geräusch nichts anderes als eine Lichterscheinung, die Descartes als Funkenregen beschrieb und die er auch sonst gelegentlich erlebt zu haben scheint. Wenn der Donner, der den Schlafenden weckte, als Symbol für das Herabsteigen des Geistes der Wahrheit gedeutet wird, so läßt sich das optische Phänomen in diesem Zusammenhang zwanglos als Sinnbild der Erleuchtung auffassen.[65] Es scheint nicht ausgeschlossen, in dieser Vorstellung einer Erleuchtung durch den Geist der Wahrheit schon die Annahme einer göttlichen Wahrheitsgarantie vorgebildet zu sehen, deren Kern der Gedanke der Teilhabe des endlichen erkennenden Geistes an der Wahrheit im objektiven Sinne ist. Sofern diese Deutung zutrifft, läßt sich Descartes' Dogmatismus bis in die Geburtsstunde der Cartesianischen Philosophie zurückverfolgen. Später trat die angedeutete Metaphorik in Descartes' Denken mehr und mehr zurück gegenüber der rationalisierten Form jener Gedanken, um deren Ursprung es hier geht. Die ursprüngliche Intuition, die Descartes wie eine Erleuchtung überkam, spielte in der Entwicklung seines Denkens zwar nach wie vor eine Rolle, sofern sie ihm die Richtung wies; die Festlegung bestimmter philosophischer Begriffe und ihrer Funktion im Zusammenhang philosophischer Thesen erfolgt innerhalb des Cartesianischen Systems jedoch unter den Voraussetzungen der Methode. Sosehr die außertheoretischen Momente die Zielsetzung beeinflußten, – die Beziehung der Mittel auf das Ziel wird in streng rationaler Weise vorzunehmen gesucht. Auch die Vorstellung des Ziels wird präzisiert, indem sie im Sinne des theoretischen und praktischen Rationalismus bestimmt wird. Die Systematisierung folgt m. a. W. jenen Prinzipien, die Descartes der Methode der Mathematik entnehmen zu können glaubte und die er sogleich für wissenschaftliche Systeme im allgemeinen verbindlich zu machen suchte, obwohl die Richtung der Systematisierung durch ein Bedürfnis bestimmt erscheint, das so mächtig war, daß es zu einer dauernden Fixierung des Erkenntnisinteresses führte und in Descartes' Denken als Berufungsgefühl zum Bewußtsein kam.

Sofern die Methode der Inbegriff der Mittel ist, mit deren Hilfe nicht nur die Einzelwissenschaften, sondern auch die Grundlagen der Philosophie als jener Disziplin zu entwickeln sind, die den Erkenntnisanspruch jeder speziellen Wissenschaft zu rechtfertigen hat, ist auch sie indirekt auf das beherrschende Ziel von Descartes' Denken bezogen. Je präziser dieses bestimmt wird, desto klarer werden auch die Prinzipien der Methode formuliert.

Für die Entwicklung der Methode ist die Stellungnahme Descartes' zum Projekt einer Kunstsprache aufschlußreich, sofern hier, ungefähr zehn Jahre nach der Niederschrift der *Cogitationes privatae,* bereits keine Spur mehr von seinem ursprünglichen Enthusiasmus für einen universellen Symbolismus zu finden ist; vielmehr hält der Philosoph eine künstliche Sprache nur dann für sinnvoll, wenn sie die wahre Philosophie schon voraussetzt; „denn sonst ist es unmöglich, alle Gedanken der Menschen aufzuzählen und sie in eine Ordnung zu bringen, noch sie wenigstens so auseinanderzuhalten, daß sie klar und einfach sind, was meines Erachtens der wichtigste Kunstgriff ist, über den man bei der Erwerbung des rechten Wissens verfügen kann. Und wenn jemand gründlich geklärt hätte, welches die einfachen Ideen sind, die sich in der Einbildungskraft der Menschen finden und aus denen sich alles, was sie denken, zusammensetzt, und wenn das allgemein angenommen würde, würde ich sodann auf eine Universalsprache zu hoffen wagen, die sehr leicht zu lernen, auszudrücken und zu schreiben wäre und, was das Wichtigste ist, die der Urteilsfähigkeit durch so klare Vergegenwärtigung aller Dinge zu Hilfe käme, daß es ihr beinahe unmöglich wäre zu irren ..." (an Mersenne; Amsterdam, 20.11. 1629; AT I, 81). Wie Leibniz den hier angedeuteten Gedanken einer Universalsprache entfaltet hat, ist bekannt und an dieser Stelle nicht zu beschreiben; hier kommt es nur darauf an zu sehen, wie Descartes in wenigen Sätzen die rationale Methode, wie sie in den *Regulae ad directionem ingenii* damals schon ausgearbeitet war, *in nuce* gekennzeichnet hat, ähnlich gedrängt, wie sie später im *Discours* vorgetragen werden wird. Im vorliegenden Zusammenhang ist zu unterstreichen, welch große Bedeutung Descartes – mit Recht – dem symbolischen Ausdruck des Gedankens beimißt; allerdings handelt es sich jetzt um streng rationale Symbole, von der Hochschätzung der poetischen Symbolik, von der in den *Cogitationes privatae* die Rede war, ist hier keine Spur mehr zu finden.

5. *Die Methode der analytischen Geometrie*

Der durch die Begründung der analytischen Geometrie bewirkte Fortschritt des mathematischen Denkens besteht bekanntlich darin, daß geometrische Probleme algebraisch lösbar werden, indem räumliche Beziehungen mit den Mitteln der Algebra ausgedrückt werden, oder umgekehrt: Die analytische Geometrie ist der geometrische Ausdruck einer Algebra.

Die Methode der analytischen Geometrie hatte Descartes noch vor Augen, als er die Regeln des *Discours de la Méthode* formulierte. Die Forderung, jedes geometrische Problem in seine einfachen Teile zu zerlegen, entspricht offenbar der Regel der Zerlegung. Dabei geht es darum, geometrischen Verhältnissen Gleichungen so zuzuordnen, daß ebenso viele Gleichungen wie Unbekannte vorhanden sind. Doch ist mit dieser Aufgabenstellung nur *ein* Aspekt der neuen Wissenschaft beschrieben, die umgekehrt auch die geometrischen Gebilde dazu benützt, die abstrakten Verhältnisse der Algebra zu veranschaulichen. Im Hinblick auf diese zweite Aufgabenstellung sind Kurven und Gerade sogar als sekundär anzusehen, während die *Regulae* die Konkretisierung dieser Verhältnisse in der Anschauung noch für unentbehrlich erklärten.

Um die Zuordnung von räumlichen Verhältnissen und algebraischen Beziehungen zu erreichen, muß man die Probleme so betrachten, als wären sie schon gelöst: „So ist es nötig, wenn man ein Problem lösen will, es zunächst so zu betrachten, als wäre es bereits bewältigt, und alle Linien zu bezeichnen, die zu seiner Lösung notwendig scheinen, und zwar die unbekannten ebenso wie die anderen. Danach muß man, ohne einen Unterschied zwischen den bekannten und den unbekannten Linien zu machen, die Schwierigkeit gemäß jener Ordnung durchgehen, die auf die natürlichste Weise von allen zeigt, wie sie wechselweise voneinander abhängen, bis man ein Mittel gefunden hat, ein und dieselbe Größe auf zwei Arten auszudrücken: das nennt man dann eine Gleichung" (Géométrie I, AT VI, 372).[66]

Man erkennt leicht, daß außer der Zerlegungsregel auch die der Ordnung realisiert ist; denn die Ordnung, die die Teile eines Problems untereinander verknüpft, ist nicht eine vorgegebene, die einfach aufzufinden wäre; sie wird vielmehr konstruiert, wobei entscheidet, ob sie zweckmäßig ist, das heißt, ob sie der gesuchten Lösung insofern gemäß ist, als sie die Beziehungen der das Problem konstituierenden Propositionen in klarer Weise begreiflich macht. Es kann grundsätzlich mehrere mögliche Gesichtspunkte geben, unter denen sich die Teile eines Problems ordnen lassen. Descartes war sich dessen klar bewußt, und er begnügte sich nicht damit, diese methodische Einsicht für die Mathematik festzustellen, sondern er verallgemeinerte sie für das Erkennen überhaupt, für das mithin die Ordnung der Gründe, nicht eine vermeintlich an sich bestehende, im Denken widergespiegelte klassifikatorische Ordnung maßgeblich ist.[67] Die Ordnung der Gründe ist jedoch unter Descartes' Voraussetzungen nicht eine vom Subjekt frei erzeugte Ordnung eines Begründungszusammenhangs, sondern eine objektive, dem Denken vorgegebene Ordnung von Begriffsinhalten und deren Beziehungen, die nur insofern einen Spielraum subjektiver Entscheidung gewährt, als sie unter Umständen von mehreren Ausgangspunkten aus durchlaufen werden kann. Die Ordnung der Gründe steht somit der Ordnung der Sachen nicht wie eine vom Subjekt entworfene einer vorgegebenen Ordnung gegenüber, sondern wie eine (objektive) Ordnung von Folgebeziehungen einer (subjektiven) Ordnung von Klassenbegriffen größeren und kleineren Umfangs. „Ordre des matières" würde demgemäß richtiger mit „Ordnung der Inhalte" wiedergegeben. Diese Ordnung ist nicht die Ordnung, der Mathematik und mathematische Physik zu folgen haben, weil diese Wissenschaften nicht erklären bzw. begründen, indem sie Begriffe unter andere subsumieren, sondern indem sie Sätze aus Voraussetzungen ableiten.

Daß die Regel der Zerlegung mit derjenigen der Ordnung engstens zusammenhängt, dürfte klar sein, ebenso daß die Methode kohärent angewandt werden muß: „Daher werde ich mich hier damit begnügen, Sie darauf hinzuweisen, daß man, vorausgesetzt, man versäumt bei der Auflösung der Gleichungen nicht, sich aller Möglichkeiten zur Einteilung zu bedienen, unfehlbar die einfachsten Termini erhält, auf die die Frage zurückgeführt werden kann" (Géométrie I; AT VI, 374). Diese einfachen Elemente sind dasselbe, was die

Regulae ad directionem ingenii „absolute Teile" genannt hatten, wobei es vom jeweiligen Problem abhängen soll, was als „absolut" zu gelten hat.

Um auch Kurven mit den Mitteln der Algebra ausdrücken zu können, bezog Descartes jeden Kurvenpunkt auf zwei Punkte zueinander senkrechter Geraden (der Koordinaten), so daß er durch ein geordnetes Zahlenpaar ausdrückbar wird. Da nunmehr auch solche Kurven exakt faßbar werden, die nicht mit Zirkel und Lineal allein konstruiert werden können (man hatte sie bisher als „mechanische" den „geometrischen" gegenübergestellt), konnte Descartes eine ungeheure Erweiterung des Gebiets der Geometrie konstatieren: „... wenn man wie üblich unter ‚geometrisch' alles versteht, was präzis und exakt ist, und unter ‚mechanisch' das, was es nicht ist; und wenn man die Geometrie als eine Wissenschaft ansieht, die allgemein lehrt, die Maße aller Körper zu erkennen; so ist es, wie mir scheint, ganz klar, daß man hievon die zusammengesetzten Linien ebensowenig ausschließen darf wie die einfachsten, wenn man sie sich nur durch eine kontinuierliche Bewegung erzeugt denken kann, oder durch mehrere aufeinander folgende, bei denen die späteren gänzlich durch die vorhergehenden bestimmt sind: denn durch dieses Mittel kann man immer eine genaue Erkenntnis ihrer Maße gewinnen" (Géométrie II; AT VI, 389f.).[68] Und an anderer Stelle heißt es: „Nun ist es leicht, allein auf Grund der Kenntnis der Beziehungen, die zwischen allen Punkten einer Kurve und sämtlichen Punkten einer Geraden bestehen, ... auch die Beziehung zu finden, die sie zu anderen Punkten und gegebenen Linien hat" (Géométrie II; AT VI, 412). Es ist nicht verwunderlich, daß Descartes im Hinblick auf die vorliegende Erkenntnisleistung von Genugtuung erfüllt war, durfte er doch durch die Bewältigung der Kurven höheren Grades einen wichtigen Teil jenes Programms als grundsätzlich verwirklicht ansehen, das ihn in seiner Jugend begeistert hatte; seine Durchführung im einzelnen wollte er nun gerne anderen überlassen: „Daher werde ich glauben, alles für die Elemente der Kurven Erforderliche hier angeführt zu haben, wenn ich ganz allgemein gezeigt haben werde, wie Gerade zu ziehen sind, die rechtwinklig auf beliebige ihrer Punkte auftreffen. Und ich wage zu behaupten, daß dieses Problem das nützlichste und allgemeinste ist, nicht nur das ich kenne, sondern sogar das ich jemals im Bereich der Geometrie zu kennen gewünscht habe" (Géométrie II; AT VI, 413).

Descartes war weit davon entfernt, den Zweck der Mathematik in ihr selbst zu suchen. Nützlichkeit kann die Mathematik in einem naheliegenden Sinne als Mittel formaler Geistesschulung beanspruchen. Um dieses Bildungswertes der Mathematik willen verzichtete Descartes in der *Géométrie* gelegentlich darauf, den Weg der Lösung im einzelnen zu bieten, „weil ich Ihnen das Vergnügen rauben würde, ihn selbständig zu finden, und den Vorteil, Ihren Geist auszubilden, indem Sie ihn üben, was meines Erachtens der größte ist, den man aus dieser Wissenschaft ziehen kann" (Géométrie I; AT VI, 374).

Es würde jedoch schlecht mit der allgemeinen Zielsetzung von Descartes' Philosophie übereinstimmen, wenn das wirklich das letzte Wort des Philosophen sein sollte. Tatsächlich fehlen schon in der *Géométrie* selbst nicht die Hinweise auf jenen objektiven Nutzen, der sich aus der Anwendung der Mathematik auf die Physik bzw. die Technik ergibt. So sagt Descartes gelegentlich: „... ich will hier noch die Erklärung gewisser Ovale anführen, die Ihnen für die Theorie der Katoptrik und der Dioptrik sehr nützlich sein werden" (Géométrie II, AT VI, 424). Nützlich in dem hier gemeinten Sinn ist nicht die reine, sondern immer nur die angewandte Mathematik, das heißt die Physik bzw. die Naturwissenschaft im allgemeinen, die unter Descartes' Voraussetzungen angewandte Geometrie ist. Die Rolle, die der Gesichtspunkt des Nutzens im angedeuteten Sinn spielte, wird man berücksichtigen müssen, wenn man die Tatsache begreiflich machen will, daß Descartes sehr bald von der Geometrie zur Physik, zur Chemie, zur Anatomie und zur Ethik überzugehen bestrebt war und schon 1630 M. Mersenne bitten mußte, ihm keine geometrischen Fragen mehr zur Beantwortung zuzuschicken: „Was die Probleme anbetrifft, so werde ich Ihnen eine Million schicken, die Sie anderen vorlegen können, wenn Sie es wünschen; aber ich bin der Mathematik so überdrüssig und ich halte jetzt so wenig von ihr, daß ich mir nicht mehr die Mühe nehmen könnte, sie selbst zu lösen" (an Mersenne; Amsterdam, 15.4. 1630; AT I, 139). Es ist daher auch völlig glaubwürdig, wenn er im späteren Alter versicherte, er widme nur wenige Stunden des Jahres der Metaphysik, wenige Tage der Mathematik, die meiste Zeit aber seinen naturwissenschaftlichen Bemühungen.

Damit ist die Geometrie keineswegs schlechthin entwertet; sie wird nur, wie es der systematischen Ordnung entspricht, in einen umfassenden Zusammenhang hineingestellt. Ihr Wert liegt in der Rolle, die sie in der mathematischen Naturwissenschaft und deren Anwendungsbereichen spielt.[69] Nach Descartes besteht die Funktion der Mathematik darin, Mittel zum Aufbau der Physik zu sein, die ihrerseits die Voraussetzung rationaler Wirklichkeitserkenntnis im materiellen Bereich und darauf gestützter Wirklichkeitsbeherrschung ist. Die Mathematik kann diese Funktion erfüllen, weil sie es mit jenen evident einsichtigen Beziehungen zu tun hat, die nach Descartes auch das Wesen der materiellen Wirklichkeit konstituieren, wie im Rahmen des Systems zu zeigen versucht wird.

III. Das erste Prinzip der Metaphysik

1. Die Überwindung des Zweifels

Durch den Zweifel wird die natürliche Einstellung zur Wirklichkeit in Frage gestellt – oder jedenfalls das, was Descartes für die natürliche Einstellung hielt. Zunächst wurden alle praktischen Bezüge zur Wirklichkeit aufgehoben, dann die Annahme als bezweifelbar aufgezeigt, daß unsere Wahrnehmungsurteile mit dem Wesen der Wirklichkeit übereinstimmen, ferner die Überzeugung, daß eine unseren Wahrnehmungen entsprechende Welt materieller Dinge existiert, in Frage gestellt und schließlich auch Urteile der reinen Vernunft – wie die Urteile der Mathematik – dem Zweifel unterworfen. Auch wenn Urteile der genannten Art sich als unbedingt gewiß und damit als faktisch unaufhebbar erweisen, kann der mit ihnen normalerweise verbundene Wahrheitsanspruch zunächst nicht gerechtfertigt werden. Auf diesen Anspruch und nur auf ihn – somit nicht auf die subjektive Gewißheit von Urteilen – richtet sich der methodische Zweifel. Wenn der Wahrheitsanspruch anerkannt werden soll, den man natürlicherweise mit gewissen Urteilen verbindet und der legitimiert werden muß, wenn es eine kritisch begründete Wissenschaft und eine auf deren Ergebnisse gestützte rationale Praxis geben soll, dann muß der Zweifel, der zunächst umfassend zu sein scheint, dadurch überwunden werden, daß gezeigt wird, unter welchen Bedingungen unbedingt gewisse Urteile auch als wahr (im Sinne objektiver Gültigkeit) erwiesen werden können. Wenn es gelingt, auch nur ein Urteil zu formulieren, das nicht nur durch unerschütterliche Gewißheit, sondern zugleich durch notwendige Wahrheit charakterisiert ist, dann wird dieses Urteil – wie Descartes es ausdrückte – als der archimedische Punkt gelten dürfen, auf dem wir beim Aufbau der Wissenschaft fußen können.

Wäre mit den ausgeklammerten Bereichen der gesamte Umkreis möglicher Erkenntnisgegenstände erschöpft, so müßte die völlige Aufhebung des Wahrheitsanspruchs das Resultat der bisherigen Bemühungen sein. „Aber woher weiß ich denn, daß es nicht etwas von allem bereits Aufgezählten Verschiedenes gibt, an dem zu zweifeln auch nicht der geringste Anlaß vorliegt?" (Med. II; AT VII, 24) fragt Descartes und deutet zugleich die Richtung an, in der die Antwort zu finden ist: Jener gesuchte, von den genannten verschiedene Bereich ist die Selbstgewißheit des eigenen zweifelnden, d.h. denkenden Ich, dessen Existenz selbst nicht mehr bezweifelt werden kann, weil sich in jedem neuen Akt des Zweifels seine Existenz als absolut unbezweifelbar erweist. „Je pense, donc je suis", heißt die berühmte Formel des *Discours* (AT VI, 32).

Wollte man, der Zweifelsmaxime folgend, auch das Urteil über die Existenz des denkenden Ich dem Zweifel unterwerfen, so würde die Unmöglichkeit eines solchen Versuchs zutage treten. Man könnte den Zweifel, der sich auf sich selbst zurückwendet, als sich selbst aufhebenden Zweifel bezeichnen, da der Versuch des Zweifels in diesem Fall zur erneuten Selbstvergewisserung führt.

Wie gelangte Descartes zur Formulierung eines nicht nur gewissen, sondern zugleich wahren Grundsatzes? Ist sie ein glücklicher Fund, den man vielleicht auch machen könnte, ohne sich zuerst dem methodischen Zweifel unterworfen zu haben?

Oberflächlich gesehen könnte es so scheinen. Im *Discours* „bemerkt" Descartes, daß der Gedanke, alles sei falsch, voraussetzt, daß der Zweifelnde existiert (AT VI, 32). Auch in den *Meditationen* wirkt, äußerlich gesehen, die Auffindung der ersten Gewißheit mehr oder weniger zufällig, wie übrigens auch in den *Principia.* Sollte es so sein, daß der Zweifel primär die Funktion hat, die Irrtümer und Vorurteile, mit denen jeder Mensch belastet ist, zu korrigieren, und daß Descartes dann zufällig darauf verfiel, den Zweifel zum Mittel der Grundlegung der Philosophie zu machen? Historisch gesehen, dürfte es tatsächlich so gewesen sein. Descartes „bemerkte", daß der Zweifel mehr war als ein Korrektiv für festverwurzelte Vorurteile. Achtet man jedoch auf die erkenntnistheoretisch-systematische Funktion, die der Zweifel im Systemzusammenhang hat, so wird man feststellen, daß der Zusammenhang von Zweifel und erstem Prinzip nicht zufällig ist. Vielmehr ist der Zweifel *die* Methode, die zum ersten Prinzip führt; und das erste Prinzip ist auch nicht einfach *aufgefunden,* sondern es wird im Zweifel als der für die Erfahrungsanalyse charakteristischen Methode systematisch erzeugt.

Das heißt natürlich nicht, daß nur der Zweifelnde oder der, der schon gezweifelt hat, über die Gewißheit der eigenen Existenz verfügt; das wäre absurd. Es heißt nur so viel, daß die Gewißheit der eigenen Existenz *als erste Wahrheit verbürgende Gewißheit* innerhalb des Systems nur durch den Zweifel gewonnen werden kann. Die Selbstgewißheit wird durch den Zweifel in ähnlicher Weise erzeugt, wie in der Geometrie die Ellipse dadurch erzeugt gedacht werden kann, daß man eine Ebene in bestimmter Weise einen Kegel schneiden läßt.

Will man Descartes' Erzeugung des ersten Prinzips aus dem Zweifel genau nachvollziehen, so tut man gut daran, sich an die *Recherche de la vérité* zu halten, die in diesem Zusammenhang am ausführlichsten und klarsten ist, was allein schon dafür spricht, daß diese Schrift später entstanden ist als die *Meditationen,* da sie die reifste Darstellung der Grundlegung bietet, die Descartes je gelang. Deutlicher als in den *Meditationen* oder gar im *Discours* spielt nämlich in der *Recherche* der Zweifel die Rolle des Instruments der Grundlegung, während er früher zwar auch schon auf das erste Prinzip hinzuführen hatte, doch noch keineswegs mit jener inneren Notwendigkeit, wie sie dem Gedankengang in der *Recherche* innewohnt. Zwar hat der Zweifel auch in dieser Schrift noch die Funktion der Eliminierung des Unsicheren und bloß Wahrscheinlichen (AT X, 509), doch verbindet sich dieser Aspekt hier sogleich mit dem Gedanken, schon in der Phase der Destruktion an der Konstruktion eines wirklich tragfähigen Fundaments zu arbeiten. Descartes erkennt klar, daß der radikale Zweifel geradlinig auf die erste Gewißheit zuführt: „Denn aus diesem allgemeinen Zweifel, als aus einem festen und unbeweglichen Punkte, habe ich beschlossen, die Erkenntnis Gottes, die Erkenntnis Ihrer selbst und aller Dinge, die es in der Welt gibt, abzuleiten" (Recherche; AT X, 515).

Die Tatsache des Zweifels ist selbst unbezweifelbar: „Sie bemerken, daß Sie an allen Dingen, deren Erkenntnis nur vermittels der Sinne zu Ihnen gelangt, mit Grund zweifeln können; können Sie aber etwa auch an Ihrem Zweifel zweifeln und zweifelhaft darüber bleiben, ob Sie zweifeln oder nicht?" (ebda). Daraus ergibt sich schließlich die entscheidende Reflexion:

„Da sie also nicht bestreiten können, daß Sie zweifeln, und es im Gegenteil gewiß ist, daß Sie zweifeln, und zwar so gewiß, daß Sie daran nicht zweifeln können, so ist es auch wahr, daß Sie, der Sie zweifeln, *sind,* und auch dies ist von solcher Gewißheit, daß Sie nicht mehr daran zweifeln können" (ebda).

In den Überlegungen der *Recherche* ist der Weg der Grundlegung zur größten methodischen Deutlichkeit erhoben, was man leicht einsieht, wenn man die früheren Schriften Descartes' zum Vergleich heranzieht. Zwar ergibt sich die notwendige Wahrheit des ersten Prinzips in jedem Fall aus dem Zweifel, doch scheint es so, als stieße der Philosoph im Zweifel unversehens auf diese erste Gewißheit, ohne daß, wie es in der *Recherche* der Fall ist, der Zweifel ausdrücklich zum Zweck ihrer Hervorbringung unternommen worden wäre. Im *Discours* und in den *Principia* ist das nicht weiter verwunderlich, haben doch beide Schriften nicht primär metaphysischen Charakter, wenn sie auch – wie Descartes meinte – die unerläßlichen Voraussetzungen für die wissenschaftlichen Theorien, die in den auf den *Discours* folgenden *Essais* in Proben, in den *Prinzipien der Philosophie* aber in Form eines geschlossenen Systems zu geben versucht werden, als metaphysisches Fundament zugrunde legen.

Anders verhält es sich in den *Meditationen,* wo ausdrücklich vor allem von der Existenz Gottes und der Seele, also metaphysischen Fragen, die Rede sein soll. Wenn in den *Meditationen* die erste Gewißheit auch in sorgfältigerer Weise vorbereitet und ausführlicher eingeführt wird, so bleibt doch – und sei das auch von Descartes aus didaktischen Gründen beabsichtigt gewesen, was sich nicht mehr entscheiden läßt – der Eindruck bestehen, als falle dem Meditierenden in der Durchforschung der Erkenntnisbereiche das erste Prinzip unversehens in den Schoß. In der zweiten Meditation ist es unmittelbar der Gedanke des malin génie, der auf die Gewißheit der eigenen Existenz führt: „Aber es gibt einen, ich weiß nicht welchen, höchst mächtigen und verschlagenen Betrüger, der mich geflissentlich stets täuscht. – Nun, wenn er mich täuscht, so ist es also unzweifelhaft, daß *ich* bin. Er täusche mich, soviel er kann, niemals wird er es doch fertig bringen, daß ich nichts bin, solange ich denke, daß ich etwas sei. Und so komme ich, nachdem ich derart alles mehr als zur Genüge hin und her erwogen habe, schließlich zu dem Beschluß, daß dieser Satz ‚ich bin, ich existiere', so oft ich ihn ausspreche oder in Gedanken fasse, notwendig wahr ist" (Med. II; AT VII, 25).

Während also hier ein besonderer, wenn auch der radikalste Zweifelsgrund den Übergang zur ersten Gewißheit vermittelt, ist es in der *Recherche* der Zweifel überhaupt, der, zu diesem Zweck in Gang gebracht, die grundlegende Gewißheit des „Ich bin" erzeugt. Sie ist deshalb grundlegend, weil sie mit der Wahrheit dieses Urteils koinzidiert. Das erste Prinzip ist aber nicht deshalb wahr, weil es mit einer in der Selbstbeobachtung feststellbaren Tatsache übereinstimmte. Dies ist ausgeschlossen, weil der Ausdruck „Ich" im philosophischen Sinn nichts wie auch immer Beobachtbares bezeichnet. Es ist vielmehr deshalb (bedingt notwendig) wahr, weil nur unter seiner Voraussetzung die Tatsache begreiflich gemacht werden kann, daß es – wie nicht zu bezweifeln – für uns irgendwelche Gegenstände gibt. Die Notwendigkeit des ersten Prinzips besteht darin, notwendige Bedingung dafür zu sein, daß wir über Gegenstände urteilen können. Das vom Zweifelnden und damit Denkenden vollzogene Urteil „Ich bin, ich existiere" (Med. II; AT VII, 27) ist nicht darum erstes Prinzip, weil es das erste Urteil wäre, das sich als unbedingt gewiß erwiese, sondern weil es über die unerschütterliche Gewißheit hinaus als notwendig wahr im angedeuteten Sinne charakterisiert ist.

2. *Der Inhalt des ersten Prinzips*

Zunächst ist mit der Formulierung des ersten Prinzips nur erreicht, daß das Urteil über die Existenz des zweifelnden, denkenden Subjekts als wahr, und damit dem Zweifel grundsätzlich entzogen, bestimmt werden kann, ohne daß damit auch schon explizit bestimmt wäre, was jenes zweifellos Existierende ist. In allen Texten läßt Descartes auf die Frage nach der eigenen Existenz die weitere und durch die erste keineswegs mitgegebene Frage folgen: *Was* bin ich, der ich weiß, daß ich bin? Am deutlichsten spricht wieder die *Recherche de la vérité:* „Sie sind und Sie wissen, daß Sie sind, und Sie wissen es darum, weil Sie wissen, daß Sie zweifeln; *was* aber sind Sie, der Sie an allem zweifeln und nur an sich selbst nicht zweifeln können?" (Recherche, Abs. 15; AT X, 515).

Descartes unterscheidet also zweierlei Gewißheit: Eine solche der Existenz und eine solche des Wesens, eine Daß- und eine Was-Gewißheit. Diesen wichtigen Unterschied scheint als erster Natorp hervorgehoben zu haben.[70] Er ist deshalb so wichtig, weil er folgerichtig aus dem Zweifelsansatz (d.h. letzten Endes aus dem Gewißheitspostulat) hervorgeht, mag er auch historisch als Nachwirkung der entsprechenden scholastischen Unterscheidung von Essenz und Existenz anzusehen sein.[71] Da der (auf die „Hypothese" des *genius malignus* gestützte) metaphysische Zweifel zur Infragestellung aller, auch der einfachsten Beziehungseinsichten geführt hat, kann, solange dieser radikale Zweifel nicht überwunden ist, auch keinerlei Erkenntnis von Wesensbeziehungen – auch nicht jener Wesensbeziehungen, die eventuell das Ich bestimmen –

beansprucht werden. Die einzige Erkenntnis, die unter diesen Bedingungen gewonnen werden kann, scheint daher die, daß das Ich, das zweifelt und damit denkt, existiert. Das erste Prinzip hätte somit ursprünglich keinen anderen Inhalt als die Behauptung der eigenen Existenz. Es ist jedoch schwer zu sehen, wie auf eine solche Erkenntnis die Metaphysik als Erste Philosophie gegründet und mit deren Hilfe der Erkenntnisanspruch der Wissenschaft gerechtfertigt werden können soll. Es ist zu prüfen, ob es wirklich dies ist, was Descartes durchzuführen unternommen hat.

Der Unterschied von *Daß* und *Was*, von Existenz und Wesen, ist ein bloß gedanklicher und, da vom methodischen Zweifel herbeigeführt, künstlicher, nicht ein realer Unterschied. Von „Existenz" kann, wie es scheint, immer nur in bezug auf etwas gesprochen werden, das in gewisser Weise bestimmt ist und in diesem Sinne ein Wesen hat. In bezug auf mathematische und realwissenschaftliche Urteile (und selbstverständlich erst recht auf Urteile der Alltagserfahrung) hat dies Descartes auch ausdrücklich anerkannt. Wir können, wie er betonte, von keiner Sache fragen, ob sie existiert, wenn wir nicht wissen, was sie ist. In bezug auf das Ich (und, wie sich später zeigen wird, auch in bezug auf Gott) soll es sich aber umgekehrt verhalten: Hier geht nach Descartes die Erkenntnis der Existenz derjenigen des Wesens voraus.

Es fällt schwer, Descartes zu folgen, wenn er es für möglich erklärt, in gewissen Fällen ein Existenzurteil zu formulieren, ohne daß das Wesen des als existent Behaupteten erkannt wäre. Mindestens eine rudimentäre Kenntnis des Wesens des Beurteilten wird bei jedem Existenzurteil vorauszusetzen sein. Möglicherweise wollte Descartes daher nur sagen, daß wir „Ich bin" sagen könnten, ohne mehr als nur eine verworrene oder gar nur dunkle Idee des denkenden Subjekts zu haben. Darüber hinaus wollte er aber offensichtlich zum Ausdruck bringen, daß wir zu einem distinkten Begriff des Ich nicht gelangen könnten, wenn wir nicht zuerst im „Ich bin" dessen Existenz anerkannt hätten. Es liegt somit nahe anzunehmen, daß Descartes in diesem, und nur in diesem, Sinne von einem Vorrang der Daß-Erkenntnis vor der Was-Erkenntnis in bezug auf Ich und Gott gesprochen hat. Die Ansicht, daß von etwas, das seinem *Was* nach in keiner Weise bestimmt wäre, festgestellt werden könnte, *daß* es sei, ist so offenkundig unhaltbar, daß man sie einem Philosophen vom Rang eines Descartes nicht ohne Not zuschreiben sollte. Man kann auch nicht übersehen, daß „Existenz" niemals von etwas Isoliertem ausgesagt werden kann, sondern nur von etwas, das zu anderem in irgendwelchen Beziehungen, namentlich Beziehungen im Rahmen einer Theorie, steht. Die Existenzprädikation setzt demgemäß immer eine, mindestens rudimentäre, Theorie voraus, in deren Rahmen die als existent zu beurteilenden Entitäten untereinander verknüpft sind. Dies gilt auch für das Ich, so daß man über es nur unter der Voraussetzung ein Existenzurteil fällen kann, daß es auf etwas Objektives bezogen und dadurch bestimmt gedacht wird. „Ich bin" setzt also eine dem Zweifel entzogene Theorie voraus, innerhalb deren die Subjekt-Objekt-Beziehung in bestimmter Weise gedeutet und damit auch der Begriff des Subjekts inhaltlich bestimmt wird. „Ich bin" ist daher eine unvollständige Formulierung eines Urteils, das zu lauten hätte: „Ich bin als so und so bestimmtes Subjekt", so wie auch „Ich denke" eine elliptische Wendung ist, die vervollständigt lauten muß: „Ich denke etwas". Wenn Descartes in einer späteren Phase des Systemaufbaus formuliert „Ich bin ein denkendes Wesen" oder „Ich bin Geist bzw. Seele", so drückt er nur explizit aus, was schon mit dem „Ich bin" implizit gemeint war.

Offenbar besteht insofern ein wesentlicher Unterschied zwischen mathematischen Urteilen und dem ersten Prinzip (wie allen anderen metaphysischen Prinzipien), als sich jene auf Beziehungen zwischen Begriffen richten, das erste Prinzip dagegen mit „Ich" einen Begriff enthält, der nicht verwendet werden kann, ohne daß er mit einer Existenzbehauptung verbunden würde. Die Metaphysik als Erste Philosophie, in deren Zusammenhang Prinzipien von der Art des „Ich denke, also bin ich" gehören, ist aber auch von der Naturwissenschaft unterschieden, die es zwar mit realen Gegenständen zu tun hat, deren Wesen jedoch zu bestimmen vermag, ohne in jedem Fall die Existenzfrage beantwortet zu haben. Nach dem Wesen des Ich läßt sich dagegen grundsätzlich nicht fragen, wenn nicht die Existenzfrage gestellt und anerkennend beantwortet wird.

3. Die Formulierung des ersten Prinzips als logisches Problem

Die Formulierung des ersten Prinzips als „Ich denke, also bin ich" hat zu anhaltenden Debatten über die Bedeutung des „also" Anlaß gegeben,[72] in denen es um die Frage ging und geht, ob „Ego cogito, ergo sum" ein Urteil bzw. ein Satz oder ein Schluß sei. Für die letztere Auffassung spricht vor allem das „ergo", mit dessen Hilfe die Abhängigkeit der Konklusion eines Schlusses von den Prämissen angedeutet zu werden pflegt; zugunsten der ersteren wurde vor allem ins Treffen geführt, daß ein Prinzip aufhören müßte, Prinzip zu sein, wenn es von Voraussetzungen, aus denen es folgen soll, abhängig gemacht wird. Was die Frage nach dem logischen Charakter des „Cogito ergo sum" so schwer entscheidbar macht und was bewirkt, daß sie seit den Tagen des Descartes nicht abschließend beantwortet werden konnte, ist der Umstand, daß Descartes selbst sich auf keine der angedeuteten Auffassungen festlegte, sondern bald die eine, bald die andere zu vertreten schien. Deshalb kann die Entscheidung auch nicht durch bloße Textanalyse herbeigeführt werden. Die Interpretation muß sich vielmehr des Mittels der Rekonstruktion bedienen.

Nimmt man an, daß „Ego cogito, ergo sum" den Charakter eines Schlusses mit einer unausgesprochenen Prämisse (d.i. eines Enthymems) hat, dann muß die Explikation durch Hinzufügung dieser Prämisse erfolgen. Die Vervollständigung ist im Hinblick auf die Cartesianischen Texte auf doppelte Weise möglich: Entweder in der Form „Alles, was denkt, ist; ich denke, also bin ich", oder in der Form „Wenn ich denke, bin ich; ich denke, also bin ich."

Für beide Auffassungen lassen sich Belege beibringen: In seinem Gespräch mit Burman, das dieser junge und eifrige Schüler des Philosophen – wir wissen nicht, mit welchem Grad von Genauigkeit – aufgezeichnet hat, erklärt Descartes, daß dem *Cogito ergo sum* der Obersatz „*Quicquid cogitat, est*" überzuordnen sei. In die Richtung eines hypothetischen Obersatzes dagegen weist jenes *pour penser il faut être,* das nach Descartes' ausdrücklicher Feststellung als Voraussetzung des ersten Prinzips anzusehen ist (Disc. IV; AT VI, 33).

Also hätte das *Cogito ergo sum* in jedem Falle eine Voraussetzung? Im Gespräch mit Burman wird eingeräumt, daß wir jenen allgemeinen Obersatz „Was denkt, ist" nicht explizit vor der Erkenntnis des ersten Prinzips besitzen müssen; vielmehr wird er, wie jeder allgemeine Satz, verkörpert im besonderen Fall erfaßt, d. h. im *Cogito;* aber Descartes scheint doch die Ansicht aufrechtzuerhalten, daß der Obersatz *logisch* dem ersten Prinzip vorangehe, wie auch die *Principia* erklären, daß man *vor* dem „ich denke, also bin ich" wissen müsse, daß es unmöglich ist, daß das, was denkt, nicht existiert (Princ. I, 10; AT VIII, 8). Die Schwierigkeit liegt hierbei in erster Linie darin, daß ein oberstes Prinzip als solches überhaupt keine Voraussetzung zuläßt, wenn es *erstes* Prinzip sein soll, während die Deutung des *Cogito* als unvollständiger Schluß um die Anerkennung von Voraussetzungen nicht herumkommt.

Diese Schwierigkeit legt es nahe, sich der Auffassung des *Cogito* als eines Satzes zuzuwenden, derzufolge die umstrittene Formel nichts anderes bedeuten würde als *sum cogitans,* oder noch schlichter *ego sum, ego existo,* wie es in der zweiten Meditation heißt. Obwohl diese Wendung die Deutung des ersten Prinzips als Satz zu fordern scheint, zumal da das „*ego sum*" ausdrücklich als *pronuntiatum* bezeichnet wird, bedarf gerade sie einer genauen Prüfung. Das *ego sum* tritt nämlich als abschließendes Glied einer Gedankenreihe auf, die als ganze durchaus dem *Cogito ergo sum* äquivalent ist, wie klar wird, wenn der Kontext berücksichtigt wird, in dem es steht: „. . . ich bin zu der Überzeugung gelangt, daß es überhaupt nichts in der Welt gebe, keinen Himmel, keine Erde, keine Geister und keine Körper; vielleicht also, daß auch ich selbst nicht bin? Nein, zweifellos war ich selbst, wenn ich von irgendetwas überzeugt war. Aber es gibt wer weiß was für einen höchst mächtigen, höchst schlauen Betrüger, der mich absichtlich ständig täuscht; mag er mich täuschen, so viel er kann, – niemals wird er es doch dahin bringen, daß ich nichts bin, während ich denke, etwas zu sein. Infolgedessen muß ich nach mehr als hinreichendem Durchdenken schließlich feststellen, daß die Aussage *Ich bin, ich existiere,* so oft sie von mir ausgesprochen oder bewußt begriffen wird, notwendig wahr ist" (Med. II, AT VII, 25).

Das abschließende „ego sum, ego existo" ist also offensichtlich Ergebnis der vorangegangenen Überlegungen, so daß das ganze Raisonnement dem „Ego cogito, ergo sum" äquivalent ist.

Zwar hat sich Descartes bei Gelegenheit ausdrücklich gegen die syllogistische Auffassung des *Premier Principe* verwahrt; aber es lassen sich zugleich so viele Stellen ins Treffen führen, an denen Descartes von „Folgern", „Schließen" oder dergleichen spricht, daß man die Hoffnung, durch Gegenüberstellung verschiedener Äußerungen zu einer Klärung zu gelangen, aufgeben muß. Doch selbst wenn man annimmt – wie es wohl der Fall gewesen ist –, daß es Descartes in diesem Punkte mit dem Sprachgebrauch nicht besonders genau nahm, bleibt doch zu erklären, wie die gegensätzlichen Auffassungen des *Cogito,* die alle ein *fundamentum* nicht nur *in re,* sondern auch in den Äußerungen des Philosophen haben, miteinander zu vereinigen sind, oder – wenn das nicht möglich sein sollte – wie sich die abweichenden Formulierungen erklären lassen.

Abgesehen von Descartes' Äußerungen an wichtigen Stellen spricht für die Satz-Auffassung des *Premier Principe,* daß eine Folgerung immer ein allgemeines Prinzip voraussetzt, von dem – und nicht vom *Cogito* – dann gesagt werden müßte, daß es das erste Prinzip sei. Ein erstes Prinzip muß als solches voraussetzungslos sein. Dem steht aber entgegen, daß Descartes nicht nur immer wieder hinsichtlich des *Cogito* von einer Folgerung redet, sondern daß er die Voraussetzung, die dieser angeblichen Folgerung zugrunde liegen soll, auch ausdrücklich genannt hat, allerdings nicht immer in der gleichen Formulierung. Bald führt er als stillschweigende Prämisse den Satz „Um denken zu können, muß man sein" (pour penser, il faut être), bald „Alles, was denkt, ist", bald „Ein Nicht-Seiendes hat keine Attribute" (Non entis nulla sunt attributa) an. Descartes hat zwar Sätze von der Art der eben angeführten niemals als Prinzipien, also auch nicht als erste Prinzipien bezeichnet. Da sie aber als Voraussetzungen des ersten Prinzips gelten, das doch als erstes Prinzip nicht von anderen Prinzipien abhängen kann, zeigt sich hier eine Schwierigkeit, die im Interesse einer befriedigenden Interpretation überwunden werden muß.

In den *Principia* findet sich ein Hinweis, der auf eine mögliche Lösung hinzuweisen scheint. Wenn wir sagen, heißt es dort, der Satz *Ich denke, also bin ich* sei der erste, der sich dem ordnungsgemäß Philosophierenden darbiete, so bedeutet das nicht, daß man nicht gewisse Begriffe vorher kennen müsse, z. B. die Begriffe von *Denken, Dasein, Gewißheit;* „ebenso, daß es unmöglich sei, daß das, was denkt, nicht existiert, und dergleichen; sondern ich habe nur ihre Aufzählung nicht für nötig erachtet, weil das die einfachsten Begriffe sind und sie für sich allein nicht die Erkenntnis eines existierenden Dinges gewährleisten" (Princ. I; AT VIII, 8). Nach Descartes muß also ein Satz, der die Rolle eines ersten Prinzips spielen soll, eine Existenzbehauptung enthalten; da aber das Axiom *pour penser, il faut être* (bzw. *Non entis nulla sunt attributa*) diese Bedingung nicht erfüllt, kann ohne Widerspruch gesagt werden, das erste Prinzip hänge von einer obersten Voraussetzung ab. Auch die Auffassung, daß es sich dabei um eine Folgerung handle, ist nun kein *formaler* Widerspruch mehr: Aus dem obersten Axiom „Wenn ich denke, bin ich" und aus der Tatsachenfeststellung „ich denke" *folgt* als erstes Prinzip, das heißt als ein Satz, der notwendig, tatsachenhaltig und aus keinem anderen solchen Satz abgeleitet ist: Ich denke, also bin ich.[73]

Descartes' uneinheitliche Terminologie wird unter Berücksichtigung des Verhältnisses von erstem Axiom, erster Tatsache und erstem Prinzip erklärlich. Man kann nämlich annehmen, daß Descartes immer dann, wenn er das *Cogito ergo sum* als den Anfang alles realen Wissens betrachtet, von einem Satz oder einer Aussage spricht *(propositio, pronuntiatum);* daß er aber dann, wenn er auf die formalen Voraussetzungen des *Cogito* achtet, Ausdrücke wie „Folgerung" oder „Schluß" gebraucht.

Mit diesen Überlegungen ist das Problem der Grundlegung der Philosophie durch Formulierung eines ersten Prinzips noch nicht vollständig gelöst. Es kann nämlich bezweifelt werden, daß sich das erste Prinzip befriedigend als Ergebnis eines Raisonnements verstehen läßt, dessen Voraussetzungen formale ontologische Prinzipien und Urteile der inneren Wahrnehmung sind. Möglicherweise erfordert eine angemessene Deutung des ersten Prinzips die Berücksichtigung eines Aspekts der Grundlegung der Philosophie, der bei der soeben angedeuten Interpretation unbeachtet geblieben ist. Auf diesen Aspekt soll im folgenden Abschnitt eingegangen werden.

4. Die Deutung der Grundlegung als Vollzug

Gegen den Versuch, das erste Prinzip als Ergebnis eines Raisonnements darzustellen, lassen sich schwerwiegende Bedenken vorbringen. Namentlich ließe sich einwenden, daß nach Descartes' eigener Versicherung unabhängig vom *Cogito ergo sum* weder ein Wahrheitskriterium formuliert, noch die Gültigkeit logischer Ableitungsregeln behauptet werden könne. Wollte man annehmen, daß das erste Prinzip aus einem wahren Axiom logisch korrekt abzuleiten sei, dann müßte es möglich sein, vor der Formulierung des *Cogito ergo sum* von der Gültigkeit der formalen Logik und des Wahrheitskriteriums zu sprechen, was aber unter Descartes' Voraussetzungen ausgeschlossen ist.

Was das Wahrheitskriterium anbelangt, so hat Descartes keinen Zweifel daran gelassen, daß seine Formulierung das *Cogito ergo sum* voraussetzt, da wir seiner Ansicht nach zuerst die Gewißheit besitzen müssen, *warum* diese Erkenntnis wahr ist. Descartes meint feststellen zu können, der Grund für die Zweifelsfreiheit des *Cogito* liege in der Klarheit und Deutlichkeit, mit der diese Erkenntnis vollzogen wird; erst in einem zweiten Schritt werden diese Merkmale zu einem generellen Kriterium wahrer Urteile verallgemeinert. Für Descartes kann es also *vor* dem *Cogito ergo sum* kein Wahrheitskriterium geben, da das allgemeine Kriterium nur auf Grund einer konkreten Erkenntnis, deren Wahrheit als abhängig von ihrer Klarheit und Deutlichkeit erfaßt wird, formuliert werden kann.

Ferner muß berücksichtigt werden, daß mit der Formulierung des *Cogito ergo sum* der hyperbolische Zweifel noch in keiner Weise eingeschränkt, geschweige denn prinzipiell überwunden ist. Warum sollen allgemeine Sätze wie das oberste Axiom vom Zweifel ausgenommen bleiben? Warum soll eine Folgerung, wie die angeblich bei der Grundlegung vorliegende, weniger in Zweifel gezogen werden können als mathematische Ableitungen? Die „Hypothese" des *genius malignus* ist ja noch in Kraft und muß auf den in Frage stehenden gedanklichen Prozeß wie auf seine Voraussetzungen angewandt werden.

Descartes war aber auch überzeugt, daß das erste Prinzip von der formalen Logik unabhängig sei. Er hat den Syllogismus und die formale Logik insgesamt bekanntlich nicht hoch eingeschätzt. Schon in den *Regulae ad directionem ingenii* erklärt er, es lasse sich kein Syllogismus aufstellen, der zu einer Wahrheit führe, wenn nicht deren Inhalt schon gegeben, d.h. wenn die zu deduzierende Wahrheit nicht schon implizit bekannt ist (Reg. X; AT X, 406). Auch in der *Recherche de la vérité,* die ja im Hinblick auf die Grundlegung am klarsten spricht, wird versichert, die Grundlegung solle vorgenommen werden „ohne Logik, ohne Regel, ohne eine Formel der Argumentation" (AT X, 521). Diese Geringschätzung der formalen Logik, die durch das natürliche Licht der Vernunft ersetzt werden soll, entspricht der Abkehr der Epoche von den scholastischen Haarspaltereien; sie entspricht der Bevorzugung der fruchtbareren Methoden der Mathematik und der Naturwissenschaften; sie erfährt aber eine prinzipielle Zuspitzung im Hinblick auf das Problem der Grundlegung, das sich – das ist der Kern des Gedankenganges – nicht als Problem der formalen Logik auffassen läßt; denn jede formale Explikation des grundlegenden Gedankenganges muß ihn logisch als Folgerung bestimmen; für die Schlußfolgerung aber gilt, daß sie erstens nicht imstande ist, neue Erkenntnisse hervorzubringen, und daß sie zweitens ein Kriterium der Wahrheit voraussetzt, das doch erst *im* ersten Prinzip gewonnen werden soll.[74]

Angesichts der eben angedeuteten Schwierigkeiten konnte es naheliegend erscheinen, das erste Prinzip als Ausdruck einer Einsicht zu interpretieren, die sich in der Reflexion des Subjekts auf sich selbst und seine Akte ergeben soll. Tatsächlich hat ja Descartes mit Hilfe des methodischen Zweifels die Reflexion auf das Selbstbewußtsein erzwungen, sofern nach der Ausschaltung aller Urteile über Gegenstände sei es der Wahrnehmung, sei es der Verstandeseinsicht infolge der Forderung, universal zu zweifeln, der Zweifel auch das zweifelnde Subjekt selbst einbeziehen muß. Im Scheitern des Versuchs, die Existenz des zweifelnden Subjekts zu bezweifeln, erweist sich diese als unaufhebbar.

Man muß jedoch beachten, daß an entscheidenden Stellen die durch den universalen Zweifel erzwungene Reflexion zunächst die Unaufhebbarkeit des Zweifels, d.i. des Selbstbewußtsein, und nicht direkt des zweifelnden bzw. selbstbewußten Subjekts, ergibt. In diesem Sinn läßt Descartes in der *Recherche de la vérité* Eudoxus, den Wortführer der Cartesianischen Position, sagen: „Sie bemerken, daß Sie an allen Dingen, deren Erkenntnis nur vermittels der Sinne zu Ihnen gelangt, mit Grund zweifeln können; können Sie aber etwa auch an Ihrem Zweifel zweifeln und zweifelhaft darüber bleiben, ob Sie zweifeln oder nicht?" (AT X, 514). Der Zweifel wird in der *Recherche* als jener Punkt bezeichnet, den Descartes am Beginn der zweiten Meditation mit jenem von Archimedes geforderten Punkt verglichen hatte, von dem aus sich der Erdball bewegen ließe: Der Zweifel gilt als der feste und unbewegliche Punkt, von dem die Erkenntnis Gottes, des Ich und der Welt ausgehen kann (AT X, 515).

In jedem Akt des Denkens, also auch im Akt des Zweifelns, ist das Moment des Selbstbewußtseins enthalten, das daher nicht bezweifelt werden kann. Im Vollzug des Denkens, auch im Vollzug des Zweifels, wissen wir, daß wir denken bzw. zweifeln, weshalb der Zweifel am Zweifel, und allgemein am Selbstbewußtsein, unvollziehbar ist. Dabei handelt es sich nicht nur darum, daß Sätze wie „Ich denke nicht“ aus sprachlichen Gründen unvollziehbar sind (s. unten, Abschn. 8), sondern um eine Unvollziehbarkeit, die in der Natur des Bewußtseins liegt. Deshalb läßt sich die Selbstgewißheit auch im hyperbolischen Zweifel nicht aufheben. Selbst wenn angenommen wird, daß ein betrügerischer Geist uns beharrlich zu täuschen sucht, kann es in bezug auf das Selbstbewußtsein keine Täuschung geben, da „sich täuschen“ eine Denkweise ist und im Vollzug des Denkens das Selbstbewußtsein implicite enthalten ist. In der Immunität gegenüber dem extremen Zweifel zeigt sich der Unterschied von Selbstbewußtsein und Bewußtsein von beliebigen Gegenständen.

Wäre mit dieser Deutung das Wesen der Cartesianischen Grundlegung vollständig erfaßt, dann hätte Descartes das erste Prinzip nicht als Ergebnis eines Raisonnements, sondern nur als Hinweis auf den Vollzug der Selbstvergewisserung in einer Reflexion besonderer Art betrachten können. Die Grundlegung der Philosophie mit Hilfe eines ersten Prinzips wäre in diesem Fall nicht so zu begreifen, wie etwa ein mathematisches Argument begriffen werden kann, sondern sie hätte im Nachvollzug des Vollzugs der Selbstvergewisserung in der zweifelnden Reflexion zu bestehen. Zugunsten dieser Auffassung ließe sich geltend machen, daß es Descartes in der Tat darum zu gehen schien, den Leser nicht so sehr durch Beweise von der notwendigen Wahrheit des ersten Prinzips zu überzeugen, als vielmehr darum, ihn zum Nachvollzug der Selbstvergewisserung zu veranlassen. Während er sich z.B. in der *Géométrie* oft mit Andeutungen begnügte, von denen er offenbar meinte, daß sie für einen intelligenten Leser ausreichend sein müßten, um ihn den logischen Zusammenhang durchschauen zu lassen, scheint er in den *Meditationen* oder in der *Recherche de la vérité* den Leser in wiederholten Versuchen in einen Vollzug hineinziehen zu wollen, der nicht primär den Charakter eines diskursiven Arguments hat.

Obwohl die Deutung der Grundlegung als Vollzug manches für sich zu haben scheint, stellt sie nicht das letzte Wort in dieser Frage dar. Descartes wollte nicht nur an den Leser appellieren, auf etwas im Bewußtsein mehr oder weniger deutlich Gegebenes hinzublicken, sondern er wollte argumentieren: Das erste Prinzip wird im Rahmen eines diskursiven Gedankengangs eingeführt. Durch die im Zweifel herbeigeführte Reflexion kann allenfalls das in jeder gegenständlichen Erfahrung enthaltene Moment des Selbstbewußtseins erfaßt werden, nicht aber das *Ego,* dessen Existenz im ersten Prinzip behauptet wird. Die zuletzt angeführten Äußerungen aus der *Recherche* lassen erkennen, daß in der durch den Zweifel erzwungenen Reflexion der Zweifel als unaufhebbar bezeichnet wird und erst in einem weiteren Schritt die Existenz des zweifelnden Subjekts: „Wenn ich nicht existierte, könnte ich nicht zweifeln." So wie der Zweifel nicht das Ich ist, das zweifelt, so ist das Selbstbewußtsein nicht das Subjekt, das Gegenstände beliebiger Art denkt und dabei Selbstbewußtsein hat. Wir können von Gegenständen wissen und dabei auf dieses Wissen reflektieren, d.h. das Moment des Selbstbewußtseins beachten; aber wir können nicht ein Ich als eine Art Gegenstand erfahren und deshalb seine Existenz behaupten. Unter „Denken" versteht Descartes das, was wir unmittelbar durch uns selbst wahrnehmen (Princ. I, 9; AT VIII, 7); das Ich ist aber nicht das Denken, sondern das, was denkt (ebda.) bzw. jene Substanz, deren wesentliches Attribut das Denken (das Bewußtsein) ist. Das Subjekt des Denkens wird als die Substanz angenommen, deren Modi oder Akte die Gedanken sind. Für die denkende Substanz gilt, was Descartes von der Substanz überhaupt feststellt: „Indes kann die Substanz nicht gleich daraus erkannt werden, daß sie ein daseiendes Ding ist, weil dieses allein für sich uns nicht affiziert; aber wir erkennen sie leicht aus jedem beliebigen ihrer Attribute zufolge jenes Gemeinbegriffs, daß das Nichts keine Attribute, keine Beschaffenheiten und keine Eigenschaften hat" (Princ. I, 52; AT VIII, 25).

5. Das erste Prinzip als Bedingung der Möglichkeit von Erfahrung

Descartes wollte zeigen, wie Erkenntnis – namentlich wissenschaftliche, und das heißt für ihn: prinzipiell definitive Erkenntnis von Gegenständen und Beziehungen zwischen Gegenständen – möglich ist. Unter seinen Voraussetzungen besteht diese Aufgabe erstens darin, den Nachweis zu erbringen, daß Vorstellungen (ideae) von Gegenständen mit den Gegenständen selbst übereinstimmen können, und zweitens darin, die Bedingungen anzugeben, unter denen das wirklich der Fall ist.[75]

Um die Rolle des ersten Prinzips bei der Bewältigung dieser Aufgabe bestimmen zu können, muß kurz auf die Umrisse von Descartes' Theorie der Erfahrung vorausgeblickt werden.

Die Ideen, von denen angenommen wird, daß sie Gegenstände repräsentieren, ohne daß diese Annahme zunächst gerechtfertigt werden könnte, sind, wie alle *cogitationes,* Modifikationen oder Akte, die als solche nicht ohne eine Substanz sein können, deren Modifikationen oder Akte sie sind. Diese Substanz, und nicht das Bewußtsein, heißt bei Descartes „Ich". Als endliche bewußte Substanz kann das Ich aber nicht gedacht werden, ohne auf eine unendliche geistige Substanz bezogen zu werden, da jede endliche Substanz als Limitation der unendlichen zu begreifen sein soll. Die unendliche Substanz ist absolute Wahrheit und absoluter Wert; das Endliche hat, sofern es rein geistig ist, an der Wahrheit des Unendlichen teil. Rein geistig sind aber die distinkten Ideen, die die endliche geistige Substanz bilden kann, wenn sie unabhängig vom Körper und seinen Funktionen, namentlich von Vorgängen im Großhirn, denkt. In diesem und nur in diesem Fall bildet sie distinkte Ideen. Sofern wir auf Grund distinkter Ideen urteilen, urteilen wir also wahr, d.h. unser Urteil stimmt mit der ebenfalls von der absoluten Substanz abhängigen Form der Gegenstände überein.

Damit ist eine Theorie skizziert, mit deren Hilfe sich zeigen läßt, daß es sichere Erfahrung in Form objektiv gültiger, definitiv wahrer Urteile geben kann und unter bestimmten Bedingungen auch wirklich gibt.

Die Sätze über das endliche Subjekt, seine Substantialität und Geistigkeit sowie über sein Verhältnis zur absoluten Substanz dienen somit dazu, begreiflich zu machen, wie und innerhalb welcher Grenzen Erkenntnis im Sinne der rationalistischen Erkenntniskonzeption möglich ist. Diese Sätze sind m.a.W. Bedingungen dafür, daß Erfahrung bzw. Erkenntnis als möglich begriffen werden kann. Die Begriffe, mit deren Hilfe die Grundsätze dieser metaphysischen Theorie formuliert werden, sind keine Erfahrungsbegriffe, sondern theoretische Konstrukte, so wie die Theorie der Erfahrung insgesamt keine empirische Theorie, sondern eine Theorie ist, die zu dem Zwecke entworfen wird, die Möglichkeit von Erfahrung in einem bestimmten Sinn, nämlich als „sichere Erfahrung", begreiflich zu machen. Das Ich, von dem im ersten Prinzip die Rede ist, ist etwas, das unter Descartes' Voraussetzungen als existent angenommen werden muß, wenn Erfahrung von Gegenständen im allgemeinen – von der als Faktum ausgegangen wird – möglich sein soll. Wenn sich Descartes dabei gewisser Gedanken der herkömmlichen Ontologie bedient – namentlich der Begriffe von Substanz, Wesensattribut und Modus bzw. von Substanz und Akt der Substanz –, so wäre das so lange unbedenklich, als unter „Substanz" nicht etwas verstanden wird, das sich in direkter Weise (z.B. durch eine Art intellektueller Anschauung oder Wesensschau) erfassen läßt, – wie immer dieses Erfassen auch inhaltlich charakterisiert werden mag.

Ob Descartes der Versuchung, der Idee des Subjekts noch etwas von einer gegenständlichen Idee zu lassen, konsequent genug standgehalten hat, mag bezweifelt werden können.[76] Jedenfalls geht sein Ansatz in eine Richtung, mit der die Auffassung des *Cogito ergo sum* als Ausdruck einer Art Wesensschau nicht verträglich ist. Zwar wird man die von Descartes angenommene Kenntnis des Wesens des Bewußtseins, der *natura intellectualis,* auf eine Einsicht des Geistes (mentis intuitus) zurückzuführen haben, da wir nach Descartes auch das Wesen der materiellen Wirklichkeit, der *natura corporea,* auf Grund einer solchen Einsicht kennen, wie im Wachsbeispiel in der zweiten Meditation deutlich gemacht wird; aber im ersten Prinzip wird nicht nur das Wesen des Bewußtseins gemeint, sondern die Behauptung aufgestellt, daß das Ich, dessen Wesen darin besteht, bewußt zu sein, existiert. Auch die Axiome „Um denken zu können, muß man sein" bzw. „Das Nichtseiende hat keine Attribute" bzw. „Alles, was denkt, ist" drücken nicht den Inhalt einer Einsicht in das Wesen des Bewußtseins oder das Wesen der Wirklichkeit im allgemeinen aus, sondern sind ontologische Voraussetzungen, auf die sich Descartes in seiner Erfahrungstheorie stützt. Man darf nicht außer acht lassen, daß Descartes sowohl von diesen Axiomen als auch von der Bedeutung der Ausdrücke „Bewußtsein" bzw. „Denken" und „Existenz" erklärt hat, sie müßten uns vor der Formulierung des ersten Prinzips bekannt sein.

Wenn man im ersten Prinzip nur den Ausdruck einer nicht-diskursiven Einsicht vermutet, hebt man an einem entscheidenden Punkt Descartes' Anspruch, eine demonstrable Metaphysik geschaffen zu haben, auf.[77] Im Rahmen der hier vertretenen Auffassung wird nicht nur jenem Anspruch Rechnung getragen, sondern zugleich eine Möglichkeit eröffnet, eine Erklärung des „ergo" zu geben, das bei der Interpretation des *Cogito ergo sum* so große Schwierigkeiten bereitet. Entschließt man sich zu der Annahme, daß das erste Prinzip wie die anderen metaphysischen Grundsätze der Cartesianischen Philosophie einer Theorie der Erfahrung angehören, dann lassen sich das „sum" bzw. das „sum res cogitans" als notwendige Bedingungen dafür auffassen, daß wir „cogito" sagen können, und das „ergo" würde demgemäß als Ausdruck des angedeuteten Bedingungsverhältnisses verstanden werden können.

Descartes wußte, daß es in der Metaphysik ebensowenig wie in der Mathematik genügt, einfach die Einstellung des Schauenden einzunehmen; in beiden Bereichen ergibt sich die Erkenntnis vielmehr erst im Rahmen einer Ordnung, die das erkennende Subjekt herstellt und die es meist in mehr als einer Weise herstellen kann. Unter Descartes' Voraussetzungen ist diese Ordnung nicht eine Ordnung der Inhalte (ordre des matières), an der als einer Hierarchie von Art- und Gattungsbegriffen sich die scholastische Philosophie bevorzugt orientiert hatte, sondern eine Ordnung von Gründen (ordre des raisons) (AT III, 266), die das Subjekt erzeugt.[78] Dies geschieht nicht in willkürlicher Weise, sondern innerhalb des durch die Logik vorgegebenen Rahmens.

In diesem Sinne wird auch die Theorie erzeugt, in deren Rahmen das erste Prinzip formuliert wird. Als Theorie der Erfahrung ist sie von allen anderen Theorien, namentlich von mathematischen Theorien (und damit unter Descartes' Voraussetzungen auch von naturwissenschaftlichen Theorien) wesentlich unterschieden. Damit hängt es zusammen, daß, wie Descartes im Widmungsschreiben der *Prinzipien der Philosophie* feststellt (AT VIII, 4), die Metaphysiker meist vor der Mathematik zurückschrecken, so wie umgekehrt die Mathematiker eine Metaphysik wie die Cartesianische nicht zu begreifen vermögen. Wenn es sich bei der Metaphysik bzw. der Ersten Philosophie auch um eine Theorie besonderer Art handelt, die als Theorie der Erfahrung von allen Theorien verschieden ist, die bestimmte Erfahrungen zu erklären haben, so handelt es sich doch um eine Theorie, d.i. um eine Form des diskursiven Denkens, und nicht um einen Versuch, nachträglich mit den Mitteln des Raisonnements etwas zu explizieren, das den Charakter unmittelbarer Schau hätte. Descartes hat die Metaphysik nicht als nachträgliche Rationalisierung eines unmittelbaren Wissens verstanden, sondern als Theorie, deren sämtliche Teile einem diskursiven Zusammenhang angehören.

6. *Erstes Prinzip und Wahrheitskriterium*

Da das *Cogito ergo sum* der erste Satz ist, von dem nicht bezweifelt werden kann, daß er nicht nur (subjektiv) gewiß, sondern zugleich auch (objektiv) wahr ist, meinte Descartes, seinem Prinzip getreu, daß das Allgemeine immer nur im Besonderen erfaßt werden könne, das Kriterium der Wahrheit durch Analyse des ersten als unbedingt wahr aufgewiesenen Satzes gewinnen zu können. Im *Discours* warf er erstmals die Frage auf, unter welchen Bedingungen ein Satz als wahr gelten könne, und gab zur Antwort: „Da ich soeben einen gefunden hatte, von dem ich wußte, daß er so beschaffen war, so dachte ich, ich müsse auch wissen, worin diese Gewißheit besteht. Da ich nun bemerkt hatte, daß in diesem ganzen Satze: *ich denke, also bin ich* gar nichts anderes mich dessen versichert, daß ich die Wahrheit sage, als daß ich recht klar sehe, daß man, um zu denken, sein muß, so war ich der Ansicht, das als allgemeine Regel aufstellen zu können, daß die Dinge, die wir recht klar und deutlich erfassen, durchaus wahr sind“ (Disc. IV; AT VI, 33). Die Klarheit und Deutlichkeit bzw. die Evidenz des *Cogito ergo sum*, die Descartes voraussetzte, soll also dasjenige Moment sein, in dem dessen unbedingte Wahrheit zum Ausdruck kommt.

In diese Richtung hatte allerdings schon die zweite Regel der *Regulae ad directionem ingenii* gewiesen, indem sie forderte, sich nur jenen Gegenständen zuzuwenden, zu deren klarer und sicherer Erkenntnis unser Geist zuzureichen scheint. An die Spitze der diese Regel erläuternden Ausführungen stellte Descartes die Definition: „Alles Wissen besteht in einer sicheren und klaren Erkenntnis“ (Reg. II; AT X, 362). Die Beurteilung der verschiedenen Wissenschaften unter dem Gesichtspunkt dieses Kriteriums bewirkt eine drastische Verengung des Wissenshorizonts: „Wenn demnach unsere Berechnung stimmt, so bleiben von den bereits vorhandenen Wissenschaften allein Arithmetik und Geometrie, auf welche die Beobachtung unserer Regel uns zurückführt“ (Reg. II; AT X, 363). Descartes vertrat also ursprünglich die Ansicht, daß Evidenz nur im Bereich der Mathematik gefunden werden könne. Später meinte er auch außerhalb der Mathematik Urteile finden zu können, die unerschütterlich wahr sind, und glaubte daher feststellen zu können, daß auch ihre Wahrheit auf Evidenz, d.i. auf Klarheit und Deutlichkeit beruhte, wobei, wie er später erläuterte, „Klarheit“ darin besteht, daß etwas dem Geiste gegenwärtig und offenkundig sei, „Deutlichkeit“, daß es von anderen Dingen so unterschieden sei, daß es *nur* klare Merkmale enthält (Princ. I, 45; AT VIII, 22). Mit anderen Worten, „Klarheit“ bezieht sich auf den Inhalt, „Deutlichkeit“ auf den Umfang eines Begriffs oder einer Begriffsverbindung. Als er das Kriterium der Evidenz sogar auf metaphysische Urteile übertrug, kam er zu der Überzeugung, daß diese evidenter sein könnten als selbst mathematische Urteile, denen er zunächst allein „Evidenz“ zugesprochen hatte. Streng genommen können allerdings nur Begriffe als „klar“ oder „deutlich“ charakterisiert werden; Urteile lassen sich nur mittelbar mit Hilfe dieser Prädikate kennzeichnen, nämlich sofern diese allen den in ihnen verwendeten Begriffen zukommen.

Es ist nicht erstaunlich, daß Descartes ursprünglich dieses Kriterium auf die Mathematik allein anwenden zu können glaubte, da außerhalb des logisch-mathematischen Bereichs die beiden Bedingungen des Kriteriums schwerlich realisiert sein können. Wie konnte er dann aber behaupten, das *Cogito ergo sum* liefere ihm dieses Kriterium, da es doch, wie gesagt, nicht zu jener Art von Erkenntnissen gehört, wie sie Mathematik und Logik bieten? Ja, man wird noch weiter gehen müssen: Selbst wenn man zugibt, daß wir einen klaren und deutlichen Begriff von „Denken" hätten, wird es schwer fallen, desselbe vom *sum* zu behaupten. Ist die Existenzbehauptung des *sum* überhaupt ein Begriff? Und wenn sie kein Begriff ist, wie kann sie dann „klar" und „deutlich" genannt werden? Kann sie das jedoch nicht, wie darf dann das *Cogito ergo sum* als Ursprung des durch jene beiden Merkmale bestimmten Wahrheitskriteriums bezeichnet werden, wenn es doch mindestens einen Terminus enthält, der nicht klar und deutlich ist? – Die Erörterung dieser Frage setzt voraus, daß bekannt ist, was bei Descartes „wahr" heißt.

Im Rahmen der Cartesianischen Erkenntnislehre wird in zwei Bedeutungen von „wahr" gesprochen. Einerseits wird „Wahrheit" von Urteilen ausgesagt, die eine Beziehung von Begriffen betreffen und eventuell selbst zu anderen Urteilen in Beziehungen stehen, wie es z. B. bei mathematischen Urteilen der Fall ist. Für Urteile dieser Art wird das Wahrheitskriterium der Klarheit und Deutlichkeit in Anspruch genommen, das in die Richtung der Kohärenzkonzeption der Wahrheit weist, da Begriffe dann als distinkt gelten, wenn sie infolge der Klarheit aller ihrer Bestimmungen von allen anderen Begriffen, insbesondere auch von benachbarten (wie die Begriffe „Neunundneunzigeck" und „Hunderteck"), scharf unterschieden sind. Andererseits spricht Descartes auch in bezug auf Urteile wie „Ich bin" oder „Gott existiert" von „Wahrheit", wo es sich nicht um Beziehungen zwischen Begriffen handeln kann, da „Existenz" kein Begriff ist, in bezug auf den von Deutlichkeit die Rede sein könnte. Von einem Existenzurteil zu sagen, daß es wahr ist, bedeutet, daß wirklich existiert, was als wirklich behauptet wird. In gewissem Sinn kann hier die Wahrheit als „Übereinstimmung" charakterisiert werden, wenn man darunter nicht eine Ähnlichkeitsbeziehung versteht. Descartes hat gemeint, in gewissen Fällen die Existenzfrage von der Wesensfrage trennen und unabhängig von dieser beantworten zu können, was oben bereits als fragwürdig bezeichnet worden ist. Mit dem Versuch einer solchen Trennung hängt die soeben angedeutete Doppeldeutigkeit des Wahrheitsbegriffs zusammen. Da aber die beiden Bedeutungen von „wahr" in Descartes' Augen nur Aspekte des einen adäquaten Begriffs der Wahrheit sind, kann auch die Trennung von Daseins- und Wesenserkenntnis nicht aufrechterhalten werden.

Dem Kriterium der Klarheit und Deutlichkeit entspricht bei Descartes das Kriterium der Evidenz. Auch „Evidenz" ist aber ein zweideutiger Ausdruck, da er einmal die Einsichtigkeit objektiver Zusammenhänge, zum anderen die Unvermeidlichkeit der Urteilszustimmung bedeuten kann und bei Descartes auch bedeutet. Der im Sinne von „Evidenz" als „Urteilsnötigung" bestimmte Wahrheitsbegriff wäre dem modernen Sprachgebrauch zufolge psychologistisch zu nennen. „Wahrheit" als „Urteilsnötigung" scheint gemeint zu sein, wenn Descartes erklärt, auf Grund der Klarheit, mit der wir etwas erfaßten, entstünde in uns die Überzeugung, daß dies wahr sei (2. Resp.; AT VII, 144), und hinzufügt, eine Überzeugung, die in keiner Weise erschüttert werden könne, sei „ganz genau dasselbe wie die vollkommenste Gewißheit" (AT VII, 145).[79] Für die Urteilsnötigung gibt es zunächst keine andere Erklärung als die, daß gewisse Urteile infolge unserer psychischen Veranlagung unvermeidlich gefällt werden müßten: „Denn ich habe ... eine derartige Natur, daß ich nicht umhin kann zu glauben, etwas sei wahr, solange ich es klar und deutlich erfasse" (Med. V; AT VII, 69). Die Wahrheit erweist sich somit als relativ auf unsere „Natur". Der Gedanke, daß sich unsere Natur ändern könnte und wir daher möglicherweise als wahr beurteilen müßten, was wir jetzt für falsch halten, und umgekehrt, ist einer der Gründe des extremen Zweifels, der unter der Metapher des Betrüger-Gottes eingeführt wird: Ein Gott oder Pseudo-Gott könnte unsere Natur so eingerichtet haben, daß uns Falsches als evident erschiene, d. h. daß wir notwendig bejahen müßten, was an sich nicht wahr ist. (Bei diesem Zweifelsgrund wird allerdings stillschweigend bereits vorausgesetzt, daß zwischen der Überzeugung von der Wahrheit und der Wahrheit selbst, bzw. zwischen der subjektiven und der objektiven Evidenz zu unterscheiden ist, d. h. es wird angenommen, daß der Begriff der Wahrheit nicht definitiv im Sinne der Zustimmungsnötigung bestimmt werden könne.[80])

Bei Urteilen wie „Ich existiere" oder „Gott existiert" kann von Klarheit und Deutlichkeit nicht die Rede sein, da namentlich im Falle des „Ich bin" weder von einem Begriff der Existenz oder des Daseins noch auch – mindestens unter den Voraussetzungen der zweiten Meditation, in der das erste Prinzip als „Ego sum, ego existo" eingeführt wird – von einem Begriff des Ich ausgegangen werden kann, betont doch Descartes ausdrücklich, nachdem er das erste Prinzip aufgestellt hat, noch sei nicht bekannt, was jenes Ich sei, dessen Existenz behauptet wurde. „Wahrheit" kann hier also nur Übereinstimmung von Urteil und Wirklichkeit bedeuten, d. h. das Urteil „Ich bin" ist wahr, sofern das Ich, dessen Existenz behauptet wird, wirklich existiert. Die Nötigung, unter bestimmten Voraussetzungen zu urteilen „Ich bin", begründet hier nicht die Wahrheit des Urteils, sondern ist lediglich das Indiz der Wahrheit (nämlich als „Übereinstimmung" von Urteil und Wirklichkeit).

Mit der Bestimmung der Wahrheit als „Übereinstimmung" von Urteil und beurteilter Wirklichkeit wird die Frage unabweisbar, wie diese Übereinstimmung festgestellt werden kann. Auf diese Frage als allgemeines Problem der Erkenntnistheorie kann im vorliegenden Zusammenhang natürlich nicht eingegangen werden. Hier wird nur zu erörtern sein, wie im speziellen Fall des *Ego sum, ego existo* sinnvoll von „Übereinstimmung" die Rede sein kann. Offenbar läßt sich Übereinstimmung – angenommen, dieser Ausdruck wäre so bestimmt, daß die bekannten Einwände gegen die Adäquationskonzeption hinfällig werden – nur konstatieren, wenn die beurteilte Tatsache, mit der das wahre Urteil übereinstimmen soll, bekannt ist. Nun gilt aber nach Descartes, daß uns immer nur Ideen, und nicht das, was die Ideen repräsentieren sollen, gegenwärtig sind, – auch im Fall des Ich. Das Urteil „Ich existiere" ist nicht dadurch als unbedingt wahr gekennzeichnet, daß das Ich als denkende Substanz in der Reflexion unmittelbar erfaßt und damit offenkundig würde, daß der Fall ist, was in jenem Urteil behauptet wird. Unmittelbar gegenwärtig sind uns nach Descartes immer nur Bewußtseinsinhalte als Akte oder Modifikationen des Subjekts, nicht aber dieses selbst.

Wie kann dann die Existenz des denkenden Subjekts mit unbedingter Wahrheit behauptet werden? – Der Begriff des Ich als Subjekt des Denkens wird, wie bereits festgestellt, von Descartes im Rahmen seiner Theorie der Erfahrung eingeführt. Die Grundsätze der Erfahrungstheorie und namentlich das erste Prinzip betreffen Bedingungen der Möglichkeit von Erfahrung. Da es sich um notwendige Bedingungen handeln soll, meinte Descartes die in ihnen vorkommenden theoretischen Begriffe, namentlich „Ich", realistisch interpretieren, d. h. ihnen Entitäten zuordnen zu müssen. Sofern der Satz „Ich bin eine endliche denkende Substanz" eine Bedingung der Möglichkeit von Erfahrung ausdrückt, ist er im Rahmen der Theorie der Erfahrung, wie Descartes überzeugt war, unvermeidlich, und daher ist auch die Bildung des Begriffs des Ich im angedeuteten Sinn als unvermeidlich anzusehen. Ein solcher Begriff kann nach Descartes nur Begriff einer Entität sein, weil er andernfalls den Charakter einer Fiktion hätte. Das Urteil „Ich bin" ist somit wahr, sofern das Ich wirklich existiert.

Offensichtlich kann die Existenz des Subjekts nicht unabhängig von irgendeinem Begriff des Subjekts behauptet werden, und dieser Begriff wird im Zusammenhang einer Theorie festgelegt. Das „Ego sum" drückt somit keine sozusagen punktuelle Gewißheit aus. Dies geht schon daraus hervor, daß „Ego sum" nur das Ergebnis eines Gedankengangs ist, der als ganzer dem „Ego cogito (aliquid), ergo sum (res cogitans)" äquivalent ist. Im ersten Prinzip koinzidieren Daseins- und Beziehungswahrheit bzw. Wahrheit als Übereinstimmung und Wahrheit als Kohärenz, so daß es der systematisch erste Satz ist, der im Sinne des umfassenden Wahrheitsbegriffs zu kennzeichnen ist.

Nachdem Descartes zur klaren Einsicht in die Bedeutung der Metaphysik für das System des Wissens gelangt war, spielte die metaphysische Grundlegung in seiner Philosophie im weiten, die Naturphilosophie, die Fundamente der Wissenschaften und der Praxis einschließenden Sinn eine entscheidende Rolle.[81] Dies zeigt sich nicht nur darin, daß er nach seiner Ankunft in den Niederlanden mehrere Monate dem Studium metaphysischer Fragen widmete,[82] die er als unerläßliche Voraussetzungen des wissenschaftlichen Aufbaus ansah, sondern auch darin, daß er seinen wissenschaftlichen Schriften metaphysische Einleitungen vorausschickte, nicht zu reden davon, daß er in den *Meditationen* die metaphysische Basis seiner auch die Physik, die Medizin und die Moral umspannenden Philosophie in aller Ausführlichkeit legte. Man erkennt hier schon die Berechtigung jenes berühmten Vergleiches, der sich in dem die *Principia* einleitenden Briefe an Picot findet, in dem die gesamte Philosophie mit einem Baum verglichen wird, „dessen Wurzel die Metaphysik, dessen Stamm die Physik und dessen Zweige die übrigen Wissenschaften sind" (Princ., Préf.; AT IX/2, 14). Dies bedeutet auch, daß der Anspruch unbedingter Wahrheit, den Descartes für die Grundsätze der Wissenschaft erhob, durch Zurückführung auf Sätze der Metaphysik und letzten Endes auf das erste Prinzip begründet werden soll. In diesem Sinne ist die Metaphysik die Wurzel, aus der der Baum der wissenschaftlichen Erkenntnis lebt. Ohne Bild: Die Metaphysik legitimiert den Gültigkeitsanspruch der Wissenschaft, den diese selbst nicht zu rechtfertigen vermag. Daneben hielt es Descartes allerdings auch für möglich, Prinzipien der Wissenschaft aus metaphysischen Sätzen abzuleiten,[83] so daß die Metaphysik eine Doppelrolle zu spielen hat: einmal die einer Oberwissenschaft zu den speziellen Wissenschaften, zum anderen die einer Meta-Physik im eigentlichen Wortsinn, nämlich einer Theorie der wissenschaftlichen Erkenntnis im allgemeinen, in dem von Descartes vorausgesetzten rationalistischen Sinn von „Erkenntnis".

7. Die Res cogitans und das Verhältnis von Geist und Körper

Mit der Formulierung des ersten Prinzips in der Form „Cogito ergo sum" oder „Ego sum, ego existo" ist nur ein erster Schritt auf dem Wege zur vollständigen metaphysischen Grundlegung des Systems getan, auf den sogleich ein zweiter in Form der Bestimmung des Wesens des Ich, dessen Existenz feststeht, folgen muß. Auf die Frage, was jenes Ich sei, dessen Existenz über jeden Zweifel erhaben ist, antwortet Descartes: Ein Ding, das denkt, *une chose qui pense, res cogitans.* Sofern dies nichts anderes bedeutet, als daß dem theoretischen Begriff „Ich" eine Entität zugeordnet wird, wie oben angenommen wurde, handelt es sich um eine bestimmte ontologische Interpretation der Erfahrungstheorie, mit deren Hilfe Descartes die Tatsache der Erfahrung als „sicherer Erfahrung" im rationalistischen Sinn begreiflich machen wollte. Der Übergang vom *Cogito ergo sum* zum *Sum res cogitans* bedeutet aber für Descartes mehr: Das Ich als denkende Substanz wird zur Seele, so daß Descartes sagen konnte: „Das erste Prinzip ist, *daß unsere Seele existiert*" (an Clerselier, Egmond, Juni oder Juli 1646; AT IV, 444). Mit der Auffassung des Ich als Seele werden die Fragen der herkömmlichen Seelenlehre für Descartes unabweisbar. Während er sich aber mit dem Problem der Erschaffung der Seele und ihrer Fortdauer nach dem Tod weniger intensiv auseinandersetzte, als er es nach Ansicht der Theologen hätte tun müssen, spielte die Frage nach dem Verhältnis von Seele und Körper in seiner Philosophie eine wichtige, ja für das weitere Schicksal des Cartesianismus zentrale Rolle.

Indem Descartes das Ich als Seele (âme, animus, mens) bestimmte, setzte er sich in der Tat dem bekannten, von den Neukantianern mit besonderem Nachdruck erhobenen Vorwurf aus, er habe das Ich unerlaubterweise verdinglicht. Dieser Vorwurf läßt sich nicht dadurch entkräften, daß man das Ich der Cartesianischen Metaphysik als Besonderung der *cogitatio,* des Bewußtseins im allgemeinen, auffaßt, so wie die ausgedehnten Dinge als Besonderungen der *extensio* aufgefaßt werden. Nicht die *cogitatio* hat den Charakter der Substanz, sondern das, was durch die *cogitatio* als *natura intellectualis* bestimmt ist.[84]

Die Frage, was jenes Ich ist, dessen Existenz im ersten Prinzip behauptet wird, beantwortet Descartes mit Hilfe derselben analytischen Methode, die auch im methodischen Zweifel zur Geltung kam. So wie zunächst die Urteile über die materielle Wirklichkeit im allgemeinen in Frage gestellt wurden, so zeigt Descartes nunmehr, daß auch über die materielle Seite der menschlichen Person begründete Urteile nicht möglich sind. Alles, was wir über konkrete materielle Körper, einschließlich unseres eigenen, wissen, hängt von der Einbildungskraft ab, die jedoch, dem Traum verwandt, die Wahrheit von Urteilen über Inhalte der Imagination nicht zu verbürgen vermag. Wenn es aber zunächst kein gesichertes Wissen von unserem Körper gibt, dann ist es ausgeschlossen, daß das Ich, dessen Existenz unbezweifelbar ist, von etwas Körperlichem, einem Teil oder Organ des Körpers, abhängt. Das sicher Erkannte kann nicht von etwas abhängig gemacht werden, von dem es zunächst keine gesicherte Erkenntnis gibt. In ontologischer Sprechweise: Der Geist kann nicht vom Körper abhängen. „Ich erkenne daher, daß nichts von dem allen, was ich mit Hilfe der Einbildungskraft erfassen kann, Bezug hat auf die Kenntnis, die ich von meinem Ich habe, daß ich vielmehr meinen Geist auf das sorgfältigste hiervon abwenden muß, wenn ich mir seine Natur recht deutlich zum Bewußtsein bringen will" (Med. II; AT VII, 28).

Hier zeigt sich eine grundsätzliche Schwierigkeit von Descartes' Metaphysik: Wenn man auch methodisch fordern kann, daß der Geist unabhängig von allem Materiellen zu betrachten sei, – folgt daraus, daß er auch „der Wahrheit der Sache nach" vom Körper verschieden ist? Descartes glaubte, dies annehmen zu dürfen. Den entsprechenden Beweis konnte er allerdings erst führen, nachdem er gezeigt hatte, daß alles, was sich distinkt als verschieden denken läßt, in Wirklichkeit verschieden ist. Dazu muß aber nach Descartes angenommen werden, daß die objektive Gültigkeit evidenter, auf Grund distinkter Begriffe gewonnener Einsichten durch Gott garantiert wird, und um dies annehmen zu können, muß feststehen, daß Gott – nämlich der wahrhafte, nicht der betrügerische Gott des extremen Zweifels – existiert. Darum besteht der nächste Gedankenschritt im Aufbau des Systems in dem Versuch, die Existenz Gottes zu beweisen. Hierauf wird im nächsten Kapitel eingegangen. (Die mit dem Verhältnis von Geist und Körper verbundenen spezielleren Fragen werden S. 131 ff. erörtert.)

8. *Das Cogito ergo sum in positivistischer und in phänomenologischer Sicht*

a. Die positivistische Kritik am Cogito ergo sum

Descartes' erstes Prinzip gehört auch heute noch zu den umstrittensten Sätzen der Philosophie. Während aber früher vor allem gefragt wurde, ob Descartes die Natur des Ich, dessen Existenz im *Cogito ergo sum* behauptet wird, angemessen bestimmt habe, bzw. wie sich dieses Ich überhaupt erkennen lasse, hat sich in den letzten Jahrzehnten eine Richtung der Kritik bemerkbar gemacht, die darauf hinausläuft, dem *Cogito ergo sum* mit den Mitteln der logischen und sprachlichen Analyse den Charakter eines Grundsatzes abzusprechen.[85]

Die radikalste Form dieser Kritik, die sich andeutungsweise schon bei M. Schlick findet,[86] führt zu der Konsequenz, daß die Wortverbindung *Cogito ergo sum* deshalb nicht den Charakter eines Grundsatzes haben könne, weil sie überhaupt kein regulärer Satz sei. In diesem Sinn haben Vertreter des logischen Empirismus unseres Jahrhunderts wie A. J. Ayer darauf hingewiesen, daß Sätze wie „Ich denke" oder „Ich bin" einerseits als Tatsachenaussagen intendiert seien, andererseits aber nicht – wie Tatsachenaussagen im allgemeinen – sinnvoll negiert werden könnten. Ihre Verneinung hebt sich selbst auf, ohne jedoch widerspruchsvoll zu sein. Sie sind somit zwar unleugbar wahr, nicht aber logisch wahr, weshalb sie nicht als genuine, sondern nur als „degenerierte" Sätze gelten können. Da ein Satz ferner nur dann ein Grundsatz sein kann, wenn sich aus ihm Folgesätze ableiten lassen, das *Cogito ergo sum* jedoch, wie Ayer meint, nicht der Ableitung anderer Sätze dient, kann es nicht als Grundsatz gelten. Wir beziehen uns seiner Ansicht nach mit dieser Wortverbindung nicht auf einen Sachverhalt, d. h. wir kennzeichnen uns mit ihrer Hilfe nicht als so und so bestimmte Wesen, wie es der Fall wäre, wenn wir es mit einer genuinen Tatsachenaussage zu tun hätten. Schließlich kann dieser Auffassung zufolge das *Cogito ergo sum* auch nicht durch eine besondere Evidenz vor anderen Sätzen ausgezeichnet sein, da es nichts gibt, das hier evident eingesehen werden könnte.[87]

Eine andere Richtung der analytischen Kritik am *Cogito ergo sum* bedient sich gewisser Gedanken Wittgensteins, um zu zeigen, daß diese Wortverbindung keine Aussage über einen Sachverhalt sei, der in der Reflexion erfaßt werden könnte. J. Hintikka, der zu den Vertretern der an Wittgenstein orientierten Kritik gehört, geht von der Frage aus, warum Sätze wie „Ich bin" oder „Ich denke" nicht negiert werden können, und findet den Grund dafür in der existentiellen Inkonsistenz von Sätzen wie „Ich bin nicht". Diese Art Inkonsistenz unterscheidet sich von der logischen dadurch, daß sie an eine faktische Bedingung gebunden ist, nämlich an den aktuellen Vollzug der entsprechenden sprachlichen Äußerung (performance). Die Selbstaufhebung existentiell inkonsistenter Sätze wird von Hintikka mit dem Scheitern eines bestimmten Sprachspiels in Zusammenhang gebracht. Wir nehmen an, daß die Hörer normalerweise glauben, was wir sagen. Im Falle existentiell inkonsistenter Behauptungen ist dieser Glaube auf seiten des Hörers jedoch prinzipiell nicht möglich. Äußerungen dieser Art heben somit den Charakter auf, den deklarative Aussagen normalerweise haben. Hintikka nennt sie deshalb auch „selbstzerstörerisch" (self-defeating). Der einfachste Fall eines auf Grund seines Vollzugscharakters absurden (nicht logisch widerspruchsvollen) Satzes ist nun: „Ich existiere nicht". Die Negation dieses Satzes, nämlich „Ich existiere", bestätigt sich daher selbst.[88]

Nach Hintikka war sich Descartes bis zu einem gewissen Grade des Vollzugscharakters des „Ich bin" bewußt. Er meinte aber, die Unbezweifelbarkeit dieses Satzes beruhe auf einem Denkakt, nämlich dem sich selbst aufhebenden Versuch, „Ich bin" zu bezweifeln. Nach Hintikka erlag er aber einem fundamentalen Irrtum, wenn er die Unbezweifelbarkeit des *Cogito ergo sum* nicht auf den performatorischen Charakter dieser Aussage, sondern auf Introspektion, auf reflexive Erkenntnis des Selbst, zurückführte. Daß ein solcher Irrtum möglich ist, hängt nach Hintikka damit zusammen, daß in der Ersetzung des äußeren durch das innere Sprechen bereits eine „Spiritualisierung" erfolgt zu sein scheint. Wenn Hintikka bestreitet, daß der Cartesianische Satz das Ergebnis einer Selbstbeobachtung ausdrücken kann, so geschieht dies auf der Grundlage der allgemeinen Leugnung der Möglichkeit reflexiver Selbsterkenntnis, wie sie für die Ordinary Language Analysis in der Nachfolge des späten Wittgenstein charakteristisch ist. In diesem Sinne hat auch G. Ryle das Cartesianische *Cogito* zu kritisieren gesucht, indem er Descartes die Konzeption eines Geistes zuschrieb, der im Körper wie ein Gespenst in einer Maschine wirke und selbst den Charakter einer spirituellen Quasi-Maschine habe, da er kausalen Gesetzen unterworfen sei. Ryle glaubte, die Cartesianische Ansicht auf einen sprachlichen Fehler, nämlich die Verwechslung von Kategorien, zurückführen zu können. Daß seine Kritik, auf die später nochmals einzugehen sein wird,[89] der Cartesianischen Auffassung unangemessen ist, kann kaum mehr bezweifelt werden. Aber auch Hintikkas differenziertere Kritik wird dem historischen und systematischen Sachverhalt nicht gerecht, weil sie die Cartesianische Grundlegung auf eine sprachlogische Argumentation reduziert, während Descartes' erstes Prinzip nicht nur sprachlogisch diskutiert werden kann, wenn seine metaphysische Funktion begriffen werden soll.

Gegenüber der positivistischen Kritik ist darauf zu insistieren, daß Descartes mit seinem ersten Prinzip nicht eine Aussage über ein Ding, sondern über das Subjekt der Erfahrung bzw. Erkenntnis von Dingen formulieren wollte. Daher muß auch die Unmöglichkeit, das erste Prinzip zu negieren, anders als von seiten der positivistischen bzw. analytischen Philosophie, die nur die Alternative von logisch wahren und Tatsachenaussagen in Betracht zieht, erklärt werden, nämlich im Sinne der Unaufhebbarkeit notwendiger Bedingungen der Möglichkeit von Erfahrung überhaupt. Wenn das *Cogito ergo sum* als Bestandteil der Theorie der Erfahrung aufgefaßt wird, dann ist klar, daß aus ihm Tatsachenaussagen grundsätzlich nicht deduziert werden können. Das bedeutet aber nicht, daß aus ihm überhaupt keine Folgerungen abgeleitet würden.[90] Tatsächlich gewinnt ja Descartes eine Reihe von Sätzen aus dem *Cogito ergo sum*, die aber ebenso wie dieses nicht der Ebene der Tatsachenaussagen, sondern der metaphysischen Ebene angehören, sofern sie Bestandteile einer Theorie sind, die die Möglichkeit der Erfahrung betrifft. (Doch soll nicht verschwiegen werden, daß Descartes, seinen eigenen Ansatz verfälschend, geglaubt hat, aus Sätzen der Metaphysik naturphilosophische Grundsätze gewinnen zu können. Damit erhält die Cartesianische Metaphysik einen zweideutigen Charakter. Für die Entwicklung der modernen Philosophie ist aber der erfahrungstheoretische, die Transzendentalphilosophie vorbereitende Aspekt sehr viel wichtiger als der im herkömmlichen Sinn metaphysische.)

b. Die phänomenologische Kritik am Cogito ergo sum

Auf den „transzendentalphilosophischen" Charakter der Cartesianischen Ersten Philosophie und ihres ersten Prinzips hat in unserem Jahrhundert zuerst Husserl nachdrücklich hingewiesen, der in Descartes' *Meditationen* einen Markstein der Entwicklung der Philosophie erblicken zu können meinte, sofern von ihnen „die durch die ganze Neuzeit hindurchgehende Tendenz zur Neugestaltung aller Philosophie in eine Transzendentalphilosophie" stammen soll.[91].

Indem Husserl Descartes zum Vorläufer jener Art von Transzendentalphilosophie zu machen suchte, die er selbst vertrat, unterstellte er ihm allerdings einen Subjektivismus, der Descartes fremd war. Husserl interpretierte die Cartesianische Philosophie als „einen neuartigen, ernsten Subjektivismus", einen „transzendentalen Subjektivismus", demzufolge Objektivität nicht als bloße „Meinung" des Subjekts aufzufassen ist, sondern als dessen „Leistung".[92] In den „Meditationen" ist nach Husserl die Entdeckung der transzendental reinen, in sich absolut geschlossenen Subjektivität zum Ausdruck gebracht, „die ihrer selbst jederzeit inne werden kann, in absoluter Zweifellosigkeit".[93] Nichtsdestoweniger hat Husserl die Cartesianische Erste Philosophie nicht einschränkungslos positiv gewürdigt. Er bemängelte, daß Descartes den Gedanken der transzendentalen Subjektivität nicht rein konzipiert, sondern geglaubt habe, im Ich „ein kleines Endchen Wirklichkeit" gerettet zu haben.[94] Grund dieses vermeintlichen Fehlers ist, daß Descartes die transzendentale Epoché nicht weit genug getrieben und infolgedessen das Ich noch als Teil der Wirklichkeit und nicht als deren leistenden Grund aufgefaßt habe. Husserl nahm mit seiner Kritik den neukantianischen Vorwurf auf, Descartes habe das Subjekt in gewissem Sinne verdinglicht, indem er es als Substanz bestimmte.

Im Anschluß an Husserl wurde dieser Vorwurf öfter wiederholt, unter anderem von Heidegger. Er ist insofern berechtigt, als Descartes sicherlich nicht die moderne Auffassung der transzendentalen Subjektivität vertreten hat und als Kind seiner Zeit auch nicht vertreten konnte. Sofern Husserls Kritik aber besagen soll, daß Descartes das Subjekt wie ein innerweltliches Ding aufgefaßt habe, ist sie historisch unangemessen. „Res cogitans" bedeutet nicht „denkendes Ding" im heutigen Sinne von „Ding", sondern „denkende Substanz" bzw. „denkendes Wesen" oder, wie Descartes selbst gelegentlich sagte, „endliche denkende Natur", wobei die *natura intellectualis,* absolut betrachtet, Gott ist und die endliche intellektuelle Natur durch Einschränkung der absoluten gedacht werden soll. Abgesehen von der Frage der historischen Angemessenheit von Husserls Deutung ist gegen Husserls Egologie einzuwenden, daß sie selbst der kritisierten Einstellung bis zu einem gewissen Grade verhaftet bleibt, sofern für Husserl das transzendentale Ich noch als etwas Erfahrbares gilt, nämlich als der in der Reflexion erfaßbare Grund der die gegenständliche Wirklichkeit konstituierenden intentionalen Akte.

Auch nach Husserl ist das *Cogito ergo sum* oberstes Prinzip der Philosophie, jedoch nicht als Grundsatz, aus dem andere Sätze deduziert werden können, sondern als Rechtfertigungsgrund der Gegenstandserfahrung. Das transzendentale Ich muß nach Husserl als Grund aller Erfahrungswirklichkeit anerkannt werden, wenn diese begreiflich werden soll. Die „Spaltung" von weltlichem und transzendentalem Ich ist nach Husserls Ansicht nicht Ergebnis einer bloß gedanklichen Unterscheidung, sondern besteht unabhängig von der phänomenologischen Reflexion, die uns jene Spaltung lediglich zu Bewußtsein bringt. Husserl war überzeugt, daß das Ich immer schon gleichzeitig natürliches und transzendentales Ich ist und daß es als transzendentales mit den Mitteln der Phänomenologie erfaßt werden kann. In diesem Sinne erklärte er: „Durch die phänomenologische ἐποχή reduziere ich mein natürliches menschliches Ich und mein Seelenleben – das Reich meiner *psychologischen Selbsterfahrung* – auf mein transzendental-phänomenologisches Ich, das Reich der *transzendental-phänomenologischen Selbsterfahrung.*"[95]

Angesichts dieser Auffassung vom Ich als dem Grund der die Erfahrungswirklichkeit konstituierenden Akte muß kritisch gefragt werden, ob nicht Husserl selbst ungeachtet seiner berechtigten Polemik gegen die Verdinglichung des Ich, dieses in gewisser Weise substantialisiert, wenn er es als Grund von Leistungen auffaßt. Zwar forderte er, die transzendentale von der psychologischen Reflexion zu unterscheiden; man muß aber fragen, ob die Einklammerung der Seinsvoraussetzung in der phänomenologischen *epoché* genügt, um das Ich (als Gegenstand der Reflexion) zum transzendentalen Ich zu machen. Ein weiteres kritisches Bedenken richtet sich gegen Husserls Überzeugung von der Möglichkeit einer reinen, d.i. theoriefreien Deskription. Zwar bezeichnete Husserl die Phänomenologie insgesamt als Theorie, aber in seiner Terminologie bedeutet „Theorie" nicht das, was heute mit diesem Ausdruck bezeichnet wird, nämlich ein System gesetzesartiger Hypothesen; „Theorie" im Husserlschen Sinne heißt vielmehr „Schau", wie es der Etymologie des Wortes entspricht. Gemeint ist eine von Annahmen und hypothetischen Konstruktionen freie und in diesem Sinne *reine* Schau, deren Inhalt durch reine Deskription wiedergebbar sein soll. Theorie in diesem Sinne ist nach Husserl auch die *Egologie,* die Lehre vom transzendentalen Ego. Wenn es richtig ist, daß, wie schon die Kantianer lehrten und wie heute sowohl Vertreter der analytischen Philosophie als auch der Hermeneutik annehmen, theoriefreie Beschreibung unmöglich ist, dann ist Husserls Annahme, daß das Ich als Konstitutionsgrund aller Gegenstände in der Welt prinzipiell voraussetzungslos beschrieben werden könne, fragwürdig. In dieser Hinsicht ist die phänomenologische Auffassung des *Cogito* der Ansicht der analytischen Philosophie unterlegen, derzufolge es unmöglich ist, „Ich" als Bezeichnung von etwas aufzufassen, das in irgendeiner Weise beobachtet werden kann.

Husserl blieb in mancher Hinsicht der Cartesianischen Tradition verhaftet, namentlich durch seinen methodischen Solipsismus und durch seine Überzeugung, daß das unmittelbare Objekt unserer Akte den Charakter eines Vorstellungsinhaltes bzw. eines intentionalen Gegenstandes habe. Er ist in dieser Hinsicht ebenso wie Descartes jener Denkweise verpflichtet, die Heidegger mit dem Ausdruck „Weltbild" charakterisierte[96] und derzufolge wir im Erkennen nicht die Welt als solche, auch nicht eigentlich ein Bild der Welt, sondern die Welt als Bild begreifen. Nicht alle Phänomenologen folgen in dieser Hinsicht Husserl.

Merleau-Ponty hat eine Variante der Phänomenologie vertreten, die sich in den beiden genannten Punkten von der Husserlschen wesentlich unterscheidet. Seiner Ansicht nach ist mit der Wahrnehmung auch das wahrgenommene Ding unbezweifelbar gegeben, nicht als vom Ich konstituiertes, sondern als denkunabhängiges Ding. Das Erleben ist nach Merleau-Ponty durch eine „Öffnung zur Welt" charakterisiert, die wir als „Wahrnehmung" bezeichnen. Unter dieser Voraussetzung kann es kein Selbstbewußtsein als reines In-sich geben, sondern in der Selbstgewißheit des *Cogito* erfolgt ebenso ursprünglich wie die Erkenntnis des eigenen Seins die Berührung mit dem Sein der Welt.[97] Merleau-Ponty distanzierte sich energisch von Descartes (und gleichzeitig von Husserl), wenn er betonte, *Sehen* sei nicht nur ein Bewußtsein des Sehens, sondern Sehen eines wirklichen Dinges. Allgemein: Wenn ich wahrnehme, denke ich nicht wahrzunehmen, sondern ich nehme wirklich etwas wahr, – genauer: ich nehme etwas Wirkliches wahr.[98]

Eine andere Variante der phänomenologischen Deutung des *Cogito* wurde von J.-P. Sartre vertreten, der von der Beziehung des bewußten Subjekts auf ein erfahrenes Phänomen ausgeht und die These aufstellt, daß sowohl auf der Seite des Subjekts als auch auf der Seite des Gegenstands ein transphänomenales Sein angenommen werden müsse. Weder das Sein des gegenständlichen Phänomens, noch das Sein des Ich läßt sich auf das reduzieren, als was es im Bewußtsein erfahren wird. Indem Sartre versucht, hinter das Ich als Gegenstand der Reflexion bzw. das Ich des Selbstbewußtseins zurückzugehen und zu einem präreflexiven *Cogito* vorzustoßen, meinte er das vermeintlich der Ebene der Reflexion angehörende Cartesianische *Cogito ergo sum* seines Charakters als eines grundlegenden Prinzips entkleidet zu haben. Gleichzeitig glaubte er, die Subjekt-Objekt-Dualität überwunden zu haben, wie sie das Cartesianische Denken charakterisiert. Seiner Ansicht nach sind „Ich" und

„Welt" nur Momente des In-der-Welt-Seins, das durch das transzendentale Bewußtsein begründet wird. Ähnlich wie Husserl wollte auch Sartre der Phänomenologie eine transzendentale Wende geben und sich damit vom Deskriptivismus der frühen Husserlschen Phänomenologie distanzieren. Indem er aber an der Annahme festhielt, daß das transzendentale Ich der Grund der intentionalen Beziehung des Denkens auf Gegenstände sei, blieb er dem Husserlschen Ansatz der Egologie prinzipiell verpflichtet.

Weder die sprachanalytische noch die phänomenologische Interpretation des *Cogito ergo sum* werden dem Cartesianischen ersten Prinzip gerecht. Während die analytischen Kritiker richtig feststellen, daß das *Cogito ergo sum* nicht auf ein wie auch immer bekanntes Ich, über das irgendwelche tatsachenhaltigen Aussagen gemacht werden könnten, bezogen ist, verfehlten sie den Sinn des ersten Prinzips, indem sie es auf ein Thema der Sprachanalyse reduzierten. Umgekehrt kommt den Vertretern der Phänomenologie zwar das Verdienst zu, den transzendentalen Charakter des *Cogito ergo sum* hervorgehoben zu haben; aber gleichzeitig verfälschten sie diesen Charakter durch die psychologistische Deutung dessen, was sie „transzendentale Subjektivität" nannten und als „leistenden Grund" der gegenständlichen Wirklichkeit bestimmten. Das Problem des ersten Prinzips ist aber unter Descartes' Voraussetzungen weder ein (sprach-)logisches noch ein (im angedeuteten Sinn) phänomenologisches, sondern ein erfahrungstheoretisches Problem, wie es oben (Abschn. 5) gekennzeichnet wurde.

IV. Die Gottesidee und ihre Funktion in der Cartesianischen Philosophie

1. Selbsterkenntnis und Gotteserkenntnis

Im ersten Prinzip, in dem Descartes den archimedischen Punkt der Systembegründung gefunden zu haben glaubte, koinzidieren seiner Ansicht nach Gewißheit und Wahrheit, d.i. Unbezweifelbarkeit und objektive Gültigkeit. Zunächst ist aber diese Koinzidenz auf einen Punkt beschränkt, während es Descartes doch darauf ankam, sie auf klare und distinkte bzw. evidente Urteile im allgemeinen auszudehnen. Dieses Ziel ist so lange nicht erreichbar, als der hyperbolische, auf die „Hypothese“ des *genius malignus* gestützte Zweifel nicht prinzipiell überwunden ist, und dies kann offensichtlich nur dadurch geschehen, daß die Unhaltbarkeit jener „Hypothese“ gezeigt wird. Um dies leisten zu können, sah sich Descartes gezwungen, einen Gottesbeweis zu führen, aus dessen Resultat folgt, daß Gott nicht als Betrüger-Gott aufgefaßt werden kann, sondern als vollkommen wahrhaft gedacht werden muß, so daß der Gedanke hinfällig wird, wir könnten so geschaffen sein, daß wir immer dann irrten, wenn wir meinten, vollkommen sicher zu sein, d.h. wenn wir auf Grund subjektiver Evidenz urteilen. Nur der Beweis, daß das urteilende Subjekt von einem absolut vollkommenen Wesen abhängt, das als solches auch absolut wahrhaftig ist, widerlegt also die Annahme des Betrüger-Gottes und rechtfertigt somit die vom methodischen Zweifel vorübergehend aufgehobene Überzeugung von der objektiven Gültigkeit aller auf Grund ihrer subjektiven Evidenz unkorrigierbaren Urteile, für die daher gilt, was zunächst in bezug auf das erste Prinzip festgestellt wurde: daß sie durch Koinzidenz von Gewißheit und Wahrheit charakterisiert sind.

Um den Übergang vom ersten Prinzip zu den Grundsätzen über die Existenz und das Wesen Gottes sowie über die objektive Gültigkeit evidenter Urteile herzustellen, hielt Descartes eine Analyse des Begriffs des Ich als eines denkenden Seienden für erforderlich. Daß das Ich ein denkendes Ding ist, heißt, daß es etwas ist, das Vorstellungen besitzt, einsieht, bejaht, verneint, will, nicht will usw. Von diesen Bewußtseinsphänomenen, die Descartes in Ideen, Urteile und emotionale Phänomene („affectus sive voluntates“) einteilt – später auch wohl einfach in Ideen und Willensphänomene, wobei letztere auch die Urteile mitumfassen sollen –, interessieren zuerst die Ideen, von denen der Philosoph annimmt, daß sie gleichsam Bilder der Dinge seien (Med. III; AT VII, 37). Unter diesen Ideen nimmt nun die Idee eines höchst vollkommenen Wesens, d.h. Gottes, einen hervorragenden Platz ein. Descartes baut den Beweis Gottes auf die Frage auf, wie es möglich sei, daß wir diese Idee haben bzw. bilden können, obwohl sie weder Abbild eines Gegenstands noch Erzeugnis unserer Phantasie ist. Gewisse Ideen stammen von Gegenständen der Außenwelt (die *ideae adventitiae),* andere wieder sind Erzeugnisse der Phantasie (die *ideae factitiae);* die Idee Gottes aber gelangt weder durch die Sinneserfahrung ins Bewußtsein, weil die Erfahrung sich immer nur auf beschränkte Gegenstände oder Gegenstandsbereiche richtet, noch kann sie ein Produkt der Phantasie sein, weil sie als Idee eines unendlich vollkommenen Wesens nicht von uns als endlichen und unvollkommenen Wesen hervorgebracht sein kann.

Diese Feststellung ist so merkwürdig, daß es nötig ist, sie ausführlicher zu betrachten. Nach Descartes' Ansicht stehen zwar alle Ideen, sofern sie Bewußtseinsphänomene sind, auf derselben Stufe; dem gemeinten Gegenstand nach aber sind sie durchaus nicht gleichwertig, denn die einen meinen eine geringere, die andern eine höhere Realität. Das, was in einer Vorstellung gemeint wird, nennt Descartes die „objektive" Realität der Idee, die nicht mit der „formalen" Realität der Dinge selbst zusammenfällt. Der Philosoph war nun der Überzeugung, daß auf die objektive Realität, also auf den bewußtseinsimmanenten Gegenstand, das Kausalprinzip angewendet werden könne bzw. angewendet werden müsse, und zwar in der Form, daß in der Ursache der Idee mindestens ebensoviel formale Realität enthalten sein müsse, wie in der Idee an objektiver Realität enthalten ist.

Es ist klar, daß bei allen Ideen endlicher Dinge keine weitere Schwierigkeit besteht, denn entweder ist ein endlicher Gegenstand der Außenwelt ihre Ursache oder der Geist des Menschen; und beide Arten von Ursachen entsprechen der Forderung, gleich viel an formaler Realität zu besitzen wie die von ihnen erzeugte Idee an objektiver.

Bei der Idee eines absolut vollkommenen, d.h. unendlichen Wesens verhält es sich jedoch anders. Hier scheidet die Phantasie als Ursache ebenso aus wie ein endlicher Gegenstand der Außenwelt, denn das denkende Ich ist endlich, wie nach Descartes deutlich aus der Tatsache hervorgeht, daß es zweifelt (also manches nicht weiß), wünscht (also manches nicht besitzt), kurz, daß es Schranken hat. Weder das Ich noch endliche Dinge kommen somit als Ursachen in Betracht, weil nur ein in formaler Weise unendliches Wesen die Ursache der Idee eines solchen Wesens sein kann. Mit anderen Worten, diese Idee ist weder eine erworbene, noch eine erzeugte, sondern eine angeborene Idee, und das unendliche Wesen selbst muß sie in uns gelegt haben. Freilich ist Descartes nicht so naiv zu glauben, diese Idee sei aktual angeboren; ihr Angeborensein ist immer potentiell gemeint, wie es Descartes am klarsten in einer von Leibniz exzerpierten Randbemerkung zu den *Principia philosophiae* ausgedrückt hat: „Das Vorhandensein der Gottesidee in uns deute ich nicht anders als das der Ideen aller an sich bekannten Wahrheiten: ich fasse es nämlich nicht so auf, daß sie immer aktuell in irgendeinem Teil unseres Geistes abgebildet sind, so wie viele Verse im Buche Vergils enthalten sind, sondern lediglich potentiell, so wie verschiedene Figuren im Wachse ..." (AT XI, 655).

Wie aber, wenn jemand einwendete, aus der Tatsache, daß man eine absolut vollkommene Ursache dieser Idee *denken* müsse, folge noch nicht, daß sie auch wirklich *existiert?* Hier wird ein zweiter Gedankengang erforderlich, der darauf hinausläuft zu zeigen, daß alles, was man notwendig in bestimmter Weise denkt, sich auch in Wirklichkeit so verhalte. Descartes hat diesen Gedankengang in einem zweiten Gottesbeweis zu begründen versucht, den er in der fünften Meditation darlegt.

Aus der Tatsache, daß man den Begriff einer Sache klar erfaßt, folgt nicht, daß etwas Entsprechendes auch existiert. Wenn man auch klar und deutlich einsieht, daß jedes Dreieck eine Winkelsumme von 180 Grad haben muß, so ist damit noch nicht gesagt, daß es überhaupt Dreiecke gibt, und Analoges gilt bei allen anderen Begriffen endlicher Dinge. Mit den Worten Descartes': Jede Idee enthält das mögliche Dasein; ob etwas ihr Entsprechendes wirklich vorhanden ist, wissen wir durch die Idee allein noch nicht.

Es gibt aber eine Ausnahme: die Idee eines absolut vollkommenen Wesens. Da diese Idee alle Vollkommenheiten enthalten soll und da für Descartes die Existenz als „Vollkommenheit" gilt, folgert er, daß Gott oder das absolut vollkommene Wesen existiert: „. . . es ist beinahe dasselbe, Gott zu begreifen, und zu begreifen, daß er existiert" (an Mersenne [Endegeest, Juli 1641]; AT III, 396). Hier erweist es sich nicht nur als möglich, sondern als unausweichlich, von der Notwendigkeit des Gedankens zur Notwendigkeit des Seins überzugehen.[100]

Die beiden Gottesbeweise, der kausale und der apriorische, stützen sich gegenseitig: Der apriorische Beweis der fünften Meditation, den Kant den ontologischen genannt hat, vermittelt den Übergang vom *Gedanken* einer höchst vollkommenen Ursache zur *Existenz* dieser Ursache und ergänzt dadurch den kausalen Beweis der dritten Meditation in einem entscheidenden Punkte; aber auch der Beweis der fünften Meditation ist nicht selbstgenügsam: Daß Gott existiert, weil im Begriff des absolut vollkommenen Wesens die Existenz enthalten ist, setzt nach Descartes die Gültigkeit des Prinzips voraus, „daß alles, was ich klar und deutlich als zur Sache gehörig erfasse, tatsächlich ihr zugehört" (Med. V; AT VII. 65). Dieses Prinzip aber darf nur dann als gültig angenommen werden, wenn wir über eine Garantie für das klare und deutliche Erkennen überhaupt verfügen, und diese Garantie liefert nach Descartes' Ansicht der höchst vollkommene, daher auch wahrhaftige Gott, der uns nicht so geschaffen haben kann, daß wir irren, wenn wir meinen, ganz sicher zu sein. Auf die Garantie Gottes kann in diesem Zusammenhang nur darum rekurriert werden, weil der Beweis der Existenz Gottes schon auf Grund der dritten Meditation vorausgesetzt wird. Wenn aber jeder der beiden Gottesbeweise den anderen voraussetzt, somit keiner für sich allein beweiskräftig ist, dann können sie auch zusammen nicht zum Ziel führen. Darüber hinaus sind die Cartesianischen Gottesbeweise auch schweren Einwänden im Detail ausgesetzt. Schon der Begriff eines unendlichen Wesens ruft Bedenken auf den Plan. Läßt sich das Unendliche überhaupt in positiver Weise denken, also nicht nur als *indefi-*

nit, d.h. ohne erkennbare Begrenzung, sondern als *infinit,* d.h. in aktualer Weise unendlich? Liegt es nicht nahe, entweder die Möglichkeit einer solchen Idee wegen der Endlichkeit des denkenden Subjekts zu leugnen, oder aber, wenn man am Vorhandensein dieser Idee festhält, zu folgern, daß dann das Subjekt selbst im Grunde unendlich sein müsse?[101]

Ferner wird zu fragen sein, ob auf die *realitas objectiva* das Kausalprinzip angewendet und ob die Idee als ein Bild der Sache aufgefaßt werden kann? – Beide Fragen müssen negativ beantwortet werden, so daß auch diese Voraussetzung der Cartesianischen Gottesbeweise hinfällig wird. Was schließlich den später so genannten ontologischen Beweis anbetrifft, so muß man fragen, ob man wirklich die Existenz als eine Eigenschaft oder „Vollkommenheit" definieren darf bzw. als ein Merkmal der Idee. Gibt es, wie Descartes behauptet, „Grade der Realität", so daß die Substanz realer ist als ihre Modi, die unendliche Substanz realer als die endliche?

Jede dieser Schwierigkeiten ist ernst genug, um die Cartesianischen Gottesbeweise zu Fall zu bringen. Tatsächlich aber hat sich die Diskussion vor allem an eine Schwierigkeit besonderer Art geknüpft, den Vorwurf nämlich, Descartes' Gottesbeweise beruhten auf einem *circulus vitiosus.* Dieser Vorwurf liegt in der Tat nahe. Denn wenn erst durch die Erkenntnis des wahren Gottes der extreme Zweifel, der sich an die „Hypothese" des *genius malignus* knüpft, überwunden werden kann und wenn andererseits die Erkenntnis Gottes mit Hilfe von Prinzipien erfolgt, die selbst dem extremen Zweifel unterliegen – wie z.B. das Kausalprinzip –, dann scheint die Argumentation sich im Kreise zu bewegen.

Arnauld, der Verfasser der Vierten Objektionen, hat das ausgesprochen: „Nur ein Bedenken bleibt mir noch, ob er nicht einen Zirkelschluß gemacht hat, wenn er sagt, ‚es steht uns aus keinem andern Grunde fest, daß das, was wir klar und deutlich erfassen, wahr ist, als dadurch, daß Gott ist'. Aber es kann uns nicht feststehen, daß Gott ist, es sei denn, daß es von uns klar und evident erfaßt wird. Also bevor es feststeht, daß Gott ist, muß es uns feststehen, daß wahr ist, was immer von uns klar und evident erfaßt wird" (4. Obj.; AT VII, 214).

Daß der Einwand schwerwiegend ist, erkennt man aus der Art, in der Descartes auf ihn reagiert: Er dementiert, je so radikal gezweifelt zu haben, daß auch einfache evidente Beziehungen in Frage gestellt worden wären; nur die Erinnerungsurteile sollen in Zweifel gezogen worden sein. Offensichtlich hat aber Descartes die Beschränkung des Zweifels auf Erinnerungsurteile erst nachträglich vorgenommen, denn einmal werden in der ersten Meditation, in der der Zweifel entwickelt wird, nirgends die Prinzipien vom Zweifel ausgenommen; zum andern *muß* der Zweifel einschränkungslos sein, weil nur so die Rückwendung aufs Subjekt erzwungen werden kann, die wesentlich für den Vollzug der Selbstvergewisserung ist.[102]

Wenn der Versuch, sich durch nachträgliche Einschränkung des Zweifels dem fatalen Vorwurf der Zirkularität zu entziehen, nicht überzeugen kann, dann scheint es, als sei Descartes in seinen Gottesbeweisen das Opfer eines schweren Fehlers geworden. Kann ein solcher Fehler bei einem Denker vom Format eines Descartes angenommen werden? – Das Widerstreben, das man gegen eine solche Annahme hegt, stammt aus der Ehrfurcht, die wir gewohnt sind, den Leistungen von Männern vom Rang eines Descartes entgegenzubringen. Aber dies allein würde nicht genügen, um nach Entlastung Ausschau zu halten, wenn nicht auch sachliche Anhaltspunkte dafür vorhanden wären, den Vorwurf des Zirkels für einen Einwand zu halten, der sich möglicherweise nicht als wirklich entscheidend erweist. Um diesen Vorwurf zu prüfen, muß zunächst nach der Art von Gewißheit gefragt werden, die der Erkenntnis Gottes zukommt.

Der Vorwurf der Zirkularität könnte durch die Annahme entschärft werden, daß der Zweifel – auch der hyperbolische Zweifel – der ersten Meditation nur Urteile über Gegenstände, näherhin den Anspruch der objektiven Gültigkeit solcher Urteile, betrifft und daher nicht auf Sätze der Theorie zu beziehen ist, mit deren Hilfe der Anspruch objektiver Gültigkeit gewisser Arten von Urteilen über die objektive Wirklichkeit gerechtfertigt werden soll. Der Zweifel betrifft m.e.W. immer nur die Erfahrung und nicht die Theorie der Erfahrung. Betrachtet man das Prinzip des Primats des Unendlichen vor dem Endlichen als erfahrungstheoretische Annahme, dann hätte sie nicht als dem methodischen Zweifel unterworfen zu gelten und dürfte als Prämisse des Arguments, in dem der Übergang vom „Ego sum" zum „Deus est" erfolgt, verwendet werden, ohne daß der Vorwurf der Zirkularität erhoben werden könnte.

Zugunsten der Ansicht, daß metaphysische und gegenständliche (namentlich wissenschaftliche) Erkenntnis prinzipiell verschiedenen Ebenen angehören, lassen sich eine Reihe von Äußerungen Descartes' anführen. So heißt es in einem Brief an Mersenne vom 6. Mai 1630 von der Existenz Gottes, sie sei „die erste und ewigste aller Wahrheiten, die es geben kann, und die einzige, aus der alle anderen herkommen" (AT I, 150). Dennoch unterlägen die meisten Menschen in diesem Punkte dem Irrtum: „weil sie vollkommen die mathematischen Wahrheiten begreifen, nicht aber die der Existenz Gottes, ist es nicht verwunderlich, wenn sie nicht glauben, daß jene von dieser abhängen" (ebda.). Obwohl vielfach die Meinung herrscht, man könne mathematische (und wissenschaftliche) Sätze leichter begreifen als Sätze der Metaphysik, war Descartes überzeugt, „entdeckt zu haben, wie man die metaphysischen Wahrheiten auf eine Art beweisen kann, die viel evidenter ist als die Demonstrationen der Geometrie" (an Mersenne; Amsterdam, 15.4. 1630; AT I, 144). Jahre später sagte er in bezug auf die Gründe zugunsten der Behauptung der Existenz Gottes, er halte sie für viel klarer als alle Beweise der Geometrie (an Mersenne, Leiden, März 1637; AT I, 350).

In diesen Äußerungen scheint sich die Einsicht in die Verschiedenartigkeit metaphysischer Urteile einerseits, mathematischer und wissenschaftlicher und natürlich auch alltäglicher Urteile andererseits anzukündigen, ohne daß angenommen werden könnte, daß Descartes diese Einsicht in klarer Weise vollzogen hätte. Wenn es um das Verhältnis zwischen der Gotteserkenntnis und der Erkenntnis endlicher Dinge geht, neigte er dazu, den Unterschied darin zu sehen, daß der Gegenstand der Erkenntnis im einen Fall unendlich, im anderen endlich ist. So erklärte er in bezug auf Gott als Schöpfer nicht nur aller Dinge, sondern auch der „Wahrheiten": „Ich sage, daß ich es weiß, und nicht, daß ich es begreife, noch daß ich es erfasse; . . . denn erfassen heißt mit dem Geist umspannen; aber um eine Sache zu wissen, genügt es, sie mit dem Geiste zu berühren" (an Mersenne, 27.5. 1630; AT I, 152).[103] Die Unterscheidung unter dem Gesichtspunkt des Verhältnisses der Endlichkeit bzw. Unendlichkeit des jeweiligen Gegenstandes der Erkenntnis fällt aber nicht mit dem Unterschied zwischen metaphysischer Erkenntnis und Objekterkenntnis zusammen, da es die Metaphysik ja nicht nur mit dem Unendlichen, sondern auch mit dem endlichen Subjekt und seiner Beziehung zum Unendlichen zu tun hat. Auch die Unterscheidung nach dem Grade der Evidenz, die Descartes andeutet, kann nicht das Wesen des Verhältnisses von metaphysischer und nicht-metaphysischer Erkenntnis treffen, da z. B. die Evidenz einfachster arithmetischer Beziehungen durch die Evidenz metaphysischer Zusammenhänge nicht übertroffen werden zu können scheint. Daher liegt die Annahme nahe, daß der eigentliche und Descartes vermutlich nicht deutlich vor Augen stehende Grund, der ihn veranlaßte, der Metaphysik eine Sonderstellung einzuräumen, darin bestand, daß sie als Theorie der Erfahrung von prinzipiell anderer Art ist als die Erkenntnis beliebiger Objekte. Wäre er sich darüber vollkommen im klaren gewesen, dann hätte er auch den Vorwurf der Zirkularität dadurch hinfällig machen können, daß er den methodischen Zweifel ausschließlich auf die Ebene der Objekterkenntnis bezogen und die Sätze der Erfahrungstheorie von ihm ausgenommen hätte. Das heißt, er hätte auch Voraussetzungen der Erfahrungstheorie wie die ideistische Voraussetzung oder die Annahme des Primats des Unendlichen ausdrücklich vom Zweifel ausnehmen müssen. Das hat Descartes aber nicht getan.

2. *Die Natur der Gotteserkenntnis*

Descartes hat dem Begriff des Ich, mit dessen Hilfe die oberste Bedingung der Möglichkeit von Erfahrung formuliert wird, eine Entität zugeordnet, die er als Substanz charakterisierte, so daß er die *cogitationes* als deren Modifikationen auffassen konnte. Diese Annahme reicht aber nicht aus, um das Ziel zu erreichen, dem die Theorie der Erfahrung dienen soll, nämlich die Rechtfertigung des in bezug auf gewisse Urteile erhobenen Anspruchs objektiver Gültigkeit. Sofern die Urteile nur als abhängig vom Ich aufgefaßt werden, haben sie lediglich subjektiven Charakter; die Frage, ob und unter welchen Bedingungen sie objektiv gültig sind, läßt sich daher so lange nicht beantworten, als nur ihre Beziehung zum Subjekt berücksichtigt wird. Im Interesse des angedeuteten Erklärungsziels muß somit alles darauf ankommen, das Subjekt in seiner Beziehung zur außersubjektiven Wirklichkeit zu sehen. Die erste Beziehung des Subjekts auf etwas vom Subjekt Verschiedenes ist bei Descartes nun die Beziehung zwischen Ich und Gott.

Um den Schritt vom Ich zu Gott vollziehen zu können, konzentrierte sich Descartes auf die Endlichkeit des Ich und argumentierte, daß das Endliche weder sein noch gedacht werden könne, wenn nicht auch das Unendliche gedacht und als wirklich anerkannt werde. Da „Endlichkeit" bedeutet, beschränkt zu sein, und da feststeht, daß sowohl unserer Erkenntnis als auch unserem Wollen enge Grenzen gezogen sind, kann an unserer Endlichkeit nicht gezweifelt werden. Sofern „Zweifeln" bedeutet, manches nicht zu wissen, und „Wünschen", manches nicht zu haben, zeigt sich in der Tatsache, daß wir zweifeln und begehren, unsere Endlichkeit. Ein unendliches Wesen, das als solches alles wüßte und alles besäße, könnte weder zweifeln noch wünschen. Da aber das Unendliche nach Descartes der Erkenntnis und dem Sein nach „früher" ist als das Endliche[104] und da mit dem ersten Prinzip die Existenz eines endlichen Seienden zweifelsfrei festgestellt ist, folgt, daß auch das Unendliche wirklich ist.

Die Anerkennung eines unendlichen, absolut vollkommenen Wesens, d.i. Gottes, ist ebenso wie die Anerkennung des endlichen substantiellen Ich in Descartes' Augen notwendig, wenn der Anspruch objektiver Gültigkeit gerechtfertigt werden soll, der mit gewissen Urteilen, namentlich im Bereich der mathematischen Naturwissenschaft, verbunden wird. Descartes hat aber das „Deus est" nicht selbständig eingeführt, sondern geglaubt, es durch Analyse des bereits gesicherten „Ego sum res cogitans finita" gewinnen zu können. Der Grundsatz „Gott als absolut vollkommenes Wesen existiert" erscheint unter Descartes' Voraussetzungen als vom ersten Prinzip impliziert.[105]

In Descartes' Argumentation zugunsten der Existenz Gottes als der absoluten Realität lassen sich mehrere Schichten erkennen. Das Argument aus dem Vorhandensein der Gottesidee im Bewußtsein, die, als Idee eines vollkommenen Wesens, eine vollkommene Ursache erfordert, gehört offenbar der Oberfläche an. Einen Schritt hinter diese oberflächliche Argumentation zurück tut Descartes, wenn er argumentiert, daß ein Subjekt, das die Idee des Unendlichen zu bilden vermag, nicht unabhängig von einem unendlichen Wesen zu existieren vermöchte. Die Metapher von der Gottesidee als Zeichen, das der Schöpfer seinem Geschöpf aufgeprägt habe, gehört dieser Schicht des Gedankengangs an. Nochmals tiefer setzt der Gedanke an, daß in jedem Endlichen als Endlichem die Beziehung aufs Unendliche enthalten sei, so daß sich das Dasein endlicher Seiender nicht behaupten lasse, wenn nicht mindestens implicite seine Abhängigkeit vom Unendlichen mitgedacht würde, was unter den Voraussetzungen der dritten Meditation, wo die Realität mit Ausnahme des denkenden Subjekts infolge des methodischen Zweifels noch ausgeklammert ist, zunächst nur vom Ich geltend gemacht werden kann: Ich bin, und zwar als endliches Wesen, und weil das Endliche nicht unabhängig vom Unendlichen gedacht werden und sein kann, muß auch die Existenz des Unendlichen anerkannt werden. Neben das „Ego sum" tritt das „Deus est" als dessen Folge.[106]

Als tiefste Schicht des Gedankengangs muß die Überlegung gelten, daß es nicht möglich ist, der Tatsache der („sicheren") Erfahrung im Rahmen einer Theorie Rechnung zu tragen, wenn nicht außer dem Ich auch eine objektive Wirklichkeit anerkannt wird. Nur in provisorischer Weise kann, wie es in der zweiten Meditation geschieht, die Betrachtung auf das Subjekt und seine Bewußtseinsinhalte beschränkt werden. Tatsächlich läßt sich gar nicht „Ich denke" oder „Ich bin" sagen, wenn nicht eine vom endlichen denkenden Subjekt verschiedene Wirklichkeit anerkannt wird. Descartes hat diese außersubjektive Wirklichkeit zunächst in Gott gefunden; es ging ihm aber nicht nur um den Beweis der Existenz Gottes, sondern der außersubjektiven Wirklichkeit im allgemeinen, für die in der dritten Meditation zunächst Gott steht. Der eigentliche Sinn der Cartesianischen Gottesbeweise besteht darin zu zeigen, daß nicht nur die Wirklichkeit des denkenden Subjekts, sondern auch die Wirklichkeit als solche nicht aufgehoben werden kann, wenn Erfahrung (vor allem als wissenschaftliche Erfahrung) als möglich begriffen werden soll.

So wie im Cartesianischen Begriff des Ich heterogene Bestimmungen zusammengefaßt sind, sofern „Ich" einerseits das denkende Subjekt, andererseits die Geistseele bedeutet, so überlagern sich auch in Descartes' Gottesbegriff zwei verschiedenartige Auffassungen, nämlich die des unendlichen Seins bzw. des Seins schlechthin (l'être ou ce qui est) und die des christlichen Schöpfergottes. Sofern die Cartesianische *Erste Philosophie* Erfahrungstheorie ist, kommt nur die erste Auffassung in Betracht, obwohl Descartes immer wieder den Eindruck erweckt, die Existenz Gottes im zweiten Sinn beweisen zu wollen. Nur die Beziehung zwischen der Seele und dem persönlichen Gott kann gemeint sein, wenn Descartes die Seele als „Emanation der höchsten Intelligenz" bezeichnet (an Chanut; Egmond, 1. 1. 1647; AT IV, 608: une émanation de la souveraine intelligence). Dagegen ist (mindestens primär) die Auffassung Gottes als absoluter Wirklichkeit gemeint, wenn Descartes erklärt: „Achte ich nun darauf, daß ich zweifle, d. h. daß ich ein unvollkommenes und abhängiges Ding bin, dann bietet sich mir eine ganz klare und deutliche Idee eines unabhängigen und vollkommenen Wesens – d.i. Gottes – dar, und daraus allein, daß eine solche Idee in mir ist, oder daß ich, der ich eine solche Idee habe, existiere, komme ich zu dem einleuchtenden Schluß, daß Gott eben auch existiert und daß meine ganze Existenz in jedem Augenblick von ihm abhängt, so daß ich zuversichtlich glaube, es könne nichts einleuchtender, nichts gewisser vom menschlichen Geist erkannt werden" (Med. IV; AT VII, 53).[107]

Läßt sich das Bedenken der Zirkularität ausräumen, wenn man den Übergang vom „Ego sum" zum „Deus est" als Schritt im Aufbau der Metaphysik als Theorie der Erfahrung interpretiert? Die Antwort wird negativ ausfallen müssen, wenn man im Prinzip des Primats des Unendlichen vor dem Endlichen eine ontologische Voraussetzung sieht, die – auch wenn man sie als evident betrachten wollte – unabhängig vom Garantieprinzip der *veracitas Dei,* somit unabhängig von den Gottesbeweisen, nicht als objektiv gültig anerkannt werden kann. Descartes hat ohne Beweis vorausgesetzt, daß Begriffe endlicher Seiender durch einschränkende Determination der Idee des vollkommenen Seins entstehen, so wie er auch voraussetzte, daß „Sein ohne Bestimmung" dasselbe bedeutet wie „unendliches Sein". Beide Annahmen spielen eine Rolle, wenn Descartes erklärt: „Nun sage ich, daß die Idee des *Unendlichen* vor jener des *Endlichen* in mir ist, weil ich allein dadurch, daß ich das *Sein* oder *das, was ist,* erfasse, ohne daran zu denken, ob es endlich oder unendlich ist, das *unendliche* Sein erfasse; um aber ein endliches Seiendes erfassen zu können, muß ich von jener allgemeinen Idee des Seins etwas wegnehmen, die folglich vorgängig da sein muß" (an Clerselier, Egmond, 23.4. 1649; AT V, 356). Und ähnlich betonte Descartes gegenüber Gassendi: „Es ist auch nicht wahr, daß das Unendliche durch Negation des Endes oder der Begrenzung begriffen wird, da ganz im Gegenteil jede Begrenzung die Negation des Unendlichen enthält" (5. Resp. AT VII, 365).[108]

3. Die göttliche Wahrhaftigkeit

Im Hinblick auf die Funktion des Gottesbegriffs im Rahmen der Erfahrungstheorie ist zweierlei zu berücksichtigen: Einmal liegt auf der Hand, daß durch den Begriff des wahren Gottes die „Hypothese" des *genius malignus* außer Kraft gesetzt wird; zum anderen aber soll der Gottesbegriff in positiver Weise dazu dienen, die objektive Gültigkeit der Erkenntnis zu begründen. Beides hängt an einem entscheidenden Punkte zusammen, der zuerst ins Auge zu fassen ist.

Descartes nahm an, daß jede Idee – und zwar nicht die Idee als psychischer Akt, sondern ihr *Inhalt* (das „objektive" Sein des Gegenstandes, d.i. der „intentionale Gegenstand") – stets *„etwas"* ist: „Hierbei verdient meiner Meinung nach die höchste Beachtung, daß ich bei mir unzählige Ideen finde von gewissen Dingen, von denen man, wenngleich sie vielleicht nirgendwo außer mir existieren, dennoch nicht sagen kann, sie seien nichts" (Med. V; AT VII, 64). Die Inhalte distinkter Vorstellungen sind nicht willkürlich erfunden, sondern sie haben ihre „wahrhaften und unveränderlichen Naturen" (ebda). Das Entscheidende ist nun, daß die Naturen oder Wesenheiten oder Formen etwas Reales und *von Gott Stammendes* sind, wie schon im vierten Teil des *Discours* angedeutet ist. Da einerseits die Ideen „Abbilder" der wahrhaften und unveränderlichen Naturen sind, andererseits die Wesenheiten Formen der Wirklichkeit darstellen, wird durch diesen (letztlich auf Plato zurückgehenden) Gedanken die objektive Gültigkeit des Erkennens (im Cartesianischen Sinne) gewährleistet; mit den Worten des Philosophen: „Das, wovon wir klar und distinkt einsehen, daß es zu der wahren und unveränderlichen Natur oder Wesenheit oder Form einer Sache gehört, das können wir von dieser Sache mit Wahrheit behaupten" (1. Resp.; AT VII, 115).

Diese Theorie ist schon angelegt in den „Regeln zur Leitung des Geistes", wo im Anschluß an Bacon der Begriff der *einfachen Naturen* eingeführt wird. Descartes nahm zunächst an, daß es eine große Mannigfaltigkeit solcher „Naturen" gebe, da er nicht nur mathematischen Begriffen, sondern auch Begriffen der Physik und der Philosophie solche „Naturen" zuordnete. Später kam er zu der Überzeugung, daß es nur wenige solcher Naturen gebe. Schließlich gelangte er zu der Auffassung, daß nur zwei einfache Naturen anzunehmen seien: die Natur der Materie (*natura corporea)* und die Natur des Bewußtseins (*natura intellectualis*). Alle anderen „wahrhaften und unveränderlichen Naturen" sind nach Descartes' entwickelter Konzeption nur Besonderungen jener beiden ursprünglichen Naturen. Dies ist jener Standpunkt, den Spinoza übernahm, indem er von zwei uns zugänglichen Attributen der absoluten Substanz, der Ausdehnung und dem Bewußtsein, ausging.

Descartes' Lehre von den „Naturen" ist durch die Annahme der Geschöpflichkeit dieser „Naturen"[109] charakterisiert. Seiner Ansicht nach hat Gott wie ein absoluter Monarch eine bestimmte Ordnung der „Naturen", und damit eine bestimmte Wahrheitsordnung, dekretiert, so daß unser klares und distinktes Denken derselben Ordnung unterworfen ist wie das Wesen der Wirklichkeit. Ferner glaubte er, aus der Tatsache, daß Gottes Macht unendlich ist, folgern zu müssen, daß Gott ebensogut auch eine andere Ordnung der Naturen bzw. Wahrheiten hätte schaffen können. Die sogenannten „ewigen" Wahrheiten hängen, so versicherte er schon 1630, wie alle anderen Geschöpfe, vollkommen von Gott ab. Ohne diese Annahme könnte die Unendlichkeit der göttlichen Allmacht nicht behauptet werden, die wiederum Voraussetzung dafür ist, daß Gott dem Erkennen eine absolute Garantie zuteil werden läßt. Deshalb betonte Descartes: „Es hieße in der Tat von Gott wie von einem Jupiter oder Saturn sprechen und ihn dem Styx oder dem Schicksal unterwerfen, wollte man sagen, daß diese Wahrheiten von ihm unabhängig seien." Gott hat der Natur die den ewigen Wahrheiten entsprechenden Gesetze vorgeschrieben und sie gleichzeitig unserem Denken eingeprägt, „so wie ein König in seinem Reich Gesetze erläßt" (an Mersenne, Amsterdam, 15.4. 1630; AT I, 145).

Hinweise auf diese „absolutistische" Auffassung der Stellung Gottes gegenüber der Schöpfung finden sich auch später bei Descartes. So erklärt er in den Erwiderungen auf die sechsten Einwände gegen die *Meditationen:* „Man darf ... nicht glauben, daß die ewigen Wahrheiten vom menschlichen Verstand oder von anderen existierenden Dingen abhängen, sondern allein von Gott, der sie von Ewigkeit als höchster Gesetzgeber angeordnet hat" (6. Resp.; AT VII, 436). Noch gegen Ende seines Lebens vertrat er diesselbe Auffassung: „Mir aber scheint, daß man von keiner Sache je sagen dürfe, sie könne von Gott nicht bewirkt werden. Da nämlich jeder Grund der Wahrheit oder des Guten von seiner Allmacht abhängt, würde ich nicht einmal zu sagen wagen, Gott könne nicht bewirken, daß es einen Berg ohne Tal gebe, oder daß eins und zwei nicht drei seien, sondern ich sage nur, daß er mir einen solchen Geist verliehen habe, daß von mir ein Berg ohne Tal nicht begriffen werden kann, oder eine Verbindung von eins und zwei, die nicht drei ergäbe usw., und daß derartiges einen Widerspruch in meinem Denken einschließt" (an Arnauld, Paris, 29.7. 1648; AT V, 223 f.).

Es fällt auf, daß diese Auffassung in ihrer radikalen Form nie in den systematischen Schriften des Philosophen, sondern immer in Briefen oder in der Auseinandersetzung mit Einwänden zur Sprache kommt. Warum das so ist, läßt sich nur vermuten. Es ist kaum anzunehmen, daß Descartes seine Auffassung in den Hintergrund treten ließ, weil er befürchtete, weltanschaulichen Verdächtigungen ausgesetzt zu sein, war doch die voluntaristische Position von verschiedenen großen Theologen des Mittelalters vertreten worden. Wahrscheinlicher ist, daß er seine Ansicht aus taktischen Gründen in jenen Werken, die für seine Philosophie grundlegend waren, nicht ausdrücklich vertrat, obwohl er 1630 an Mersenne geschrieben hatte: „Ich bitte Sie, fürchten Sie nicht, überall zu versichern und öffentlich bekannt zu machen, daß es Gott ist, der diese Gesetze in der Natur erlassen hat . . ." (an Mersenne, Amsterdam, 15.4. 1630; AT I, 145). Im selben Zusammenhang bekräftigte er: „Ich hoffe, das noch vor Ablauf von zwei Wochen in meiner Physik niederzuschreiben; aber ich bitte Sie deshalb nicht, es geheimzuhalten; ich fordere Sie im Gegenteil auf, es so oft zu sagen, als sich die Gelegenheit dazu bietet, vorausgesetzt, daß Sie meinen Namen nicht nennen."

In Descartes' voluntaristischem Kreationismus der Wahrheit stoßen zwei Motive zusammen, die sich nur schwer auf einen Nenner bringen lassen: Einerseits scheint die rationalistische Erkenntniskonzeption die absolute Wahrheitsgarantie durch die *veracitas Dei* zu erfordern. Andererseits scheint aus der Voraussetzung der Allmacht Gottes die absolute Freiheit des Schöpfungsaktes auch in bezug auf die Wahrheit gefolgert werden zu müssen. Muß dann aber nicht auch angenommen werden, daß Gott irgendeinmal eine andere als die bisher bestehende Ordnung der Wahrheiten und Wesenheiten erschaffen könnte? Descartes hat diese Konsequenz vermieden, indem er eine Abänderung der göttlichen Entschlüsse mit der Begründung für unmöglich erklärte, daß die Variabilität von Entschlüssen mit der Vollkommenheit Gottes unverträglich sei. Selbst wenn Gott die Ordnung der „Naturen" ändern könnte, müßte auf Grund der *veracitas Dei* eine parallele Änderung der Denkgesetze erfolgen, so daß die evidenten Urteile nach wie vor mit den Wesenheiten *(essences)* übereinstimmen würden. Die kreationistische These hat somit zwar keine Folgen für den Inhalt der Erkenntnis, jedoch weitreichende Konsequenzen für die Deutung der Form der Erkenntnis als Übereinstimmung zwischen evidenten Urteilen und Struktur der Wirklichkeit.[110]

Dies läßt sich besonders gut im Zusammenhang mit der Hypothese des *genius malignus* erkennen. Die Annahme des Betrügergottes besteht ja in der Unterstellung, wir könnten etwas mit subjektiver Gewißheit, d. h. mit der faktischen Nötigung, so und nicht anders zu urteilen, erfassen, ohne daß gleichzeitig die Wirklichkeit selbst mit unserem Denken übereinstimmte. Die Möglichkeit der Diskrepanz von Gewißheit und Wahrheit läßt sich so lange nicht ausschließen, als damit gerechnet werden muß, daß Gott eine von der objektiven Ordnung der Wahrheiten verschiedene Ordnung des subjektiven Fürwahrhaltens geschaffen haben könnte. Hinter dem Gedanken eines möglichen Auseinanderfallens von Gewißheit und Wahrheit steht aber bei Descartes der allgemeinere Gedanke, daß nicht nur die Natur des urteilenden Subjekts, sondern auch die „Naturen", die im wahren Urteil erfaßt werden, von Gott geschaffen sind. Die kreationistische Annahme gilt also bereits *vor* der Radikalisierung des Zweifels durch den in der Metapher vom *genius malignus* ausgedrückten Gedanken. Da sie von diesem unabhängig ist, wird sie auch durch die Überwindung des metaphysischen Zweifels nicht hinfällig.

Die Überwindung des metaphysischen Zweifels bedeutet aber nicht einfach die Wiederherstellung des früheren Zustandes, so als würde die vor dem Zweifel naiv angenommene objektive Gültigkeit von Urteilen, die den Charakter der Gewißheit haben, wieder zurückgewonnen. Sobald die Subjektivität der Gewißheit durch den metaphysischen Zweifel deutlich geworden ist, genügt die Widerlegung der Zweifelsgründe nicht, um die objektive Gültigkeit zu sichern. Hierzu ist vielmehr eine selbständige erkenntnismetaphysische Begründung erforderlich, bei der davon auszugehen ist, daß – wie durch den radikalen Zweifel geklärt – die Gewißheit als subjektive Evidenz nicht die Wahrheit im Sinne objektiver Gültigkeit gewährleistet. Da diese Einsicht, wenn auch in impliziter Weise, die Voraussetzung der Hypothese des *genius malignus* war, läßt sich sagen, daß gewisse Gedanken der Cartesianischen Metaphysik nicht erst auf Grund des Zweifels und des *Cogito* gewonnen werden, sondern der Grundlegung der Philosophie als deren Bedingung vorausgehen. Namentlich die kreationistische Theorie ist ein Teil des metaphysischen Substrats, das der Cartesianischen Philosophie zugrunde liegt. Sie ist aber nicht nur Voraussetzung des metaphysischen Zweifels und alles dessen, was aus diesem folgt, sondern zugleich auch Mittel seiner Überwindung, sofern sie nämlich mit der Annahme einer gottgeschaffenen Übereinstimmung von evidentem Denken und Wirklichkeitsordnung verbunden ist. Sie spielt somit eine wesentliche Rolle in der Rechtfertigung des erkenntnistheoretischen, und indirekt daher auch des praktischen Rationalismus.

Bei Descartes' Versuch, mit metaphysischen Mitteln den Anspruch objektiver Gültigkeit im Sinne absoluter Wahrheit zu rechtfertigen, handelt es sich um die Legitimierung einer vorausgesetzten Erkenntniskonzeption mit spekulativen Mitteln. Die Annahme von „Naturen" bzw. ewigen Wahrheiten ist ebenso wie die Annahme der göttlichen Wahrhaftigkeit eine metaphysische Hypothese zum Behuf der Rechtfertigung des rationalistischen Erkenntnisanspruchs. Descartes' metaphysische Konstruktion erfolgt aber nicht – wie nicht nachdrücklich genug betont werden kann – auf einer gleichsam durch den radikalen Zweifel metaphysisch keimfrei gemachten Grundlage, sondern ist in wichtigen Zügen Explikation metaphysischer Voraussetzungen, die vor dem Zweifel vorhanden sind und daher vom Zweifel nicht betroffen werden. Zu diesen Voraussetzungen gehört die folgenschwere Annahme, daß das Endliche (bzw. der Begriff von etwas Endlichem) Limitation des Unendlichen (bzw. der Idee des Unendlichen) sei. Um Seiendes denken zu können, bedarf man der Idee des Seins (l'être ou ce qui est), durch deren determinierende Einschränkung man zu Begriffen von Seiendem gelangt. Die Priorität des Seins gegenüber jedem bestimmten Seienden – auch der *res cogitans* – kommt deutlich dadurch zum Ausdruck, daß Descartes den Titel eines ersten Prinzips, anfänglich dem *Cogito* vorbehalten, später auf das *Deus est* bezieht und damit der Einsicht Rechnung trägt, daß das *Cogito* der Ergänzung durch das *Deus est* bedarf. Dementsprechend kann es keine rein subjektivistische Theorie der Erkenntnis geben, da von „Erkenntnis" nur die Rede sein kann, wenn die Beziehung des Subjekts auf die Wirklichkeit überhaupt berücksichtigt wird. Auch in diesem Sinne hat die „Hypothese" des *genius malignus* metaphysischen Charakter: Sie bringt den Gedanken der Unvollständigkeit der subjektivistischen Deutung des Erkennens, bei der die Dimension der Wirklichkeit überhaupt unberücksichtigt bleibt, zum Ausdruck. Nach Descartes kann von der Tatsache der Erkenntnis nicht Rechenschaft gegeben werden, wenn nicht von der Anerkennung der Wirklichkeit überhaupt ausgegangen wird.

Die zunächst unterschiedenen Aspekte des Wahrheitsbegriffs, nämlich Gewißheit als subjektive Evidenz und Wahrheit als objektive Gültigkeit, sollen sich unter Descartes' Voraussetzungen als zusammengehörig erweisen. Der volle Wahrheitsbegriff, auf den das System von vornherein angelegt war, ist m.a.W. durch die Vereinigung von Gewißheit und Wahrheit bestimmt, wobei ihre Komplementarität in der Einheit des Seins begründet sein soll, die erkennendes Subjekt und erkannten Gegenstand umschließt. Die göttliche Wahrhaftigkeit ist lediglich die Metapher, mit deren Hilfe Descartes diesen Zusammenhang ausdrückte.

Unter dieser Voraussetzung wird es verständlich, daß Descartes sagen konnte, die Wahrheit sei nicht verschieden von der wahren Sache, d.h. der Substanz, die Vollkommenheit nicht von der vollkommenen Sache.[111] Die Auffassung der Wahrheit als ontologischer Wahrheit (im Unterschied von Wahrheit im gnoseologischen Sinn) kommt klar zum Ausdruck, wenn Descartes feststellt: „Die Wahrheit besteht im Sein, und die Falschheit lediglich im Nicht-Sein, derart, daß die Idee des Unendlichen, da sie alles Sein enthält, auch alles enthält, was es an Wahrem in den Dingen gibt, und nichts Falsches in sich haben kann."[112]

Wenn die Wahrheit Sein ist, die Unwahrheit aber Nicht-Sein, kann Gott nicht als Ursache der Unwahrheit gelten, da ausgeschlossen ist, daß er Nichts erzeugt. Die Wahrheit erweist sich, entgegen der verbreiteten Behauptung des angeblichen Subjektivismus des Cartesianischen Ansatzes, ebensosehr als Wahrheit des Seins wie als Wahrheit des Denkens. Nicht nur im Gottesbeweis der V. Meditation (dem sogenannten ontologischen Gottesbeweis), sondern auch im *Cogito* koinzidieren die Wahrheit im subjektiven und die Wahrheit im objektiven Sinn. Der subjektivistische Ansatz der II. Meditation erweist sich somit als Folge einer provisorischen Vereinseitigung, deren Aufhebung durch dieselbe Methode erzwungen wird, die sie herbeigeführt hat.

Innerhalb des Cartesianischen Systems hat also die Gottesidee als Idee des Seins oder dessen, was ist, primär erkenntnistheoretische, nicht religiöse Funktion. Gleichzeitig hat aber Descartes, offenbar unter dem Einfluß der christlichen Tradition, die Gottesidee auch als Idee eines individuellen Wesens bestimmt. Beide Auffassungen überlagern sich so, daß sie nicht vollständig getrennt werden können. Dies muß historisch anerkannt werden, auch wenn man es systematisch für verfehlt hält, daß Descartes, so wie er das *Cogito* verdinglicht hatte, nun auch Gott als ein (allerdings im Gegensatz zu allen anderen Dingen unendliches) Seiendes auffaßt. So wie der Gott der Religion wird auch der Gott der Philosophie als Person, als individuelles Seiendes gedacht und somit das, was als Horizont aller einzelnen Seienden zu denken ist, selbst als Seiendes gedeutet. Infolgedessen muß, da es sich nicht um ein beobachtbares Seiendes handelt, seine Existenz bewiesen werden. Damit aber wird der Zirkel der Gottesbeweise unausweichlich.[113]

Descartes erweckt allerdings oft den Eindruck, daß sich die Existenz Gottes ähnlich beweisen lasse wie z. B. die Existenz von Materiewirbeln in der Kosmologie. Darüber hinaus hat er die Gottesbeweise, namentlich das ontologische Argument, sogar in syllogistischer Form vorgetragen. Auf diese Weise wird die Eigenart der Gottesbeweise, die sie als erfahrungstheoretische Raisonnements haben, eher verdunkelt.[114] Trotzdem scheint sich Descartes dieser Eigenart bis zu einem gewissen Grade bewußt gewesen zu sein. Dies wird z. B. deutlich, wenn er in dem schon mehrfach erwähnten Brief von seiner Überzeugung, die unvergleichliche Gewißheit des Daseins Gottes betreffend, erklärt: „Ich sage das gemäß meinem Urteil, denn ich weiß nicht, ob ich die anderen dazu bereden kann“ (an Mersenne, Amsterdam, 15. 4. 1630; AT I, 144). Hätte er sich im Sinne seines analytischen Ansatzes damit begnügt, die Gottesidee als Bedingung der Möglichkeit des *Cogito* aufzuweisen, so wäre er manchen Schwierigkeiten entgangen, auf die ihn schon zeitgenössische Kritiker aufmerksam machten und die er vergeblich zu dementieren suchte. Unter dem Eindruck der Konzeption der Philosophie als eines Systems a priori demonstrabler Sätze schlug er aber den Weg eines Raisonnements ein, auf dem er sein Ziel nicht wirklich erreichen konnte.

4. Das Problem des Irrtums

Im Rahmen von Descartes' metaphysischer Konstruktion findet das Bedürfnis nach definitiver Sicherung der objektiven Gültigkeit evidenter Urteile eine so weitreichende Erfüllung, daß der Irrtum auf den ersten Blick unbegreiflich zu werden scheint. Der Rekurs auf die göttliche Garantie der klaren und distinkten Einsichten führt zu einer Überbeanspruchung des Wahrheitskriteriums, so daß im Bereich distinkter Urteile von „Irrtum“ nicht mehr gesprochen werden kann. Um der Tatsache des Irrtums Rechnung tragen zu können, sah sich Descartes auf eine Hilfskonstruktion angewiesen, in deren Rahmen die Verfehlung der Urteilswahrheit auf außerrationale Faktoren zurückgeführt und auf nicht-evidente Urteile beschränkt wird.

Er nahm an, daß Urteilen ein voluntativer Vorgang sei, so daß er sich für berechtigt hielt, die Urteile mit den emotionalen Bewußtseinsphänomenen zu einer einzigen Klasse psychischer Phänomene zusammenzufassen. Während Descartes zunächst (in den *Meditationen*) drei Arten von *Cogitationes* unterschied, begnügte er sich in den *Prinzipien der Philosophie* mit der angedeuteten Zweiteilung, zu deren Gunsten zu sprechen scheint, daß Urteilen (iudicia) und Willensakten (voluntates) – wenn auch nicht den von Descartes mit den letzteren zusammengefaßten Affekten – gemeinsam ist, daß sie das Vorhandensein einer Vorstellung voraussetzen, auf die sich das Urteil oder der Willensakt richten.[115] Ferner sind beide Arten von Bewußtseinsphänomenen durch eine Art Polarität charakterisiert, sofern es sowohl beim Urteilen als auch beim Wollen ein Zustimmen oder Ablehnen gibt. Das Urteil kann bejahend oder verneinend, das Wollen kann Erstreben oder Widerstreben sein. Dennoch ist die Zusammenfassung von Urteilen und Willensakten zu einer gemeinsamen Klasse von Bewußtseinsphänomenen sehr problematisch, da nur Urteile, nicht aber Willensakte wahr oder falsch sein können.

So fragwürdig die Deutung des Urteils als eine Art Willensakt auch sein mag, so unentbehrlich ist sie für Descartes' Irrtumstheorie. Nur wenn das Urteilen als eine Art von Wollen aufgefaßt wird, kann es als frei bestimmt und der Urteilende für seinen Urteilsakt verantwortlich gemacht werden. Wäre die Zustimmung im Urteilsakt von der Einsichtigkeit der beurteilten Inhalte allein abhängig, dann wäre es dem Urteilenden nicht anheimgestellt, ob er bejahen oder verneinen will. Erkenntnis und Irrtum wären von seiten des objektiven Sachverhalts determiniert. Auf Grund der Annahme der göttlichen Wahrhaftigkeit ließen sich Irrtümer nicht mehr als möglich begreifen. Kurz: Die Tatsache des Irrtums scheint nur erklärt werden zu können, wenn der Urteilsakt als eine freie Stellungnahme des Subjekts aufgefaßt wird. Freiheit aber gibt es nur im Wollen. Soll also der Irrtum angesichts der Annahme der göttlichen Wahrhaftigkeit begreiflich sein, dann muß das Urteil als prinzipiell freier Willensakt gedeutet werden.[116]

Nach Descartes sind aber Urteile nicht durchweg willkürlich. Richtet sich das Urteil auf distinkte Begriffe, dann muß geurteilt werden, und zwar in einer durch die Einsicht in die begrifflichen Beziehungen bestimmten Weise, wobei die göttliche Wahrheitsgarantie voll zur Geltung kommt. Wenn dem Urteil jedoch Ideen zugrunde liegen, die nicht distinkt sind, dann soll es nach Descartes dem Urteilenden möglich sein, den Urteilsakt zurückzuhalten. Letzten Endes besteht für ihn sogar eine Verpflichtung, dies zu tun, da die göttliche Wahrheitsgarantie nur für distinkte Vorstellungen gilt, Urteile auf Grund verworrener Vorstellungen somit dem Risiko des Irrtums ausgesetzt sind, das der Mensch zu vermeiden verpflichtet ist. Die Freiheit, die bereits im methodischen Zweifel zur Geltung kam, wird als Bedingung des Irrtums bestimmt, der somit ebenso wie die Sünde als Mißbrauch der Freiheit erscheint. So wie der rationalistische Anspruch einer vernünftigen Praxis zur Gleichsetzung von Vernünftigkeit und Tugend führt, so führt er konsequenterweise auch zur Annäherung von Irrtum und Sünde, die beide in einem Mißbrauch der an sich positiv zu wertenden Freiheit bestehen.

Descartes bemühte sich in seiner Irrtumstheorie nicht nur darum, eine spezielle Schwierigkeit der Erkenntnislehre zu beseitigen, sondern er sah sich gleichzeitig mit einem theologischen Problem konfrontiert. Angesichts des Kreationismus der Wahrheit und der Lehre von der göttlichen Wahrhaftigkeit schien es ihm nötig zu sein, Gott von dem Vorwurf zu entlasten, den Menschen als irrtumsfähiges Wesen geschaffen zu haben. Er versuchte das dadurch zu leisten, daß er die bei jedem Urteil zu berücksichtigenden Faktoren, nämlich Vorstellung und Zustimmung bzw. Ablehnung, auf positive Fähigkeiten des Geistes bezog und den Irrtum auf unsere Fahrlässigkeit bei der Abstimmung dieser Fähigkeiten aufeinander zurückführte. Er ließ sich damit auf jene Scholastikerprobleme ein, die unter dem Namen „Theodizee" behandelt zu werden pflegten.

Diese Probleme brauchen als quasi theologische hier nicht diskutiert zu werden, da sie als solche wenig fruchtbar sind; da sie aber zugleich Konsequenzen der Cartesianischen Erkenntnismetaphysik sind, sind sie geeignet, gewisse ihrer Voraussetzungen sichtbar zu machen. So findet die Beziehung der Wahrheit auf das Sein ihre Ergänzung in der Auffassung des Irrtums als einer Privation, deren Grund die Teilhabe des Menschen sowohl am Sein als auch am Nicht-Sein ist. Sofern etwas dem Sein zugehört, kann es nicht anders als wahr sein; die Unwahrheit muß daher, ebenso wie das Übel, auf das Nicht-Sein zurückgeführt werden.

Descartes' Auffassung kommt in folgendem Passus klar zum Ausdruck: „Wende ich mich . . . zu mir selbst zurück, so mache ich die Erfahrung, daß ich trotzdem unzähligen Irrtümern ausgesetzt bin, und forsche ich nach der Ursache, so bemerke ich, daß sich mir nicht nur die reale und positive Idee Gottes, d.i. des vollkommensten Wesens, darbietet, sondern auch, wenn ich so sagen darf, eine gewisse negative Idee des Nichts oder dessen, was von aller Vollkommenheit am weitesten entfernt ist, und daß ich gleichsam als ein Mittleres zwischen Gott und das Nichts, d.i. zwischen das höchste Sein und das Nicht-Sein so gestellt bin, daß, sofern ich von dem höchsten Wesen geschaffen worden bin, allerdings nichts in mir ist, wodurch ich getäuscht oder zum Irrtum verleitet werden könnte, sofern ich aber auch in gewisser Weise am Nichts, d. i. am Nicht-Sein teilhabe, d. h. sofern ich nicht selbst das höchste Wesen bin, und mir außerordentlich viel mangelt, es nicht so sehr zu verwundern ist, daß ich mich täusche. Und so erkenne ich mit Gewißheit, daß der Irrtum als solcher nicht irgendetwas Reales, von Gott Abhängendes, sondern nur ein Mangel ist . . ." (Med. IV; AT VII, 54). In solchen Gedankengängen läßt sich ein spätes Echo der Platonischen Überlegungen über das Verhältnis von wahrem Wissen als Ergreifen des Seins und bloßer Meinung als Fürwahrhalten ohne Beziehung auf das Sein erkennen. Auch nach Plato ist die Doxa kein absolutes Nichtwissen, da das Nichts nicht gedacht und nicht ausgesagt werden kann, sondern ein Mittleres zwischen dem Wissen im vollen Wortsinn und dem Nichtwissen, so wie der Mensch als endliches Seiendes zwischen dem wahrhaft Seienden und dem Nichts steht.

Der Grundgedanke der ontologischen Irrtumstheorie, die das Gegenstück zur ontologischen Wahrheitstheorie ist, besteht in der Zurückführung des Irrtums auf die Endlichkeit des erkennenden Subjekts. Das beschränkte Ich kann die Wirklichkeit nicht anders als in beschränkter Weise erfassen, und da die Freiheit der Urteilszustimmung auch Behauptungen auf Grund von Vorstellungen zuläßt, die unvollständig und einseitig sind, ist der Irrtum nur dadurch zu vermeiden, daß man sich auf den Bereich der rational einsichtigen Zusammenhänge zurückzieht. Nur in diesem Bereich kann es Erkenntnis im Sinne der rationalistischen Auffassung geben. Indem Descartes die Einhaltung der mit dieser Konzeption gegebenen Erkenntnisgrenzen für moralisch geboten erklärt, sucht er indirekt den erkenntnistheoretischen Rationalismus als verpflichtend erscheinen zu lassen.

V. Grundgedanken der Naturphilosophie bzw. der Physik

1. Der Begriff der Materie

Sofern die Metaphysik, wie Descartes überzeugt war, die Aufgabe hat, die objektive Gültigkeit evidenter Urteile zu erweisen, kommt ihr nur die Funktion eines Mittels zu. Obwohl Descartes von der Metaphysik auch den Beweis der Annahme eines persönlichen Gottes und der Geistigkeit bzw. Unsterblichkeit der Seele erwartete, ist dies doch gegenüber der im Rahmen seines Systems zentralen Aufgabe, die Möglichkeit definitiver, objektiv gültiger wissenschaftlicher Erkenntnis zu begründen, sekundär. Selbst- und Gotteserkenntnis werden in der Cartesianischen Metaphysik dem Ziel der Begründung des wissenschaftlichen Erkenntnisanspruchs untergeordnet. Dies kommt deutlich zum Ausdruck, wenn Descartes erklärt: „Nun meine ich, daß alle, denen Gott den Gebrauch der Vernunft verliehen hat, verpflichtet sind, sie in erster Linie auf die Aufgabe zu verwenden, ihn zu erkennen, sowie sich selbst zu erkennen. Damit habe ich mich bemüht, meine Forschungen zu beginnen; und ich sage Ihnen, daß ich die Grundlagen der Physik nicht zu finden vermocht hätte, wenn ich sie nicht auf diesem Wege gesucht hätte" (an Mersenne, Amsterdam, 15.4. 1630; AT I, 144).

Die Physik ist die Wissenschaft von materiellen Dingen, sofern sie distinkt – und das heißt für Descartes: ausschließlich quantitativ – bestimmt werden können. Daher muß der Gegenstand der Physik unter Absehung von allen anderen möglichen Bestimmungen durch das definiert werden, was an ihm klar und distinkt erkannt werden kann, d.h. er ist ausschließlich als ausgedehntes Ding oder als etwas zu bestimmen, dessen ganzes Wesen in der Ausdehnung besteht. Die Grundlegung der Physik wird demgemäß, sofern sie Aufgabe der Metaphysik ist, zu bestehen haben: *erstens* in der Erklärung der Natur des Wissens von quantitativen Beziehungen, *zweitens* im Nachweis der Existenz materieller Dinge und *drittens* im Nachweis, daß die evidenten Urteile über quantitative Beziehungen objektiv gültig sind.

Descartes, der sich immer bemühte, nicht nur klar und deutlich, sondern auch gemeinverständlich zu schreiben, hat seine Auffassung des Wesens des physikalischen Körpers durch das oben schon kurz erwähnte Beispiel vom Wachsstückchen veranschaulicht. Betrachtet man ein Stück Wachs, so stellt es sich als ein Komplex verschiedener Eigenschaften dar: Es hat eine bestimmte Form, eine bestimmte Farbe, es duftet, ist kühl, hart usw. Alle diese Eigenschaften können sich ändern, etwa wenn das Wachs schmilzt, und dennoch sind wir überzeugt, noch dasselbe Stück Wachs vor uns zu haben. Infolgedessen kann das im Wechsel der Zustände identische Stück Wachs nicht als Komplex der veränderlichen Eigenschaften aufgefaßt werden. Sein Wesen muß vielmehr in etwas bestehen, das von den sinnlich wahrgenommenen Bestimmungen verschieden ist, etwas, das in der Zeit permanent ist, während alle empirischen Bestimmungen wechseln können. Dieses unveränderliche Wesen ist nach Descartes die *Ausdehnung*, und zwar nicht eine bestimmte Ausdehnung, eine bestimmte Gestalt oder eine bestimmte Größe – denn selbst das Volumen ändert sich mit der Temperatur –, sondern die Ausdehnung als solche, die von den wahrgenommenen Eigenschaften grundsätzlich verschieden ist. Demgemäß ist auch die Idee der Ausdehnung von den Vorstellungen, die sich auf bestimmte Ausdehnungsgestalten richten, prinzipiell zu unterscheiden. Die Ausdehnung als solche wird weder wahrgenommen noch anschaulich vorgestellt, sondern von der reinen Vernunft distinkt gedacht. Die Erkenntnis der reinen Ausdehnung als Wesen materieller Dinge ist daher Einsicht des Verstandes allein, *solius mentis inspectio* (Med. II, AT VII, 31).[117] Aus dem Begriff der Materie als Ausdehnung sind somit alle anschaulichen Elemente und damit auch alle bloß vermuteten anschaulichen Eigenschaften eliminiert, der Materiebegriff der Physik und der des Alltags decken sich nicht mehr.[118] Die Reduktion des Begriffs der Materie auf die Idee der Ausdehnung entspricht dem rationalistischen Postulat, das die Ausschaltung alles dessen fordert, was nicht klar und deutlich erkannt werden kann, d.h. nicht absolut unbezweifelbar ist. Da aber das Kriterium der Klarheit und Deutlichkeit in erster Linie (und für den frühen Descartes *nur*) von den Begriffen der Mathematik erfüllt wird, erfordert die Methode den Ausschluß aller nicht mathematisch ausdrückbaren Beziehungen aus dem Bereich der Physik. Die Reduktion des Körperbegriffs auf die reine Ausdehnung ist Voraussetzung der Mathematisierung der Physik; die Physik wird unter Descartes Bedingungen angewandte Geometrie.

Das Wachsbeispiel hat eine doppelte Pointe: Einerseits soll mit seiner Hilfe gezeigt werden, daß das Wesen der materiellen Dinge in der Ausdehnung besteht und daß Ausdehnungsverhältnisse grundsätzlich klar und distinkt erkannt werden können. Der Erkenntnis der Wesensverhältnisse der Materie kommt somit eine Art von Einsichtigkeit zu, die die Anschauung prinzipiell nicht erreichen kann. Andererseits läuft der im Wachsbeispiel verfolgte Gedankengang gemäß der Absicht der zweiten Meditation auf die Begründung des Primats der Selbsterkenntnis vor der Gegenstandserkenntnis hinaus. Im vorliegenden Zusammenhang kommt nur Descartes' Erörterung des Wesens der Materie in Betracht.

Im Zusammenhang mit dem Wachsbeispiel geht es noch nicht darum, ob ausgedehnte Dinge existieren, da zunächst die klare und deutliche Erkenntnis des Wesens körperlicher Dinge analysiert werden muß. Erst in einer späteren Phase des Systemaufbaus wird zu beweisen sein, *daß* materielle Dinge existieren. Sobald das geleistet ist, wird schließlich mit Hilfe der metaphysisch zu sichernden Voraussetzung der objektiven Gültigkeit rationaler Einsichten gefolgert werden können, daß die Geometrie auf die materielle Wirklichkeit angewendet werden kann, sofern die Struktur der Materie in geometrischen Beziehungen besteht.

Offensichtlich ist bei der Bildung des Begriffs der Materie das rationalistische Ideal definitiver Erkenntnis wirksam, das die Materievorstellung des natürlichen Bewußtseins aufzugeben und durch eine rationale Konstruktion zu ersetzen zwingt. Dem naiven Bewußtsein scheinen materielle Dinge anschauliche Gegenstände der sinnlichen Wahrnehmung zu sein, die sich zwar vorstellen, nicht aber distinkt erkennen lassen. Im Interesse des rationalistischen Erkenntnisideals muß daher die ursprüngliche Auffassung des Dings aufgegeben werden. Descartes stellt in bezug auf sie die rhetorische Frage: „... was war in der ersten Auffassung übrigens deutlich? Was hätte nicht ebenso gut jedes Tier?" (Med. II; AT VII, 32) Vom Gegenstand der Wahrnehmung muß das deutlich denkbare Wesen des physikalischen Gegenstandes als das unterschieden werden, was sich von seinem Begriff prinzipiell nicht trennen läßt, – ein Vorgehen, das dem der Bestimmung des Wesens des Ich als *cogitatio* analog ist. Vom Begriff des materiellen Dings werden alle mit der Wahrnehmung verbundenen Bestimmungen abgetrennt und nur jene beibehalten, die mathematisch ausdrückbar und somit Gegenstand rein vernünftiger Erkenntnis sind. Selbstverständlich kann nicht geleugnet werden, daß die Dinge faktisch mit den an ihnen wahrgenommenen Qualitäten erfahren werden; für die Wissenschaft jedoch kommen sie als bloße Wahrnehmungsgegenstände nicht in Betracht. Die wissenschaftliche Betrachtungsweise erfordert vielmehr eine methodische Vereinseitigung, deren Resultat die Reduktion des Gegenstands auf einen Inbegriff einsichtiger Strukturen ist. Die unmittelbare Gegebenheit wird aufgelöst und durch eine rationale Konstruktion ersetzt, weil nur so der Weg zu der erstrebten perfekten Wirklichkeitserkenntnis und des weiteren zur rationalen Wirklichkeitsbeherrschung eröffnet werden kann.

Durch die Reduktion des Materiebegriffs auf die Idee der Ausdehnung, d. h. durch die Geometrisierung der Physik, werden alle mythischen Residuen aus dem Naturbegriff der Physik ausgeschlossen: „... unter der Natur verstehe ich nicht ... irgendeine Gottheit oder eine andere Art imaginärer Macht; sondern ich bediene mich dieses Wortes zur Bezeichnung der Materie selbst, sofern ich sie mit allen Eigenschaften, als Gesamtheit begriffen, betrachte, die ich ihr zugeschrieben habe, und unter der Bedingung, daß Gott fortfährt, sie in derselben Weise zu erhalten, in der er sie erschaffen hat" (Le Monde, Kap. 7; AT XI, 35 f.). Für die dunklen Qualitäten und fiktiven Kräfte, die in der Physik des Mittelalters und der Renaissance eine Rolle gespielt hatten, bleibt nun kein Platz mehr; die letzten Spuren des panpsychistischen Denkens werden beseitigt. So versichert Descartes: „Man muß wissen, daß ich, wenn ich sage, ein Körper strebe nach irgendeiner Seite, damit nicht die Vorstellung hervorrufen will, er hätte in sich ein Bewußtsein oder einen Willen, der ihn dahin lenkt, sondern lediglich, er habe eine Disposition, sich dorthin zu bewegen" (Le Monde, Kap. 13; AT XI, 84). Wenn Descartes auch noch gelegentlich von

„Vermögen“ (puissances) oder dergleichen spricht, so ist eine solche Ausdrucksweise nur mehr als Abkürzung für Aussagen über Zusammenhänge von Druck und Stoß zu verstehen, wie es anläßlich der Darlegung über das Feuer und sein rein mechanisch zu verstehendes „Vermögen, das Holz zu verzehren“ deutlich wird. Nach Descartes „wird es nicht nötig sein, daß in ihm [im Feuer] irgendeine andere Eigenschaft [außer Bewegungsbestimmungen] sei, und wir werden sagen können, daß es nur diese Bewegung ist, die je nach den verschiedenen Wirkungen, die sie hervorruft, bald Wärme und bald Licht heißt“ (Le Monde, Kap. 2; AT XI, 9).[119]

Descartes' Konzeption der Materie entspricht insofern der Denkweise der modernen, damals in der Phase der Konsolidierung, und das heißt zugleich: der Überwindung der älteren Naturphilosophie, befindlichen Naturwissenschaft, als sie die Annahme okkulter Qualitäten bzw. substantieller Formen ausschließt, die qualitative Prinzipien der Dinge und als solche grundsätzlich nicht quantifizierbar sein sollen. Descartes' Materiebegriff macht dagegen die Beschränkung der Naturwissenschaft auf den Bereich mathematisch ausdrückbarer Verhältnisse, näherhin auf den Bereich geometrischer Beziehungen, notwendig, wenn auch um den hohen Preis der Elimination aller von der Ausdehnung verschiedenen Bestimmungen. Descartes begnügte sich nicht mit der Abgrenzung seiner Konzeption gegenüber dem älteren Naturbegriff, sondern er versuchte mit metaphysischen Mitteln zu zeigen, daß nur der erstere objektiv gültig sei.[120]

Die Cartesianische Auffassung erzwingt die Deutung der wahrgenommenen Realität als bloßer Erscheinung. Die Empfindungen gelten nicht als Abbilder des Wesens der Wirklichkeit, sondern nur als Äußerungen der Art, in der unser Körper auf Reize von seiten der Dinge reagiert. Trotzdem schrieb Descartes den Empfindungen und Sinneswahrnehmungen insofern eine positive biologische Funktion zu, als sie dank der von Gott stammenden Einrichtung unserer Natur eine optimale Orientierung in der Welt ermöglichen. Ihre Funktion ist somit wesentlich praktisch. Im theoretischen Bereich muß dagegen vom Inhalt der Empfindungen abgesehen werden, d.h. wir müssen „die Vorurteile ablegen, die sich nur auf die Sinne gründen und uns nur des Verstandes bedienen, um sein [d.i. des Körpers] Wesen zu untersuchen“ (Princ. II; AT VIII, 42). Wie leicht man der Versuchung erliegt, verworrene qualitative Bestimmungen den Dingen selbst zuzuschreiben, zeigt das Beispiel der Härte, die gemeinhin als Eigenschaft materieller Körper gilt, ohne es wirklich zu sein. Die vermeintliche Eigenschaft von Dingen, die man „Härte“ nennt, ist auf unsere Empfindung des Widerstandes zurückzuführen, den die Partikel von Körpern Bewegungen unseres eigenen Körpers, z. B. der Hand, entgegensetzen. Wichen die Partikel des Körpers ebenso rasch zurück, wie sich z. B. die ihn stoßende Hand bewegt, so gäbe es keinen Grund anzunehmen, „daß die Körper, weil sie sich so zurückziehen, deshalb dasjenige verlieren, was sie zu Körpern macht“ (Princ. II, 4; AT VIII, 42), nämlich die Ausdehnung in die Länge, Breite und Tiefe. Eigenschaften wie die Härte gehören somit unter

Descartes' Voraussetzungen nicht zum Wesen des Körpers im Sinne der Physik.

2. Die Realität materieller Dinge

Nachdem Descartes in der fünften Meditation zu dem Ergebnis gelangt war, daß die auf Grund distinkter Begriffe formulierten Urteile der Physik von materiellen Dingen gültig wären, wenn es solche Dinge gäbe, blieb ihm nur noch die Aufgabe zu zeigen, daß materielle Dinge, entsprechend den Vorstellungen, die wir von ihnen haben, existieren.[121] In diesem Sinne erklärt er zu Beginn der VI. Meditation:

„Es erübrigt noch, zu untersuchen, ob materielle Dinge existieren. Nun weiß ich zwar bereits zum mindesten, daß sie, sofern sie den Gegenstand der reinen Mathematik ausmachen, existieren können, da ich sie ja klar und deutlich erfasse. Gott ist nämlich zweifellos imstande, alles das zu bewirken, was ich imstande bin, so zu erfassen" (Med. VI; AT VII, 71).

Aber die Existenz materieller Dinge folgt nicht aus ihrer Möglichkeit, sondern ist mit Hilfe empirischer Prämissen zu beweisen. Einen Hinweis auf die Existenz materieller Körper liefert bereits die Tatsache der Wahrnehmung, da diese Tatsache nicht aus dem reinen Denken erklärt werden kann, daher zu der Annahme drängt, daß der Geist mit dem Körper verbunden ist. Eine solche Überlegung ist jedoch allenfalls plausibel, keineswegs aber zwingend.

Der eigentliche Beweis für die Existenz materieller Dinge ergibt sich für Descartes aus der Analyse der Empfindungen. Die Empfindung wird nämlich, wie das Selbstbewußtsein bezeugt, nicht vom Subjekt hervorgerufen; da sie aber eine Ursache haben muß – die Gültigkeit des Kausalprinzips darf hier auf Grund der vorhergegangenen metaphysischen Begründung der objektiven Gültigkeit evidenter Prinzipien angenommen werden –, muß diese Ursache etwas vom denkenden Subjekt Verschiedenes sein. Da ferner die *veracitas Dei* grundsätzlich die Übereinstimmung zwischen distinkten Begriffen und der ihnen entsprechenden Wirklichkeit gewährleistet, steht auch fest, daß die Ursache jener Vorstellungen, die ausgedehnte Dinge zum Gegenstand haben, in Wirklichkeit ausgedehnte Dinge sind. Descartes nahm die Garantie durch den absolut vollkommenen Schöpfer unserer Natur auch für den Beweis einer denkunabhängigen Außenwelt in Anspruch, indem er argumentierte, daß Gott uns getäuscht hätte, wenn der „starke Hang", der uns veranlaßt, an die Existenz materieller Dinge zu glauben, irreführend wäre. Weil Gott nicht als Betrüger gedacht werden kann, kann jener Hang nicht irreführend sein (Med. VI; AT VII, 79; cf. Princ. II; AT VIII, 40 f.).

Während Descartes für den Beweis der Existenz materieller Gegenstände und der objektiven Gültigkeit physikalischer Sätze im allgemeinen metaphysische Prinzipien benötigte, beanspruchte er bei speziellen physikalischen Sätzen die Garantie der *veracitas divina* nicht. Das Garantieprinzip wird nur bei der erkenntnismetaphysischen Begründung der objektiven Gültigkeit evidenter Urteile wirksam. Spezielle wissenschaftliche Erklärungen beruhen bei Descartes nicht direkt auf metaphysischen Prinzipien, sondern auf gesetzesartigen Voraussetzungen, die nicht unabhängig von der Erfahrung angewendet werden können, wenn sie auch nicht – wie Descartes meinte – den Charakter induktiv gewonnener Allsätze haben, sondern als Konstruktionen des Verstandes aufgefaßt werden müssen, die allerdings auf Beobachtungsdaten zu beziehen sind.[122]

3. Das Wesen wissenschaftlicher Erklärungen

Damit ist die wichtige Frage berührt, wie nach Descartes wissenschaftliche Erklärungen im Hinblick auf ihre Form zu charakterisieren sind.

Descartes' Auffassung des wissenschaftlichen Erkennens findet sich deutlich in den *Regulae ad directionem ingenii* niedergelegt, und zwar besonders klar in der zwölften Regel, wo „Erkennen" im Sinne der Zurückführung des Gegebenen auf hinreichend einfache Begriffe, die „natures simples", zwischen denen ein Zusammenhang nach Grund und Folge herzustellen ist, bestimmt wird. Descartes erklärte, „daß das ganze menschliche Wissen allein darin besteht, distinkt festzustellen, wie diese einfachen Naturen zur Zusammensetzung der übrigen Dinge zusammenwirken" (Reg. XII; AT X, 427). Er veranschaulicht das Gesagte anhand der Erklärung des Magnetismus, den die bisherige Naturphilosophie in unangemessener Weise durch die Annahme von etwas, das von der Erscheinung grundsätzlich getrennt sein sollte, zu erklären suchte. „Wer dagegen sich bewußt ist, daß in dem Magneten nichts erkannt werden kann, was nicht gemäß gewissen einfachen und an sich bekannten Naturen feststeht, der ist nicht ungewiß über das, was er tun soll, und sammelt zunächst sorgfältig alle die Erfahrungstatsachen über diesen Stein, deren er habhaft werden kann; aus diesen sucht er dann die Mischung einfacher Naturen abzuleiten, die notwendig ist, um alle die Wirkungen hervorzubringen, die er in dem Magneten kennengelernt hat. Hat er diese erst gefunden, so darf er kühn behaupten, die wahre Natur des Magneten, soweit sie von einem Menschen und aus den vorliegenden Erfahrungstatsachen gefunden werden kann, begriffen zu haben" (Reg. XII; AT X, 427). Man darf also nach Descartes nicht meinen, die Erscheinung des Magnetismus dadurch erklären zu können, daß man eine unbegreifliche magnetische Kraft oder dergleichen fingiert, sondern man muß einfache Naturen – d.h. Begriffe von Ausdehnungs- und Lageverhältnissen – zu finden suchen, mit deren Hilfe sich Gesetze formulieren lassen, unter die die Tatsache der magnetischen Anziehung subsumiert werden kann. Descartes sah klar, daß die gesetzesartigen Prämissen wissenschaftlicher Argumente nicht dem Beweis, sondern der Erklärung von Tatsachen dienen; er meinte aber, daß die kausalen Prinzipien, die zunächst als Annahmen („suppositions") eingeführt werden, durch die Tatsachen bewiesen würden (Disc. VI; AT VI,

76), – was wohl besagen soll, daß sie empirisch bestätigt bzw. gestützt werden können, denn von „Beweisen" im eigentlichen Wortsinn kann hier selbstverständlich nicht die Rede sein. Wenn ein Beweis der Prinzipien einer Theorie im Rahmen derselben nicht möglich ist, dann können sie für diese Theorie nur als Hypothesen gelten, wie Descartes mehrfach betont hat. Allerdings glaubte er an die Möglichkeit, die Voraussetzungen namentlich der Physik aus metaphysischen Sätzen deduzieren und somit beweisen zu können. In diesem Sinne erklärte er von kausalen Prinzipien in der Physik, er habe sie als „Annahmen" (suppositions) bezeichnet, um anzudeuten, daß er sie, ungeachtet der Möglichkeit ihrer Ableitung aus den ersten Wahrheiten, im Rahmen spezialwissenschaftlicher Erörterungen nicht beweisen wolle (Disc. VI; AT VI, 76). Die Grundsätze der Wissenschaften werden also nur provisorisch als Hypothesen aufgefaßt; im Rahmen der Universalwissenschaft, deren Teile alle Einzelwissenschaften sein sollen, lassen sich jene Grundsätze aus metaphysischen, unbedingt wahren Sätzen deduzieren, d. h. sie hören auf, den Charakter von Hypothesen zu haben.

Sofern Prämissen wissenschaftlicher Theorien als Hypothesen gekennzeichnet werden, muß es prinzipiell konkurrierende Prämissen geben, aus denen ebenfalls mit den Tatsachen übereinstimmende Folgerungen abgeleitet werden können. Es gibt also grundsätzlich mehrere Möglichkeiten, eine bestimmte Tatsache zu erklären. So sagt Descartes von den Voraussetzungen wissenschaftlicher Theorien: „Wir können daher jede beliebige annehmen, vorausgesetzt, daß alles daraus Abgeleitete voll und ganz mit der Erfahrung übereinstimmt" (Princ. III, 46; AT VIII, 100 f.). Trotzdem ist auch eine hypothetische Theorie einer bloßen Beschreibung von Tatsachen überlegen, wenn sie erfolgreiche Prognosen ermöglicht. Sie wird „für das Leben gerade so viel Nutzen wie die Wahrheit selbst gewähren, weil man sich ihrer genau so wird bedienen können, um die Naturursachen zu veranlassen, alle Wirkungen hervorzubringen, die man nur will" (Princ. III, 44; AT VIII, 99). Selbstverständlich gilt dies nur so lange, als der erkenntnismetaphysische Rahmen der Cartesianischen Philosophie unberücksichtigt bleibt, innerhalb dessen die objektive Gültigkeit der Grundbegriffe und Grundsätze der mathematischen Physik begründet wird. Nur bei Beschränkung auf die einzelwissenschaftliche Betrachtungsweise bietet sich die angedeutete pragmatische Auffassung an.

Descartes konnte allerdings zwischen der einzelwissenschaftlichen und der philosophischen Betrachtungsweise nur so unterscheiden, daß er eine Art Bewußtseinsspaltung herbeiführte, denn in seinem Denken verbanden sich beide Betrachtungsweisen nicht nur in Personalunion, sondern er war überzeugt, daß sie wesentlich, also gleichsam in Realunion, zusammenhingen. Es ist daher nicht verwunderlich, daß sich in Descartes' Äußerungen ein gewisses Schwanken hinsichtlich der Frage der hypothetischen oder definitiven Geltung fundamentaler wissenschaftlicher Theorien zeigt.[123] Die Überzeugung von der definitiven Wahrheit der Wissenschaft kommt zum Ausdruck, wenn Descartes erklärt: „Wenn wir hierbei [d. h. bei der Ableitung des Geschehens aus allgemeinen Grundsätzen] nur ganz klar erkannte Prinzipien benutzen und alles in mathematischer Konsequenz daraus ableiten, und wenn das so Abgeleitete mit allen Naturerscheinungen genau übereinstimmt, so würden wir sicherlich Gott beleidigen, wenn wir die auf diese Weise ermittelten Ursachen der Dinge als falsch beargwöhnten und meinten, er habe uns so unvollkommen geschaffen, daß wir selbst bei dem richtigen Gebrauch unserer Vernunft irrten" (Princ. III, 43; AT VIII, 99). Sogleich aber zieht sich Descartes von dieser Position zurück und verschanzt sich hinter vorgeblicher Bescheidenheit, die ihn zwinge, die Frage offenzulassen, ob er wirklich die „echte Wahrheit" gefunden habe; er bleibt Princ. III, 44 bei der hypothetischen Interpretation der deduktiven Zusammenhänge stehen. Ähnlich am Schluß der *Principia,* wo aber auch von der *veracitas Dei* die Rede ist, die auf alles genau Erkannte anzuwenden ist: „Vielleicht wird auch das hier gebotene Werk dazu gerechnet werden, wenn man bedenkt, wie sein Inhalt aus den obersten und einfachsten Prinzipien der menschlichen Erkenntnis in ununterbrochener Folge abgeleitet worden ist" (Princ. IV, 206; AT VIII, 328).

Bis in die letzten Abschnitte der *Principia* bleibt also die Spannung der angedeuteten Auffassungen bestehen. Einerseits spricht Descartes davon, daß bei der Beurteilung wissenschaftlicher Erklärungen der praktische Nutzen ausschlaggebend sei, während er die Frage, wie die Welt wirklich von Gott erschaffen sei, als unwesentlich für die Naturwissenschaft erklärt (Princ. IV, 204; AT VIII, 327). Andererseits aber setzt sich schließlich doch wieder die rationalistische Konzeption durch, in deren Geist er versichert: „Ich möchte nicht, daß jemand irgendetwas für wahr nehme, als wovon ihn klare und unwiderlegte Gründe überzeugt haben" (Princ. IV, 207; AT VIII, 329). Wenn er jedoch im gleichen Atemzug seine Ansichten der Autorität der Kirche unterwirft, so ist das befremdlich, weil es sich mit dem Appell an die Evidenz so wenig verträgt, daß man wohl nur ein Lippenbekenntnis annehmen kann (Princ. IV, 207; AT VIII, 329: „Allein ich bin mir dabei doch stets meiner Schwachheit bewußt und behaupte nichts unbedingt, sondern unterwerfe alles sowohl der Autorität der katholischen Kirche wie dem Urteil der Einsichtigeren").

Die in der angedeuteten Weise relativierte Bestimmung wissenschaftlicher Grundsätze als Hypothesen kam Descartes zustatten, wenn er – was er immer wieder tat – seine Auffassungen einer Debatte unter weltanschaulichen Vorzeichen entziehen wollte. So erklärte er schon in dem frühen, unter dem Eindruck des Galilei-Prozesses zurückgehaltenen systematischen Werk *Le Monde,* das die Summe seines damaligen physikalischen Weltbildes enthielt, seine Thesen wären im Sinne von Als-ob-Behauptungen zu verstehen. Und er bemerkte ausdrücklich, daß er auf diese Weise Streitigkeiten aus dem Wege gehen wolle. Er hatte sich, wie er später rückblickend sagte, entschlossen, „nur von dem zu reden, was in einer neuen Welt sich ereignen würde, wenn Gott jetzt irgendwo in den imaginären Räumen genügend Materie schaffte, um sie zusammenzusetzen, und wenn er jetzt die verschiedenen Teile der Materie in verschiedenartiger und ordnungsloser Weise erregte, so daß er aus ihnen ein verworrenes Chaos zusammensetzte, wie die Dichter es sich nur erdenken können, und wenn er danach nichts anderes täte, als der Natur seine gewöhnliche Mitwirkung zuteil werden und sie gemäß den Gesetzen, die er festgesetzt hat, wirken zu lassen" (Disc. V; AT VI, 42: vgl. Le Monde, Kap. 6; AT XI, 31 ff.). In *Le Monde* sagt er geradezu: „... ich will mich damit begnügen, die begonnene Darstellung so fortzusetzen, als hätte ich keine andere Absicht, als Ihnen eine Fabel zu erzählen" (AT XI, 48).

Ausgehend von der Annahme einer chaotischen Materie beschreibt Descartes, wie aus ihr der jetzige Zustand der Welt hervorgehen konnte; trotzdem wollte er nicht, daß man daraus folgerte, die Welt sei tatsächlich in der angegebenen Weise entstanden bzw. geschaffen worden; im Gegenteil, er erklärt es für wahrscheinlicher, daß Gott nicht von einer chaotischen Materie den Ausgang genommen, sondern die Welt sofort so geschaffen habe, wie sie zu werden bestimmt war. Aber die gewählte Darstellung besitzt seiner Ansicht nach den gewaltigen Vorteil, daß sie viel besser, nämlich durch kausale Ableitung mit Hilfe einfacher Grundbegriffe, die Phänomene erklärt. Weiter erstreckt sich das Interesse des Wissenschaftlers nicht.

Descartes beanspruchte also in bezug auf sein Modell nicht absolute Wahrheit, sondern er begnügte sich mit der Feststellung seiner Widerspruchsfreiheit, seines Erklärungswertes im Hinblick auf die Tatsachen, seiner heuristischen Funktion und seiner didaktischen Vorteile. Mehr ist von einer Theorie, solange man sie nur vom Standpunkt der jeweiligen Wissenschaft betrachtet, nicht zu erwarten. Von der Wahrheit von Theorien im metaphysischen Sinne ist also innerhalb der Wissenschaft nicht zu sprechen; dies ist vielmehr erst im Rahmen der Metaphysik als *Philosophia Prima* möglich. Solange die Metaphysik außer Betracht bleibt, lassen sich Theorien nur unter pragmatischem Gesichtspunkt beurteilen. Je nach dem jeweiligen Bezugsrahmen konnte Descartes daher bald den hypothetischen Charakter naturwissenschaftlicher Theorien betonen, bald von der Möglichkeit sprechen, sie als definitiv wahr zu erweisen. Das erstere bot sich auch an, wenn es ihm darum ging, weltanschaulichen Konflikten aus dem Weg zu gehen, wie oben schon angedeutet. Wie groß seine Vorsicht in dieser Hinsicht war, geht aus verschiedenen Tatsachen hervor. Als er zum Beispiel von M. Mersenne erfuhr, daß in Paris ein Priester das heliozentrische System verteidigen wollte, erklärte er sich bereit, ihm dabei behilflich zu sein, und jener Geistliche nahm das Angebot des Philosophen bereitwillig an. „Aber als Herr Descartes später ein in Lüttich am 20. September 1633 gedrucktes Manifest oder einen Bericht über die Verurteilung Galileis sah, worin diese Worte standen: *obwohl er so tat, als trüge er sie nur hypothetisch vor;* und da er urteilte, die Absicht der Herren von der Inquistion sei es, trotz der 1620 erteilten Erlaubnis, zu verbieten, daß man sich selbst dieser Hypothese in der Astronomie bediene, änderte er seinen Entschluß bezüglich dieses Geistlichen", berichtet Baillet (Bd. I, 248). Dennoch war die Betonung der Hypothetizität wissenschaftlicher Theorien für Descartes nicht nur ein Mittel weltanschaulicher Tarnung und geschickten Ausweichens vor gefährlichen

Kontroversen, sondern ergab sich unter einzelwissenschaftlichem Gesichtspunkt durchaus folgerichtig, wenn dieser Gesichtspunkt für Descartes auch als ein beschränkter gelten mußte. Es ist nur dem metaphysischen Rahmen der Cartesianischen Philosophie zuzuschreiben, wenn die Feststellung des hypothetischen Charakters wissenschaftlicher Theorien nicht Descartes' letztes Wort sein konnte. Es verhält sich aber keineswegs so, als hätte sich Descartes erst nachträglich mit dem schweren metaphysischen Gepäck belastet, das er dann immer mit sich herumzutragen gezwungen war, und erst recht war die Metaphysik nicht ein Paravent, hinter dem er seine vorgeblich unmetaphysisch-kritische wirkliche Überzeugung verbarg. Vielmehr zeigt die genetische Betrachtung, daß die Metaphysik innerhalb des Systems von Anfang an eine unentbehrliche Rolle spielte und daß es sich daher nur um eine Akzentverschiebung handeln konnte, wenn die Metaphysik nun stärker betont wird, als es ohne den Schock des Galilei-Prozesses der Fall gewesen wäre; keineswegs wird man den Entwurf einer Metaphysik überhaupt als Tarnungsmaßnahme erklären können. Ebensowenig kann es auf den Effekt des Urteils der Inquisition zurückzuführen sein, daß Descartes seine kosmologischen Theorien als hypothetisch bezeichnete, wenn es auch möglicherweise oder sogar wahrscheinlich eine Folge dieses Urteils war, daß er den entsprechenden Aspekt besonders hervorhob. Es ist leicht verständlich, daß er dies besonders dann tat, wenn wissenschaftliche Sätze mit der herrschenden Weltanschauung unverträglich schienen. Descartes wählte dann, indem er sich weigerte, in bezug auf Sätze der Wissenschaft die Wahrheitsfrage im metaphysischen Sinn überhaupt zu diskutieren, einen Ausweg, der mit der zu ähnlichen Zwecken eingesetzten Annahme der doppelten Wahrheit vergleichbar ist. Descartes unterscheidet sich allerdings von den Vertretern dieser Lehre wesentlich dadurch, daß es für ihn nur eine Wahrheit im metaphysischen Sinne gibt; lediglich die provisorische Beschränkung auf isolierte wissenschaftliche Theorien veranlaßte ihn, mit der Möglichkeit mehrerer relativ wahrer Erklärungen ein und desselben Sachverhalts zu rechnen.

Nachdrücklich betonte Descartes den hypothetischen Charakter von Theorien im Zusammenhang der Erklärung des Organismus, wie sie im *Traité de l'homme*, der *Le Monde* fortsetzt, entwickelt wird. Hier wird vom Organismus angenommen, er funktioniere nicht anders als eine Maschine; die Annahme einer Seele ist in diesem Zusammenhang überflüssig. „Ich nehme an, daß der Körper nichts anderes als eine Statue oder irdene Maschine ist, die Gott eigens formt, um sie uns möglichst ähnlich zu machen" (Traité de l'Homme; AT XI, 120). Im Zusammenhang des metaphysisch fundierten Systems wird diese Annahme selbstverständlich hinfällig.

Gelegentlich hielt es Descartes allerdings für nötig, gewisse Prämissen wissenschaftlicher Theorien deshalb zu korrigieren, weil selbst ihre hypothetische Formulierung weltanschaulich bedenklich erscheinen mochte. So wollte er in den *Principia philosophiae* die in *Le Monde* zugrunde gelegte Annahme eines ursprünglichen Chaos nicht mehr aufrechterhalten. Er meinte, daß eine solche

Annahme mit der Vollkommenheit Gottes so wenig vereinbar sei, daß nicht einmal im Sinne eines hypothetischen Modells von ihr ausgegangen werden könne (Princ. III, 47; AT VIII, 102 f.). Diese Korrektur entspricht deutlich der inzwischen zugunsten der Metaphysik vor sich gegangenen Akzentverschiebung, die die Garantie infolge der *veracitas Dei* stärker als bisher zur Geltung bringt. Davon abgesehen bleibt aber die Erklärung dieselbe, wenn auf Grund ursprünglich gleicher, den Raum ohne Vakuum erfüllender Materieteilchen schließlich der empirisch gegebene Zustand der Welt abgeleitet wird. Der Bewegungsimpuls, der im gegenwärtigen Zustand in der Welt vorhanden ist, geht nach Descartes' Überzeugung auf Gott zurück und bleibt konstant, während die Formen der Bewegung wechseln.

Die Tatsache, daß sich Descartes in diesem Zusammenhang auf die Wahrheitsgarantie beruft, zeigt allerdings, daß er, ungeachtet der inhaltlichen Ähnlichkeit mit der in *Le Monde* vorgetragenen Kosmologie, seine Theorie nicht mehr als hypothetisch verstanden wissen wollte, wenn er auch nach wie vor ihren hypothetischen Charakter behauptete. Indem er die allgemeinsten Naturgesetze, nämlich das Gesetz der Erhaltung des Zustands eines Körpers und die Gesetze der Bewegungsübertragung, auf Gott bzw. auf die Gleichförmigkeit des göttlichen Wirkens zurückführte, legte er den Grund einer prinzipiell apriorischen Physik, an deren Wahrheit er unter seinen metaphysischen Voraussetzungen nicht zweifeln konnte. Nur die Frage, ob der kosmogonische Prozeß – d. h. die Entstehung kugelförmiger Partikel verschiedener Größe aus ursprünglich anders geformten Materieteilen, die Ausbildung von Materiewirbeln, in deren Zentren sich Partikel der leichtesten und beweglichsten Art, also dünne und höchst flüssige Materie, befinden, und schließlich die Ausbildung von Teilwirbeln innerhalb eines größeren Wirbelsystems, d.i. die Entstehung von Planeten mit Monden, die sich um das Zentralgestirn bewegen – wirklich so erfolgt ist oder ob Gott nicht das Planetensystem in einem Augenblick, so wie es sich uns heute darstellt, geschaffen habe, läßt sich nicht a priori, sondern nur hypothetisch beantworten.

Die Ätherwirbeltheorie eröffnete Descartes, obwohl nicht zu diesem Zweck aufgestellt, eine bequeme Möglichkeit, wenigstens dem Wortlaut nach an der Behauptung festzuhalten, daß die Erde ruhe. Wenn nämlich „Bewegung" nichts anderes bedeutet als „Überführung eines Körpers aus der Nachbarschaft der ihn berührenden Körper, welche als ruhend gelten, in die Nachbarschaft anderer" (Princ. III; AT VIII, 90; vgl. Princ. II; AT VIII, 53 f.), und wenn wohl der um die Sonne kreisende Äther in Bewegung ist, die Planeten aber von ihm mitgeführt werden wie schwimmende Grashalme in einem Wasserwirbel, so kann man sagen, die Erde ruhe. Natürlich gilt dasselbe von allen anderen Planeten, womit die Behauptung hinsichtlich der Erde keine Ausnahme mehr bedeutet. Descartes war nicht so naiv zu glauben, mit dieser Erklärung dem ptolemäischen Weltbild entsprochen zu haben; dem bloßen Wortlaut nach mochte er aber unangreifbar geworden sein, und auf nichts anderes kam es ihm offensichtlich an. Der Philosoph wußte genau um die Relativität von Begriffen wie „Bewegung" und „Ruhe", seine Vorsicht ging aber so weit, daß er diesen Gedanken in den *Prinzipien* nur in äußerst verklausulierter Form auszudrücken wagte. So suchte er auch dem buchstäblichen Verständnis des biblischen Schöpfungsberichts Rechnung zu tragen, indem er, ungeachtet seiner kosmogonischen Theorie, gelegentlich erklärte, Gott habe an sich alles fix und fertig in höchst vollkommener Weise erschaffen, die Sterne, die Pflanzen, die Tiere, ja selbst Adam und Eva seien nicht als Kinder, sondern als erwachsene Menschen in die Welt gesetzt worden. Sollten solche Versicherungen wirklich ernst gemeint gewesen sein? Ging es Descartes nicht etwa nur darum, seine Orthodoxie deshalb so stark zu beteuern, um desto offener erklären zu können: „Allein dennoch ist es zur Erkenntnis der Natur der Pflanzen und Menschen besser, ihre allmähliche Entstehung aus den Samen zu beobachten, als so, wie sie Gott zu Beginn der Welt geschaffen hat. Können wir daher gewisse Prinzipien entdecken, die einfach und leicht faßbar sind und aus denen, wie aus dem Samen, die Gestirne und die Erde und alles, was wir in der sichtbaren Welt antreffen, abgeleitet werden kann, wenn wir auch wissen, daß sie nicht so entstanden sind, so werden wir doch auf diese Weise ihre Natur weit besser erklären, als wenn wir sie nur so, wie sie jetzt sind, beschreiben" (Princ. III; AT VIII, 99f.). Daß das die eigentliche Überzeugung des Philosophen ist, darf darum vermutet werden, weil sie sich mit dem Standpunkt der *Regulae* deckt, wo die Zurückführung des Gegebenen auf ein unbegreifliches „Wesen" abgelehnt und die Erkenntnis als Ableitung der Phänomene aus jenen einfachen Naturen bestimmt wird, die notwendig sind, um die beobachteten Wirkungen aus ihnen deduzieren zu können (vgl. Reg. XII; AT X, 427).[124]

VI. Das Leib-Seele-Problem

1. Der Organismus als Automat

Eine der bekanntesten, allerdings auch umstrittensten und offenbar anfechtbarsten Thesen des Cartesianismus ist Descartes' Behauptung, daß die Organismen in der Art von Automaten oder Maschinen funktionieren. Innerhalb des Cartesianischen Systems ist diese Auffassung, so paradox sie unter den andersartigen heutigen physiologischen Auffassungen auch anmuten mag, jedoch durchaus konsequent, ja unvermeidlich. Wenn das Wesen materieller Körper ausschließlich in der Ausdehnung besteht und wenn Vorgänge im Bereich materieller Körper nicht anders denn als Bewegungsvorgänge verstanden werden können, dann muß auch das Geschehen im Bereich der Organismen – den menschlichen Organismus eingeschlossen – in mechanistischer Weise begriffen werden.

Die Beschränkung auf mechanistische Erklärungen ergibt sich m.a.W. auf Grund der Cartesianischen Auffassung der Naturwissenschaft, derzufolge alle Prozesse im Bereich der materiellen Wirklichkeit mechanischer Natur sind und im Idealfall mathematisch, näherhin geometrisch, beschrieben werden können. Die hinter dieser Auffassung stehende rationalistische Wissenschaftskonzeption und, dieser in Descartes' Denken zugrundeliegend, die rationalistische Konzeption der Praxis bestimmen nicht nur die Deutung der allgemeinsten wissenschaftlichen Grundsätze, sondern auch die aller anderen wissenschaftlichen Sätze, die unter jene subsumiert werden können, wie namentlich der Sätze der Physiologie, die nach Descartes einen Teilbereich der Physik bildet. Was von der Physik im allgemeinen gilt, hat somit auch für die Physiologie zu gelten: So wie in Descartes' Physik okkulte Qualitäten bzw. substantielle Formen im Gegensatz zur älteren Naturphilosophie unzulässig sind, so dürfen sie auch in der Physiologie keine Rolle spielen; so wie in der Physik teleologische Erklärungen als unzulässig erscheinen, so auch in der Physiologie; und so wie in der Physik der Rückgriff auf psychische oder quasi-psychische Ursachen (seien dies Gott, eine Weltseele oder irgendwelche spezielleren Potenzen) ausgeschlossen wird, so soll auch in der Physiologie nach Erklärungen gesucht werden, in denen Annahmen über die Wirkung der Seele keine Rolle spielen. In diesem Sinne heißt es im *Traktat vom Menschen,* Ernährung, Verdauung, Herztätigkeit, Wachstum, Atmung, Wachen und Schlafen, die Empfindung von Reizen, der Eindruck von Ideen im Gemeinsinn und in der Einbildungskraft und ihre Bewahrung im Gedächtnis, die Strebungen und Leidenschaften sowie die durch sie veranlaßten Bewegungen des Körpers „folgen in dieser Maschine [des Organismus] völlig natürlich aus der Disposition seiner Organe, nicht mehr und nicht weniger als die Bewegungen in einer Uhr oder einem anderen Automaten aus der Anordnung seiner Gewichte und Räder folgt, so daß man in ihr in dieser Hinsicht weder eine vegetative oder sensitive Seele, noch irgendein anderes Bewegungs- und Lebensprinzip annehmen muß als das Blut und die Lebensgeister ..." (AT XI, 202).

Auf Grund dieser Betrachtungsweise erscheint es nicht nur als möglich, in der Physiologie wissenschaftliche Erklärungen und Prognosen von derselben Art wie in der Physik zu formulieren, sondern es erweist sich als sinnvoll, auch in bezug auf den physiologischen Bereich jenes praktische Programm zur Geltung zu bringen, das Descartes in bezug auf die anorganische Natur entworfen hatte. Es kann m.a.W., analog zur Technik im eigentlichen Wortsinn, eine Technik der Beeinflussung des menschlichen Organismus geben, nämlich die Medizin, die sich nunmehr prinzipiell als eine auf sicheren wissenschaftlichen Grundlagen beruhende Art der Praxis darstellt. Die Hoffnung, der Medizin dieselbe Sicherheit geben zu können, wie der Technik im engeren Sinn, ist das entscheidende Motiv der Auffassung der Physiologie als einer Teildisziplin der Physik. Wenn Descartes im *Discours de la méthode* davon spricht, daß die wissenschaftliche Methode zu praktisch nützlichen Erkenntnissen verhilft, meint er nicht nur die Mittel zur Beherrschung der Naturkräfte, sondern auch die Mittel zur Erhaltung der Gesundheit als des wichtigsten, die Grundlage aller anderen Güter bildenden Gutes (Disc. VI; AT VI, 62).

Hier kann auf Descartes' physiologische Auffassungen nicht ausführlich eingegangen werden. Es wird im vorliegenden Zusammenhang aber genügen, charakteristische Beispiele – die Erklärung des Blutkreislaufs und der Reizleitung in den Nerven – anzuführen, um die Cartesianische Betrachtungsweise darzustellen.

Die Entdeckung des Blutkreislaufs erregte damals beträchtliches Aufsehen. Descartes waren die Beobachtungen von Harvey bekannt, wie aus einer Randbemerkung des *Discours* hervorgeht, doch entspricht seine Theorie keineswegs völlig derjenigen des Engländers. Descartes hatte auf Grund eigener anatomischer Untersuchungen Einblick in den Bau des Herzens, er wußte vom Vorhandensein der Herzkammern und der Herzklappen, er erkannte auch, daß das Herz die Funktion einer Pumpe hatte, die den Blutkreislauf aufrechterhält. Was aber setzt das Herz in Gang? Auf diese Frage, die Harvey nicht gestellt hatte, konzentrierte sich Descartes. Seine Theorie hat vor allem die Aufgabe, eine Antwort auf jene Frage zu ermöglichen.

Descartes hatte recht genaue Vorstellungen vom Bau des Herzens. Er nahm an, daß sich das Blut, wenn es in eine Herzkammer eintritt, erwärmt, weil die Temperatur im Herzen, wie er mit Aristoteles annahm und beobachten zu können glaubte, höher ist als im übrigen Organismus. Erwärmung aber bedeutet Vergrößerung des Volumens, folglich auch Zunahme des Drucks des in die Herzkammer eingedrungenen Blutes. Der größer werdende Druck schließt nun die nach Art eines Ventils gebaute Herzklappe und öffnet den Zugang zur zweiten Herzkammer, wo sich derselbe Vorgang wiederholt, während infolge der Druckabnahme in der ersten Kammer neuerdings Blut nachfließt, und so weiter (Disc. V; AT VI, 46ff.; vgl. AT XI, 123).

Wenn diese Erklärung auch, wie wir wissen, falsch ist, so zeigt sie doch deutlich, wie Descartes vorging: Er setzte voraus, daß die Gesetze der Mechanik auch im organischen Bereich gelten, und suchte die Herztätigkeit dadurch begreiflich zu machen, daß er sie als eine Folge von Bewegungen beschrieb, die sich ausschließlich auf Grund von Druckänderungen ergeben. Im *Discours de la méthode* schrieb er im Hinblick auf den Charakter seiner Theorie: „Damit übrigens diejenigen, welche die Kraft mathematischer Beweise nicht kennen und nicht gewohnt sind, die wahren Gründe von den wahrscheinlichen zu unterscheiden, es nicht wagen, dies ohne weitere Untersuchung zu bestreiten, so will ich sie darauf aufmerksam machen, daß die von mir erklärte Bewegung ebenso notwendig aus der bloßen Anordnung der Organe folgt, die man am Herzen mit eigenen Augen sehen, und aus der Wärme, die man mit den Fingern fühlen, und aus der Natur des Blutes, die man aus der Erfahrung erkennen kann, wie die Bewegung einer Uhr aus der Kraft, der Lage und der Gestalt ihrer Gewichte und Räder folgt" (Disc. V; AT VI, 50; vgl. Passions I, 9; AT XI, 333f.).

Descartes' Festhalten an mechanistischen Vorstellungen zeigt sich besonders deutlich in seiner Theorie der Befruchtung. Er versucht nämlich die Wirkungsweise des Sperma in Analogie zur Wirkung der Hefe bzw. des Sauerteigs zu deuten: „Denn so wie man sieht, daß der Sauerteig den frischen aufquellen läßt und der Bierschaum genügt, um als Gärungsstoff für anderes Bier zu dienen: so läßt sich leicht glauben, daß die Samen der beiden Geschlechter einander als Keim dienen, indem sie sich miteinander vermischen" (La Description du corps humain IV; AT XI, 253). Hier ist zu berücksichtigen, daß Descartes offenbar auch die Gärung als mechanischen Vorgang auffaßte, so wie er bei der Befruchtung nur an eine Mischung dachte.

Auch die Reizleitung in den Nerven suchte Descartes rein mechanistisch zu erklären. Seiner Ansicht nach sind die Nerven feine Röhrchen, die die sogenannten Lebensgeister, die *esprits animaux,* enthalten. Löst ein Reiz eine Bewegung im Sinnesorgan aus, so überträgt sich diese Bewegung wie bei einer hydraulischen Presse durch die Nerven-Röhrchen aufs Gehirn, genauer auf die Zirbeldrüse (die bei Descartes meist *conarium* genannt wird) und ruft dort jene Bewegungen hervor, die der Seele den Gegenstand vergegenwärtigen; denn „nicht die Bewegungen, die im Auge vor sich gehen, sondern diejenigen, die im Gehirn stattfinden, vergegenwärtigen der Seele diese Gegenstände" (Passions I, 13; AT XI, 338). Analog verhält es sich bei Innervierung eines Muskels, nur daß in diesem Falle die Bewegung ihren Ausgang von der Zirbeldrüse nimmt, deren Bewegungen die *spiritus animales* in die entsprechenden Nervenschläuche hineinpressen, um so den Impuls auf den Muskel zu übertragen (Passions I, 11–12; AT XI, 335f.).

Die Lebensgeister, von denen Descartes spricht, sind keineswegs „Geister" im metaphysischen Sinne des Wortes, sondern sie sollen aus einer sehr feinen, unsichtbaren Materie bestehen, nämlich den leichtesten Teilchen des Blutes, die beim Aufsteigen desselben durch die Wände der feinsten Äderchen austreten. „Was die Teilchen des Blutes anbelangt, die bis zum Gehirn vordringen, so dienen sie nicht nur zur Ernährung und Aufrechterhaltung seiner Substanz, sondern hauptsächlich auch dazu, einen gewissen sehr feinen Luftzug zu erzeugen, oder besser eine sehr lebhafte und reine Flamme, die man die *Lebensgeister* nennt." Von den Höhlungen des Gehirns aus erfüllen sie dann die Nervenschläuche und dienen dort der Reizübertragung (Passions I, 10; AT XI, 334 f.).

Die mechanistische Auffassung dieser Vorgänge setzt voraus, daß die physiologischen Erscheinungen in ihrer Gesamtheit rein mechanischer Natur und unabhängig von der Seele sind (Passions I, 5; AT XI, 330), was aus der methodologischen Forderung folgt, alles das, von dem wir wissen, daß es in unbeseelten Körpern *sein kann*, dem Körper *allein* zuzuschreiben (Passions I, 3; AT XI, 329). Das trifft nach Descartes insbesondere für Bewegung und Wärme zu, die beiden Erklärungsprinzipien der Vorgänge in den als Maschinen bzw. Automaten verstandenen Organismen.

2. *Die Zweckmäßigkeit im Bereich des Organischen*

Angesichts des mechanistischen Charakters der Cartesianischen Theorie ist es überraschend, daß Descartes in bezug auf die Reaktionen des Organismus auf Eindrücke der Umgebung den Gesichtspunkt der Zweckmäßigkeit zur Geltung bringt. Er ging nämlich davon aus, daß sich in den Reaktionen des Organismus auf äußere Reize deren Zuträglichkeit oder Abträglichkeit zu erkennen gibt, sofern Zuträgliches zu lustbetonten, Schädliches zu unlustbetonten Empfindungen führt. Daß die Reaktionen in diesem Sinne richtig sind, soll durch die göttliche Wahrhaftigkeit sichergestellt sein.

Die *veracitas Dei* ist in diesem Zusammenhang zunächst Ausdruck für die Überzeugung, daß die Natur selbst im Grund rational sei und infolgedessen alles, was sie uns „lehrt", eine gewisse Wahrheit enthalte. „Denn unter der Natur in einem umfassendsten Sinne verstehe ich nichts anderes, als entweder Gott selbst oder die von Gott eingerichtete Gesamtordnung der geschaffenen Dinge" (Med. VI; AT VII, 80). Von einer solchen Auffassung ist es nicht mehr weit bis zum *deus sive natura* Spinozas. Verbindungen zur Stoa lassen sich vermuten.[125] Auch die stoische Ethik setzte ja die Rationalität der Natur, mit der es gilt in Übereinstimmung zu leben, voraus. Für Descartes bedeutet die Rationalität der Wirklichkeit, die durch die *veracitas Dei* verbürgt sein soll (bzw. für die die *veracitas* Ausdruck ist), eine wesentliche Voraussetzung für die rational gelenkte Praxis, die das Ziel seiner philosophischen Bemühungen ist. Die Rationalität der Wirklichkeit verbürgt auch die Zuverlässigkeit der instinktiven und triebmäßigen Reaktionen des Organismus, denen wir uns, gestützt auf die göttliche Wahrhaftigkeit, anvertrauen dürfen.

Es gibt aber Erfahrungen, die dieser Annahme zu widersprechen scheinen. Descartes zieht in diesem Zusammenhang immer wieder gewisse Standardbeispiele heran, zu denen die Täuschungen gehören, die nach Amputationen auftreten, sowie Störungen im Zusammenhang mit Erkrankungen des Organismus, z.B. das Bedürfnis des Wassersüchtigen nach neuer Flüssigkeitsaufnahme, die ihm doch schadet, und dergleichen mehr. Wird durch solche Erfahrungen nicht die Überzeugung widerlegt, daß die Natur vernünftig bzw. zweckmäßig eingerichtet und ein „Irrtum der Natur" daher unmöglich ist?

Im Hinblick auf diesen Einwand stellt Descartes zunächst fest, daß „Irrtum" im eigentlichen Wortsinne nur von Urteilen ausgesagt werden darf, nicht aber von den Empfindungen, die weder klar noch deutlich sind. Schmerz, Hunger, Durst und dergleichen entspringen der Verbindung von Körper und Geist und „lehren" zwar natürlicherweise, das Lustbetonte zu suchen und das Unlustbetonte zu meiden; und die göttliche Wahrhaftigkeit bewährt sich auch tatsächlich insoweit, als lustbetonte Erlebnisse förderlich, unlustbetonte schädlich sind, wenigstens im Normalfall. Aber dem Ausnahmefall kann bei einer gesetzmäßigen Natureinrichtung, die das zweckmäßige Funktionieren der Organismen im Normalfall gewährleistet, nicht Rechnung getragen werden, so daß eventuell ein normalerweise im Ganzen des Organismus zweckmäßiger Vorgang unter Ausnahmebedingungen seiner natürlichen Bestimmung nicht mehr entspricht. So verhält es sich bei der täuschenden Schmerzempfindung nach einer Amputation: Da es nämlich gleichgültig für das Zustandekommen einer Empfindung ist, wo der Nerv gereizt wird, entsteht im Gehirn derselbe Vorgang wie bei einer Reizung der Nervenendigungen, die nach der Amputation des betreffenden Gliedes nicht mehr vorhanden sind, an deren vorgestellten Ort aber die Empfindung gewohnheitsgemäß projiziert wird. Analog lassen sich das Durstgefühl des Wassersüchtigen und alle anderen physiologisch bedingten Täuschungen erklären.

Weit davon entfernt, die Annahme der Vernünftigkeit der Natur zu widerlegen, bekräftigen sie sie vielmehr. „Ich bemerke schließlich, daß, da eine jede von den Bewegungen, die in dem Teile des Gehirns vor sich gehen, der unmittelbar den Geist beeinflußt, ihm nur eine einzige Empfindung mitteilt, sich hierbei nichts Besseres denken läßt, als wenn sie dem Geiste unter allen, die sie ihm mitteilen kann, gerade die mitteilt, welche im höchsten Grade und am häufigsten zur Erhaltung des gesunden Menschen beiträgt. Die Erfahrung aber bestätigt, daß alle uns von der Natur verliehenen Empfindungen diese Beschaffenheit haben, und also in ihnen durchaus nichts ist, was nicht die Macht und Güte Gottes bewiese" (Med. VI; AT VII, 87). In allen Fällen gibt es außerdem die Möglichkeit rationaler Korrektur, wenn auch die Dringlichkeit des Handelns nicht immer die dazu nötige Zeit gewährt. Gelegentlicher praktischer Irrtum ist daher faktisch nicht zu vermeiden. Deshalb lautet das letzte Wort der Meditationen: „... man muß am Ende die Schwäche unserer Natur anerkennen" (Med. VI; AT VII, 90). Die durch Gott garantierte Zuverlässigkeit der Reaktion auf Reize wird im übrigen von Descartes nur für angeborene, nicht für erworbene oder durch Anpassung modifizierte Reaktionen behauptet. Außerdem ist zu beachten, daß die Garantie nur die Zuverlässigkeit der Orientierung im praktischen Bereich betrifft und nichts mit Erkenntnis der Wirklichkeit zu tun hat. Empfindungen sind grundsätzlich verworren und daher niemals in dem Sinn wahr, in dem nach Descartes von der Wahrheit distinkter Begriffe gesprochen werden kann.

Vom Organismus gilt somit, daß er – wie die Natur als ganze – in der Art einer Maschine funktioniert, allerdings einer Maschine, die von Gott für einen bestimmten Zweck geschaffen worden ist. Aus der Annahme eines Zwecks, auf den hin die Organismen geschaffen worden sein sollen, lassen sich aber keine Erklärungen spezieller organischer Vorgänge gewinnen. Teleologische Erklärungen sind daher unzulässig.

3. *Die psychophysische Union*

Die Theorie der Empfindung macht bereits die Berücksichtigung der Union von Körper und Geist notwendig, von der Descartes im Sinne des methodischen Zweifels zunächst abgesehen hatte. Anders als distinkte Ideen lassen sich nämlich Empfindungen nicht als Akte des Verstandes allein begreifen. Sie gehören vielmehr dem Bereich der psychophysischen Wechselwirkung an, sofern sie, wie Descartes annahm, dadurch zustande kommen, daß die (geistige) Erkenntniskraft auf die (materiellen) Sinneseindrücke „appliziert" wird. Ebenso wird die Annahme der Union durch die Tatsache nahegelegt, daß der Wille auf körperliche Vorgänge Einfluß ausüben kann, was nach Descartes nicht dadurch geschieht, daß dem Körper Bewegungsenergie zugeführt wird, sondern dadurch, daß die Seele vermittels der Zirbeldrüse lediglich die Richtung organischer Bewegungen – namentlich der Bewegung der „Lebensgeister" – modifiziert. Diese Annahme hängt mit Descartes' Prinzip der Konstanz der Bewegungsquantität zusammen, das verletzt wäre, wenn angenommen würde, die wollende Seele könnte neue Bewegung erzeugen.

Auf den Gedanken der Union griff Descartes immer dann zurück, wenn er jene Phänomene erklären wollte, die weder aus dem Denken (bzw. der res cogitans) allein, noch aus den materiellen Zusammenhängen des Körpers (bzw. der res extensa) allein zu verstehen sind. Dazu gehört z. B. das anschauliche Gedächtnis, das Descartes auf Spuren im Gehirn zurückführte,[126] während er annahm, daß das rein geistige Gedächtnis unabhängig von Erinnerungsspuren (vestigia) sei. Weil aber nur der reine Intellekt zur Unterscheidung unbekannter von bekannten Vorstellungen fähig ist, kann es ohne Mitwirkung des Geistes auch kein materielles Gedächtnis geben. Um das Zusammenspiel von Gehirnvorgängen und Geist, ohne das anschauliche Erinnerung nicht möglich sein soll, erklären zu können, nimmt Descartes an, daß die (materiellen) „Lebensgeister" (esprits animaux) durch Erinnerungsspuren im Gehirn in ihrer

Bewegung beeinflußt werden und daß sich die modifizierte Bewegung durch Vermittlung der Zirbeldrüse auf den Geist überträgt.

Die Annahme, daß die Seele, obwohl sie in gewisser Weise mit dem ganzen Körper, d.h. mit der Gesamtheit seiner Organe, in Verbindung steht, in besonderer Weise mit einem bestimmten Organ, nämlich der Zirbeldrüse, zusammenhänge,[127] ist vermutlich der anstößigste Satz der Cartesianischen Psychophysik. Sie ist aber für Descartes' Theorie der psychophysischen Wechselwirkung unentbehrlich.

Ähnlich wie das anschauliche Gedächtnis beruhen nach Descartes auch die Empfindung und die willkürliche Bewegung des Körpers auf der Wechselwirkung von Leib und Seele. Neben dem Unterschied von Körper und Geist, von dem in der Metaphysik die Rede ist, darf daher deren Union nicht außer acht gelassen werden. „Union" ist hier nicht nur „Zusammensetzung". In diesem Sinne betonte Descartes: „Die Natur lehrt mich ... durch eine Empfindung des Schmerzes, Hungers, Durstes usw., daß ich nicht nur in der Weise meinem Körper gegenwärtig bin, wie der Schiffer seinem Fahrzeug, sondern daß ich aufs engste mit ihm verbunden und gleichsam vermischt bin, so daß ich mit ihm eine gewisse Einheit bilde" (Med. VI; AT VII, 81).

Es ist hervorzuheben, daß Descartes, der immer wieder die Verschiedenheit der beiden den Menschen bildenden *vollständigen* Substanzen betont, hier nicht nur von Einheit spricht – die immer noch als Einheit der Zusammensetzung verstanden werden könnte –, sondern geradezu von *Vermischung.* Das führt auf die Frage des Verhältnisses von Körper und Geist.

Um diese Frage zu beantworten, ist es angebracht, an ihren Ursprung zurückzugehen und sich Rechenschaft darüber zu geben, wie sie überhaupt auftauchen konnte. Dabei wird sich zeigen, daß sie in engem Zusammenhang mit den Prinzipien steht, die den Systemaufbau bestimmen. In ihr finden die methodologischen Voraussetzungen der Cartesianischen Philosophie in deutlicher Weise ihren Niederschlag.

Ursprünglich stellte Descartes in den *Meditationen* die Selbstgewißheit der Gewißheit objektiver Art nur unter dem Gesichtspunkt des methodischen Zweifels gegenüber, sofern sie die erste ist, die auch durch den extremen Zweifel nicht erschüttert werden kann. Aus der so gewonnenen Differenz von Selbst- und Gegenstandsgewißheit folgt jedoch nicht ohne weiteres der von Descartes angenommene Unterschied zweier Arten von Substanzen. Um ausgehend von der durch den methodischen Zweifel bewirkten Unterscheidung zwischen dem *Cogito* und Urteilen über Objekte zur Gegenüberstellung von *res cogitans* und *res extensa* übergehen zu können, bedarf es einer erkenntnismetaphysischen Voraussetzung, die Descartes in Form des Prinzips der *veracitas Dei* gewonnen zu haben glaubte: Sie besagt, daß distinkten begrifflichen Beziehungen notwendig reale Verhältnisse entsprechen. Wenn distinkte Begriffe voneinander unabhängig sind, dann sind auch die unter diese Begriffe fallenden Gegenstände voneinander real verschieden, d.h. sie sind unabhängige Substanzen. Dies läßt sich nach Descartes auf die Begriffe des Subjekts und des Objekts anwenden: Da das Subjekt ohne die Bestimmungen, die materiellen Körpern zukommen, und umgekehrt diese ohne auf das Subjekt bezügliche Bestimmungen distinkt gedacht werden können, muß zwischen Subjekt und Objekt, und daher auch zwischen dem Subjekt und jenem uns am nächsten stehenden Objekt, das unser eigener Körper ist, ein realer Unterschied bestehen. Dies ist unter Descartes' Voraussetzungen in der Tat zwingend: Da das Subjekt keine anderen Bestimmungen haben kann als solche der *cogitatio,* während alle Gegenstände, die das Subjekt auf dem Wege der Wahrnehmung zu erkennen vermag, ausschließlich durch Bestimmungen der *extensio* charakterisiert erscheinen, da ferner die Begriffe der *cogitatio* und der *extensio* distinkt so als verschieden zu erkennen sein sollen, daß keine Substanz zugleich als denkend und als ausgedehnt gedacht werden kann, und da schließlich durch die göttliche Wahrhaftigkeit die objektive Gültigkeit distinkter Relationen garantiert sein soll, folgt die Realdistinktion von Körper und Geist.

Descartes hat großen Wert darauf gelegt, die These der Realdistinktion als Folgerung aus den in den ersten drei Meditationen gewonnenen Sätzen darzustellen. Deshalb konnte er diese These auch erst in dem Augenblick formulieren, in dem er über ihre Voraussetzungen verfügte. So sprach er in der zweiten Meditation nur von der Unabhängigkeit der Begriffe, nicht von derjenigen der Sachen: „Vielleicht aber fügt es sich so, daß eben dieses [scil. der Körper], von dem ich voraussetze, es sei nichts, da es mir ja unbekannt ist, dennoch der Wahrheit der Sache nach nicht von dem Ich verschieden ist, welches ich kenne? Doch davon weiß ich nichts, darüber streite ich jetzt auch nicht, ich kann nur urteilen über das, was ich weiß" (Med. II; AT VII, 27). Erst nach Einführung des Begriffes der göttlichen Wahrhaftigkeit wird der reale Unterschied der körperlichen und der geistigen Substanz behauptet, in abschließender Weise sogar erst in der sechsten Meditation. Descartes war sich also durchaus darüber im klaren, daß die von der Methode geforderte Unterscheidung nicht ohne weiteres zur Annahme eines realen Unterschieds berechtige. So versichert er gelegentlich, daß aus der Unterscheidung zwischen dem, was zu unserer Natur, und dem, was zur Erkenntnis unserer Natur gehört, nicht geschlossen werden dürfe, seine Metaphysik beschränke sich auf Fragen der Erkenntnis. Es sei immer leicht festzustellen, wann von der Erkenntnis (*de sola notitia*) und wann von der Wahrheit der Dinge (*de rerum veritate*) die Rede sei (AT III, 425). Descartes geht stets von begrifflichen Unterscheidungen aus und hypostasiert sie erst nachträglich. Der Philosoph hat das im Hinblick auf den Aufbau der *Meditationen* und speziell im Hinblick auf die Tatsache, daß in der zweiten Meditation die reale Distinktion von Körper und Geist noch nicht bewiesen werden konnte, ausdrücklich festgestellt: „Sie dürfen es auch nicht befremdlich finden", schrieb er an Mersenne, „daß ich in meiner zweiten Meditation nicht beweise, daß die Seele real vom Körper verschieden sei, und daß ich mich damit begnüge, sie ohne den Körper begreiflich zu machen, weil ich an dieser Stelle noch nicht die Prämissen zur Verfügung habe, aus denen man diese Konklusion ableiten kann" (AT III, 226). Ähnlich heißt es an anderer Stelle, es sei ein großer Unterschied, „ob etwas mit mir oder mit der Kenntnis, die ich von mir habe, etwas zu schaffen hat" (5. Resp.; AT VII, 357).

Es ist offensichtlich, daß Descartes fast immer, wenn er über das Verhältnis von Körper und Geist sprach, auf die *Verschiedenheit* beider den Hauptakzent legte und demgegenüber das Problem ihrer Einheit zurücktreten ließ, wie er selbst in einem Brief an Prinzessin Elisabeth sagte (21.5. 1643; AT III, 664 f.). Der Grund hierfür ist in der Absicht zu suchen, die Unabhängigkeit der Seele vom Körper zu beweisen, um deren Unsterblichkeit, wenn nicht zwingend abzuleiten, so doch nahezulegen, und gleichzeitig durch Ausschluß aller psychischen und quasi-psychischen Faktoren aus dem Bereich der materiellen Vorgänge deren mechanistische Auffassung zu begründen.

So groß aber Descartes' Interesse an einem Beweis der Realdistinktion von Körper und Geist auch sein mußte, so war doch die Tatsache nicht aus der Welt zu schaffen, daß es einen psychophysischen Zusammenhang gibt, wie er sich namentlich in den Tatsachen des sensitiven, affektiven und voluntativen Bewußtseins manifestiert. Sofern die Seele nicht nur als Subjekt des vernünftigen Denkens, als das sie von körperlichen Einflüssen rein gehalten werden kann und soll, sondern auch als Subjekt der Empfindungen, der Willensakte, der Leidenschaften zu betrachten ist, muß der Gesichtspunkt der psychophysischen Union zur Geltung kommen. Gelegentlich stellte Descartes die Einheit von Körper und Geist als so eng dar, daß er sagte, in der individuellen Persönlichkeit seien beide Substanzen, ungeachtet ihrer Wesensverschiedenheit, in eins zusammengeflossen.

Der Gedanke der Einheit der Person, der im Erleben der ursprüngliche ist und der infolge des methodischen Zweifels gegenüber der Annahme der substantiellen Verschiedenheit von Körper und Geist in den Hintergrund tritt, wird nicht schlechthin aufgehoben.[128] Während die Realdistinktion als Ergebnis der Analyse behauptet werden muß, bleibt das unmittelbare Erleben von der Analyse unberührt. Und nicht nur das: Der Gesichtspunkt der psychophysischen Einheit muß auch im Rahmen der metaphysischen Theorie immer dann berücksichtigt werden, wenn die Tatsachen des Empfindens, Fühlens, Wollens und Handelns erklärt werden sollen. Der Gesichtspunkt der psychophysischen Einheit kann somit nicht aus der Metaphysik eliminiert und der alltäglichen Betrachtungsweise zugeschrieben werden. Er müßte innerhalb der Philosophie mit dem Gesichtspunkt der Realdistinktion von Körper und Geist versöhnt werden, – und dies ist Descartes nicht gelungen und konnte ihm auf Grund seiner metaphysischen Voraussetzungen auch nicht gelingen. Damit bleibt ein unbewältigtes Problem bestehen, das spätere Cartesianer und von Descartes beeinfluße Philosophen zu neuen Lösungsversuchen veranlaßte und so auf die weitere Entwicklung der Philosophie Einfluß gewann.[128a]

Die Behauptung, daß die Union über die Zirbeldrüse wirksam werde, zeigt die Schwäche der gesamten Theorie in aller Deutlichkeit. Denn wenn prinzipiell etwas Geistiges nicht auf etwas Körperliches (und umgekehrt) wirken kann, weil das wegen des Fehlens eines gemeinsamen Attributs ausgeschlossen ist, dann gilt das natürlich auch für die Wechselwirkung zwischen dem Geist und einem beliebigen körperlichen Organ, also auch der Zirbeldrüse. Die Schwierigkeit, die Descartes nicht befriedigend zu bewältigen vermocht hat, zeigt, wie verhängnisvoll sich die realistische Deutung von Beziehungen auswirkte, die Descartes im Rahmen seiner metaphysischen Konstruktion herstellen zu müssen glaubte.[129]

4. Die Relativierung des Dualismus

Für die Natur der angedeuteten Schwierigkeit ist es höchst aufschlußreich, daß Descartes den Versuch unternahm, sie durch die Einschränkung der Tragweite der realistischen Deutung seiner Konstruktion zu umgehen.

Durch Elisabeth von der Pfalz angeregt, griff der Philosoph in mehreren ausführlichen Briefen des Jahres 1643 das Problem des Verhältnisses von Körper und Geist in tiefer schürfender Weise auf, wobei diesmal – entsprechend der Fragestellung der Briefpartnerin – nicht so sehr die Trennung als vielmehr die Union von Leib und Seele ins Auge gefaßt wird. Seine Überlegungen in der Korrespondenz mit Elisabeth laufen darauf hinaus, daß sich die Wirklichkeit unter verschiedenen Gesichtspunkten betrachten läßt, die ursprünglichen Begriffen *(notions primitives)* entsprechen. Diese Begriffe sind seiner Ansicht nach vor jeder Erfahrung in uns angelegt und bilden die Voraussetzung für die Bildung aller anderen Begriffe (AT III, 665). Die fraglichen Begriffe sind die der Körperlichkeit, des Bewußtseins und der Verbindung beider. Demgemäß kann etwas entweder als physisch oder als psychisch oder als psychophysisch aufgefaßt werden.

Descartes konnte hier an Überlegungen anknüpfen, die er schon früher, nämlich in den *Regulae ad directionem ingenii*, entwickelt hatte, wo er erklärte, „daß die Dinge, die mit Rücksicht auf unseren Verstand als einfach bezeichnet werden, entweder rein intellektuell oder rein materiell oder beides zusammen sind“ (Reg. XII; AT X, 419). Der Erkenntnis physikalischer Zusammenhänge liegt, wie Descartes an Elisabeth schreibt, die Idee der Ausdehnung, der Erkenntnis psychischer Vorgänge die Idee des Bewußtseins und der Erkenntnis des psychophysischen Zusammenhangs die Idee der Leib-Seele-Einheit zugrunde. Man muß sich nach Descartes hüten, die entsprechenden Betrachtungsweisen miteinander zu vermengen, d.h. man darf nicht versuchen, Begriffe, die der einen entspringen, in einer anderen zur Geltung zu bringen. Dies kann wegen der Ursprünglichkeit der primitiven Begriffe nicht gelingen. In diesem Sinne betont Descartes: „Der Hauptgrund unserer Irrtümer besteht darin, daß wir uns gewöhnlich dieser Begriffe zur Erklärung von Dingen bedienen wollen, denen sie nicht zugehören; wie wenn man sich der Einbildungskraft bedienen möchte, um die Natur der Seele zu begreifen, oder auch wenn man die Weise, in der die Seele den Körper bewegt, nach der Weise begreifen will, in der ein Körper von einem anderen bewegt wird" (an Elisabeth; AT III, 666).

In ihrer Antwort wies Elisabeth darauf hin, daß ihr die Schwierigkeit, wie etwas Geistiges durch etwas Materielles (und umgekehrt) beeinflußt werden könne, immer noch nicht behoben zu sein scheine; vielmehr würde es ihr leichter fallen, der Seele Materialität und Ausdehnung zuzuschreiben, als zuzugeben, daß ein immaterielles Wesen ein materielles bewegen und von ihm bewegt werden könne (AT III, 685). Descartes kommt dem Einwand der Prinzessin so weit entgegen, als er nur irgend kann, wenn er noch die Wesensverschiedenheit von Körper und Geist, an der seiner Ansicht nach nicht gezweifelt werden kann, behaupten will. Zunächst bezieht er den Unterschied der ursprünglichen Begriffe von Geist, Körper und deren Union auf den Unterschied der grundlegenden Erkenntnisarten: Der Geist wird durch den reinen Intellekt erkannt, der Körper zwar auch durch ihn, doch besser durch den von anschaulichen Vorstellungen unterstützten Intellekt; die Union schließlich kann durch den Intellekt nur unvollkommen erfaßt werden, sie gehört zum Bereich der Sinneserfahrung. Diese Erkenntnisart ist die für das natürliche Bewußtsein charakteristische, und deshalb zweifeln Menschen, die der natürlichen Einstellung verhaftet bleiben, niemals an der Einheit von Leib und Seele. Descartes meinte mit Recht, dem natürlichen Bewußtsein stelle sich das Problem gar nicht, weil ihm der dualistische Gesichtspunkt fremd sei; erst die methodische Reflexion schaffe den Unterschied, der zum Gegensatz zweier Substanzen verfestigt wird. Die Analyse geht von der unmittelbaren Wirklichkeit aus, die jeder, auch der Philosoph, zunächst naiv hinnimmt. Auf die im methodischen Zweifel vollzogene Analyse folgt dann die Rekonstruktion der zunächst methodisch ausgeklammerten Wirklichkeitsbereiche auf einer dem Anspruch nach sicheren Grundlage, nämlich des Bereichs der quantitativen Beziehungen im allgemeinen in der Philosophie der Mathematik, des Bereichs quantitativer Beziehungen materieller Dinge in der Philosophie der Physik und des Bereichs psychischer Verhältnisse in der Philosophie des Geistes, ohne daß freilich diese Gebiete der Philosophie bei Descartes klar voneinander abgehoben würden. Descartes hielt es schließlich aber auch für notwendig, auf jene Wirklichkeit zu reflektieren, die uns in der Anschauung gegenwärtig ist und auf die wir uns als handelnde Wesen beziehen. Hierbei erweist sich dieser Bereich der wissenschaftlichen Durchdringung gegenüber als unzugänglich. Wir können unsere Stellung als leib-seelische Wesen in der Welt anschaulich erfahrener Dinge zwar erleben, nicht aber wissenschaftlich erkennen, denn „die Union von Seele und Körper ... lernt man begreifen, indem man sich nur auf das Leben und den täglichen Umgang stützt und darauf verzichtet, über die Dinge zu meditieren und Studien anzustellen, die die Einbildungskraft beanspruchen" (an Elisabeth; Egmond, 28.6. 1643; AT III, 692). Darüber hinaus gestand Descartes seiner Briefpartnerin sogar zu, daß man die Seele materiell bzw. ausgedehnt nennen könne, wenn man unter „Ausdehnung" der Seele nur verstehe, daß sie mit dem Körper verbunden sei. Was man dann in bezug auf die Seele

„Materie" nenne, sei allerdings vom Denken selbst verschieden, so wie die „Ausdehnung" der Seele nicht die Ausdehnung des Körpers sei. Der Unterschied von Körper und Geist scheint somit bis zu einem gewissen Grade relativiert zu werden, ohne daß sich Descartes jedoch dazu durchgerungen hätte, Materialität und Spiritualität lediglich als Aspekte der einheitlichen psychophysischen Person voneinander zu unterscheiden.

5. Der Geist als Gespenst in einer Maschine?

In den letzten Jahrzehnten wurde der Kritik am Cartesianischen Leib-Seele Dualismus eine neue Wende gegeben, indem sie als linguistische Kritik am Mentalismus überhaupt vorgetragen und Descartes vorgeworfen wurde, nicht nur durch die Hypostasierung des Bewußtseins Opfer einer Kategorienverwechslung geworden zu sein, sondern darüber hinaus den Geist jener mechanistischen Gesetzmäßigkeit unterworfen zu haben, die für materielle Dinge und ihre Veränderungen gilt. Der Geist im Sinne der Cartesianischen *res cogitans* wird demgemäß einerseits als Gespenst in der Maschine des mechanisch funktionierenden Körpers, andererseits als etwas gedeutet, das selbst nach quasi-mechanischen Gesetzen funktioniert.

Die hier zur Debatte stehende Kritik, wie sie besonders von G. Ryle vorgetragen wurde,[130] unterscheidet sich von der herkömmlichen, indem sie nicht nur kausale Erklärungen innerhalb des psychophysischen Bereichs kritisiert, sondern die Anwendung des Kausalitätsprinzips auf Psychisches überhaupt, und zwar darum, weil es dieser Ansicht nach psychische Zustände und Vorgänge *neben* den physischen nicht gibt. Wenn es sie aber nicht gibt, dann können sie offensichtlich auch nicht dem Kausalitätsprinzip unterworfen sein.

Aus der Unhaltbarkeit der Cartesianischen Auffassung folgt jedoch nicht ohne weiteres die Richtigkeit von Ryles Ansicht. Schon die Bezeichnung der Cartesianischen Auffassung als „Descartes' Mythus" ist fragwürdig, da sie – im Unterschied vom Leib-Seele-Dualismus orphisch-pythagoreischer Provenienz – gerade nicht aus mythischen Wurzeln, sondern aus dem Versuch der Verwirklichung des rationalistischen Ideals erwachsen ist. Descartes wird auch zuviel Ehre erwiesen, wenn seine Ansicht als die offizielle Lehre der neuzeitlichen Metaphysik dargestellt wird. Schon Spinoza und Leibniz haben den psychophysischen Dualismus fallengelassen, von Kant und den nachkantischen Idealisten ganz zu schweigen.

Ryles Descartes-Kritik ist im Rahmen der vorliegenden Untersuchung vor allem deshalb von Interesse, weil auch Ryle nach den Motiven der Cartesianischen Auffassung fragt. Er vermutet mit Recht, daß bei der Ausgestaltung der Cartesianischen Seelenlehre ethische bzw. allgemein weltanschauliche Motive, vor allem der Wunsch, die Vorstellung einer unsterblichen, im Wollen freien Seele angesichts der in den Naturwissenschaften herrschenden mechanistischen Denkweise zu retten, beteiligt gewesen seien. Er irrt jedoch, wenn er diese Motive für die entscheidenden hält. Sein Irrtum entspringt der Beschränktheit und Einseitigkeit seiner Fragestellung, die zur Vernachlässigung der systematischen Funktion des psychophysischen Dualismus bei Descartes führt. Anstatt sich um eine Deutung im weitestmöglichen Interpretationszusammenhang zu bemühen, beschränkt sich Ryle auf Motive einer bestimmten Art, ohne zu prüfen, ob diese zur Erklärung hinreichen. Gegen Ryle muß betont werden, daß Descartes nicht primär die Absicht verfolgt hat, den Glauben an eine unsterbliche, frei entscheidende Seele als gerechtfertigt erscheinen zu lassen. Das wesentliche Motiv, aus dem die Cartesianische Philosophie des Geistes zu verstehen ist, war vielmehr der Wunsch, den für den theoretischen und praktischen Rationalismus charakteristischen Anspruch definitiver Erkennbarkeit und zuverlässiger Beherrschbarkeit der Wirklichkeit zu rechtfertigen.

Um die Wissenschaft im rationalistischen Sinne und die entsprechende wissenschaftsorientierte Praxis als möglich begreifen zu können, hielt es Descartes für notwendig, einerseits die Materie zu entseelen, andererseits den Geist zu entmaterialisieren, gleichzeitig aber beide Teilbereiche der Natur als Inbegriffe eindeutig kausal determinierter Tatsachen zu bestimmen.

Diese Zusammenhänge müssen berücksichtigt werden, wenn man dem Cartesianischen Dualismus gerecht werden will, der in erster Linie als Bestandteil eines philosophischen Systems verstanden werden muß, das die wissenschaftliche Erkenntnis im allgemeinen mit spekulativen Mitteln zu begründen und ihren Erkenntnisanspruch zu rechtfertigen bestimmt war. Wer den Dualismus aus den philosophie- und wissenschaftsgeschichtlichen Zusammenhängen herauslöst und isoliert kritisiert, läuft Gefahr, über seinen leicht zu erkennenden Schwächen die positive Bedeutung zu übersehen, die er eine Zeitlang zweifellos gehabt hat.

Descartes hat nicht verkannt, daß man, ungeachtet der wesentlichen Differenz von *res cogitans* und *res extensa*, versuchen muß, auch dem Aspekt der Einheit der menschlichen Person gerecht zu werden. Dieser Gesichtspunkt drängt sich immer dann auf, wenn man sich auf die Verhältnisse des Lebens und der „conversations ordinaires" – wobei sicherlich auch an die Kommunikation im Medium der Alltagssprache zu denken ist – bezieht. Ein entscheidender Grund von Irrtümern bei der Beurteilung unseres Wesens ist nach Descartes wie nach Ryle und anderen eine Begriffsverwechslung, die man in gewissem Sinne als Kategorienfehler bezeichnen könnte: Wir irren, wenn wir ursprüngliche Begriffe (wie die des Bewußtseins, der Materialität, der Leib-Seele-Union) außerhalb des begrifflichen Kontexts, dem sie angehören, anzuwenden suchen, z. B. „wenn man sich der Einbildungskraft bedienen möchte, um die Natur der Seele zu begreifen, oder auch wenn man die Weise, in der die Seele den Körper bewegt, nach der Weise begreifen will, in der ein Körper von einem anderen bewegt wird" (an Elisabeth, 21.5. 1643; AT III, 666). In gewissem Sinne ist es nach Descartes sogar erlaubt, der Seele Materialität zuzuschreiben, sofern damit nur zum Ausdruck gebracht wird, daß sie mit dem

Körper vereint ist (an Elisabeth, 28.6. 1643; III, 694). Nichtsdestoweniger kann man nicht umhin, die hier gemeinte „Materialität" des Geistes in der philosophischen Reflexion vom Moment des Bewußtseins zu unterscheiden. Hält man sich Descartes' vorsichtige Formulierungen vor Augen, dann wird man kaum mehr der Versuchung erliegen, den Cartesianischen Dualismus, wie es Ryle tat, für eine naive Position zu halten. Man wird das um so weniger tun können, als man sich erinnern muß, daß Descartes in den *Passions de l'âme* emotionale Bewußtseinsphänomene in ihrer Abhängigkeit vom organischen Verhalten untersucht und sie damit als einen Aspekt gesamtmenschlichen Verhaltens betrachtet hat.

Descartes' psychophysischer Dualismus ist also nicht primär von traditionellen Denkmotiven geprägt, sondern erweist sich in gewisser Hinsicht als durchaus modern, sofern er nämlich in Verbindung mit der Einsicht vorgetragen wird, daß in der Metaphysik und im Alltag, in Abhängigkeit von den jeweils leitenden allgemein praktischen Interessen, verschiedene Deutungsrahmen zur Geltung kommen, deren jeder ein relatives Recht hat. Was in bezug auf einen Interpretationsrahmen gilt, muß nicht in bezug auf den anderen gelten. Namentlich sind die Vorstellungen vom Verhältnis des Bewußtseins zum Körper nicht von einem Interpretationsbereich auf den anderen transponierbar. Der Gedanke der Realdistinktion von Körper und Geist spielt demnach im Leben ebensowenig eine Rolle, wie die Vorstellung der unmittelbaren psychophysischen Einheit für die Metaphysik maßgeblich sein kann. Letzten Endes erweist sich die Bedeutung von „Ich" als abhängig vom jeweiligen Interpretationsrahmen: Nur innerhalb der Metaphysik bezeichnet „Ich" ausschließlich das denkende Subjekt der Erkenntnistheorie, dem der Körper als bloße „Gliedermaschine", somit als Teil der Außenwelt, gegenübersteht, während dieser Ausdruck im Leben die konkrete Person bedeutet, zu der die Körperlichkeit wesentlich gehört.

VII. Die Lehre von den Affekten

1. Das Ideal der Psychophysik

Die Theorie der Affekte („Affekt" steht hier, dem modernen Sprachgebrauch entsprechend, für „passion"), die wesentlich dem Bereich der psychophysischen Union angehören, entwickelte Descartes in seinem letzten Werk, den *Passions de l'âme.* Da er die Affektenlehre bzw. die Psychophysik im allgemeinen als Teil der Physik betrachtete, konnte er sich berechtigt glauben, sie derselben Methode zu unterwerfen, die er in der Physik im allgemeinen zur Geltung gebracht hatte.[131]

Die *Principia philosophiae* hätten ihren Abschluß mit der Anwendung der physikalischen Grundsätze auf den Bereich des Lebendigen, die Psychologie inbegriffen, finden sollen. Descartes schloß sein Werk jedoch nach dem vierten Teil ab und nahm die Lehre von den Affekten in einer eigenen Schrift, den *Passions de l'âme,* als selbständiges Thema auf, so wie er die tierische Physiologie in einem früher entworfenen und nun wieder aktuell gewordenen *Traité des animaux* darstellte; ähnlich war der *Traité de l'homme* als Fortsetzung von *Le Monde* konzipiert gewesen.

Die Abhandlung über die Affekte entstand in den Jahren 1645 und 1646 in Egmond, in engem Anschluß an den Briefwechsel mit Prinzessin Elisabeth, die an der werdenden Schrift größtes Interesse bekundete. Erst 1649 aber konnte das Werk erscheinen, als Descartes bereits Holland verlassen hatte und als Gast der Königin Christine, die der französische Botschafter in Schweden, Chanut, auf den Philosophen aufmerksam gemacht hatte, nach Stockholm gegangen war, weil er hoffte, von der Königin jene Unterstützung für seine experimentellen Untersuchungen zu erhalten, die er für unerläßlich erachtete und zu deren Durchführung seine persönlichen Mittel auf jeden Fall unzureichend waren.

Die Abhandlung über die Affekte nimmt innerhalb der Cartesianischen Ethik eine Schlüsselstellung ein, sollte sie doch die Verbindung zwischen der Physiologie des Nervensystems und der Moral der Affektkontrolle und -lenkung herstellen, die neben Technik und Medizin den dritten Bereich bildet, in dem Descartes sein praktisches Ideal realisieren zu können glaubte. Nachdem die Möglichkeit einer Wissenschaft von der Natur im allgemeinen durch den Aufweis der Mathematisierbarkeit aller Beziehungen materieller Dinge festgestellt erschien, konnte nun die mathematisch-physikalische Methode auch auf jenen psychophysischen Bereich Anwendung finden, in dem die Affekte ihren Ort haben. Die Beherrschung der Affekte, die durch die exakte Erkenntnis derselben ermöglicht werden sollte, ist aber eine wesentliche Voraussetzung für die Konzeption einer wissenschaftlichen Ethik, die dem rationalistischen Ideal entspricht.

Die Affektenlehre galt zwar seit jeher als Teil der philosophischen Ethik, doch kam die traditionelle Moralphilosophie kaum über eine Beschreibung der Leidenschaften und ihrer Wirkungen hinaus. Descartes setzte sich ein höheres Ziel. Er wollte die *Natur* der Affekte erfassen, er wollte ihre Entstehung durchschauen, und zwar mit derselben Exaktheit wie die mechanischen Vorgänge; denn nur was so begriffen wird, kann mit Sicherheit beherrscht werden. So wie die Technik die theoretische Erkenntnis der kausalen Beziehungen durch die Physik voraussetzt, so setzt die Beherrschung der Affekte deren kausale Erklärung voraus. In diesem Sinne versichert Descartes in einem als Vorwort zu den *Passions* gedruckten Brief (vermutlich an den Abbé Picot, der ihn zur Veröffentlichung gedrängt hatte), sein Plan sei nicht gewesen, „die Affekte nach Art der Rhetoren, noch nach Art der Moralphilosophen, sondern ausschließlich nach Art der Physiker zu erklären" (AT XI, 326).

In Descartes' Theorie der Affekte, wie in der Cartesianischen Wissenschaft im allgemeinen, wird ein Aspekt der Wirklichkeit gegenüber allen anderen Aspekten isoliert. Die *passions* nehmen eine Stellung ein, die ihre Behandlung unter zwei Gesichtspunkten erlaubt: Unter dem physiologischen, sofern auf ihren Ursprung aus gewissen körperlichen Vorgängen geachtet wird, und unter dem psychologischen, sofern sie als Bewußtseinsphänomene erlebt werden und auf das Bewußtsein, nicht auf den Körper, bezogen werden. Descartes neigte aus leicht begreiflichen Gründen dazu, den physiologischen Aspekt als primär anzusetzen, um dann die Zurückführung der psychischen Phänomene auf physiologische Gegebenheiten zu versuchen. Der Grund, der ihn zu diesem Vorgehen veranlaßte, liegt auf der Hand: Während eine deskriptive Psychologie, die sich auf die Selbstbeobachtung stützt, notwendig schwankend, in ihren Ergebnissen subjektiv, d. h. mit den individuellen Eigentümlichkeiten ihrer Erlebnisweise belastet bleibt, eröffnet die physiologische Betrachtungsweise wenigstens im Prinzip die Möglichkeit exakter Erklärungen auf Grund allgemeiner Gesetze und damit im Bereich der Anwendung wissenschaftlicher Erkenntnisse in der Praxis jene prinzipielle Sicherheit, um die es Descartes ging.

Wenn Descartes die Affekte der mechanistischen Betrachtungsweise unterwarf, um sie prinzipiell zu Gegenständen der wissenschaftlichen Erkenntnis zu machen, so übersah er dabei selbstverständlich nicht, daß sie als Bewußtseinsinhalte nicht in der Psychophysik, sondern in der Psychologie ihren Ort haben, wo sie ohne Rücksicht auf ihre Abhängigkeit von physischen Vorgängen betrachtet werden. Eine Naturwissenschaft des affektiven Bereichs ist aber nur möglich, wenn man die Affekte in ihrer Bedingtheit durch nervöse Prozesse zu erfassen sucht. Descartes' Ausgangspunkt wird im Zusammenhang mit der Bestimmung des Begriffs der Leidenschaft (passion) deutlich:

Wie ganz allgemein Handeln und Leiden, *action* und *passion*, korrelative Begriffe sind, so wird, was für die Seele als *passion* gilt, vom Körper aus gesehen als *action* aufzufassen sein. Wenn festgestellt werden soll, welchem der beiden Aspekte des Menschen eine Funktion zuzuordnen ist, muß beachtet werden, „... daß alles, was wir in uns erfahren und von dem wir sehen, daß es auch in völlig unbelebten Körpern sein kann, lediglich unserem Körper zugeschrieben werden darf" (Passions I, 2; AT XI, 329). Da nun Descartes als solche Bestimmungen Bewegung und Temperatur ansieht, welche beide im Rahmen der Physik exakt erfaßt werden, lassen sich die organischen Vorgänge rein mechanisch erklären, wie es schon im *Discours* am Beispiel der Herztätigkeit gezeigt worden war und wie es auch in der *Description du corps humain* ausgesprochen wird: „... ich werde hier versuchen..., die ganze Maschine unseres Körpers so zu erklären, daß wir nicht mehr Grund für die Annahme haben werden, unsere Seele rufe in ihm die nach dem Befund der Erfahrung willensunabhängigen Bewegungen hervor, als für das Urteil, in einer Uhr gebe es eine Seele, die bewirkt, daß sie die Stunden zeigt" (AT XI, 226). Was Descartes beabsichtigt, kann beinahe schon als behavioristische Betrachtungsweise bezeichnet werden. Tatsächlich ist der Zusammenhang zwischen der Cartesianischen Affektenlehre und der Reflexologie I. P. Pavlov aufgefallen, der Descartes als frühen Vorläufer seiner Lehre ansah.[132]

Der Reduktion der Psychologie auf Physiologie kommt deshalb so große Bedeutung zu, weil sie es gestattet, jene Sicherheit, die auf dem Wege über die Geometrie der Physik vindiziert wurde, auch auf die Betrachtung der Affekte zu übertragen. Allerdings sollte es sich zeigen, daß die Durchführung dieses Programms auf wesentliche Hindernisse stieß.

Im übrigen kann auch in der Psychophysik nicht von der psychischen Seite der Affekte abgesehen werden, die sich nur mit den Mitteln der Introspektion erfassen läßt. Affekte stehen ja nicht auf derselben Stufe wie unbewußte physiologische Vorgänge, z.B. die Herztätigkeit, aber auch nicht auf derselben Stufe wie die Empfindungen des Hungers, des Durstes usw., die, obwohl sich auch bei ihnen die Seele passiv verhält, nicht auf die Seele selbst, sondern primär auf den Körper bezogen werden und daher die Definition des Affekts nicht erfüllen. Für Affekte ist der Bezug auf die Seele wesentlich, auch wenn ihre Ursachen in außerpsychischen Vorgängen liegen. Im Rahmen der Psychophysik spielen somit auch Zusammenhänge eine Rolle, die sich nur introspektiv erfassen lassen.

Descartes kannte auch eine weitere Bedeutung von „passion", wollte sich ihrer aber in der Theorie der Affekte nicht bedienen. Zu den *passions* gehören nämlich in einem weiten Sinne alle jene Bewußtseinsvorgänge, bei denen sich die Seele leidend verhält, also auch alle Vorstellungen; doch ist es nicht üblich, Vorstellungen als *passions* zu bezeichnen. Descartes selbst scheint den Eindruck gehabt zu haben, als sei die Unterscheidung von *action* und *passion* bis zu einem gewissen Grad fließend. Mit mehr Recht könnte man alle von körperlichen Vorgängen, also von den *esprits animaux* ausgelösten Bewußtseinsphänomene *passions* nennen, etwa jene Erinnerungsvorstellungen, die auf Gedächtnisspuren im Gehirn beruhen; aber eine solche Definition liefe dem eingebürgerten Sprachgebrauch allzusehr zuwider, der Bewußtseinsvorgänge, die auf äußere Reize, wie auch solche, die auf körperliche Vorgänge bezogen werden, nicht als *passions* gelten läßt. Diese Bezeichnung verdienen allgemeiner Übereinkunft nach nur solche Bewußtseinsphänomene, die zwar von Bewegungen der Lebensgeister hervorgerufen werden, die man aber nur auf die Seele bezieht und nicht als Zustände des Körpers oder gar eines äußeren Gegenstands auffaßt. Man beachte, daß es hier nicht nur darum geht, wodurch diese Erlebnisse *ausgelöst* werden, sondern ebenso darum, worauf man sie *bezieht.* Unter dem Gesichtspunkt des erlebnismäßigen Bezugs lassen sich die nervös bedingten Perzeptionen einteilen in (1) solche, die, obwohl von Bewegungen der *esprits* abhängig, im unmittelbaren Erleben auf äußere Dinge bezogen werden, wie z. B. Farbwahrnehmungen, die wir auf die Dinge selbst projizieren, während die erkenntnismetaphysische Theorie ausschließt, daß den Dingen selbst Farbqualitäten zukommen können; (2) in solche, die (wie Schmerz oder Hunger) auf den Körper bezogen werden, obwohl die erlebten Qualitäten selbst nicht im Körper sein können; und (3) in solche, die wir spontan auf die Seele beziehen, wie es bei Freude, Zorn usw., kurz bei den Affekten der Fall ist. Daß die spontane kausale Zuordnung in allen diesen Fällen irrig ist, ergibt sich erst auf Grund der wissenschaftlichen Theorie; aber auch die Theorie vermag den erlebten Bezug nicht aufzuheben.

Die Definition der *passions* ist damit vorbereitet: Sie sind nach Descartes „Perzeptionen bzw. Empfindungen bzw. emotionale Akte der Seele, die man in erster Linie auf dieselbe bezieht und die durch eine Bewegung der Lebensgeister hervorgerufen, unterhalten und verstärkt werden“ (Passions I, 27; AT XI, 349). Diese Charakterisierung enthält, wie man sieht, bereits eine Annahme über die Entstehung der Leidenschaften. Auch bei der Klassifikation der *passions* spielt neben der Beschreibung die kausale Komponente eine wesentliche Rolle, wie es dem allgemeinen Ansatz der Psychophysik entspricht.[133]

2. *Die Einteilung der Affekte*

Die Mannigfaltigkeit der Affekte im einzelnen durchzugehen, ist von geringem Interesse, weil man niemals behaupten können wird, alle möglichen Leidenschaften berücksichtigt zu haben, ebensowenig wie sich alle möglichen Farbnuancen erschöpfend aufzählen lassen. In jedem Falle sind die Abstufungen fließend, und jede Aufzählung hat sich mit dem relativ geringen Wortbestand zum betreffenden Sachbereich abzufinden. Daher ist es unerläßlich, wie Descartes es tut, die Grundaffekte zu ermitteln, als deren Varianten bzw. Kombinationen alle übrigen angesehen werden können. So hat auch Descartes nicht allen *passions* denselben Rang zugebilligt. Der Großteil ist seiner Ansicht nach abgeleiteter Natur, während nur sechs Affekten ein ursprünglicher Charakter zukommt. Diese sechs Affekte sind: *Staunen, Liebe* und *Haß; Begierde, Freude* und *Trauer.*

Staunen und Begierde stehen für sich, die anderen Leidenschaften sind einander paarweise zugeordnet. Daß das Staunen an erster Stelle steht, erklärt sich daraus, daß dieser Affekt dann eintritt, wenn wir mit einer völlig neuen Sache konfrontiert werden, von der wir in diesem Augenblick noch nicht wissen, ob sie nützlich oder schädlich ist, während alle anderen Affekte dieses Wissen schon voraussetzen. Erweist sie sich als nützlich, empfinden wir ihr gegenüber Liebe, im entgegengesetzten Fall Haß. Eine Schlüsselstellung nimmt ferner die Begierde ein, weil sie es ist, die den Willen in Bewegung setzt. Erst auf dem Umweg über sie können die anderen Affekte wirksam werden. Aus dem Besitz des begehrten Gutes folgt die Freude, aus dem Mangel eines solchen oder aus der Gegenwart eines Übels die Trauer.

Die fundamentalen Leidenschaften differenzieren sich durch den Einfluß der Umstände zu spezielleren. So erwachsen aus dem Staunen Wert- oder Geringschätzung von Objekten, je nachdem ob deren Größe oder Geringfügigkeit Staunen hervorruft; ähnlich ergeben sich in Abhängigkeit von der Selbsteinschätzung Hochmut (orgueil) oder Bescheidenheit. Richtet sich die Wertschätzung auf andere Personen, spricht man von Verehrung, im negativen Fall von Verachtung. Mit der Begierde hängen unter dem Gesichtspunkt ihrer möglichen Befriedigung Hoffnung, Furcht, Eifersucht, Zuversicht und Hoffnungslosigkeit zusammen. In bezug auf die Wahl der Mittel zur Befriedigung der Begierde lassen sich Mut, Kühnheit, Wetteifer, Unentschlossenheit, Feigheit und Schrecken unterscheiden. Wird die Unentschlossenheit nicht vor der Entscheidung überwunden, dann stellt sich als Folge Bedauern ein. Die Trauer über ein Gut, das andere, die wir für unwürdig halten, betrifft, heißt Neid, die Trauer über unverdientes Übel Mitleid. Freude über ein Übel, das andere verdientermaßen trifft, äußert sich als Spott (moquerie). Dankbarkeit entsteht, wenn andere uns absichtlich Gutes tun; fügen sie uns absichtlich ein Übel zu, reagieren wir mit Zorn. Geschieht dies ohne Absicht, werden die Reaktionen Gewogenheit (faveur) bzw. Entrüstung (indignation) genannt. Bei Stolz (gloire) und Beschämung (honte) kommt die Beziehung des in uns liegenden Guts bzw. Übels auf die Meinung anderer zur Geltung. Langeweile oder Überdruß können entstehen, wenn ein Gut zu lange andauert, während die Trauer bei längerer Dauer eines Übels schwächer wird. – Der dritte Teil der *Passions de l'âme* ist der Erörterung speziellerer „Leidenschaften" gewidmet, wie z. B. der *générosité,* von der unten noch die Rede sein wird.

Die von Descartes gegebenen Beschreibungen der Affekte sind natürlich keine strengen Definitionen, weil psychische Grundgegebenheiten nicht definiert werden können; aber auch im Sinne von Beschreibungen sind sie nicht immer frei von dem Mangel, sich im Kreise zu bewegen. So heißt es vom Staunen *(admiration)*: „Das Staunen ist eine jähe Überraschung der Seele, die bewirkt, daß sie sich der aufmerksamen Beobachtung der Gegenstände zuwendet, die ihr selten und ungewöhnlich scheinen. So wird sie in erster Linie durch einen solchen Eindruck im Gehirn erzeugt, der den Gegenstand als selten darbietet..." (Passions II, 70; AT XI, 380). Analog sind die anderen Definitionen angelegt. In keinem Fall vergißt Descartes hinzuzufügen, daß der Affekt durch die Bewegung der *esprits animaux* hervorgerufen wird, wobei er allerdings weit davon entfernt ist, seine Behauptung über die physiologischen Bedingungen des jeweiligen Affekts im einzelnen zu belegen. Darüber darf man sich angesichts des primitiven Standes der damaligen Physiologie und Psychologie nicht wundern. Bedenklicher ist schon, daß Descartes sich die Vorgänge im Nervensystem in allzu handgreiflicher Weise als mechanische Prozesse vorstellte. Das zeigt sich besonders kraß im Zusammenhang mit dem Affekt des Staunens: „Es ist auch gewiß, daß die Gegenstände der Sinne, die neu sind, bestimmte Gehirnpartien reizen, die normalerweise nicht gereizt werden; und weil diese Partien empfindlicher und weniger fest sind als jene, die häufige Beeinflussung verhärtet hat, so vermehrt das die Wirkung der Bewegungen, die sie dort ausüben" (Passions II, 72; AT XI, 382). Descartes geht so weit, diese „Abhärtung" gewisser Gehirnpartien mit der Unempfindlichkeit der Fußsohlen gegenüber dem Körpergewicht zu vergleichen, das doch beim Gehen oder Stehen stark auf ihnen lastet.

Die von Descartes vorgenommene Einteilung der Affekte hebt sich deutlich von jenem Verfahren ab, dem die Scholastiker gefolgt waren, und der Philosoph war sich dieser Tatsache auch klar bewußt. So fehlt bei ihm die Unterscheidung von körperlichen (oder sinnlichen) und geistigen Gefühlen. Das ist ganz natürlich, da er ja mit Recht den Affekt als psychophysischen Vorgang auffaßt. Wenn gelegentlich neben dem Affekt der Freude von einer angeblich rein intellektuellen Freude die Rede ist, die jedoch meist mit dem Affekt verbunden sein soll, so ist diese eben kein Affekt im heutigen Wortsinn mehr, sondern ein Gefühl. (Analog verhält es sich mit der Trauer.)

Nach heutiger Auffassung sind Affekte psychische Reaktionen mit einer charakteristischen organischen Motorik. Auch Descartes hat den Zusammenhang der *passions* mit organischen Vorgängen für wesentlich gehalten, ohne diese Auffassung jedoch in jedem Einzelfall konsequent zur Geltung zu bringen. So zählt er das Staunen zu den *passions*, ja er gibt ihm eine ausgezeichnete systematische Stellung, obwohl hier feststellbare organische Begleiterscheinungen fehlen, wie Descartes selbst hervorhebt. Damit dürfte es zusammenhängen, daß bei der ätiologischen Analyse der Grundaffekte die *admiration* unberücksichtigt bleibt.

Die Bestimmung der Beziehungen, die zwischen Affekten und den Vorstellungen von Gütern und Übeln bestehen, kann als phänomenologisch bezeichnet werden, wogegen die eigentliche psychophysische Analyse auf Kausalerklärungen abzielt. Der Übergang von der ersten zur zweiten Betrachtungsweise erfolgt zunächst im Hinblick auf den Affekt des Staunens, von dem es einerseits heißt, er bestehe in einer Überraschung der Seele, derzufolge diese veranlaßt wird, mit Aufmerksamkeit die Objekte zu beachten, die selten und außergewöhnlich zu sein scheinen (art. 70; AT XI, 380). Andererseits aber stellt Descartes im gleichen Zusammenhang fest, das Staunen sei erstens durch den Eindruck im Gehirn verursacht, der das Objekt als selten und beachtenswert darstellt, zweitens durch die Bewegung der Lebensgeister, die den Eindruck im Gehirn, durch diesen selbst veranlaßt, verstärken und die auch bewirken, daß die Sinnesorgane in der zur Registrierung des fraglichen Eindrucks erforderlichen Position verbleiben. In Artikel 96 nimmt Descartes die kausale Frage in bezug auf die übrigen Grundaffekte wieder auf, indem er nach den Bewegungen des Blutes und der Lebensgeister fragt, die sie verursachen (AT XI, 401). Die Darstellung läßt deutlich zwei Schritte erkennen. Im ersten Schritt wird untersucht, welche organischen Vorgänge mit den Affekten verbunden sind (art. 97–101), und im zweiten wird die kausale Zuordnung von Affekt und physischem Vorgang im Rahmen einer genetischen Erörterung vorgenommen (art. 107–111), nachdem die in Betracht kommenden Vorgänge in den vorangehenden Artikeln 102–106 genauer beschrieben wurden.

Offensichtlich geht es Descartes um eine kausale Erklärung bestimmter Affekte. Da er sich aber nicht auf allgemeine Gesetze der Verursachung von Affekten durch physische Veränderungen stützen konnte, mußte er sich mit einer höchst vagen Erklärungsskizze begnügen. Er nahm an, daß immer dann, wenn im Organismus etwas geschieht, das für dessen Funktionieren förderlich ist, eine positive affektive Reaktion erfolgt, während im gegenteiligen Fall eine negative affektive Reaktion eintritt. Auf Grund assoziativer Koppelung von Funktionsablauf und Affekt können schließlich auch endogene Affekte physische Reaktionen hervorrufen. Im Falle der Liebe nahm er z. B. an, daß sie auf einer affektiven Reaktion beruht, die sich erstmals einstellt, wenn Blut ins Herz eintritt, das besonders geeignet ist, die lebenswichtige Wärme in diesem Organ aufrechtzuerhalten. Der Haß beruht dagegen auf der negativen Reaktion auf Körpersäfte, die die Erhaltung der Wärme im Herzen behindern. In ähnlicher Weise stellt Descartes Vermutungen über die Abhängigkeit der übrigen Affekte von organischen Vorgängen an.

Angesichts der großen Schwierigkeiten, die einer Erklärung bestimmter Affekte im Rahmen der Cartesianischen Theorie entgegenstehen, und angesichts der Unzulänglichkeit des von Descartes herangezogenen Erklärungsmodells ist es nicht verwunderlich, daß die Ergebnisse wissenschaftlich unbefriedigend geblieben sind. Da dies Descartes nicht verborgen bleiben konnte, drängt sich die Frage auf, was ihn veranlaßt haben mag, an seiner mechanistischen Theorie festzuhalten. Die Antwort ergibt sich, wenn man auf seine praktische Zielsetzung achtet. Nur mit Hilfe einer mechanistischen Theorie glaubte er nämlich zu einer hinreichend genauen Erkenntnis der Zusammenhänge im psychophysischen Bereich gelangen zu können, und nur auf Grund einer Wissenschaft von den Affekten meinte er die Moral als „Technik“ der Affektlenkung realisieren zu können. Die Physikalisierung der Psychologie war in seinen Augen der einzige Weg, der zu diesem Ziel führt, so wie die Mathematisierung der Physik sich ihm als notwendige Bedingung der Naturbeherrschung mit wissenschaftlichen Mitteln in der Technik darstellte.

3. Das Ziel der Affektkontrolle

In der Abhandlung über die Leidenschaften der Seele zeigt sich dasselbe Verhältnis von theoretischer Grundlegung und praktischer Zielsetzung wie in Descartes' Philosophie als ganzer. Auch hier werden zunächst die theoretischen Grundlagen im allgemeinen – in Form der Einbeziehung der Affektenlehre in die Physik – und im besonderen – in Form der kausalen Erklärung der Affekte – geschaffen, um von ihnen aus den Weg zur Erreichung des praktischen Ziels bahnen zu können. Das praktische Ziel der Kontrolle des affektiven Bereichs mit wissenschaftlichen Mitteln erschien Descartes, gemäß seinen allgemeinen erkenntnismetaphysischen Voraussetzungen, nur erreichbar zu sein, wenn die Theorie der Affekte als mechanistische Theorie aufgebaut wurde.[134] Umgekehrt bestimmt aber die praktische Zielsetzung schon den theoretischen Ansatz: Weil es Descartes darum ging, die rationale Kontrolle der Affekte als möglich zu erweisen, mußte in der Theorie gezeigt werden, inwieweit und in welcher Weise die Affekte überhaupt beeinflußbar sind. Er kam zu dem Ergebnis, daß der Versuch der Beeinflussung nur sinnvoll ist, wenn er sich auf die assoziative Koppelung von organischem Vorgang und emotionalem Erleben richtet.

Die Annahme der Beeinflußbarkeit der Affekte setzt die bereits erörterte Theorie der psychophysischen Wechselwirkung voraus. So wie die physischen Vorgänge die Seele auf dem Weg über die Lebensgeister und die Zirbeldrüse beeinflussen, so kann die Seele ihrerseits nur über diese Drüse auf den Körper und seine Zustände, mithin auch auf jene Vorgänge, die die Affekte auslösen, einwirken. „Und die ganze Tätigkeit der Seele besteht darin, daß sie, allein dadurch, daß sie etwas will, bewirkt, daß die kleine Drüse, mit der sie engstens verbunden ist, sich in der für die Hervorbringung der Wirkung, die diesem Willensakt entspricht, erforderlichen Weise bewegt" (Passions I, 41; AT XI, 360).

Trotz der behaupteten Willensfreiheit läßt sich die Tatsache nicht leugnen, daß die Affekte vom Willen weitgehend unabhängig sind, besonders was ihre Entstehung anbelangt. Daher sind erfahrungsgemäß die Möglichkeiten ihrer Beherrschung gering. Descartes nahm an, daß bestimmte Bewegungen der Zirbeldrüse immer bestimmte Willensakte nach sich zögen, daß aber diese durch häufige Wiederholung entstandene Verbindung durch Übung auch wieder aufgelöst und durch neue Verknüpfungen ersetzt werden könne. Aussichtslos sind nach Descartes Versuche, die *passions* direkt zu beherrschen; die Seele kann das vielmehr bestenfalls in indirekter Weise, besonders dadurch, daß sie jene Vorstellungen herbeiführt, die gewöhnlich einen bestimmten Affekt hervorrufen, bzw. jene, die einem zu überwindenden Affekt entgegengesetzt sind (Passions III, 211; AT XI, 486). Keineswegs aber kann man sich den Bewegungen der *esprits animaux* völlig entziehen, es sei denn, sie wären so schwach, daß man die Aufmerksamkeit von ihnen ablenken kann. Zwar gibt es nach Descartes unterschiedlich starke Seelen, je nach der Fähigkeit, die Leidenschaften und ihre körperlichen Begleiterscheinungen zu kontrollieren; dennoch glaubte er nicht, daß die „Stärke" der Seele hierfür hinreichend sei, mag sie auch bis zu einem gewissen Grad notwendig bleiben; vielmehr bedarf es hierzu wesentlich der Erkenntnis der Wahrheit, die zu festen Urteilen *(jugements déterminés)* führt; sie allein können dem Willen die Richtung weisen. Demgemäß versichert Descartes, „daß selbst jene, die die schwächsten Seelen haben, eine unbedingte Herrschaft über alle ihre Affekte gewinnen könnten, wenn man genügend Eifer auf ihre Ausrichtung und Lenkung verwendete" (Passions I, 50; AT XI, 370). Vernünftig herbeigeführte Verknüpfungen von Vorstellungen und Affekten können in vielen Fällen an die Stelle der natürlicherweise vorhandenen treten, wobei die Übung nach Ansicht Descartes' vielfach stärkeren Einfluß hat als die Naturveranlagung. Obwohl also die natürlichen Bedingungen unserer Affektreaktionen nie völlig auszuschalten sind, können wir uns auf diese Weise dem Ziel rationaler Kontrolle des affektiven Bereichs sukzessive annähern.

Wenn Descartes rationale Kontrolle der Affekte forderte, so heißt das nicht, daß er – angenommen, es wäre möglich – ihre Beseitigung wünschte. Im Gegenteil, die natürliche Funktion der Affekte wird in keiner Weise in Zweifel gezogen, sie sind, wenn man nur ihre negativen Wirkungen verhindert und insbesondere jedes Übermaß vermeidet, in sich durchaus positiv, sofern ihr Maßstab die Praxis ist: „. . .der Nutzen aller Affekte besteht nur darin, daß sie in der Seele jene Gedanken stärken und andauern lassen, deren Bewahrung für sie gut ist und die sonst leicht aus ihr verdrängt werden könnten" (Passions II, 74; AT XI, 383). In einem anderen Zusammenhang äußert sich Descartes ähnlich über die Rolle der Affekte: „. . . ihre natürliche Funktion besteht darin, die Seele zur Zustimmung und Förderung jener Tätigkeiten anzuspornen, die der Erhaltung des Körpers dienen oder ihn irgendwie vollkommener machen können" (Passions II, 137; AT XI, 430).

Die Frage, ob es nicht ein Heilmittel *(remède)* gegen negative Auswirkungen der Leidenschaften und namentlich gegen deren Übermaß gebe, findet somit eine affirmative Beantwortung. Es widerspricht der angedeuteten Auffassung von einer Moral als „Technik" der Affektkontrolle nicht, wenn Descartes betont, das gesuchte Heilmittel bestehe in der Ausübung der Tugend [exercice de la vertu] (Passions II, 148; AT XI, 441), da „Tugend" hier nichts anderes bedeutet als „dem theoretischen und praktischen rationalistischen Ideal entsprechende Einstellung". In dieselbe Richtung weist auch Descartes' Forderung, die Begierde durch die *générosité* in Schranken zu halten. Die *générosité* – und es ist am besten, dieses Wort unübersetzt zu lassen – besteht einerseits in der Erkenntnis der eigenen Freiheit, in deren richtigem oder falschem Gebrauch der Grund von Gut und Böse liegt, andererseits in der festen Entschlossenheit, sich des freien Willens richtig zu bedienen, d.h. dem als richtig Erkannten zu folgen: „Das bedeutet, in vollkommener Weise der Tugend folgen" (Passions III, 153; AT XI, 446). Im Gegensatz dazu besteht die *bassesse* darin, „daß man sich schwach oder wenig entschlossen fühlt" (Passions III,

159; AT XI, 450). Die *générosité* spielt in der Cartesianischen Philosophie somit eine Rolle, die mit der Rolle des *amor intellectualis Dei* in der Ethik Spinozas verglichen werden kann.

4. Die teleologische Deutung der Affekte

Obwohl Descartes betonte, er wolle die Leidenschaften nicht rhetorisch und auch nicht moralphilosophisch, sondern rein physikalisch betrachten (Passions, Préf.; AT XI, 326), spielt doch der Gesichtspunkt der Zweckmäßigkeit in der Erörterung der Affekte eine unübersehbare Rolle. Allgemein gesehen haben die Affekte nach Descartes die Funktion, im Erleben anzuzeigen, ob etwas, das einen Eindruck auf den Organismus ausübt, für diesen förderlich oder abträglich ist. Dies kommt klar zum Ausdruck, wenn er betont, „daß die Gegenstände, die die Sinne reizen, verschiedene Affekte in uns nicht auf Grund aller in ihnen enthaltenen Verschiedenheiten auslösen, sondern lediglich auf Grund der verschiedenen Weisen, in denen sie uns schaden oder nützen bzw. im allgemeinen bedeutsam sein können; und daß der Nutzen aller Affekte nur darin besteht, daß sie die Seele veranlassen, jene Dinge zu wollen, von denen die Natur bestimmt, daß sie uns nützlich sind, und bei diesem Wollen zu verharren; wie auch dieselbe Erregung der Lebensgeister, die sie gewöhnlich hervorbringt, den Körper zu den Bewegungen veranlaßt, die der Ausführung dieser Dinge dienen. Daher muß man, wenn man sie aufzählen will, nur gemäß der Ordnung prüfen, in wieviel verschiedenen für uns bedeutsamen Weisen unsere Sinne durch ihre Gegenstände erregt werden können" (Passions II, 52; AT XI, 372).

Sofern die Affekte biologisch eine positive Funktion haben, sind sie „gut". In diesem Sinne erklärt Descartes: „. . .bei ihrer Prüfung fand ich sie fast alle gut und dermaßen für alles Leben nützlich, daß unsere Seele keine Veranlassung mehr hätte, noch einen einzigen Augenblick mit ihrem Körper verbunden bleiben zu wollen, wenn sie sie nicht empfinden könnte" (an Chanut, Egmond, 1.11.1646; AT IV, 538). Und am Schluß des *Traité des Passions* läßt Descartes jede Einschränkung fallen und erklärt *alle* Affekte für gut: „. . . wir sehen, daß sie alle ihrer Natur nach gut sind" (Passions III, 211; AT XI, 485). So wie die Empfindungen (Schmerz, Hunger usw.), mögen sie auch nicht den Gegenstand widerspiegeln, der sie hervorruft, insofern sinnvoll sind, als sie uns in unmittelbarer Weise zeigen, was nützlich und was schädlich ist (wobei die Information, von erklärlichen Ausnahmen abgesehen, infolge der *veracitas Dei* auch für zuverlässig gehalten werden darf), so haben auch die Affekte natürlicherweise eine Funktion, die es erlaubt, sie als gut im Sinne von „nützlich" zu gezeichnen: „Denn es ist nötig zu bemerken, daß die hauptsächliche Wirkung aller Affekte im Menschen darin besteht, daß sie die Seele anspornen und instand setzen, die Dinge zu wollen, für die sie den Körper vorbereiten" (Passions I, 40; AT XI, 359).

„Gut" bedeutet hier offensichtlich soviel wie „nützlich" im biologischen Sinn, und diese Bedeutung ist immer dann vorauszusetzen, wenn Descartes die Affekte rein naturalistisch betrachtet. Die Güte der Affekte besteht in diesem Sinne darin, daß sie die Energie zur Erreichung von Zielen überhaupt liefern und damit der Selbsterhaltung dienen. Dies hebt Descartes namentlich im Hinblick auf die Begierde hervor: „Schließlich bestanden alle ursprünglichen Begierden, die die Seele gehabt haben konnte, als sie frisch mit dem Körper verbunden war, darin, ihr zuträgliche Dinge zu akzeptieren und schädliche zurückzuweisen. Und wegen derselben Wirkungen begannen seit damals die Lebensgeister alle Muskeln und alle Sinnesorgane zu bewegen, in allen Arten, nach denen sie sie bewegen können. Das ist der Grund dafür, daß jetzt der ganze Körper, wenn die Seele irgendetwas will, gewandter wird und geneigter, sich zu bewegen, als er es sonst zu sein pflegt. Und wenn es zudem der Fall ist, daß der Körper so disponiert ist, so werden dadurch die Begierden der Seele stärker und brennender" (Passions II, 111; AT XI, 410f.).

Daneben gibt es aber unter Descartes' Voraussetzungen noch eine andere Güte von Affekten, die darin besteht, daß Affekte naturgemäß bzw. vernunftgemäß sind oder sich mindestens innerhalb der von der Vernunft gezogenen Grenzen halten. Wenn Affekte in diesem zweiten Sinne „gut" genannt werden, dann drückt dieses Prädikat eine Wertung aus, die sich im Rahmen der Psychophysik als wertfreier Disziplin selbstverständlich nicht ableiten läßt, sondern gewissen normativen Voraussetzungen der Cartesianischen Philosophie entspringt.

Im besonderen Fall ist es bei Descartes allerdings schwierig, die beiden Verwendungsweisen von „gut" im Hinblick auf Affekte auseinanderzuhalten. Denn obwohl prinzipiell daran festzuhalten ist, daß Affekte an sich betrachtet ebensowenig moralisch gut oder schlecht sein können wie Vorstellungen wahr oder falsch (da von Wahrheit bzw. Wert erst da die Rede sein kann, wo geurteilt bzw. gewertet wird) und daß deren moralische Wertung nur im Hinblick auf Wertvoraussetzungen möglich ist, in bezug auf die von moralisch gerechtfertigter oder ungerechtfertigter Auswirkung eines Affekts gesprochen werden kann, scheint Descartes bei den Affekten als solchen eine wertmäßige Differenzierung vorgenommen zu haben, indem er die positiv gerichteten *passions* ihren negativen Korrelaten vorzog. So erklärte er z. B. in bezug auf Liebe und Haß: „... wenn die Dinge, die zu lieben sie [die Erkenntnis] uns veranlaßt, wahrhaft gut sind und diejenigen, die zu hassen sie uns veranlaßt, wahrhaft schlecht sind, so ist die Liebe unvergleichlich besser als der Haß ..." (Passions II, 139; AT XI, 432). Und: „Der Haß kann im Gegenteil nie so klein sein, daß er nicht schadete; und er ist nie frei von Traurigkeit. Ich sage, daß er nie zu schwach sein kann, weil wir durch den Haß des Übels zu keiner Handlung angespornt werden, zu der wir nicht noch viel besser durch die Liebe zum Guten veranlaßt werden könnten ..." (Passions II, 140; AT XI, 433). Daß die Liebe dem allgemeinen Zweck der Affekte, zum Handeln im Interesse der Selbsterhaltung zu motivieren, besser entspricht als der Haß, bleibt bei Descartes allerdings bloße Behauptung. Möglicherweise ist sie nichts anderes als ein Niederschlag traditioneller Wertvorstellungen.

Letzten Endes erweist sich die Natur, in bezug auf die Descartes Affekte als positiv oder negativ charakterisiert, als teleologisches Prinzip, weshalb er erklären konnte: „... wir nennen gewöhnlich gut oder schlecht, was unser innerer Sinn oder unsere Vernunft uns als unserer Natur entsprechend oder entgegengesetzt beurteilen läßt" (Passions II, 85; AT XI, 391). Diese Übereinstimmung der Wirkung eines Affekts mit dem Zweck, der dem Menschen gesetzt ist, kann aber nur durch verstandesmäßige Einsicht bestimmt werden. Dem folgen, was man als richtig erkannt hat, bedeutet „suivre la vertu" (Passions II, 148; AT XI, 442). Die Cartesianische Moral erweist sich somit als eine Variante der rationalistischen Ethik, derzufolge die Natur im allgemeinen und die Natur der Vernunft im besonderen den Charakter eines Wertprinzips hat, so daß die Forderung des natur- bzw. vernunftgemäßen Handelns begründbar erscheint. Demgemäß wird bei Descartes die Moralität letzten Endes auf Rationalität zurückgeführt: Als „gut" im ethischen Sinne gilt, was mit den Prinzipien der Vernunft übereinstimmt. Die Vernunft kann die Rolle des letzten Kriteriums moralischer Entscheidungen spielen, weil sie auf Grund des metaphysischen Garantieprinzips dem Wesen der Natur als gottgeschaffener Ordnung zugeordnet ist. In der Orientierung des Verhaltens an der vernünftigen Einsicht konnte Descartes daher das allgemeine Ziel der Moral erblicken.

Obwohl also für Descartes feststand, daß die Begierde, und in Abhängigkeit von ihr die anderen Affekte, immer gut sind, wenn sie der Erkenntnis folgen, und immer schlecht, wenn sie auf Irrtum beruhen (Passions II, 144; AT XI, 436), so wußte er doch, daß die Affekte nur innerhalb gewisser Grenzen unserer Einsicht gehorchen. Deshalb glaubte er nicht an die Möglichkeit vollständiger Rationalisierung des menschlichen Verhaltens und Handelns. Wie klar er sich der Schwierigkeiten, das Ideal der rationalen Praxis zu realisieren, bewußt war, geht aus manchen seiner Äußerungen deutlich hervor. So schrieb er an Prinzessin Elisabeth: „Was die Heilmittel gegen das Übermaß der Affekte anbetrifft, so gestehe ich, daß sie schwierig anzuwenden sind, und sogar daß sie nicht ausreichen, die Verwirrungen hintanzuhalten, die im Körper vor sich gehen, sondern lediglich ausreichend sind zu bewirken, daß die Seele nicht verwirrt wird und daß sie ihr unabhängiges Urteil bewahren kann" (an Elisabeth [Mai 1646]; AT IV, 411).

Das Ziel der rationalen Lenkung steht zwar unverändert vor dem Blick des Philosophen; infolge der Schwierigkeiten, es direkt zu erreichen, zur Bescheidung gezwungen, erkennt er aber an, daß die Affekte nicht unmittelbar, sondern nur in ihren Wirkungen, und auch das nur in einem bestimmten Umfang, rational kontrolliert werden können. Was erreicht werden kann, wird vornehmlich durch Übung, durch langanhaltende Gewöhnung erreicht.

Descartes hat nicht nur im Bereich der Moral die Möglichkeiten der Rationalisierung der Praxis durchaus realistisch eingeschätzt, sondern auch in der

Medizin und der Politik. Angesichts der Beschränktheit der Möglichkeiten aktiver Beeinflussung empfahl er schließlich die Distanzierung gegenüber jenen Faktoren, die sich rationaler Kontrolle entziehen. Wo sich das rationalistische Ideal nicht mehr durchsetzen läßt, bleibt nach Descartes nur noch der Rückzug aus der Praxis, wie besonders deutlich wird, wenn er angesichts der faktischen Unmöglichkeit, die zeitliche Begrenzung des menschlichen Daseins mit den Mitteln der Medizin zu überwinden, die Überwindung der Todesfurcht durch den philosophischen Gedanken empfiehlt (an Chanut, 15.6. 1646; AT IV, 441 f.).

Es läßt sich nicht übersehen, daß Descartes bereits in dem Augenblick, in dem der theoretische Aufbau wenigstens im Grundriß vollendet war, die praktischen Ziele, deren Verwirklichung das wissenschaftliche System dienen sollte, wesentlich vorsichtiger formulieren mußte als in seiner Jugend. Das enthusiastisch ergriffene Reformprogramm, das ihm als Leitziel vor Augen stand, als er seine Philosophie zu entwerfen begonnen hatte, erwies sich mit dem Abschluß der vorbereitenden wissenschaftlichen Arbeiten in seiner ursprünglichen Weite als undurchführbar. Am Ende seines Lebens ist Descartes zwar immer noch vom Willen zur rationalen Reform des Lebens erfüllt; aber dieser Wille ist zurückhaltender, das Programm vorsichtiger geworden, ja in manchen Punkten sieht sich der Philosoph zur Resignation gezwungen. Das Sicherheitsbedürfnis ist nach wie vor als treibende Kraft in den praktischen Zielsetzungen wirksam; aber vielfach kommt es jetzt nur noch indirekt und mit manchen Einschränkungen zur Geltung.

VIII. Der Übergang von der provisorischen zur endgültigen Moral

1. Der rationalistische Begriff der Tugend

Der Charakter der entwickelten Cartesianischen Philosophie tritt besonders klar zutage, wenn man Descartes' definitive ethische Anschauungen mit der im dritten Teil des *Discours de la méthode* skizzierten provisorischen Moral vergleicht. Die „morale par provision" war als Inbegriff von Regeln konzipiert, die nur im Hinblick auf faktisch akzeptierte Ziele durch den alltäglichen Verstand pragmatisch gerechtfertigt, nicht aber auf der Grundlage eines metaphysischen Systems definitiv begründet werden können. Diese Auffassung war unvermeidlich, solange nicht auf ein gesichertes metaphysisches System Bezug genommen werden konnte. Nachdem Descartes jedoch ein solches System entworfen hatte, mußte die Moral in seinen Augen aufhören, provisorischen Charakter zu haben, und zwar unabhängig vom Inhalt der moralischen Forderungen, die sich beim Übergang von der provisorischen zur definitiven Moral nicht notwendig ändern müssen. Die Differenz braucht also nicht eine materiale zu sein, sondern sie könnte insofern formal sein, als sie den Geltungscharakter moralischer Forderungen betrifft.[135]

Das Verhältnis von provisorischer und definitiver Moral deutete Descartes in einem Brief an Picot an, der als Vorrede zur französischen Ausgabe der „Prinzipien der Philosophie" von 1647 diente. Hier wies er zunächst nochmals auf die Notwendigkeit hin, eine provisorische Moral zur Grundlage des Verhaltens zu machen, solange man nur über das „vulgäre und unvollkommene Wissen" verfügt, das ohne Philosophie und Wissenschaft vorhanden ist. Hat man dagegen den Zugang zur Metaphysik gefunden und sich die Prinzipien der Physik und anderer nützlicher Wissenschaften angeeignet, dann gibt es die Möglichkeit der Anwendung des Wissens in einer rationalen Praxis im Bereich der Medizin, der Technik und der Moral. Und Descartes fügt hinzu: „Ich verstehe darunter die höchste und vollkommenste Moral, die eine vollständige Kenntnis der anderen Wissenschaften voraussetzt und die letzte Stufe der Weisheit [sagesse] ist" (AT IX/2, 14). Daß Descartes hier eine definitive Moral vor Augen hat, zeigt die Verwendung des Adjektivs „vollkommen" in aller Klarheit. Im Gegensatz zur „vollkommenen Moral", die eines der Ziele der Philosophie im allgemeinen ist, wird die provisorische Moral ausdrücklich als „unvollkommen" bezeichnet. Auf den *Discours de la méthode* zurückblickend, spricht er von der dort skizzierten „unvollkommenen Moral, der man provisorisch folgen kann, solange man noch keine bessere hat" (AT IX/2, 15). Im übrigen sind in diesem Zusammenhang auch Descartes' Äußerungen über die *sagesse* als wichtigste „Frucht" der philosophischen Bemühungen zu berücksichtigen, die nicht als Inbegriff rein theoretischen Wissens, sondern als Inbegriff praktisch bedeutsamer Erkenntnisse aufgefaßt wird (s. unten, Abschn. 2).

Das Verhältnis von provisorischer und definitiver Moral zeichnet sich nirgends so deutlich ab wie beim Vergleich der Rolle, die der Begriff der Entschlossenheit zu der Zeit, auf die im dritten Teil des *Discours* zurückgeblickt wird, einerseits, in Descartes' letzten Lebensjahren andererseits spielte. In den *Passions de l'âme* und in den um die Mitte der vierziger Jahre geschriebenen Briefen an die Prinzessin Elisabeth bedeutet „Entschlossenheit" nicht mehr, wie 1637, die Bereitschaft zum Handeln ohne Einsicht in die entscheidenden Faktoren der Handlungssituation, sondern Konsequenz in der Ausführung von Entschlüssen, die der Einsicht in die wesentlichen Handlungsbedingungen entsprungen sind. Dieser Unterschied hängt damit zusammen, daß die provisorische Moral gleichsam als Notbehelf angesichts der noch ausstehenden systematischen Begründung des rationalistischen Anspruchs konzipiert war, während in der definitiven Moral der rationalistische Anspruch als gesichert vorausgesetzt wird. Die Wirklichkeit soll ja im Rahmen des entwickelten Systems als vernünftig erwiesen sein, d. h. ihre Struktur soll evident eingesehenen Beziehungen entsprechen. Deshalb kann davon ausgegangen werden, daß wir richtig handeln, wenn wir auf Grund vernünftiger Einsicht handeln: Was wir auf Grund evidenter Einsicht als richtig beurteilen, das ist auch an sich richtig.

Die Entschlossenheit im Sinne des Rückblicks des *Discours* war ebenso nur provisorisch wie die ganze dort gebotene Moral; und wie die provisorische Moral durch die endgültige abzulösen ist, so wird auch die Entschlossenheit zum Risiko nach Vollendung des theoretischen Unterbaus der Moral ersetzt durch eine Entschlossenheit aus begründeter Einsicht. Das Risiko scheint, so gut das die menschliche Situation zuläßt, ausgeschaltet zu sein.

Es ist charakteristisch für den Rationalisten Descartes, daß er die „Unentschlossenheit" *(irrésolution)* nicht primär auf emotionale Gegebenheiten zurückführt, sondern auf den Verstand: Ihre Ursache wird im Mangel an klaren und deutlichen Begriffen erblickt, die allein als geeignet gelten, die Unsicherheit in unseren Entscheidungen zu überwinden.

Das Heilmittel gegen die *irrésolution* besteht daher für Descartes darin, „sich daran zu gewöhnen, sichere und bestimmte Urteile hinsichtlich der Dinge zu bilden, die sich darbieten, und überzeugt zu sein, daß man immer seiner Pflicht nachkommt, wenn man das tut, was man als das Beste beurteilt..." (Passions III, 170; AT XI, 460). Diese Haltung entspricht offensichtlich dem, was nach Descartes die générosité charakterisiert, so daß *générosité* und *irrésolution* als Gegensätze zu betrachten sind. Wenn aber die générosité der moralische Kulminationspunkt der Cartesianischen Affektenlehre ist, so darf gesagt werden, daß sie vor allem die Aufgabe hat, die Unentschlossenheit zu überwinden; und das entspricht völlig dem beherrschenden Motiv von Descartes' ganzer Philosophie, nämlich dem Ziel, die Unsicherheit mit rationalen Mitteln zu überwinden und ein sicheres Fundament der Praxis zu schaffen.

Der Systemaufbau führt also wieder zu jenem Punkt zurück, an dem Descartes die drängenden praktischen Fragen durch Aufstellung einer provisorischen Moral beiseite schob, um in Ruhe an die Sicherung des theoretischen Fundaments gehen zu können. Die endgültige Moral, wie sie als Ziel auch der theoretischen Bemühungen (neben den technischen und medizinischen Anwendungen der wissenschaftlichen Resultate) von vornherein ins Auge gefaßt war, durfte durch die provisorische nicht präjudiziert werden, wenn die kritische Grundhaltung nicht kompromittiert werden sollte. Da die Maximen der provisorischen Moral unter der Voraussetzung formuliert wurden, daß begründete Urteile über die Richtigkeit von Handlungen noch nicht möglich seien, konnte die Entschlossenheit nur in der Bereitschaft bestehen, unter Umständen auf gut Glück zu handeln. Dies wurde mit dem Hinweis darauf gerechtfertigt, daß es in undurchsichtigen Situationen unter Umständen gefährlicher ist, nicht zu handeln, als irgendeine Handlungsweise zu wählen. Von der definitiven Moral ist dagegen zu erwarten, daß sie prinzipiell, wenn auch nicht in jedem konkreten Fall, den Weg zu richtigen Entscheidungen weist. Daher konnte Descartes an den sittlich handelnden Menschen die Forderung richten, „daß er eine feste und gleichmäßige Entschlossenheit an den Tag lege, alles auszuführen, was die Vernunft ihm rät, ohne sich von seinen Affekten oder Trieben davon abbringen zu lassen; und ich glaube, daß man die Festigkeit dieser Entschlossenheit mit der Tugend identifizieren muß, obwohl mir nicht bekannt ist, daß jemand sie jemals in dieser Weise erklärt hätte“ (an Elisabeth, Egmond, 4.8. 1645; AT IV, 265). Die Entschlossenheit, vernünftig zu handeln, ist identisch mit der Tugend, so daß die letzte Instanz für Tugend und Glückseligkeit der rechte Gebrauch der Vernunft ist. Wer sich auf diesen „droit usage de la raison“ (an Elisabeth, Egmond, 4.8. 1645; AT IV, 267) verläßt, ist gegen alle Vorwürfe und Selbstvorwürfe gefeit, denn „nur die Unentschlossenheit verursacht Bedauern und Reue“ (an Elisabeth, Egmond, 15.9. 1645; AT IV, 295).

Descartes wollte natürlich nicht sagen, daß es möglich sei, alle Unsicherheitsfaktoren auszuschalten. Wenn er auch damit rechnete, daß der Bereich, in dem Entscheidungen unter Unsicherheit getroffen werden müssen, in dem Maß eingeengt wird, in dem die Wissenschaft fortschreitet, war ihm doch klar, daß ein beschränkter Intellekt, wie es der menschliche ist, niemals alle für eine Entscheidung relevanten Faktoren erfassen kann. Namentlich entziehen sich die Konsequenzen unserer Handlungen in vielen Fällen der Berechenbarkeit. Deshalb wird dem Menschen auf jeden Fall auch Entschlossenheit im Sinne des *Discours* abverlangt. Nichtsdestoweniger kann auf der Ebene der Cartesianischen Metaphysik, anders als auf der Ebene der provisorischen Moral, ausgeschlossen werden, daß die Welt, in der der Mensch zu handeln gezwungen ist, eine chaotische, rationales Handeln prinzipiell nicht zulassende Welt ist. Sie ist vielmehr eine Welt, in der nicht nur die Wahrhaftigkeit, sondern auch die Güte Gottes wirksam ist, somit eine Welt, in der ein endliches Wesen auf den größtmöglichen Erfolg seines vernünftigen Handelns rechnen darf. Auch wenn in vielen Fällen nicht unbedingte Sicherheit erreicht werden kann, sondern selbst nach gewissenhafter Prüfung aller relevant erscheinenden Faktoren die Entscheidung nur auf Grund von Wahrscheinlichkeitserwägungen getroffen werden kann, so vermittelt die metaphysische Idee der Wirklichkeitsordnung doch die Gewißheit, nicht nur subjektiv, sondern auch objektiv richtig gehandelt zu haben, wenn man sich an der erreichbaren Einsicht orientiert.

Auch die für die provisorische Moral charakteristische Regel des Konformismus erfährt in Descartes' späterer Zeit eine Modifikation. Der Konformismus spielt zwar auch noch in der Korrespondenz mit Prinzessin Elisabeth eine Rolle, aber nicht mehr jene beherrschende, die den Moralentwurf *vor* der wissenschaftlichen Grundlegung geprägt hatte. In der Tat ist es aufschlußreich, den Brief Descartes' an Elisabeth vom 4. August 1645 mit den Maximen des dritten Teils des *Discours* zu vergleichen. In jenem Brief führt Descartes nämlich Regeln an, die als Mittel zur Erreichung der Zufriedenheit empfohlen werden und die sich auf die drei Regeln des *Discours* beziehen sollen. Die erste dieser Anweisungen fordert, „sich so gut als möglich seines Geistes zu bedienen, um zu erkennen, was man bei allen Ereignissen des Lebens tun oder nicht tun soll" (an Elisabeth, Egmond, 4.8. 1645; AT IV, 265). Die erste Maxime der provisorischen Moral verlangte aber, „den Gesetzen und Sitten meines Vaterlandes zu gehorchen" usw. (Discours III; AT VI, 22f.), eine Forderung, die zwar auch in diesen späteren Jahren noch als zweckdienlich gilt – erklärt der Philosoph doch, er sei immer dem großen Weg gefolgt –, die aber jetzt nur noch als persönliche Maxime gekennzeichnet wird, vor allem aber nicht mehr so prononciert an erster Stelle steht, wie es für die provisorische Moral kennzeichnend und von ihrem Gesichtspunkt aus auch begreiflich war; die erste Stelle hat sie der Forderung überlassen müssen, das praktische Verhalten auf den richtigen Gebrauch des Verstandes zu stützen. An die Stelle des praktischen Konformismus ist mit anderen Worten das Postulat des rationalen Verhaltens getreten.

Am wenigsten ist vom Übergang von der provisorischen zur definitiven Moral die Regel der stoischen Grundhaltung betroffen. Wegen der Unmöglichkeit, den Bereich der Praxis mit dem des klar und distinkt Erkannten zur Dekkung zu bringen, ist ungeachtet des metaphysischen Garantieprinzips anzuerkennen, daß es vieles gibt, das sich der rationalen Erfassung und damit der rationalen Kontrolle entzieht. Von diesen nicht planmäßig beeinflußbaren Faktoren fordert Descartes, daß sie mit größtmöglicher Gelassenheit hingenommen und nicht einmal zum Gegenstand des Wünschens gemacht werden. So wird in der dritten Maxime des Briefes an Elisabeth vom 4. August 1645 gefordert, daß sich der Handelnde, „während er sich bemüht, sich so vernünftig wie nur möglich zu verhalten, vor Augen hält, daß alle Güter, die er nicht besitzt, auch gänzlich außerhalb seines Machtbereichs liegen . . . und daß er durch dieses Mittel sich daran gewöhnt, sie nicht mehr zu begehren" (AT IV, 265f.).

Zwei ergänzende Bemerkungen sind hier angezeigt. Die eine betrifft den Umstand, daß Descartes die definitive Moral nicht in systematischer Form dargestellt hat, weshalb gelegentlich die Meinung aufkommen konnte, er sei sie überhaupt schuldig geblieben. Warum Descartes auf eine umfassende Darstellung seiner moralphilosophischen Ansichten verzichtet hat, läßt sich nicht mit Sicherheit sagen. Vielleicht hätte er sie geleistet, wenn ihm die Zeit dazu vergönnt gewesen wäre. Vielleicht aber hat er bewußt auf die Darlegung seiner ethischen Überzeugungen verzichtet, beteuerte er doch gelegentlich, er wolle aus Vorsicht keine Moral schreiben. Wie dem auch sei, – zweifellos verfügte er gegen Ende seines Lebens über moralische Überzeugungen, die er in dem Sinne für endgültig halten zu können meinte, als er sie als Konsequenzen seiner metaphysischen Thesen betrachtete. Namentlich bietet die Abhandlung über die Affekte wichtige Anhaltspunkte für die Rekonstruktion der Einstellung des Philosophen gegenüber den Problemen der Ethik in seinen letzten Lebensjahren, ebenso die verstreuten Andeutungen in der Korrespondenz, insbesondere in seinem Briefwechsel mit der Prinzessin Elisabeth, in dessen Verlauf nicht nur die Grundgedanken der Abhandlung über die Leidenschaften besprochen werden, sondern auch die Grundzüge einer Ethik, die an die Stelle der provisorischen Moral treten soll.

Die zweite Bemerkung betrifft das Problem der Konkretisierung des Ideals der Entschlossenheit in der Durchführung des als richtig Erkannten bzw. der Festigkeit (fermeté) in der Verfolgung der vernünftigen Zielsetzungen. Durch das metaphysische Garantieprinzip mag sich die Forderung des rationalen Verhaltens im allgemeinen rechtfertigen lassen; keineswegs läßt sich aber mit seiner Hilfe ableiten, wie im besonderen Fall entschieden werden soll. Zwar mochte Descartes persönlich davon überzeugt gewesen sein, daß die Vernunft in jedem Fall das Gute zu erkennen vermöge, doch bleibt diese Überzeugung abstrakt, was man deutlich erkennt, sobald es um spezielle Fragen geht. Dann hat Descartes nämlich immer nur entweder bloße Regeln der Klugheit anzubieten, zu deren Begründung kein systematischer Aufwand nötig wäre, oder aber er greift auf die aus der Tradition stammenden Auffassungen seiner Zeit, der Gesellschaft, in der er wurzelt, der Kirche, zu der er gehört, zurück. Kurz, der in der provisorischen Moral noch direkt postulierte Konformismus tritt zwar theoretisch hinter der Forderung nach rationaler Determinierung des Verhaltens zurück, diese Forderung bleibt aber abstrakt und wird erst mit Inhalt erfüllt durch die stillschweigende Anerkennung der moralischen Normen der Gemeinschaft, der der Philosoph angehört.

Die Notwendigkeit einer solchen Konkretisierung läßt sich ohne weiteres einsehen: Descartes' praktischer Rationalismus ist nicht nur durch die Forderung nach Zweck-Mittel-Rationalität, sondern zugleich durch den Glauben an die Rationalität letzter Zwecke gekennzeichnet. Der wissenschaftliche Fortschritt, die Naturbeherrschung mit den Mitteln der Technik, der Medizin und der Moral (als Technik der Kontrolle affektiver Reaktionen) galten ihm von vornherein als vernünftig und daher als richtig, ja als geboten. Hinter der stillschweigenden Voraussetzung von Zwecken, die an sich gut sein sollen, steht aber der Einfluß des als „gut" Geltenden. Hier dürfte der tiefste Grund von Descartes' Konformismus liegen: Da die Forderung des vernünftigen Handelns, sofern sie mehr als Zweck-Mittel-Rationalität bedeuten soll, leer ist, bedarf sie einer inhaltlichen Ausfüllung, die sich nicht mit den Mitteln, die das System zur Verfügung stellt, leisten läßt und daher den Rückgriff auf außerphilosophische Voraussetzungen unvermeidlich macht.

Obwohl alles, was Descartes an konkreten moralischen Voraussetzungen in seine Philosophie einbringt, der philosophischen oder theologischen Tradition oder dem Normenbewußtsein der zeitgenössischen Gesellschaft entnommen ist, leistet die metaphysische Grundlegung, so unbestimmt sie auch sein mag, doch ihrer Form nach etwas sehr Wesentliches: Sie verleiht den Entschlüssen, die vermeintlich rein vernünftiger Einsicht entspringen und daher im Einklang mit den Formen der Wirklichkeit selbst stehen sollen, Festigkeit, Konstanz, Konsequenz, sie verleiht insbesondere die Entschlossenheit, die Descartes so dringend zu begründen wünscht, nicht zuletzt deshalb, weil er selbst sie nicht in genügend hohem Maße besaß. In diesem Sinne konnte er schreiben: „Denn so wie alle Laster nur aus der Unentschiedenheit und Schwäche stammen, die aus der Unwissenheit entspringen und die Reue wecken; so besteht auch die Tugend nur in der Entschlossenheit und Stärke, mit der man sich anschickt, jene Dinge zu tun, die man für gut hält, wenn nur diese Stärke nicht aus der Halsstarrigkeit stammt, sondern daraus, daß man sich bewußt ist, dieselben so gründlich geprüft zu haben, als das moralisch möglich ist" (an Christine von Schweden, Egmond, 20. 11. 1647; AT V, 83 f.).

Die Metaphysik kann somit keine inhaltlichen Normen begründen, aber sie vermag vorausgesetzte Zwecke zu sanktionieren und ihnen scheinbar absoluten Charakter zu verleihen. Der praktische Rationalismus wird auf diese Weise zur Tugend schlechthin. Die Rationalität, die bei Descartes moralisch gefordert erscheint, ist, wie deutlich geworden ist, die Rationalität einer Praxis, die in optimaler Weise, d. h. mit den Mitteln wissenschaftlicher Erkenntnis, auf die Verwirklichung eines vorgeblich vernünftigen Ideals gerichtet ist, demgemäß die Menschen Herren und Eigner der Natur im umfassenden, die menschliche psychophysische Natur einschließenden Sinne sind, so daß alle verfügbaren Kräfte optimal im Interesse eines von Mühen, Krankheiten, affektbedingten Verwirrungen entlasteten, möglichst langen, zufriedenen und glücklichen Lebens eingesetzt werden. Dieses Ideal wirkt in der Aufklärung weiter, deren Vertreter Descartes' Kampf gegen Vorurteile und unvernünftige Traditionen, den dieser vor allem im theoretischen Bereich geführt hatte, auch auf die Bereiche der Gesellschaft und der Religion ausdehnten, – nicht in erster Linie, um Überkommenes zu destruieren, sondern um das menschliche Leben – wie Descartes es gewollt hatte – vernünftiger, besser, glücklicher zu machen.

2. *Die Weisheit als praktische Vernunft*

So wie der Unterschied der Wissenschaften gegenüber der Einen Wissenschaft, in der sich die Einheit der Vernunft manifestiert, in Descartes' Augen sekundär ist, so bilden für ihn auch alle Aspekte der praktischen Vernunft, einschließlich der Moral, eine Einheit. Descartes bezeichnete diese Einheit des praktisch bedeutsamen Wissens als Weisheit (sagesse), und erklärte, sie bestehe nicht nur in der Klugheit (prudence) in allen Angelegenheiten, sondern in der vollkommenen Erkenntnis aller Dinge, die der Mensch erkennen kann, sei es um sein Leben zu gestalten, sei es um die Gesundheit zu erhalten und technische Hilfsmittel zu erfinden (Princ., Préf.; AT IX/2, 2).[136]

Das theoretische Fundament der Weisheit wird durch die allgemeinsten Sätze der Metaphysik gebildet, sofern sie die Existenz Gottes und die Abhängigkeit aller endlichen Dinge von Gott, die Geistigkeit der Seele und die Unabhängigkeit des Geistes von der Materie, sowie die Geschöpflichkeit nicht nur aller endlichen Dinge, sondern auch der Wahrheiten betreffen. Diese Sätze sind insofern moralisch bedeutsam, als sie Einsichten ausdrücken, die den Menschen veranlassen, Gott zu lieben und sich als Teil eines Ganzen bzw. in Abhängigkeit von diesem Ganzen zu verstehen (cf. AT IV, 290 ff.). An anderer Stelle nannte Descartes als ethisch relevante Grundwahrheiten Sätze über die Existenz Gottes, den Unterschied von Seele und Körper, über die indefinite Unendlichkeit der Welt und die Abhängigkeit jedes einzelnen von einer Gemeinschaft wie der Familie, dem Staat, der Menschheit (cf. AT IV, 265).

Letzten Endes ist die Weisheit, wie Descartes ausdrücklich sagt, mit der Philosophie im weiten Sinne identisch: „Das Wort *Philosophie* bezeichnet das Streben nach Weisheit" (Princ., Préf.; AT IX/2, 2). Und unter den Früchten, die nach seiner Überzeugung aus den Prinzipien seiner Philosophie hervorgehen sollen, nennt er die Aussicht, in allen Dingen, die einem begegnen, besser urteilen zu können und somit weiser zu sein (Princ., Préf.; AT IX/2, 18). Schließlich betont er, daß man, ausgehend von seinen Prinzipien, zu immer neuen Erkenntnissen gelangen könne und so mit der Zeit ein vollkommenes philosophisches Wissen erlange bzw. zur höchsten Stufe der Weisheit aufsteige.

Die angedeutete Bestimmung der Philosophie als Weisheit findet sich nicht erst beim späten Descartes, sondern kennzeichnet schon das Denken seiner Frühzeit. Bereits in den *Regeln zur Leitung des Geistes* hatte Descartes die Einheit des Wissens betont und erklärt, es sei leichter, die Wissenschaft als Ganzes zu begreifen, als einzelne Disziplinen isoliert zu erlernen. Letzten Endes sind in seinen Augen gar nicht einzelwissenschaftliche Kenntnisse entscheidend, sondern die wissenschaftliche Einsichtsfähigkeit als solche, das „natürliche Licht", das nicht nur dazu dient, dieses oder jenes spezielle Problem im Bereich der Wissenschaften zu lösen, sondern das vor allem die Funktion hat, dem Willen in bestimmten Lebenslagen den Weg zur richtigen Entscheidung zu zeigen. Die Einheit des Wissens als solchen beruht nach Descartes auf der Einheit der Vernunft, und da die Weisheit als Einheit des theoretischen und praktischen Wissens von der Einheit der Wissenschaft abhängt, ist der Grund der universellen Weisheit (universalis sapientia) die Vernunfteinheit als Einheit der intuitiv erkennenden, der folgernden, der werterfassenden und der Zweck-Mittel-Zusammenhänge entwerfenden Vernunft. Im Ideal der *sagesse* findet der Cartesianische Intellektualismus seinen klarsten Ausdruck.

Die *sagesse* bildet die Grundlage einer optimistischen Einstellung, die der Entwicklung der Philosophie und der Wissenschaften im höchsten Grade förderlich war, wie die rasche Entfaltung der Cartesianischen Ansätze nicht nur im Bereich der Philosophie, sondern auch in der Mathematik und in den Naturwissenschaften bzw. in der Naturphilosophie zeigt, wobei allerdings die Nachfolger oft andere Wege gingen als Descartes. So hielt er es schon in der Vorrede zu den *Prinzipien der Philosophie* für nötig, sich von Regius zu distanzieren, der sich einerseits zu Descartes' Philosophie bekannte, andererseits aber Ansichten vertrat, die von denjenigen Descartes' gelegentlich abwichen. Was aber nicht nur bei den Cartesianern, sondern weit über den Bereich des Cartesianismus hinaus weiterwirkte, das war der Glaube an die Kompetenz der Vernunft nicht nur im theoretischen, sondern auch im praktischen Bereich. Wegen der Identität von Philosophie im allgemeinen und *sagesse* konnte Descartes immer wieder deren Nutzen betonen, vor allem wenn nicht nur Resultate des philosophischen Denkens anderer akzeptiert werden, sondern wenn selbständig philosophiert wird, so wie es wertvoller ist, sich der eigenen Augen zu bedienen, als sich von anderen über Gesehenes berichten zu lassen. „Ohne Philosophie zu leben, bedeutet, die Augen geschlossen zu halten, ohne je zu versuchen, sie zu öffnen" (Princ., Préf.; AT IX/2, 3). Diese Wendung nimmt Formulierungen gewisser Aufklärer des 18. Jahrhunderts vorweg und läßt auch schon Kants „sapere aude!" anklingen.

Alle berührten Aspekte müssen berücksichtigt werden, wenn man Descartes' Auffassung der *sagesse* als des höchsten Gutes bzw. als des adäquaten Mittels, das Ziel der Glückseligkeit zu erreichen, gerecht werden will (ebda.).

3. Das Ideal des glücklichen Lebens

Die *vita cartesiana* ist zwar einerseits dem Fortschritt im Sinne der Verbesserung der Bedingungen, unter denen die Menschen leben (utilité du genre humain), gewidmet, gleichzeitig aber wird sie als Weg zum glücklichen Leben verstanden.

„Glücklich leben" heißt für Descartes nicht „vivre heuresement", sondern „vivre en béatitude", worunter er nichts anderes versteht als den Zustand vollkommener psychischer Ausgeglichenheit, das heißt „einen völlig zufriedenen und in seinen Wünschen zufriedengestellten Geist zu haben" (an Elisabeth, Egmond, 4. 8. 1645; AT IV, 264).[137]

Der zitierte Brief an Elisabeth ist höchst aufschlußreich für die Ansichten Descartes' über den Sinn der Moral, wenn er sie hier auch nicht in systematischer Ordnung, sondern in Anlehnung an Senecas *De vita beata* vorträgt. Er will, wie er erklärt, Senecas Gedanken so darstellen, wie sie hätten dargestellt werden müssen. Ungeachtet der Tatsache, daß eine enge Verwandtschaft zwischen der Cartesianischen und der stoischen Ethik besteht, die insbesondere darin zum Vorschein kommt, daß in beiden die Rationalität zur obersten sittlichen Norm erhoben wird, kommt bei Descartes auch das epikureische Prinzip der Freude bzw. der geistigen Ausgeglichenheit zur Geltung.

Wie ist der Zustand der Zufriedenheit zu erreichen, bzw. wie kann alles das, was ihn stört, vermieden werden? Descartes sieht als Haupthindernis der Verwirklichung des Ideals eines glücklichen Lebens die Reue an, die dadurch entsteht, daß wir bei unseren Entscheidungen entweder nicht der Vernunft folgen oder ihr nicht entschlossen genug folgen. Zwar sind auch bei konsequent rationalem Vorgehen Fehlschläge möglich; doch der rational Handelnde hat alles in seiner Macht Stehende getan, so daß für die Reue kein Raum mehr bleibt, wenn auch auf Grund unvorhergesehener Umstände andere Resultate als ursprünglich geplant eintreten sollten. Die Ethik fordert also, in allen Entscheidungen der Stimme der Vernunft zu folgen und nicht – was sozusagen die natürliche Verhaltensweise ist – den Begierden, den Trieben. Zwar sind nicht alle Begierden schlecht, d.h. vernunftwidrig, und Descartes ist weit davon entfernt, in der Askese ein Ideal zu erblicken. Aber im Hinblick auf das Ziel der Zufriedenheit ist es verfehlt, irrationalen Impulsen zu folgen. In diesem Sinne versichert Descartes: „... so ist die Tugend allein ausreichend, um uns in diesem Leben zufrieden zu machen" (an Elisabeth, Egmond, 4.8. 1645; AT IV, 266f.). Da aber die Tugend in der Entschlossenheit des Willens, das Beste zu verwirklichen, besteht, das Beste aber nur durch die Vernunft als solches erkannt werden kann, kulminiert der ganze Gedankengang in der Forderung, im Handeln ausschließlich der vernünftigen Einsicht zu folgen: „... da der rechte Vernunftgebrauch eine wahre Erkenntnis des Guten vermittelt, verhindert er, daß die Tugend fehlgeleitet wird, und indem er sie mit den erlaubten Freuden in Einklang bringt, macht er ihre Verwirklichung so leicht, und indem er uns die Bedingungen unserer Natur erkennen läßt, beschränkt er derart unsere Begierden, daß man anerkennen muß, daß die größte Glückseligkeit des Menschen von diesem rechten Vernunftgebrauch abhängt und daß folglich die seiner Erwerbung dienenden Bemühungen die nützlichste Beschäftigung sind, die man haben kann, wie sie auch zweifellos die angenehmsten und befriedigendsten sind" (an Elisabeth, Egmond, 4.8. 1645; AT IV, 267).

Descartes war natürlich die scholastische Moral, die alle Werte vom höchsten Gut, das heißt von Gott, abhängig glaubte, noch durchaus gegenwärtig; aber er machte sich von den traditionellen Betrachtungen, die das *bonum supremum* betreffen, frei, um über die scholastische Moralphilosophie hinweg auf eine der Antike eigene Auffassung zurückzugreifen: „... mir scheint, daß das höchste Gut aller Menschen insgesamt die Summe oder Zusammenfassung aller Güter sowohl der Seele, als auch des Körpers, als auch der durch das Schicksal gegebenen Verhältnisse ist, die ein Mensch haben kann; daß aber dasjenige eines jeden im besonderen etwas ganz anderes ist und daß es in nichts anderem besteht als in dem festen Willen, recht zu tun, und in der Befriedigung, die er erzeugt" (an Christine von Schweden, Egmond, 20.11. 1647; AT V, 82).

Hier wird offensichtlich kein inhaltlich bestimmtes Verhalten gefordert, sondern immer nur in formaler Weise *der rechte Gebrauch* unserer Freiheit, wobei „rechter Gebrauch" soviel bedeutet wie „vernünftige Anwendung". Damit wird nicht behauptet, daß ein für allemal feststehe, was *in concreto* gut sei; vielmehr erkennt Descartes klar, daß nicht die Sache an sich über den Wert entscheide, sondern „die Art ihres Verhältnisses zu uns" (an Christine von Schweden, Egmond, 20.11. 1647; AT V, 85).

Als höchstes Gut betrachtete Descartes nicht ein höchst wertvolles Objekt, sondern den Besitz des Inbegriffs der Vollkommenheiten, die uns erreichbar sind (an Elisabeth, Egmond, 6.10. 1645; AT IV, 305) und durch die die Zufriedenheit, das Glück, das *contentement* gesichert werden. Descartes' Auffassung des *contentement* kommt zum Ausdruck in der folgenden mehrgliedrigen Gleichung: contentement = vertu = volonté ferme = „exécuter tout ce que nous jugerons être le meilleur" = „employer toute la force de notre entendement à ... bien juger" (an Elisabeth, Egmond, 18.8. 1645; AT IV, 277). Daß diese Bestimmung des Ziels seiner Bemühungen nicht erst in den späteren Lebensjahren des Philosophen auftauchte, geht aus dem ursprünglichen Titel hervor, den der Philosoph für den *Discours* geplant hatte: „Le projet d'une science universelle qui puisse élever notre nature à son plus haut degré" (an Mersenne [Leyden, März 1636]; AT I, 339). Da aber in anderen Zusammenhängen die angeführten Bestimmungen als Mittel zur Erreichung der Cartesianischen Entschlossenheit auftraten, diese aber aus der Überwindung der praktischen Unsicherheit hervorgeht, kann in ihnen das Grundmotiv wiedererkannt werden, das in Descartes' Philosophie von Anfang an wirksam war.

Descartes war überzeugt, die Grundhaltungen der Ethik, die die Antike entwickelt hatte, zu einer Gesamtauffassung verknüpft zu haben, nämlich sowohl die stoische, als auch die epikureische, als auch die aristotelische. In diesem Sinne nimmt er Epikur gegen jene Auslegung in Schutz, die ihm unterstellt, er hätte in der sinnlichen Begehrlichkeit den Maßstab des Verhaltens erblicken wollen. Die Freude ist praktisch wohl wichtig, sie ist imstande, so auf unser Handeln einzuwirken, daß es leichter zum Erfolg führt: „Und ich möchte selbst zu glauben wagen, daß die innere Freude die geheime Macht besitzt, das Schicksal für einen günstiger zu stimmen" (an Elisabeth [November 1646]; AT IV, 529); daß aber die Freude oder die Befriedigung nicht letztes Ziel sein kann, war ihm klar: Oftmals liegt ihr nämlich eine Täuschung zugrunde, und da es immer eine größere Vollkommenheit bedeutet, die Wahrheit zu erkennen als zu irren, ist eine desillusionierende Erkenntnis immer einer Freude vorzuziehen, die einem Irrtum entspringt. Das entscheidende Kriterium ist, wie man sieht, immer die Rationalität des Handelns und Verhaltens; alles andere wird als Zutat unter Umständen akzeptiert, berührt aber nicht den Kern der Sittlichkeit (vgl. AT IV, 305).

4. Descartes' letzte Lebensjahre unter dem Gesichtspunkt des contentement

Angesichts des von Descartes formulierten Ideals eines zufriedenen Lebens liegt die Frage nahe, ob der Philosoph selbst dieses Ideal zu verwirklichen vermocht hat. Es scheint, als müßte die Antwort negativ sein.

Die Einsamkeit, die ihm seine holländische Wahlheimat gab, war nicht die eines Misanthropen, wie Baillet unterstreicht. Descartes besaß einen begrenzten Freundeskreis, er war menschlich aufgeschlossen. Er scheint zwar nicht verheiratet gewesen zu sein, aber im Sommer 1635 wurde ihm ein Töchterchen geboren, dessen Mutter Helene Jans zeitweise seine Lebensgefährtin war. Descartes ließ seine Tochter auf den Namen Francine taufen, und merkwürdigerweise findet sich der Taufvermerk in jenem Register der reformierten Gemeinde von Deventer, das den ehelich geborenen Kindern vorbehalten war.

Diese ausgeglichene, wenn nicht sogar glückliche Zeit im Leben des Philosophen ging rasch zu Ende. 1640 starb Francine, an der Descartes mit aller Liebe gehangen hatte, bald darauf Descartes' Vater. Nachhaltiger als solches punktuelle Unglück störten ihn heftige Anfeindungen von seiten einiger niederländischer Theologen. Besonders durch seinen Schüler Regius drangen die Gedanken Descartes' in weitere Kreise und riefen heftige Gegnerschaft hervor. Die einflußreichen Feinde des Philosophen erwirkten eine förmliche Verurteilung der neuen Philosophie durch die Universität Utrecht, doch ohne daß dabei Descartes' Name genannt worden wäre. Der Widerstand der aristotelisch bestimmten Theologie, die insbesondere durch Voetius und Schoockius repräsentiert wurde, mag als Verzweiflungsakt der Vertreter eines unwiderruflich überholten Standpunktes angesehen werden, und wahrscheinlich sah auch Descartes die Dinge in dieser Weise; immerhin aber hielt er die Angriffe der Universitätsphilosophie bzw. -theologie für so gefährlich, daß er sich an den französischen Botschafter um Schutz wandte, der seinerseits beim Prinzen von Oranien zugunsten Descartes' intervenierte.

Descartes begnügte sich nicht damit, Angriffe abzuwehren; er nahm mit Entschlossenheit den Kampf auf, in dem es ja nicht nur um seine Person, sondern um seine Philosophie ging. Er war sich wohl bewußt, daß die Neuartigkeit seiner Ansichten Gegnerschaft hervorrufen würde, wie er auch Freunden gegenüber geäußert hatte, „daß seine Art des Forschens nur geeignet wäre, Bettler zu erzeugen und sich Feinde zu schaffen; und daß man, um für sein Vermögen und für sein Ansehen zu arbeiten, nach den Vorurteilen der Masse schreiben und sprechen müsse, und nicht darauf ausgehen dürfe, sie zu bekämpfen" (Baillet II, 466).

Descartes erwiderte auf die gegen ihn gerichteten Pamphlete vor allem in der *Epistula Renati Descartes ad celeberrimum virum Gisbertum Voetium.* Wie sehr ihn die Angelegenheit beschäftigte, empörte, ängstigte, erkennt man aus dem Briefwechsel dieser Jahre, der ständig um jene Polemik kreist. Erst 1645 erfolgte eine wenn auch nicht befriedigende Beilegung des Konflikts: Die Universität Utrecht untersagte jede weitere Veröffentlichung, sei es für, sei es gegen Descartes. Obwohl in den folgenden Jahren Cartesianer auf Lehrstühle holländischer Universitäten gelangten, was Descartes in seinen Bemühungen bestärken mußte, so gibt es doch auch neue Rückschläge. So bringt das Jahr 1647 den Abfall des früheren Schülers Regius. 1648 stirbt M. Mersenne. Konnte Descartes also unter diesen Umständen glücklich oder zufrieden sein?

Gewiß nicht, wenn man unter „Glück" einen Zustand äußerer Ruhe, Zufriedenheit, Gesichertheit versteht; zweifellos aber dachte Descartes nicht in erster Linie an äußere Verhältnisse, wenn er von *béatitude* sprach: Das Glück in seinem Sinne besteht in der Tugend, die Tugend aber zufolge seiner im Grunde stoischen Haltung in der Vernünftigkeit.

Da sich Descartes' praktische Philosophie nicht in der Individualethik erschöpft, sondern auf den Nutzen der Menschen im allgemeinen (l'utilité du genre humain) gerichtet ist, stellte sich ihm, je älter er wurde, desto dringlicher die Frage, wie er seine Pläne im Bereich der angewandten Wissenschaft realisieren könne. Ihm wurde immer klarer, daß es hierzu der organisierten Zusammenarbeit Vieler bedurfte. Ähnlich hatte schon Fr. Bacon die Notwendigkeit organisierter wissenschaftlich-technischer Forschung betont. Wie wichtig ihm die Ausführung seiner Pläne mit Hilfe geeigneter Mitarbeiter war, zeigt die Tatsache, daß ihn in seinen letzten Lebensjahren neben dem Wunsch, sich ungestört der Ausarbeitung seiner Philosophie und den geplanten Experimenten widmen zu können (was in den Niederlanden wegen der erwähnten Anfeindungen und in Frankreich wegen der politischen Unruhen nicht mehr möglich erschien), Pläne der angedeuteten Art beschäftigten.

Das entscheidende Motiv, das ihn zur Übersiedlung nach Stockholm, wo er die letzten Monate seines Lebens verbrachte, veranlaßte, dürfte die Hoffnung gewesen sein, von Königin Christine die Mittel für die Errichtung einer wissenschaftlichen Akademie zu erhalten, in deren Rahmen experimentelle Forschung in großem Umfang und in gezielter Weise betrieben werden könnte. Seine Pläne waren aber von vornherein überschattet von düsteren Ahnungen, wie seine vor der Abreise nach Schweden geschriebenen Briefe zeigen. Seine Abreise in das „Land der Bären" war nicht ein zuversichtlicher Aufbruch zu neuen Ufern, sondern ein letzter Versuch, einem Ziel näherzukommen, das sonst nicht mehr erreichbar erschien. Noch am 1. Februar 1650 überreichte er Königin Christine „den Plan einer Konferenz oder Versammlung von Wissenschaftlern in Form einer Akademie" (Baillet II, 411), die der gemeinschaftlichen Wahrheitssuche dienen sollte.

5. *Descartes' soziale und politische Überzeugungen*

Zu den Erkenntnissen, die Descartes für wesentlich zur Realisierung des rationalistischen Programms hielt, gehört neben der Gotteserkenntnis, der Einsicht in die Natur unserer Seele und in die Unermeßlichkeit des Universums auch die „sehr nützliche" Einsicht in die soziale Natur des Menschen. Mit Descartes' Worten: „Obwohl jeder von uns eine von den anderen getrennte Persönlichkeit ist, deren Interessen infolgedessen in gewisser Weise von denjenigen der übrigen Welt verschieden sind, muß man nichtsdestoweniger bedenken, daß der Mensch nicht allein existieren kann und daß er tatsächlich einer der Teile des Universums, näherhin einer der Teile dieser Erde, einer der Teile dieses Staates, dieser Gesellschaft, dieser Familie ist, denen er durch seinen Aufenthaltsort, durch seinen Treueeid, durch seine Geburt verbunden ist" (an Elisabeth, 15. 9. 1645; AT IV, 293). Die Tatsache der sozialen Abhängigkeit ist ebenso als Gegebenheit hinzunehmen wie die Verbindung der Seele mit dem Körper. Während Descartes aber zwischen dem physischen und dem psychischen Aspekt des Menschen mittels der Hypothese der durch die angenommene Funktion der Zirbeldrüse und der Lebensgeister erklärten Wechselwirkung eine im Prinzip exakt formulierbare und kontrollierbare begriffliche Einheit erzeugen zu können meinte, die die gezielte Beeinflussung des psychischen Bereichs, insbesondere des Bereichs der Affekte, gewährleisten soll, drang er zu keiner vergleichbaren Theorie der Gesellschaft vor, weil ihm der soziale Bereich keinen Ansatzpunkt für die Anwendung wissenschaftlicher Methoden zu bieten schien. Dies hat die Konsequenz, daß sich auf Grund jener nicht weiter analysierten Tatsache der sozialen Abhängigkeit des Individuums von Familie, Gesellschaft, Staat, Sprachgemeinschaft und Stand gewisse Forderungen ergeben, die zwar eine gewisse Plausibilität, nicht aber wissenschaftliche Geltung beanspruchen können. Darüber hinaus zeigt sich, daß der Vorrang des Gemeinschaftsinteresses vor dem Individualinteresse bei Descartes letzten Endes nur postuliert, nicht aber begründet wird. Seiner Ansicht nach ist die Unterordnung des Individuums unter die Gesellschaft auf jeden Fall sittlich wertvoll, auch wenn sie nicht auf Grund klarer Einsicht in die begrifflichen Zusammenhänge, sondern lediglich auf Grund verworrener Vorstellungen vom Primat des gesellschaftlichen Ganzen erfolgt (an Elisabeth, 15. 9. 1645; AT IV, 294).[138]

Angesichts der Unmöglichkeit, eine wissenschaftliche Theorie des sozialen Verhaltens, bzw. des Verhältnisses von Individuum und Gesellschaft zu konzipieren, müßte die Forderung nach Unterordnung der individuellen unter die Gemeinschaftsinteressen ohne Rechtfertigung bleiben, wenn Descartes nicht religiöse Argumente zu Hilfe nähme. Dies tut er, indem er Gotteserkenntnis und Gottesliebe zu Motiven der geforderten Unterordnung unter die Gemeinschaftsinteressen macht, sofern seiner Ansicht nach das Verhältnis von Individuum und Gemeinschaft richtig beurteilt wird, „wenn man Gott erkennt und liebt, wie man soll. Denn dann streift man, indem man sich gänzlich seinem Willen übergibt, die Eigeninteressen ab und hegt keine andere Leidenschaft, als zu tun, was man für gottgefällig erachtet. Infolgedessen genießt man geistige Befriedigungen und Freuden, die unvergleichlich viel mehr wert sind als die kleinen vergänglichen Freuden, die von den Sinnen abhängen" (AT IV, 294). Der individuelle Wille und seine Motive erscheinen hier als abgewertet, indem sie mit dem göttlichen Willen verglichen werden, in bezug auf den sie als nichtig erscheinen müssen. Descartes glaubte offenbar, daß der durch die Beziehung auf den göttlichen Willen seines Eigeninteresses entkleidete menschliche Wille leichter mit den Interessen der Gemeinschaft in Einklang gebracht werden könne. Dabei ist besonders bemerkenswert, daß genau wie später bei Spinoza das entscheidende Mittel der Überwindung des Egoismus in der Erkenntnis und Liebe Gottes erblickt wird. (Vgl. zu letzterem Descartes' Brief an Chanut vom 1.2. 1647; AT IV, 610.)

Obwohl Descartes die Verbindung sozialethischer Forderungen mit theologischen Gedankengängen augenscheinlich nicht als Gegensatz zu den allgemeinen methodischen Prinzipien seiner Philosophie angesehen hat, ging er nicht so weit, konkrete Normen mit Hilfe der traditionellen naturrechtlichen Raisonnements beweisen zu wollen; nur in bezug auf Normen, die die soziale Einstellung im allgemeinen betreffen, treten die Vorstellungen der traditionellen Metaphysik, namentlich auch der Naturrechtsmetaphysik, in den Vordergrund. Die metaphysische Begründung hat allerdings nur auf die Form der Gedankengänge, denen sie scheinbar eine weit über die empirische hinausgehende Sicherheit verleiht, Einfluß; der Inhalt der zu begründenden Forderungen ist dem sozialen Erfahrungsbereich entnommen, wobei sich Descartes letzten Endes immer wieder auf seinen, keineswegs nur für die provisorische Moral charakteristischen konformistischen Standpunkt zurückzieht. Schließlich ging er in der metaphysischen Begründung des von ihm für richtig erachteten Verhaltens in der Gesellschaft noch einen Schritt weiter in Richtung auf die klassische Anschauung, derzufolge sich die menschliche Vernunft mit der (als vernünftig vorausgesetzten) Gesamtnatur grundsätzlich in Einklang befinden soll. Gleichzeitig versuchte er, den Egoismus direkt als unvernünftig, weil schädlich, darzustellen, indem er argumentierte, daß, wenn wir nur an uns selbst denken, wir auch nur jene Güter erlangen könnten, die uns als Individuen zugänglich sind, während wir bei der Berücksichtigung unseres Verhältnisses zu einem sozialen Ganzen auch an den Gütern der Gemeinschaft teilhaben, ohne die uns eigentümlichen Werte aufgeben zu müssen (an Elisabeth, 6.10. 1645; AT IV, 308). Darüber hinaus rechtfertigte er das Übergewicht der partikulären gegenüber den sozialen Interessen des egoistischen Individuums mit Hilfe der auch in anderen Zusammenhängen seines Systems auftretenden Harmonievorstellung, die im Begriff des höchst vollkommenen Wesens verankert ist. Die wichtigste diesbezügliche Äußerung ist die folgende: „Ich gestehe, daß es schwierig ist, genau zu bestimmen, bis wohin die Vernunft befiehlt, daß wir uns für die Öffentlichkeit interessieren; aber auch daß es sich um keine Angelegenheit handelt, in der es notwendig wäre, sehr exakt zu sein; es reicht hin, seinem Gewissen Genüge zu tun, und man kann hierin weitgehend seiner Neigung nachgeben. Denn Gott hat die Ordnung der Dinge so eingerichtet und die Menschen so zu einer engen Gesellschaft zusammengefügt, daß, wenn auch jeder alles auf sich selbst bezöge und keine Nächstenliebe für die anderen empfände, er nicht aufhörte, sich gewöhnlich für sie einzusetzen, sofern es in seinem Vermögen liegt, vorausgesetzt, er macht von seiner Klugheit Gebrauch, insbesondere wenn er in einem Jahrhundert lebt, in dem die Sitten nicht verderbt sind" (AT IV, 316f.).

Auf die Bitte der Prinzessin Elisabeth um genauere Erläuterung stellte Descartes fest, daß seiner Ansicht nach auch unter der Leitung egoistischer Motive ein gewisses Maß von Hilfsbereitschaft und Wohlwollen gegenüber den Mitmenschen durch die Klugheit geboten sei, da jeder nur so viel erwarten dürfe, als er zu bieten bereit sei. Im Endeffekt wird also der egoistische Utilitarismus vom altruistischen Verhalten äußerlich nicht zu unterscheiden sein (an Elisabeth, Januar 1646; AT IV, 356). Wenn Descartes, wie hier, in rein pragmatischer Weise argumentiert, beruft er sich nicht auf die metaphysische Harmonievorstellung, die seinen naturrechtlichen Raisonnements zugrunde liegt. So erklärte er bei Gelegenheit: „Die gemeinschaftlichen Gesetze der Gesellschaft, die darauf abzielen, daß sich die Menschen gegenseitig Gutes tun oder wenigstens sich nicht schaden, sind, wie mir scheint, so wohl eingerichtet, daß, wer immer ihnen geradezu, ohne Verstellung und Künstlichkeit folgt, ein viel glücklicheres und sichereres Leben führt, als diejenigen, die ihren Nutzen auf anderen Wegen suchen. Diese haben zwar manchmal wegen der Unwissenheit der übrigen Menschen und durch die Gunst des Schicksals Erfolg; aber es ist viel häufiger, daß sie einen Fehlschlag erleiden und daß sie, indem sie meinen, sich gut einzurichten, sich ruinieren" (AT IV, 357).[139]

Wer der eigenen vernünftigen Einsicht folgt, handelt nach Descartes im sozialen Bereich nicht weniger richtig als im Bereich der Individualethik. Da, was wir klar und deutlich einsehen, notwendig mit der Wirklichkeit selbst übereinstimmen soll, ist es immer angezeigt, der Vernunft zu folgen, und zwar sowohl in bezug auf die Bestimmung von Mitteln und Zwecken als auch in der Orientierung an letzten Zielsetzungen, deren Vernünftigkeit Descartes vorausgesetzt hat. Wo immer der Philosoph auf die göttliche Garantie begrifflichen Erkennens zurückgreift, weicht die moderne Auffassung des wissenschaftlichen Erkennens, wie sie sich im Cartesianischen System bereits durchgesetzt hat, einer dogmatischen erkenntnistheoretischen Einstellung, die dem traditionellen metaphysischen Denken verhaftet bleibt. Auf das Verhältnis des einzelnen zur Gemeinschaft findet das wissenschaftliche Vorgehen offensichtlich keine Anwendung, weshalb es unter Descartes' Bedingungen keine Staatstheorie als Teil des philosophischen Systems geben kann. Wo es um konkrete politische Maßnahmen geht, kann daher der Anspruch grundsätzlicher Richtigkeit von Entscheidungen nicht erhoben werden; man muß sich damit begnügen, nach pragmatischen Kriterien vorzugehen.

Die Tatsache, daß es für Descartes eine Staatsphilosophie nicht geben kann und daß daher in politischen Dingen nach pragmatischen Kriterien entschieden werden muß, ist zu berücksichtigen, wenn von Descartes' Verhältnis zu Machiavelli die Rede ist. Descartes billigte, oberflächlich gesehen, die Überlegungen des großen Florentiners trotz mancher Reserven, die er ihnen gegenüber hegte. Wenn er auch gegenüber den im *Principe* empfohlenen Maximen schwere Einwände erhob, so gab er doch zu verstehen, daß Machiavelli seiner Ansicht nach mit dem genannten Werk nur die Absicht verfolgt hatte, durch Aufstellung allgemeiner Richtlinien die besondere Handlungsweise Cesare Borgias zu rechtfertigen; die in diesem Werk vorgetragene Lehre scheint er also nicht für Machiavellis wahre Überzeugung gehalten zu haben. Gegenüber Machiavellis Ausführungen in den Betrachtungen zur ersten Dekade des Geschichtswerks von Livius fand er dagegen nur zustimmende Worte: „Ich habe seine Erörterung über Titus Livius gelesen, wo ich nichts Schlechtes bemerkt habe", schrieb Descartes an Elisabeth (November 1646; AT IV, 561). Sogar eine so radikale Empfehlung wie die, alle Feinde gänzlich auszurotten, wenn man sie nicht zu Freunden machen könne, hat seiner Ansicht nach den Vorteil der größeren Sicherheit, mag sie auch nicht der Tugend der Generosität gemäß sein. Auch wenn Descartes feststellt, daß die Gerechtigkeit zwischen Herrschern andere Grenzen habe als zwischen Privatpersonen, scheint er Machiavelli sehr nahe zu kommen. Freilich bleibt die Bedeutung des Ausdrucks „Gerechtigkeit" im vorliegenden Zusammenhang so unbestimmt, daß die Grenze, von der der Philosoph spricht, nicht mit Genauigkeit angegeben werden kann.

Daß Descartes jedoch nicht wirklich auf die Linie Machiavellis eingeschwenkt ist, geht daraus hervor, daß er auf alle Fälle forderte, die Mittel, mit denen die Herrschaft im Staat begründet werde, müßten gut und gerecht sein. Er unterscheidet sich von Machiavelli wesentlich dadurch, daß er die staatliche Rechtsordnung nicht durch deren Funktionieren allein für hinreichend gerechtfertigt hielt. Vielmehr rekurrierte er auf die metaphysische Korrespondenzvorstellung, um Macht und Recht, Glauben an die Legitimität und Legitimität selbst zu verbinden. Wenn er feststellte, die Mittel, mit denen die staatliche Macht etabliert werde, seien (fast) immer gerecht, ja wenn er die Ansicht vertrat, Gott gebe dem das Recht, dem er auch die Macht verleihe (an Elisabeth, September 1646; AT IV, 487), so dürfen derartige Äußerungen nicht als Ausdruck einer naturalistischen Auffassung gedeutet werden. Nach Descartes ist es vielmehr eine Folge der gottgeschaffenen Harmonie aller Dinge, daß Macht und Recht innerhalb der staatlichen Ordnung für gewöhnlich zusammenfallen.

In Hinblick auf die metaphysischen Gesichtspunkte, die in Descartes' politischer Philosophie zur Geltung kommen, ist zu beachten, daß sie hier eine andere Rolle spielen als in der Naturphilosophie oder der Ethik. Während in den letztgenannten Bereichen der Anspruch unbedingter Richtigkeit erhoben wird, der mit Hilfe metaphysischer Argumente gerechtfertigt werden soll, gibt es einen vergleichbaren Anspruch im Bereich der Lehre von der Politik bei Descartes nicht. In der Moral entspringt die Tugend der vernünftigen Einsicht, die, sobald sie erreicht ist, die Gefahr ausschließt, daß sich der Wille auf Scheintugenden richtet; in der Politik ist es dagegen nach Descartes' Überzeugung bis zu einem gewissen Grade die bloße *Meinung*, daß gewisse Maßnahmen richtig und gut seien, die dieselben gerechtfertigt erscheinen läßt. Dieser wesentliche Unterschied zwischen Ethik und Politik hat seinen Grund letzten Endes darin, daß die Lehre von der Politik unter Descartes' Voraussetzungen nicht Teil des philosophischen Gesamtsystems sein kann. Indem Descartes auf die Einbeziehung der Politik in das System verzichtete, erkannte er an einem wesentlichen Punkte die Beschränktheit des rationalistischen Programms an, das er doch ursprünglich als ein universales entworfen hatte.

6. Die Beschränkung in der endgültigen Formulierung der Ziele

In welcher Weise sich Descartes gegen Ende seines Lebens veranlaßt sah, seine praktischen Ziele vorsichtiger zu formulieren als in früheren Jahren, läßt sich besonders klar seinen Äußerungen über Moral und Medizin entnehmen.

In einem Brief an Chanut, den Botschafter Frankreichs in Stockholm, äußerte sich Descartes im Verlauf jenes Briefwechsels, der die Beziehungen zu Schweden knüpfte und schließlich seine Übersiedlung dorthin zur Folge hatte, er beabsichtige nicht, über moralische Fragen zu schreiben. Er begründete diesen Entschluß mit der Furcht vor neuerlichen Anfeindungen, deren es in den vierziger Jahren für ihn genügend gegeben hatte. Zwar hatte Descartes auch im *Discours* eine ähnliche Zurückhaltung gegenüber Problemen der Moral an den Tag gelegt, aber seine Begründung bestand damals in der Feststellung der Relativität moralischer Überzeugungen. „Denn was die Sitten angeht, so hat jeder darüber so viele Gedanken, daß man ebenso viel Reformatoren wie Köpfe finden könnte ... " (Discours VI; AT VI, 61). Nun aber überlegt er, daß, wenn schon seine physikalischen Prinzipien so heftige Angriffe ausgelöst hatten und wenn man ihn wegen seines Kampfes gegen die Skepsis für einen Skeptiker, wegen seiner Versuche, die Existenz Gottes zu beweisen, für einen Atheisten ausgegeben hatte, die Veröffentlichung einer Schrift über Fragen der Ethik erst recht zu Anfeindungen führen müsse. Derartige Befürchtungen waren für den Philosophen Grund genug, zu erwägen, in Hinkunft nichts mehr zu publizieren, sondern seine Gedanken nur seinen Freunden mitzuteilen und im übrigen nach Vermehrung des Wissens zu trachten, um sich selbst besser zu erkennen. Denn er habe das Wort Senecas zu seiner Maxime erhoben: Illi mors gravis incubat qui, notus nimis omnibus, ignotus moritur sibi (Wer allen anderen zu sehr bekannt ist, aber stirbt, ohne sich selbst zu kennen, dem droht ein trauriger Tod) (an Chanut, Egmond, 1.11. 1646; AT IV, 537).

Wenn es auch richtig ist, daß Descartes niemals offen schriftstellerischen Ehrgeiz bekundete, so folgt daraus doch nicht, daß er ihn nicht hatte; und wenn er auch nie darauf aus war, Moral zu predigen, so liegt doch die Forderung nach rationaler Lenkung des Verhaltens möglichst vieler, im Idealfall aller Menschen, so sehr in der Richtung seines Programms, daß der Verzicht auf direkte Bemühungen um die Verwirklichung dieses Programms nur als Resignation ausgelegt werden kann.[140]

Auch in bezug auf die Möglichkeiten der Medizin, die Descartes zunächst so optimistisch eingeschätzt hatte, daß er die irdische Unsterblichkeit für denkbar hielt, urteilte er vorsichtiger und vorsichtiger. Eine gewisse Skepsis gegenüber der zeitgenössischen Schulmedizin kommt zum Ausdruck, wenn Descartes schreibt: „Die Erhaltung der Gesundheit ist zu jeder Zeit das Hauptziel meiner Studien gewesen, und ich zweifle nicht, daß es in bezug auf die Medizin möglich ist, viele Erkenntnisse zu erwerben, die bis jetzt unbekannt sind. Aber da die Abhandlung über die Tiere, die ich plane und die ich noch nicht abzuschließen vermocht habe, nur den Zugang zu diesen Erkenntnissen eröffnen soll, hüte ich mich, mich ihres Besitzes zu rühmen. Ich kann hierzu im Augenblick nur sagen, daß ich derselben Meinung bin wie Tiberius, der wollte, daß alle, die ein Alter von dreißig Jahren erreicht hätten, genügend Erfahrung von den Dingen hätten, die ihnen schaden oder nützen könnten, um ihre eigenen Ärzte zu sein. Tatsächlich scheint es mir, daß jeder auch nur ein wenig verständige Mensch mit etwas Aufmerksamkeit besser feststellen kann, was seiner Gesundheit nützt, als es ihn die weisesten Doktoren zu lehren vermöchten (an den Marquis von Newcastle, Egmond, Oktober 1645; AT IV, 329f.).

An die Stelle der ursprünglichen weitgespannten Hoffnungen auf beträchtliche, möglicherweise sogar unbegrenzte Verlängerung der Lebensdauer tritt bei Descartes mehr und mehr der Gedanke, daß es besser sei, die Todesfurcht durch metaphysische Spekulation zu überwinden: „Anstatt Mittel zur Erhaltung des Lebens zu finden, habe ich ein anderes, viel leichteres und sichereres Mittel gefunden, das darin besteht, den Tod nicht zu fürchten" (AT IV, 442), schrieb Descartes am 15.6. 1646 an Chanut. Diese Konsequenz war in dem Augenblick unausweichlich, in dem Descartes einsah, daß die Physiologie faktisch nicht derselben Methode unterworfen werden konnte, die er in seiner mechanistischen Physik zur Geltung gebracht hatte. Er zog hieraus freilich nicht die Folgerung, daß die mechanistische Betrachtungsweise im organischen Bereich unangemessen sei, sondern führte das Scheitern der Mechanisierung der Physiologie auf den Mangel an Beobachtungen zurück, den er immer wieder beklagte.

Angesichts dieser Situation wird verständlich, daß Descartes die Gesundheit gelegentlich zu jenen Voraussetzungen des glücklichen Lebens zählte, die nicht von uns abhängen. Da er aber die Medizin ausdrücklich zu jenen Zweigen am Baum der Wissenschaft gerechnet hat, an denen erst die Früchte reifen und die ihre Kraft aus dem sie tragenden Stamm der Physik und seinen metaphysischen Wurzeln ziehen müssen, da er sich ferner immer wieder mit anatomischen Untersuchungen beschäftigte, die praktisch angewendet werden sollten, muß angenommen werden, daß er nur für seine Person und für seine Zeit an der Erreichbarkeit des Zieles verzweifelte, daß er es aber nicht grundsätzlich für unerreichbar hielt. Den Maschinencharakter des Organismus glaubte er klar bewiesen zu haben; es bedurfte also nur noch der entsprechenden Technik, um die komplizierte Maschine nach den Wünschen des Menschen vernünftig zu lenken. Es fällt auf, daß Descartes in seiner Korrespondenz immer wieder auf die Notwendigkeit weiterer Experimente hinwies, die ein einzelner wegen der Beschränktheit der Mittel, der Kraft und der Zeit nicht durchführen könne. Wie aber hätte der Privatmann und wissenschaftliche Einzelgänger Descartes den nötigen Mitarbeiterstab gewinnen können, der jene Experimente durchzuführen imstande gewesen wäre? Es ist also verständlich, daß er sich gezwungen sah, den ursprünglichen Optimismus seiner medizinischen Erwartungen zu dämpfen. Die weitere Entwicklung hat gezeigt, daß es einer viel längeren Zeit als der eines Menschenlebens bedurfte, um die barbarische Medizin des 17. Jahrhunderts zu überwinden. Wie wenig Descartes von der Kunst der zeitgenössischen Mediziner hielt, zeigt übrigens sein Verhalten während seiner letzten, tödlichen Krankheit: Er lehnte jede ärztliche Behandlung ab und suchte sich selbst zu kurieren, – ohne Erfolg, aber wohl mit dem positiven Effekt, sich manche jener unnötigen Qualen zu ersparen, denen die damaligen Ärzte ihre Patienten auszusetzen pflegten.

War es in der Medizin und der Moral nur der unbefriedigende Stand der wissenschaftlichen Erkenntnis in der Physiologie und Psychophysik, was Descartes zu bescheidener Formulierung der praktischen Ziele nötigte, so ließen ihn prinzipielle philosophische Erwägungen darauf verzichten, den religiösen Bereich unter rationalen Gesichtspunkten zu beurteilen. Ganz im Sinne der zweiten Regel der *Regulae ad directionem ingenii,* die die Beschränkung der Forschung auf Gegenstände fordert, zu deren klarer und unzweifelhafter Erkenntnis unser Intellekt imstande ist, verzichtete er auf die Auseinandersetzung mit religiösen Dogmen. Wo er es für angebracht hielt, bezeigte er der Kirche und ihren Lehren den geziemenden Respekt, so daß der moderne Leser nicht immer den Eindruck einer gewissen Liebedienerei zurückdrängen kann, ja gelegentlich sogar in Zweifel darüber gerät, ob nicht doch hinter den Ergebenheitsbeteuerungen des Philosophen ein gut Teil Ironie verborgen ist, wie zum Beispiel in der Widmung der Meditationen, die sich an die theologische Fakultät zu Paris wendet. Dort heißt es: „Und mag es überhaupt noch so wahr sein, daß man an die Existenz Gottes glauben muß, da sie ja in den heiligen Schriften gelehrt wird, und daß man umgekehrt an die heiligen Schriften glauben muß, da sie ja auf Gott zurückgeführt werden ... ; so darf man doch den Ungläubigen diesen Grund nicht vorhalten, weil sie ihn für einen Zirkelschluß erklären würden" (AT VII, 2).

Da sich nicht mehr entscheiden läßt, ob es Descartes im einzelnen mit den Versicherungen seiner Orthodoxie ernst war oder ob er lediglich religiösen Verdächtigungen zuvorkommen wollte, muß jede Deutung, die in Descartes' Philosophie entweder nur christliche Apologetik oder nur verkapptes Freidenkertum findet, unverifizierbare Hypothese bleiben. Die Frage nach Descartes' persönlicher Einstellung offen zu lassen, fällt um so leichter, als für seine Einstellung gegenüber der Theologie dasselbe gilt wie für seine Haltung gegenüber der Politik, nämlich daß seine Zurückhaltung aus der von der Methode geforderten Beschränkung auf das klar und deutlich Erkannte folgt, zu dem die Dogmen der Theologie nicht gehören können. So äußert sich Descartes zwar gelegentlich über die Frage der Möglichkeit unmittelbarer Gotteserkenntnis durch Erleuchtung des Geistes, fügt aber sofort einschränkend hinzu, daß er mit diesen Äußerungen eigentlich schon die Grenzen seines Philosophierens überschritten habe, und zwar nur aus Ergebenheit gegenüber dem Adressaten (vgl. an den Marquis von Newcastle [?], März oder April 1648; AT V, 139).

Freilich könnte man einwenden, daß die Anerkennung dieser Grenzen – „les bornes de philosopher que je me suis prescrites" – die Berücksichtigung religiöser Probleme überhaupt hätte ausschließen müssen; und hier erhebt sich nun trotzdem wieder die Frage, ob die Unterwerfung unter das Irrationale des Glaubens nicht doch einen Zug von Opportunismus oder Angst verrate. Die heutigen Historiker neigen in ihrer Mehrheit dazu, Descartes' Beteuerungen für ehrlich zu halten, und das gewiß nicht ohne gute Gründe. Dennoch wird man den starken Akzent, den der Philosoph den Beteuerungen seiner Orthodoxie verleiht, wie auch ihre Häufigkeit aus der Absicht verstehen müssen, nicht nur bei den Theologen keinen Anstoß zu erregen, sondern, wenn irgend möglich, sein System als Ersatz für die bislang vorherrschende aristotelische Philosophie zu empfehlen. Anpassung an die geltenden religiösen Dogmen war dafür aber die unerläßliche Voraussetzung.

Man wird allerdings annehmen dürfen, daß Descartes in bestimmten besonderen Fällen taktische Winkelzüge nicht verschmähte, wie z. B. im Zusammenhang mit der Frage der Vereinbarkeit des Dogmas der Transsubstantiation mit seiner Philosophie. Da dieses Dogma die Annahme von Akzidentien voraussetzt, die unabhängig von der Substanz bestehen können, was nach der Cartesianischen Ontologie unmöglich ist, konnte hier ein Widerspruch zwischen einem von Descartes' Grundgedanken und einem Dogma der Kirche behauptet werden. Descartes versuchte, einen Kompromiß zu finden, ohne seine Philosophie modifizieren zu müssen. Einerseits blieb er daher in dem Punkt, der die Grundlagen seiner Metaphysik betraf, fest, hier gab es für ihn keine Konzession: „Daher möchte ich wohl, wenn man hier die Wahrheit ohne Furcht vor Mißgunst schreiben darf, die Hoffnung aussprechen, daß einst die Zeit kommen wird, wo jene Ansicht, die die Akzidentien als real setzt, von den Theologen beseitigt wird, weil sie nichts mit Vernunftgründen zu tun hat ... " (4. Resp.; AT VII, 255). Aber andererseits hat Descartes alles getan, um einen Widerspruch zwischen seiner Metaphysik bzw. seiner Physik und dem Dogma wegzudisputieren, zu welchem Zweck er eine sehr künstliche Theorie entwickelte, die hier wiederzugeben nicht der Ort ist. Für wie wichtig man Fragen wie diese damals hielt, geht aus ihrer ausführlichen Behandlung durch den

Abbé Baillet hervor, der ihr ein eigenes Kapitel seiner Descartes-Biographie widmete.[141]

Descartes hat den praktischen Rationalismus, den er von vornherein nicht mit umfassendem Anspruch vertrat – Religion, Gesellschaft und Recht blieben ausgeklammert –, ungeachtet der Einschränkungen hinsichtlich seiner Realisierbarkeit in bestimmten Bereichen, nicht widerrufen. Seinen grundsätzlichen Glauben an die theoretische und praktische Vernunft hielt er immer aufrecht; nur an der Möglichkeit, alle Lebensbereiche der Vernunft zu unterwerfen, zweifelte er je länger, desto mehr. Daß die weitere Entwicklung im geistigen Bereich in die Richtung immer weiter reichender Rationalisierung gehen würde, stand für ihn fest. Daß schon im folgenden Jahrhundert eine philosophie- bzw. allgemein geistesgeschichtliche Wende eintreten würde, die vorübergehend zum Abbau jenes Rationalismus führen sollte, den er vertrat, wäre für ihn vermutlich undenkbar gewesen.

IX. Reduktion und Rekonstruktion

Gegen das Cartesianische Programm wurde, wie gegen den Rationalismus im allgemeinen, immer wieder eingewendet, daß es einseitig sei und daher zu einer einseitigen Wirklichkeitsbetrachtung führe. Als Grund dieser Einseitigkeit wird oft die Tatsache genannt, daß die Cartesianische Betrachtungsweise zur Vernachlässigung aller rational nicht erfaßbaren Aspekte der Wirklichkeit führe und damit eine ganzheitliche Erfahrung der Wirklichkeit verhindere. Diesem vom Standpunkt einer „ganzheitlichen" Betrachtungsweise vorgetragenen Einwand könnte entgegengehalten werden, daß er von einem zweifelhaften Anspruch ausgehe und somit selbst zweifelhaft sei, ist doch der Ausdruck „ganzheitlich" keineswegs präzisiert, geschweige denn die Möglichkeit einer ganzheitlichen Erfahrung der Wirklichkeit nachgewiesen. Sofern die angedeutete Kritik nicht mehr besagen soll, als daß die Cartesianische Philosophie eine Form des theoretischen und praktischen Rationalismus und daher auf den Rahmen dieser Konzeption beschränkt sei, trifft sie zu, muß dann jedoch über den Vorwurf der „Einseitigkeit" hinaus zu einer Auseinandersetzung mit den fundamentalen Voraussetzungen des Rationalismus fortschreiten. Jede philosophische Position ist ja insofern „einseitig", als mit der Entscheidung für gewisse Voraussetzungen notwendig die Entscheidung gegen gewisse andere verbunden ist. Wer daher einer Philosophie Einseitigkeit in dem hier gemeinten Sinn vorwerfen wollte, erhebt eigentlich keinen Vorwurf, sondern stellt nur etwas fest, was für jede Philosophie zutrifft. Tatsächlich dürfte der Vorwurf der Einseitigkeit nichts anderes zum Ausdruck bringen als die Ablehnung des kritisierten Standpunktes, den man mit jenem Vorwurf diskreditieren möchte, ohne gegen ihn argumentieren zu müssen.

Die „Einseitigkeit" der Cartesianischen Philosophie – dieser Ausdruck nunmehr wertfrei gebraucht – ist mit Descartes' Option für den Rationalismus gegeben, von dem anzunehmen ist, daß er genetisch primär praktischer Rationalismus, d. h. Glaube an die Möglichkeit definitiv richtiger Entscheidungen, und erst sekundär theoretischer Rationalismus, d. h. Glaube an die Möglichkeit definitiv wahrer Erkenntnis der Wirklichkeit aus reiner Vernunft, war. Unter dem Eindruck der rationalistischen Grundannahme erfolgte bei Descartes eine Destruktion des natürlichen Weltbildes in mehreren Schritten. Die Welt, zunächst erlebt als Inbegriff von Seienden, die nicht nur Objekte des Urteilens, sondern zugleich auch des Wollens und Fühlens sind, die darüber hinaus zum Teil durch menschliche Praxis bedingt sind und die namentlich als bestimmte Seiende nicht unabhängig von der Sprache sind, in der sie benannt werden, wird reduziert auf eine Welt von Gegenständen, die unabhängig von voluntativen und emotionalen Zusammenhängen als Gegenstände des einzelnen Urteilssubjekts erscheinen. Damit sind vor allem Zusammenhänge der Praxis zunächst ausgeblendet. Innerhalb dieses reduzierten Wirklichkeitsbereichs wird mit dem Mittel des methodischen Zweifels eine noch weitergehende Reduktion vorgenommen. Durch Ausschaltung aller empirischen Urteile erfolgt eine Einengung auf Gegenstände nicht-empirischer Urteile, durch Ausschaltung auch der erfahrungsunabhängigen Urteile von der Art der mathematischen die Aufhebung der Annahme eines eigenen Seinsbereichs idealer Gegenstände („Naturen"), bis sich schließlich ein einziges Urteil als immun gegenüber dem Zweifel erweist: das erste Prinzip, in dem die Unaufhebbarkeit des selbstbewußten Subjekts in jeder Erfahrung behauptet wird. Daß die Reduktion des Erkenntnis- und Wirklichkeitsbereichs auf diesen Punkt nicht unabhängig von gewissen impliziten Annahmen metaphysischer Art – näherhin ontologischen und erkenntnismetaphysischen Voraussetzungen – möglich ist, wurde oft und mit Recht bemerkt; daß auch die partielle Rekonstruktion des ursprünglichen Wirklichkeitsbereichs auf diesen Voraussetzungen beruht, ist ebenso unbestreitbar.

Die Rekonstruktion, die sich zur Reduktion verhält wie die Komposition zur Resolution innerhalb der analytischen Methode im Sinne des 17. Jahrhunderts, wird bei Descartes mit dem Anspruch vorgenommen, nur Entfaltung dessen zu sein, was in dem durch den methodischen Zweifel gewonnenen archimedischen Punkt enthalten war, als der das erste Prinzip fungiert. Dieser Anspruch wird verständlich, wenn man bedenkt, daß jener Punkt mit impliziten Voraussetzungen beladen ist, als deren Explikation die Restitution bzw. Rekonstruktion der zunächst destruierten Wirklichkeit zu begreifen ist. Wenn Descartes argumentiert, daß von „Zweifeln" nur die Rede sein könne, wenn die Differenz von Wahr und Falsch bekannt sei, so meinte er wie selbstverständlich *unbedingte* Wahrheit und *unbedingte* Falschheit. Wenn er vom „Ich denke, also bin ich" zum „Ich bin eine denkende Substanz" überging, setzte er einen bestimmten Begriff der Substanz voraus. Wenn er die Existenz Gottes, ausgehend von der Gottesidee im Bewußtsein des endlichen Ich, zu beweisen suchte, stützte er sich auf den Grundsatz, daß jeder Begriff eines endlichen Wesens ebenso den Begriff des Unendlichen voraussetze, wie das Endliche in seinem Sein vom Unendlichen abhängig sei. Die Cartesianische Begründung der objektiven Gültigkeit klarer und distinkter Urteile beruht auf der Identifikation von Wahrheit und Sein, die es Descartes ermöglicht, die Unwahrheit, den Irrtum, als Nicht-Sein zu deuten und zu argumentieren, daß Gott als das vollkommene Seiende nicht Ursache des Irrtums als eines Nicht-Seienden sein könne, also nicht als Ursache einer unausweichlichen Täuschung aufgefaßt werden dürfe, so daß Urteile, die auf Grund ihrer unbedingten Gewißheit nicht anders als in einer bestimmten Weise gefällt werden können, auch notwendig wahr sein müßten. Da als solche Urteile die Grundsätze der Geometrie gelten, müssen sie und alle ihre Konsequenzen als notwendig wahr anerkannt werden. Die Materie ist demgemäß genau so weit erkennbar, als sie durch geometrische Aussagen beschrieben werden kann, d.h. sofern sie durch Ausschluß aller nicht-quantitativen Bestimmungen charakterisiert ist. Die Rekonstruktion des Bereichs der materiellen Wirklichkeit betrifft somit nur die Wirklichkeit, sofern sie Objekt distinkter geometrischer Urteile ist. Der im Verlauf der Rekonstruktion wiedergewonnene Wirklichkeitsbereich ist formal also nicht derselbe wie der, von dem ausgegangen wurde, weil er nur noch durch jene Momente charakterisiert ist, die mit den Mitteln der Cartesianischen Ontologie gewonnen werden können. Nicht nur in der Phase der Reduktion, sondern auch in der Phase der Rekonstruktion wirkt ferner das rationalistische Ideal, weil auch in ihr der Anspruch unbedingter Wahrheit, der den methodischen Zweifel geleitet hatte, maßgeblich bleibt.

Wenn behauptet wird, Descartes habe den Begriff der Wirklichkeit als solcher mit dem physikalischen Wirklichkeitsbegriff identifiziert, so ist dies allerdings nicht richtig. Zwar hat Descartes als materielle Wirklichkeit nur anerkannt, was vom Standpunkt der mathematischen Naturwissenschaft aus als wirklich gelten kann, gleichzeitig aber stellte er die Eigenständigkeit des Geistes in keiner Weise in Frage, so wie er auch eine ideale Wirklichkeit als Inbegriff der Objekte distinkter Urteile der reinen Vernunft annahm, nämlich die Wirklichkeit der „ewigen und unveränderlichen Naturen", von denen es für den späteren Descartes wohl nur noch zwei gab, nämlich die Ausdehnung (als *natura corporea*) und das Bewußtsein (als *natura intellectualis*).

In der Cartesianischen Philosophie wird nicht nur der Bereich der materiellen Wirklichkeit rekonstituiert, soweit sie evident erkannt werden kann, sondern auch der Anspruch (vor allem der Wissenschaft) gerechtfertigt, die rekonstituierte Wirklichkeit zu erkennen. Damit ist die Voraussetzung für die Legitimierung des praktischen Rationalismus geschaffen, dessen Forderung definitiver Richtigkeit im Hinblick auf die Bestimmung von Zweck-Mittel-Zusammenhängen auf der Grundlage der Ergebnisse der theoretischen Analyse als realisierbar dargetan werden soll. Der Metaphysik kommt hierbei die Rolle eines Mittels, wenn auch eines im Sinne Descartes' notwendigen Mittels, zu. Sie dient dazu, den realistischen Erkenntnisanspruch innerhalb der angedeuteten Grenzen zu begründen, den der Philosoph aufrechterhalten zu müssen meinte, weil er nur unter seiner Voraussetzung die praktischen Ziele seines Systems erreichen zu können glaubte. Da alle praktischen Zielsetzungen dem Ideal der definitiven Richtigkeit des Handelns unterworfen werden, kommt der Metaphysik eine wesentliche Funktion bei der Verwirklichung des Programms des praktischen Rationalismus zu.

Den Gedanken einer pragmatischen Rechtfertigung des Erkenntnisanspruchs hat Descartes zwar gelegentlich gestreift, jedoch nicht festgehalten. Obwohl sich bei ihm manchmal eine instrumentalistische Auffassung anzukündigen scheint, derzufolge wissenschaftliche Theorien primär unter dem Gesichtspunkt ihrer Brauchbarkeit zu beurteilen sind, hielt er letzten Endes doch an der Ansicht fest, daß Theorien wahr im Sinne der Übereinstimmung mit dem Wesen der Wirklichkeit sein könnten. Die so verstandene Wahrheit kann nicht auf Grund der Brauchbarkeit einer Theorie allein behauptet werden, sondern erfordert einen metaphysischen Beweis, den Descartes nur mit Hilfe der Idee Gottes als Garanten der auf distinkten Begriffen beruhenden Urteile führen zu können meinte. Daß er sich mit der instrumentalistischen Betrachtungsweise nicht zufriedengab, kommt daher, daß er überzeugt war, das Ideal des praktischen Rationalismus nur unter Voraussetzung der Möglichkeit absolut wahrer Erkenntnis der Wirklichkeit realisieren zu können. Mit anderen Worten: Das Ziel einer wissenschaftsorientierten rationalen Praxis, das sein Denken beherrschte, schien ihm nur unter der Voraussetzung erreichbar, daß zwischen Denken und Wirklichkeit prinzipiell Übereinstimmung besteht. Sein Denken verblieb somit im Banne des dogmatischen Rationalismus. Daß er sich diesem Banne nicht zu entziehen vermochte, hat seinen Grund in seiner Abhängigkeit vom Ideal des praktischen Rationalismus. Nur eine rationale Praxis kann seiner Ansicht nach definitiv richtige Praxis sein, d.h. das Vertrauen in die Vernunft als Führerin im praktischen Bereich kann nur durch den Nachweis gerechtfertigt werden, daß Vernunfteinsichten absolut zuverlässig sind, nämlich mit der Wirklichkeit selbst übereinstimmen. Deshalb neigte Descartes dazu, die Rolle der Instinkte und Triebe, die er als Antriebskräfte unseres Handelns zwar als wichtig anerkannte, jedoch an sich für blind erklärte, in ihrer praktischen Bedeutung abzuwerten; nur die Vernunft kann, wie er meinte, die Richtigkeit des praktischen Verhaltens verbürgen, weil nur sie die Ordnung der Wirklichkeit selbst einzusehen und damit die Praxis mit dieser Ordnung in Einklang zu bringen vermag. Wenn auch als endliche Vernunft in Grenzen eingeschlossen, genießt die menschliche Ratio doch innerhalb dieser Grenzen göttliche Garantie, sofern der Handelnde gewiß sein darf, sich im Einklang mit der Ordnung der Wirklichkeit selbst zu befinden, wenn er seiner vernünftigen Einsicht folgt.

Das Problem der Rechtfertigung letzter Wertvoraussetzungen, das innerhalb des praktischen Rationalismus vordringlich ist, hat sich Descartes offenbar nicht ausdrücklich gestellt. Die Vernünftigkeit bestimmter Ziele galt ihm ohne weiteres als gesichert. Daß damit eine höchst problematische Voraussetzung ins Spiel kommt, liegt auf der Hand. Die Annahme, daß die Vernunft ein Vermögen der Werterkenntnis sei, ist die praktische Entsprechung der Annahme, daß es Wirklichkeitserkenntnis aus reiner Vernunft gebe. So wie die zweite dieser Annahmen auf dem Glauben an die wesentliche Vernünftigkeit der Realität beruht, so beruht die erste auf dem Glauben, daß die Realität an sich werthaft bestimmt sei. Die Koinzidenz von Vernünftigkeit und Werthaftigkeit findet ihren Ausdruck in Descartes' These, daß Gott, d.i. das absolut vollkommene Wesen, nicht nur höchst wahr, sondern auch im höchsten Grade gut sei. Sofern die menschliche Vernunft theoretischer Wahrheit im Urteilen und praktischer Richtigkeit im Werten fähig ist, stimmt sie nach Descartes' Überzeugung mit der objektiven Wahrheits- und Wertordnung und damit letzten Endes mit Gott überein. Das rationalistische Programm läuft, so gesehen, auf die Apotheose der philosophischen Vernunft hinaus. Descartes hat diese Konsequenz zwar nicht ausdrücklich gezogen, aber sie ergibt sich aus seinen Voraussetzungen. Der weiteren Entwicklung der Philosophie blieb es vorbehalten, die impliziten Konsequenzen des Cartesianischen Ansatzes zu explizieren.

Descartes hat das erste Prinzip als Urteil, in dem unbedingte Gewißheit und unbedingte Wahrheit koinzidieren, gelegentlich – vor allem in der zweiten Meditation – als reinen Existentialsatz („ego sum, ego existo") formuliert. Da er betonte, daß dieser Existentialsatz aufgestellt werden könne, bevor wir das Wesen des *Ego*, dessen Existenz behauptet wird, erkannt hätten, könnte man meinen, Descartes hätte in bezug auf das Ich (und Analoges würde in bezug auf Gott gelten) an die Möglichkeit geglaubt, zu urteilen, *daß* es ist, ohne bestimmt zu haben, *was* es sei. Die Unbezweifelbarkeit des *ego sum, ego existo* könnte mit der vermeintlichen Tatsache in Verbindung gebracht werden, daß hier eine unmittelbare und unvermittelte Daseinsgewißheit zum Ausdruck gebracht werde. Eine solche Deutung würde jedoch dem Charakter des ersten Prinzips der Cartesianischen Philosophie nicht gerecht.

Betrachtet man das erste Prinzip im Zusammenhang des Systems, dem es angehört, und berücksichtigt man seine erfahrungstheoretische Funktion, dann erkennt man, daß vom Ich und seiner Existenz im Zusammenhang von Beziehungen die Rede ist, durch die das Wesen des Ich bestimmt wird. So wie allgemein gilt, daß Existenz immer nur von etwas prädiziert werden kann, dessen Begriff im Rahmen einer Theorie bestimmt ist, so gilt auch vom Ich, sofern es nicht als empirisches, sondern als Ich im philosophischen Sinne aufgefaßt wird, daß sein Begriff im Rahmen der Theorie der Erfahrung definiert ist. Das Ich, dessen Existenz im ersten Prinzip ausgesagt wird, ist nichts Dingliches, nichts Gegenständliches. „Ich" ist ein Begriff, mit dessen Hilfe eine allgemeinste Bedingung der Möglichkeit von Gegenstandserfahrung formuliert wird, die besagt, daß nichts Gegenstand sein kann, was nicht Gegenstand für ein selbstbewußtes Subjekt, dessen Wesen in der *cogitatio* besteht, wäre. Die Besonderheit des *Cogito ergo sum* gegenüber allen Urteilen über Gegenstände beliebiger – realer oder idealer, materieller oder spiritueller, individueller oder allgemeiner – Art besteht darin, daß es nicht ein Urteil über einen Gegenstand namens „Ich" ist, der womöglich in der Selbstbeobachtung erfahren werden kann, sondern ein Urteil, das als Bedingung der Möglichkeit der Erfahrung von Gegenständen fungiert, da es einer Theorie angehört, mit deren Hilfe begreiflich gemacht werden soll, wie es für uns überhaupt Gegenstände geben kann.

Die Bestimmung der Begriffe „Ich" und „Gott" wie auch der anderen Begriffe der Erfahrungstheorie erfolgt in der Cartesianischen Philosophie in Abhängigkeit von der rationalistischen Konzeption, deren Genese nachgezeichnet werden sollte. Die gegenständliche Wirklichkeit, deren Erfahrung als möglich begriffen werden soll, ist selbst nicht in unmittelbarer Weise gegeben. Was als wirklich zu gelten hat, ergibt sich unter Descartes' Voraussetzungen erst im Rahmen einer bestimmten Auffassung des Erkennens, die zur Preisgabe des herkömmlichen Wirklichkeitsverständnisses zwingt. Das Ich, von dem im ersten Prinzip die Rede ist, ist das Subjekt der auf diese bestimmte Wirklichkeit gerichteten Erfahrung, so wie der Gott der Cartesianischen Philosophie primär der Garant der Erkenntnis und Bewertung dieser Wirklichkeit ist.

Es läßt sich aber nicht übersehen, daß die Begriffe „Ich", „Gott", „Gegenstand", „Welt", die in der Erfahrungstheorie eine von der üblichen wesentlich verschiedene Bedeutung haben müssen, bei Descartes nicht rein im Sinne der Erfahrungstheorie konzipiert sind. Das Ich, von dem Descartes spricht, ist nicht scharf genug vom empirischen Ich, der Gott, von dem er redet, ist nicht scharf genug vom Gott des religiösen Glaubens und der Theologie unterschieden, so daß der Eindruck entstehen kann, „Ich" bezeichne etwas irgendwie Erfahrbares und „Gott" bedeute ein Seiendes, wenn auch ein solches besonderer Art. Ebensowenig ist Descartes' Begriff des Gegenstands unabhängig von Bestimmungen, die nicht der Erfahrungstheorie eigentümlich sind, sondern zu jenen ontologischen Voraussetzungen gehören, die Descartes unkritisch übernommen hat. Hier ist vor allem an die substantialistische Auffassung des Gegenstands zu denken.

Infolge der Aufnahme von Vorstellungen der eben erwähnten Art in die Cartesianische Erfahrungstheorie kann diese nicht als reine, sondern muß als in bestimmter Weise inhaltlich interpretierte Theorie der Erfahrung gelten. Da sich die von Descartes vorgenommene Interpretation der erfahrungstheoretischen Zusammenhänge als kontingent erweist, kann der vom Philosophen erhobene Unbedingtheitsanspruch nicht als gerechtfertigt gelten. Die Cartesianische Erste Philosophie stellt sich als geschichtlich relative Variante der Erfahrungstheorie, und nicht als die einzig mögliche Theorie der Erfahrung dar.

Vor allem muß beachtet werden, daß bei Descartes sowohl die Destruktion als auch die Rekonstruktion der Erfahrung letzten Endes von praktischen Motiven bestimmt war. Der Cartesianische Rationalismus ist in erster Linie praktischer Rationalismus. Das Cartesianische Programm läuft auf die Rationalisierung der Praxis durch deren Orientierung an vermeintlich vernünftigen und mit vernünftigen Mitteln erreichbaren Zielen hinaus. Letztes Motiv der proklamierten Rationalisierung der Praxis war das Bedürfnis des Philosophen, Entscheidungen dadurch so weit als möglich risikofrei zu machen, daß die Bedingungen aufgewiesen wurden, unter denen sie, mindestens prinzipiell, als richtig bestimmt werden können.

Die Praxis, die Descartes in erster Linie meinte, ist die Praxis des gegenüber gesellschaftlichen Systemen autonomen Individuums, nicht die des sozialen Menschen. Auch wenn Descartes soziale oder politische Fragen erörterte, ging es ihm letzten Endes immer darum, wie der einzelne sich gegenüber Gesellschaft, Staat und Politik verhalten solle, nicht darum, wie Gesellschafts- und Rechtsordnung beschaffen sein sollten, bzw. wie sie eventuell zu reformieren wären. Descartes hat zwar an den sozialen Fortschritt geglaubt, aber er erwartete ihn als Folge des philosophisch-wissenschaftlichen Fortschritts, als den er die Realisierung seines rationalistischen Programms auffaßte. Auch die Menschheit, deren Nutzen Descartes mit der Begründung des philosophisch-wissenschaftlichen Systems fördern wollte, ist nur die Menge aller Individuen, denen die Fortschritte im Bereich der Philosophie und der wissenschaftlichen Forschung zugute kommen sollen.

Die Hervorhebung von Descartes' Individualismus bedeutet keinen Vorwurf, zumal Descartes in dieser Hinsicht nicht allein steht. Im 17. Jahrhundert waren individualistische Tendenzen infolge der Schwächung traditioneller Bindungen verbreitet. Die Tatsache, daß die wissenschaftliche Forschung zunächst von einzelnen getragen wurde und ein organisierter Wissenschaftsbetrieb nur als Utopie vorstellbar erschien, mochte zur Verstärkung des Individualismus auf seiten eines wissenschaftlichen Pioniers beitragen, besonders wenn er, wie Descartes, auf Grund seines Charakters und der Umstände seiner Persönlichkeitsentwicklung zu einem Leben in möglichster Unabhängigkeit von sozialen Bindungen gedrängt wurde.

Dennoch kommt dem Cartesianischen Programm eine mehr als persönliche Bedeutung zu: Indem der Erkenntnisanspruch der Wissenschaft als des adäquaten Mittels der rationalen Lebensgestaltung in allgemeiner Weise gerechtfertigt sein muß, wenn das ursprüngliche subjektive Ziel erreicht werden soll, erhielt der Cartesianische Grundlegungsversuch objektiven Charakter. Sein Ergebnis ließ sich als Legitimierung der modernen Naturwissenschaft und darüber hinaus der naturwissenschaftlichen Betrachtungsweise im allgemeinen verstehen, ohne daß auf die persönlichen Antriebe auf seiten des Philosophen geachtet werden mußte. In einer Zeit, in der sich die Wissenschaft eben erst aus der Abhängigkeit von einem primär theologisch geprägten Weltbild löste, mußte der Versuch, ihr ein Fundament in Form eines nur die Evidenz der natürlichen Vernunft voraussetzenden Systems zu geben, von größter Wichtigkeit sein. So wurde der Cartesianismus von den Zeitgenossen verstanden, und so wirkte er in seiner Epoche. Als aber der Cartesianismus unter dem Gesichtspunkt seiner Eignung diskutiert wurde, Lösungen philosophischer und vor allem wissenschaftlicher Probleme zu ermöglichen, ergab sich bald, daß er trotz seiner Bedeutung für die Überwindung der spekulativen Naturphilosophie der Renaissance bei manchen speziellen philosophischen, mathematischen, physikalischen, astronomischen und physiologischen Problemen versagte. Als klar wurde, daß es Theorien gab, die das leisteten, was der Cartesianismus schuldig blieb, war das Schicksal des von Descartes begründeten philosophisch-wissenschaftlichen Systems besiegelt.

Trotzdem wirkte Descartes weiter: Sein Beitrag zur Entwicklung der modernen Mathematik kann nicht übersehen werden; manche seiner naturwissenschaftlichen Ideen stellen sich als Antizipationen moderner Ansichten dar; sein kritischer Ansatz prägte das Denken der Aufklärung. Vor allem aber muß sein Beitrag zur Ausbildung der neuzeitlichen Ersten Philosophie als Theorie der Erfahrung hervorgehoben werden: Mit seiner Metaphysik hat Descartes einen ersten Versuch unternommen, die Frage nach der Möglichkeit von Erkenntnis bzw. von Erfahrung überhaupt einer Antwort zuzuführen. Obwohl nicht verschwiegen werden kann, daß er die Idee einer Ersten Philosophie als Theorie der Erfahrung nicht konsequent festgehalten hat und daß er sie durch die Verbindung mit der rationalistischen Konzeption einseitig entfaltete, ist seine Bedeutung für die Geschichte der erfahrungstheoretischen Metaphysik kaum zu überschätzen. Auf diesen Aspekt der Cartesianischen Philosophie ist hier nicht mehr einzugehen; ihm ist eine andere Untersuchung – „Descartes' Erste Philosophie" – gewidmet, die die hier vorgelegte genetische Darstellung durch die Analyse der Cartesianischen Erfahrungstheorie ergänzt.

Zeittafel

1596 Descartes wird am 31. März in La Haye in der Touraine als drittes Kind Joachim Descartes' geboren.

1606 Descartes wird Schüler der Jesuiten im Kolleg von La Flèche.

1614 Abschluß der Studien in La Flèche.

1616 Descartes erwirbt das Lizentiat der Rechte in Poitiers.

1618 Eintritt in das Heer Moritz' von Nassau.
Im November Begegnung mit I. Beeckman, für den Descartes das „Compendium musicae" verfaßt.

1619 Descartes schließt sich den Truppen Maximilians von Bayern an und bezieht in oder bei Neuburg a. d. Donau Winterquartier.
In der Nacht vom 10. auf den 11. November Berufungserlebnis in Form von visionären Träumen.

1620 Descartes quittiert den Heeresdienst, um sich ausschließlich seinen wissenschaftlichen Interessen zu widmen.
Er unternimmt Reisen, um Erfahrungen zu sammeln.

1622 Rückkehr nach Frankreich und weitere Reisen.

1625–1627 Aufenthalt in Paris. Kontakt mit M. Mersenne und seinem Kreis.

1627 Unterredung mit Kardinal Bérulle.

1627–1629 Suche nach einem geeigneten Wohnort. 1628 erste Reise in die Niederlande. 1629 Übersiedlung dorthin.

1628 Abschluß der Arbeit an der methodologischen Abhandlung „Regulae ad directionem ingenii" (fragmentarisch, erstmals veröffentlicht in den „Opuscula posthuma", Amsterdam 1701).

1629/30 Entwurf des (nicht erhaltenen) „Traité de métaphysique", in dem Descartes erstmals seine metaphysischen Ansichten darstellt.

1630 Die These von der Geschöpflichkeit der Wahrheit wird in der Korrespondenz mit M. Mersenne formuliert.

1631 ff. Entscheidende Schritte auf dem Weg zur analytischen Geometrie. Gleichzeitig beschäftigt sich Descartes mit Problemen der Optik, der Anatomie, der Physiologie und Anatomie.

1633 Erste systematische Darstellung der Cartesianischen Naturphilosophie in „Le Monde ou Traité de la lumière", ergänzt durch den anatomisch-physiologischen „Traité de l'homme" (erstmals veröffentlicht Paris 1664).
Descartes hat unter dem Eindruck der Verurteilung Galileis auf die Publikation verzichtet.

1637 Zunächst anonym erscheint in Leiden der „Discours de la méthode", zusammen mit der „Dioptrique", den „Météores" und der „Géométrie", an denen Descartes in den vorangegangenen Jahren gearbeitet hatte.

1640 Descartes verliert seine fünfjährige Tochter Francine und seinen Vater.

1641 Die „Meditationes de prima philosophia", Descartes' metaphysisches Hauptwerk, erscheinen in Paris (andere Ausgabe Amsterdam 1642), mit Einwänden von Theologen und Philosophen sowie mit Erwiderungen Descartes'. (Französische Übersetzung vom Herzog de Luynes 1647.)

1641 ff. Streit mit G. Voëtius, durch dessen Angriff auf Descartes' Schüler Regius veranlaßt.

1643 ff. Korrespondenz mit Prinzessin Elisabeth von der Pfalz über zentrale Fragen der Cartesianischen Philosophie, namentlich über Probleme der Ethik.

1644 Reise Descartes' nach Frankreich.
Veröffentlichung der „Principia philosophiae" (Amsterdam 1644) als Summa der Cartesianischen Philosophie. (Französische Übersetzung von Picot 1647, mit ausführlicher Einleitung Descartes'.)

1647 Neuerliche Reise nach Frankreich.
Abfall seines Anhängers Regius.

1648 Descartes polemisiert gegen Regius in der Schrift „Notae in programma".

1647–1648 Entstehung der Schrift „La description du corps humain" (Erstveröffentlichung Paris 1664).
Angriffe von Theologen der Universität Leiden.

1648 Am 16. April führt Descartes ein philosophisches Gespräch mit Fr. Burman, von dem dieser ein Gedächtnisprotokoll anfertigt.
Im Sommer reist Descartes zum letzten Mal nach Frankreich. Besucht Mersenne an seinem Sterbebett.

~164? Vermutlich während der vierziger Jahre entsteht das Dialog-Fragment „La recherche de la vérité (erstmals veröffentlicht in den „Opuscula posthuma", Amsterdam 1701).

1649 Descartes übersiedelt auf Grund einer Einladung durch Königin Christine nach Stockholm.
Die Abhandlung „Les passions de l'âme", an der Descartes seit einigen Jahren gearbeitet hat, erscheint in Amsterdam kurz nach Descartes' Ankunft in Schweden.

1650 Descartes erkrankt an Lungenentzündung und stirbt am 11. Februar.

Anmerkungen

Alle Zitate beziehen sich auf die Ausgabe von Descartes' Werken durch Ch. Adam und P. Tannery, Paris 1897 bis 1910, Neuaufl. 1964 ff. Angegeben werden jeweils das Werk mit abgekürztem Titel, der Teil mit römischer Ziffer, der Artikel mit arabischer Ziffer und nach dem Sigel "AT" Band- und Seitenzahl der „Œuvres".

Die deutschen Zitate orientieren sich in vielen Fällen an den Übersetzungen der Schriften Descartes', die A. Buchenau in der Philosophischen Bibliothek des Meiner Verlags herausgebracht hat. Oft stammt aber die Übersetzung vom Verfasser. Dies ist immer der Fall bei Zitaten aus der Korrespondenz.

Die Orthographie ist in jedem Fall die heute gültige.

Die Descartes-Literatur ist kaum mehr zu überblicken. Um so wichtiger sind bibliographische Hilfsmittel. An erster Stelle ist hier zu nennen G. Sebba: Bibliographia Cartesiana. A Critical Guide to the Descartes Literature 1800–1960. Den Haag 1964 (Archives internationales d'histoire des idées. 5).

Über den Zeitraum von 1960 bis 1970 informiert H. Caton durch die seinem Werk: The Origin of Subjectivity. New Haven/London 1973, S. 223–243, beigegebene „Bibliography of Descartes Literature, 1960–1970".

Seit 1972 erscheint jährlich ein „Bulletin cartésien" in den „Archives de Philosophie" (seit Jg. 35), hrsg. von der Equipe Descartes des C. N. R. S., mit bibliographischen Übersichten und Besprechungen.

1. Als bedeutender Vertreter dieser Interpretationsrichtung sei genannt P. Natorp: Descartes' Erkenntnistheorie. Marburg 1882. Vgl. ders.: „Die Entwicklung Descartes' von den ‚Regeln' bis zu den ‚Meditationen'". In: Archiv für Geschichte der Philosophie 10 (1897), S. 10–28.
2. Siehe vor allem E. Husserl: Cartesianische Meditationen und Pariser Vorträge (1932) = Husserliana I. Den Haag 1950; ders.: Erste Philosophie (1923/24) = Husserliana VII–VIII. Den Haag 1956–1959; ders.: Die Krisis der europäischen Wissenschaft und die transzendentale Phänomenologie (1936) = Husserliana VI. Den Haag 1954.
3. Vgl. M. Heidegger: Sein und Zeit. Halle/Saale 1927, sowie unter den übrigen Schriften Heideggers vor allem: „Die Zeit des Weltbildes". In: Holzwege. Frankfurt a. M., 3. Aufl. 1957.
4. Vgl. F. Alquié: La découverte métaphysique de l'homme chez Descartes. Paris 1950.
5. An erster Stelle ist hier zu nennen M. Gueroult: Descartes selon l'ordre des raisons, Bd. I: L'âme et Dieu; Bd. II: L'âme et le corps. Paris 1953. Gueroult setzt die von O. Hamelin: Le système de Descartes. Paris 1921, zur Geltung gebrachte Auffassung der Cartesianischen Philosophie als eines geschlossenen Systems fort. Er hat eine ganze Generation von Descartes-Interpreten beeinflußt.
6. Als besonders konsequenter Vertreter dieser Auffassung sei erwähnt A. Espinas: Descartes et la morale, 2 Bde. Paris 1925.

7. Dies wurde in besonders eindrucksvoller Weise, wenn auch nicht allein, von E. Gilson: Études sur le rôle de la pensée médiévale dans la formation du système cartésien. Paris 1930, geleistet. Vgl. ders.: Discours de la méthode. Texte et Commentaire. Paris 1947 (1.Aufl. 1925).
8. Vgl. R.Popkin: The History of Scepticism from Erasmus to Descartes. Assen 1960; 2.Aufl.: The History of Scepticism from Erasmus to Spinoza. Berkeley 1979. Gegen Popkins Deutung protestiert neuerdings H.Caton: „Tory History of Ideas". In: The Independent Journal of Philosophy (angekündigt für Juni 1982).
9. Vgl. M.Leroy: Descartes, le philosophe au masque, 2Bde. Paris 1929.
10. H.Caton: The Origin of Subjectivity. An Essay on Descartes. New Haven/London 1973.
11. Diese Richtung hat auch Verf. eingeschlagen, namentlich in der Monographie „Descartes' Erste Philosophie". In: Kant-Studien, Erg.-Heft 103. Bonn 1971.
12. Vgl. A.J.Ayer: The Problem of Knowledge. Penguin Book A 337. Harmondsworth 1956.
13. Vgl. G.Ryle: The Concept of Mind. London 1949 (dt. Der Begriff des Geistes. Stuttgart 1969).
14. Vgl. J.Hintikka: „Cogito ergo sum: Inference or Performance". In: The Philosophical Review 71 (1962), S.3–32.
15. Vgl. Verf.: „Einige Überlegungen zur Debatte über das ‚Cogito ergo sum' in der Philosophie des 20.Jahrhundert". In: Studia Cartesiana I (1979), S.129–143.
16. Mit H.Gouhier: Essais sur Descartes. Paris 1937, 2.Aufl. 1949, S.122, kann gesagt werden: „Il est certes dangereux d'expliquer un système par la psychologie du philosophe; il ne serait pas moins d'oublier que certains philosophes s'installent eux-mêmes dans leur système ... le Cartésianisme se présente comme une vie de l'intelligence; l'auteur des *Méditations* nous invite à revivre avec lui une expérience bien conduite" etc. – Zur Bedeutung des genetischen Aspekts vgl. auch F.Alquié: Descartes. Stuttgart-Bad Cannstatt 1962, S.7f., wo betont wird, daß Descartes immer wieder die Entstehung seines Systems ins Gedächtnis ruft. „Descartes selbst also, und nicht ein psychologisches Vorurteil, bestimmt uns dazu, die historische Ordnung zu untersuchen, in der seine Gedanken entstanden sind" (S.8).
17. Vgl. die „Olympica", Œuvres, hrsg. von Ch.Adam und P.Tannery, Paris 1897–1910, Neuaufl. 1964ff. (im folgenden zitiert als „AT"), Bd. X, 216–219. Vgl. den Bericht von A.Baillet: La vie de M.Des-Cartes, Bd.I, Paris 1691 (Neudruck Hildesheim/New York 1972), S.81ff.
18. So Ch.Adam: Descartes, sa vie, son œuvre. Paris 1937, S.12f., und J.Sirven: Les années d'apprentissage de Descartes. Albi 1928, S.26. An der Annahme, daß Descartes das Kolleg schon 1612 verlassen habe, hält dagegen fest Geneviève Rodis-Lewis: L'œuvre de Descartes. Paris 1971, S.18.
19. Vgl. W.Kamlah: „Der Anfang der Vernunft bei Descartes, autobiographisch und historisch". In: Archiv für Geschichte der Philosophie 34 (1961), S.70ff.
20. Vgl. zu dieser Frage J.Sirven, op. cit., insb. S.139, ferner E.Gilson: Commentaire (cit.), S.181, wo gegen O.Hamelin: Le système de Descartes. Paris 1921, S.42–44, polemisiert wird, sowie H.Gouhier: Les premières pensées de Descartes. Paris 1958, S.49, der meint: „La ‚science admirable' dont Descartes est en train de trouver les fondements le 10 novembre 1619, c'est celle qui étonne son esprit quand il envisage que tout le connaissable pourrait devenir du connu ‚à la façon' des ‚lon-

gues chaînes des raisons' des géomètres". Die genannten Autoren sind sich darin einig, daß der Enthusiasmus kein punktuelles Ereignis war.

21. H. Gouhier: Les premières pensées de Descartes (cit.), S. 33 f.
22. A. Gehlen: „Die Bedeutung Descartes' für eine Geschichte des Bewußtseins". In: Archiv für Rechts- und Sozialphilosophie 30 (1936/37), S. 501.
23. J. Maritain: Le songe de Descartes, suivi de quelques essais. Paris 1932.
24. H. Quiring: „Der Traum des Descartes. Eine Verschlüsselung seiner Kosmologie, seiner Methodik und der Grundlage seiner Philosophie". In: Kant-Studien 46 (1954/55), S. 135 ff.
25. Marie-Louise v. Franz: „Der Traum des Descartes". In: Zeitlose Dokumente der Seele. Zürich 1952 (Studien aus dem C. G. Jung-Institut Zürich. III).
26. „Polybij Cosmopolitani Thesaurus mathematicus, in quo traduntur vera media ad omnes hujus scientiae difficultates resolvendas, demonstraturque circa illas ab humano ingenio nihil ultra posse praestari; ad quorumdam, qui nova miracula in scientiis omnibus exhibere pollicentur vel cunctationem provocandam et temeritatem explodendam; tum ad multorum cruciabiles labores sublevandos, qui, in quibusdam hujus scientiae nodis Gordijs noctes diesque irretiti, olium ingenij inutiliter absumunt; totius orbis eruditis et specialiter celeberrimis in G. (Germania) F. R. C. denuo oblatus" (Cogitationes privatae; AT X, 214).
27. Vgl. M. Leroy: Descartes, le philosophe au masque. Paris 1929, und H. Gouhier: Les premières pensées de Descartes. Paris 1958, S. 150 ff.
28. J. Sirven, op. cit., S. 18.
29. E. Gilson: Commentaire (cit.), S. 101 f. und die dort zitierten Sätze Cantecors.
30. H. Gouhier: Essais sur Descartes (cit.), S. 14 ff., wo das „Scheitern einer Kultur" als Grund von Descartes' Bemühen, neue Wege des Denkens zu finden, genannt wird.
31. Wenn J. Sirven erklärt: „On peut mettre à l'origine du développement intellectuel de Descartes, le désir d'apprendre à distinguer le vrai d'avec le faux" (op. cit., S. 443), so verschweigt er den zweiten Teil des Satzes im *Discours*, auf den er sich bezieht; aus ihm geht nämlich hervor, daß Descartes das theoretische Erkennen nicht als Selbstzweck betrachtete, sondern das Bedürfnis nach Wahrheit auf ein tieferliegendes, nämlich auf ein solches der Praxis, zurückführte.
32. H. Caton: The Origin of Subjectivity (cit.), S. 197, hebt ebenfalls die Bedeutung des Sicherheitsstrebens für die Cartesianische Philosophie hervor, findet aber, daß in Descartes' Philosophie der Kampf zwischen dem Sicherheitsbedürfnis (demand for certitude) und der Unmöglichkeit, den Bereich der Erkenntnisgegenstände diesem Bedürfnis zu unterwerfen, nicht zu einem siegreichen Abschluß gelangt.
33. A. Espinas: Descartes et la morale. Paris 1925, Bd. I, stellt Descartes als christlichen Apologeten dar, der sich die Aufgabe gestellt hat, den Libertinismus zu überwinden. Vgl. auch R. Lefèvre: L'humanisme de Descartes. Paris 1957, insb. III. 1.
34. Bereits mit der Idee der Einheit des Wissens, das allen speziellen Wissenschaften übergeordnet wird (vgl. Reg. I; AT X, 360), tritt eine metaphysisch höchst bedeutsame Konzeption auf. Mit der Forderung zu erforschen, was der menschliche Geist ist (Reg. VIII; AT X, 397), wird die Richtung auf die Erste Philosophie als Erfahrungsanalyse gewiesen; und mit dem „Sum ergo Deus est" (Reg. XII; AT X, 421) sowie dem „Ich begreife, also habe ich einen vom Körper verschiedenen Geist" (ib.; 422) werden wichtige Gedanken der Erkenntnismetaphysik formuliert. Wenn Alquié: La découverte métaphysique de l'homme ... (cit.), S. 78, in dem „Ich bin, also ist Gott" nur eine scholastische Reminiszenz sieht, so bleibt er die Begründung

schuldig. Vgl. im übrigen ders.: Œuvres de Descartes, hrsg. von F. Alquié, Bd. I. Paris 1963, S. 70, wo gesagt wird, „que les *Regulae* sont antérieures à la constitution de la métaphysique cartésienne, mais que la plupart de leurs affirmations ... appellent et rendent nécessaire cette métaphysique".

35. F. Alquié: La découverte métaphysique de l'homme (cit.), nimmt an, daß die These der Geschöpflichkeit der Wahrheiten eine entscheidende Zäsur in Descartes' Denkentwicklung bedeutet. „La théorie de la création des vérités éternelles nous semble donc la clef de la métaphysique cartésienne" (S. 90). Sie offenbart die Kontingenz des Mechanismus (S. 94) und hat eine grundlegende Änderung des Tons von Descartes' Äußerungen zur Folge (S. 96), sofern in ihnen Angst, Vereinsamung, Verlust des vitalen Gefühls zum Ausdruck kommen sollen. – Die Annahme einer einschneidenden Zäsur gegen Ende der 20er Jahre vertritt auch L. Gäbe: Descartes' Selbstkritik. Untersuchungen zur Philosophie des jungen Descartes. Hamburg 1972, wenn auch mit anderer Begründung als Alquié. Seiner Ansicht nach war Descartes' Einstellung vor 1629 ein kritischer Agnostizismus, demzufolge es nur möglich ist, die Struktur von Tatsachen mathematisch zu beschreiben, ohne das Wesen der realen Zusammenhänge zu begreifen. Der „Umbruch", der zu Descartes' späterer Philosophie führt, soll einer vollen Kehrtwendung gleichkommen (S. 39). – Zweifellos hat Descartes die Zeit um 1629 für entscheidend gehalten, wie die Äußerungen in VI. Resp.; AT VII, 440 f., erkennen lassen. Aber man darf nicht übersehen, daß Descartes hier die Tatsache seiner Hinwendung zur mechanistischen Naturauffassung unter Beeckmans Einfluß unterschlägt (vgl. Alquié in Bd. II seiner Ausgabe von Descartes' Œuvres, S. 882, Anm.), weil er die Eliminierung der okkulten Qualitäten als Konsequenz seiner Metaphysik erscheinen lassen will, die er um 1629 systematisch zu entwickeln begann. Der von Gäbe stark hervorgehobene Umstand, daß für Descartes die Schwere zunächst noch eine okkulte Qualität blieb, darf nicht überbewertet werden. Es ist ganz natürlich, daß die mechanistische Konzeption nicht sogleich auf der ganzen Linie durchgesetzt wurde. Aus der – unbestreitbaren – Tatsache, daß Descartes selbstkritische Korrekturen für nötig hielt, kann nicht auf eine universelle Selbstkritik geschlossen werden, so wie aus der Tatsache, daß er gegen 1630 erstmals daran ging, seine Metaphysik systematisch darzustellen, nicht folgt, daß er vor dieser Zeit keine der späteren metaphysischen Thesen vertreten hätte. Gäbes Deutung folgt in gewisser Hinsicht der Natorpschen, derzufolge Descartes bis zu den *Regulae* ein kritischer Philosoph, danach aber ein dogmatischer Metaphysiker war.

Ein Kritiker der Diskontinuitätsthese ist H. Caton: The Origin of Subjectivity (cit.), der sich gegen die Annahme eines doppelten Ursprungs der Cartesianischen Philosophie aus wissenschaftlichen Ansätzen einerseits, aus metaphysischen Ansätzen (ab etwa 1630) andererseits, ausspricht (S. X). Caton ist auch beizupflichten, wenn er zwischen zwei Ebenen der Cartesianischen Metaphysik unterscheidet, die er als „rhetorisch" und „akroamatisch" bezeichnet (S. 108). Das könnte heißen: Die herkömmlichen Begriffe der speziellen Metaphysik gehören der Oberfläche an, die Tiefenstruktur ist die der Theorie der Erfahrung, deren Motive im Ursprung des Cartesianischen Philosophierens liegen.

36. Angesichts des Meinungsgegensatzes, der M. Gueroult, demzufolge das oberste Ziel der Cartesianischen Metaphysik in der Begründung der Wissenschaft zu erblicken ist, von F. Alquié trennt, der Descartes' Philosophieren als Suche nach „certitude d'être" bzw. als bestimmt durch die „nostalgie de l'être" versteht, bei der

nicht Evidenzen von der Art der mathematischen entscheiden, scheint Gueroults Position den Vorzug zu verdienen. – Eine interessante Deutung des Verhältnisses von Metaphysik und Wissenschaft findet sich bei G. Buchdahl: Metaphysics and the Philosophy of Science. Oxford 1969, Kap. III, wo die Funktion der Metaphysik in der Verstärkung einer ungenügenden empirischen Basis der Wissenschaft erblickt wird. Descartes wies der Metaphysik die Aufgabe zu, die Annahme zu stützen, daß die wissenschaftlichen Grundsätze den Charakter notwendig wahrer synthetischer Sätze hätten. – Dies entspricht der im Text vertretenen Ansicht, daß Descartes' Erfahrungstheorie auf Voraussetzungen gestützt ist, die es gestatten, die Möglichkeit definitiver Erkenntnis zu behaupten.

37. Zum Verhältnis Descartes' zu Fr. Bacon vgl. L. Gäbe: Descartes' Selbstkritik (cit.), S. 97 ff.

38. Vgl. auch die deutsche Ausgabe von Gertrud Leisegang: Descartes' Dioptrik. Meisenheim 1954; Monographien zur Naturphilosophie, II.

39. Auf die Verbindung von Moral und rationaler Methode wird auch von anderen Autoren aufmerksam gemacht. So meint J. Sirven: „... le droit usage de la raison devient la condition essentielle du bonheur et le problème morale se confond en sa source avec le problème de la méthode ou de la direction de l'esprit" (Les années d'apprentissage de Descartes. Albi 1928, S. 253). E. Gilson spricht mit Bezug auf AT VI, 21, lin. 18 ff. von „une sorte de transposition du stoïcisme que le fait passer du plan de la pratique sur celui de la connaissance, l'acquisition de toute la vérité et de la seule vérité accessible à l'homme devenant la condition principale de la Béatitude" (Commentaire, S. 226). – J. Sirven folgert aus der Stellung des Fragments der *Olympica*: „Dicta sapientium ad paucissimas quasdam regulas generales possunt reduci" (AT X, 217): „La place de ce fragment suffit à confirmer l'unité d'inspiration de la méthode et de la morale provisoire" (a. a. O., S. 254), und in der *Conclusion* seines Werkes erklärt er: „S'il s'était adonné beaucoup plus aux travaux de l'imagination et par conséquent aux recherches mathématiques ou physiques, le principal objet de ses préoccupations avait toujours été la morale" (a. a. O., S. 460). – E. Cassirer schließlich spricht im Hinblick auf die Verbindung von Freiheitsproblem und Logik bei Descartes von einem „Primat des Praktischen", eine Formel, die zum Leitmotiv des vorliegenden Buches wurde (vgl. Cassirer: Descartes. Lehre, Persönlichkeit, Wirkung. Stockholm 1939, S. 33). – Auch A. Espinas hebt die praktische Zielsetzung der Cartesianischen Philosophie hervor, doch erblickt er die „destination pratique de la philosophie même spéculative" (Descartes et la Morale, Bd. I, S. 115) vor allem in dem angeblichen Bestreben Descartes', durch sein System die für weltanschaulich zersetzend gehaltenen Ansichten der Libertiner zu widerlegen.

40. Wenn B. Williams: Descartes. Das Vorhaben der reinen philosophischen Untersuchung. Königstein/Ts. 1981 (Athenäum TB 1012), S. 28 u. ö., betont, in der „reinen", d. i. von allen Vorurteilen und praktischen Interessen freien philosophischen Untersuchung (pure inquiry) gehe es ausschließlich um Wahrheitsfindung, dann ist das innerhalb des engeren Horizonts der theoretischen Philosophie zwar richtig, aber der weitere Horizont ist dabei nur vorübergehend ausgeblendet, und selbst die reine Untersuchung ist insofern von praktischen Voraussetzungen abhängig, als sie auf ein praktisch bedingtes Erkenntnisideal gerichtet ist.

41. Die Forderung, die Vernunft nach Möglichkeit zu entfalten (cultiver ma raison: Disc. III; AT VI, 27), und zwar im Hinblick auch auf praktische Ziele, wie sie Disc. VI; AT VI, 61 f., angedeutet werden, spielt eine wesentliche Rolle. Vorausset-

zung ist dabei, daß es ausreiche, gut zu urteilen, um gut zu handeln (Disc. III; AT VI, 28).

42. Die hier vorgeschlagene Deutung steht im Gegensatz zu F. Alquié: La découverte métaphysique de l'homme (cit.), S. 107, der das Verhältnis von technischem Bewußtsein und Gottesidee dahingehend bestimmt, daß im technischen Bewußtsein schon das Scheitern angelegt ist, während das göttliche Bewußtsein als Ideal eines Bewußtseins erscheint, für das es kein Hindernis gibt: „cette conscience, c'est le Dieu créant les normes et les vérités. Il est à la fois le contraire de la conscience technique et son accomplissement dernier". – Man könnte versucht sein, diese Äußerung im Sinne der Rechtfertigung der theoretischen und praktischen Ansprüche Descartes' zu interpretieren, aber dies meint Alquié offenbar nicht. Er sieht vielmehr in der Gottesidee ein Mittel zur Herstellung eines Gleichgewichtszustands von Theologie und Wissenschaft, wobei er selbst eine Parallele zu Kants Versuch einer Vermittlung von Wissenschaft und Sittlichkeit andeutet.
43. Vgl. Disc. III; AT VI, 22. Disc. I; AT VI, 7 und 9. Disc. III; AT VI, 29, wo von der Notwendigkeit die Rede ist, vor dem Bau loses Material fortzuräumen. Vgl. ferner VII. Obj. et Resp., wo Bourdin die fragliche Metapher verwendet und Descartes sie in seiner Entgegnung aufnimmt.
44. Um die Maxime der Entschlossenheit als rational zu erkennen, kann folgendermaßen überlegt werden: Der Verirrte geht entweder geradeaus oder nicht, und er findet entweder eine relativ günstige Richtung oder nicht. Geht er konsequent geradeaus und findet er die relativ günstige Richtung (a), dann gelangt er in der kürzestmöglichen Zeit zum Waldrand; findet er die relativ günstige Richtung nicht (b), gelangt er zwar auch ins Freie, benötigt dafür aber mehr als die kürzestmögliche Zeit. Geht er dagegen nicht konsequent geradeaus, so braucht er im günstigen Fall mehr als die Minimalzeit (x) und bleibt im ungünstigen Fall dauernd verirrt (c). Es ergibt sich folgende Matrix:

	V findet günstige Richtung	V findet günstige Richtung nicht
V geht geradeaus	a	b
V geht nicht geradeaus	x	c

a ist wünschenswerter als b (a > b), b ist wünschenswerter als c (b > c); c ist nicht wünschenswert (c = 0). x ist unbestimmt, aber sicherlich weniger wünschenswert als a (a > x). Angenommen, die Wahrscheinlichkeit, die relativ günstige Richtung zu finden, sei p, somit die Wahrscheinlichkeit, sie nicht zu finden (1 – p), dann ergibt sich für die erste Zeile der Matrix der Erwartungswert

$$a.p + b.(1 - p)$$

und für die zweite Zeile

$$x.p + c.(1 - p) = x.p \text{ (wegen } c = o).$$

Da auch dann, wenn (1 – p) als klein angenommen wird, b. (1 – p) positiv ist, ergibt sich

$$a.p + b.(1 - p) > x.p,$$

das heißt, es empfiehlt sich auf jeden Fall, konsequent in der einmal eingeschlagenen Richtung geradeaus zu gehen.

45. Vgl. M. Leroy: Descartes, le philosophe au masque (cit.), Bd. II, S. 70: „L'action pratique n'a pas besoin d'opinions vraies, bonnes. Et, probablement même, n'existe-t-il pas d'opinions qui méritent d'être appelées vraies et bonnes dans le domaine de la vie pratique, morale ou politique."
46. So spricht Ch. Adam: Descartes, sa vie, son œuvre (cit.), S. 19, allen Berichten über weitere soldatische Erlebnisse des Philosophen die Glaubwürdigkeit ab, während Sirven, op. cit., S. 288, diese Kritik für zu weitgehend hielt.
47. Vgl. die Übersicht über die versuchten Deutungen bei Geneviève Rodis-Lewis: L'œuvre de Descartes (cit.), S. 61 und 455. G. Milhaud: Descartes savant. Paris 1921, S. 101, dachte an eine optische Erfindung.
48. A. Baillet, op. cit., Bd. I, S. 252.
49. Vgl. Ch. Adam, AT XII, 177 f.
50. Zur positiven Funktion des Zweifels siehe Disc. III; AT VI, 29: „Nicht daß ich darum die Skeptiker nachgeahmt hätte, die nur zweifeln, um zu zweifen, und so tun, als wären sie ständig unentschieden; denn meine Absicht ging nur dahin, mir Sicherheit zu verschaffen (tout mon dessein ne tendait qu'à m'assurer)."
51. Der rationale Charakter des Denkens ist unaufhebbar, weil er zu dessen Wesen gehört. Sofern die Vernunft oder der *bon sens* als Fähigkeit aufgefaßt wird, *wahr* und *falsch* zu unterscheiden, ist sie in allen Menschen gleich (Disc. I; AT VI, 2), d. h. sie hat keine Grade, – was natürlich nicht heißt, daß alle Menschen von dieser Fähigkeit gleich gut Gebrauch machen.
52. M. Leroy: Descartes, le philosophe au masque (cit.), Bd. I, S. 198: „Le doute est une réalité en Descartes; il n'est pas artificielle; il n'est pas plus un artifice de dogmatique qu'un désespoir de croyant." – Dagegen erweist er sich nach der im Text vertretenen Auffassung durchaus als etwas Artifizielles, nämlich als Mittel der Konstruktion einer Theorie.
53. M. Leroy, ebda.
54. Nur in bezug auf diese Grundlegungsfunktion wird man daher der Ansicht Hagmanns beipflichten können, die besagt: „Biographisch zuletzt im cartesianischen Philosophieren erwuchs das logisch erste Element seiner Methode: der *Zweifel.* Er bildet also nicht, wie oft gemeint wird, den Einsatz ..." (M. Hagmann: Descartes in der Auffassung durch die Historiker der Philosophie. Zur Geschichte der neuzeitlichen Philosophiegeschichte. Winterthur 1955, S. 14. Der Systemaufbau geht also in umgekehrter Richtung vor sich wie die biographische Entwicklung (a. a. O., S. 15). – Diese Ansicht trifft für den Zweifel als Methode der systematischen Grundlegung sicher zu, doch wuchs er in diese seine wesentliche Dimension erst nach und nach hinein. Als richtungsweisende Tendenz der Denkbemühungen des Philosophen ist er viel früher festzustellen, handelt es sich beim Zweifelsprinzip doch um nichts anderes als um die negative Wendung des Gewißheitspostulates, das das Werden des Systems von Anfang an bestimmt.
55. Zu Descartes' Verhältnis zur Skepsis vgl. die inzwischen klassisch zu nennende Darstellung von R. Popkin, op. cit. Mit demselben Thema setzt sich auseinander E. M. Curley. Descartes Against the Sceptics. Oxford 1978.
56. M. Leroy, op. cit. stellt Descartes als einen „esprit fort" dar, der sich lediglich aus Tarnungsgründen religiös konform verhält.
57. H. Caton: The Origin of Subjectivity (cit.), sympathisiert mit der „dissimulation thesis", die er auch von Ch. Adam und gelegentlich von anderen Autoren vertreten findet. Wenn er zwischen der metaphysischen und der „methodologischen" Be-

trachtungsweise bei Descartes unterscheidet, so läßt sich dies im Sinne einer rekonstruierenden Darstellung sicher rechtfertigen. Eine andere Frage ist es, ob diese Unterscheidung auch als historische vertreten werden kann. Im Vorwort der *Meditationen* erklärt Descartes zum Beispiel, er beabsichtige, von Gott und der menschlichen Seele zu handeln und *gleichzeitig* die Fundamente der Ersten Philosophie zu legen (AT VII, 9). Wenn Descartes Grundbegriffe der Ersten Philosophie wie „Subjekt" und „Wirklichkeit" (im absoluten Sinn) mit Begriffen der herkömmlichen speziellen Metaphysik, nämlich „Seele" und „Gott", identifizierte, dann muß das nicht mit der Absicht zu täuschen geschehen sein, sondern es könnte sich so verhalten, daß er selbst den erfahrungstheoretischen und den traditionellen Aspekt nicht klar trennte. Catons Annahme, D. habe seine Metaphysik nur geschrieben, um unter der Flagge der Frömmigkeit in die Festung der Opposition einzudringen (S.72), ist daher nicht zwingend. Vgl. auch Catons Arbeit „On the Interpretation of the Meditations". In: Man and World 3 (1970), S.224–245, insb. S.234f.

58. Vgl. Verf.: „L'argument du rêve dans la théorie cartésienne de l'expérience". In: Les Etudes Philosophiques 4 (1976), S.461–473.

59. Zugunsten der Unterscheidung von *malin génie* und *dieu trompeur* plädiert vor allem H. Gouhier: Essais sur Descartes (cit.), S.162ff. Er erklärt die Annahme des ersteren für künstlich, die des letzteren sozusagen für natürlich. Vgl. auch ders.: La pensée métaphysique de Descartes. Paris 1962, S.113ff. – Ohne diese Unterscheidung kommen aus O. Hamelin: Le système de Descartes (cit.), S.117ff., und E. Gilson: Commentaire, S.326 und 360f.

60. A. Kenny: Descartes. A Study of His Philosophy. New York 1968, spricht von einem „second-order doubt", der damit zu tun hat, daß man auch im Falle der Urteilsnötigung nicht zu wissen braucht, „ob das natürliche Licht ein wahres oder falsches Licht ist" (S.148). Dies dürfte dahingehend zu verstehen sein, daß an der Entsprechung von subjektiv Gewissem und idealem Sachverhalt gezweifelt werden kann, – denn dasjenige, was herkömmlicherweise „lumen naturale" heißt, kann per definitionem nicht falsch sein. – Als „second-order doubt" bezeichnet den metaphysischen Zweifel auch G. Nakhnikian: An Introduction to Philosophy. New York 1967, Part II: Descartes and the Theory of Knowledge, S.122. Nakhnikian erblickt im Zweifel an Sätzen wie „Alle Quadrate haben vier Seiten" ein intellektuelles Harakiri (S.123), weil er nicht sieht, daß bei Descartes auch angesichts mathematischer Sätze die Frage nach der objektiven Gültigkeit gestellt werden kann.

61. „Il se réveilla sur cette imagination, et il sentit à l'heure même une douleur effective, qui lui fit craindre que ce ne fût l'opération de quelque mauvais génie qui l'aurait voulu séduire ..." (Baillet, Bd.I, S.82). – A. Gehlen bemerkt hierzu: „Der böse Geist, der in den Meditationen erscheint, ist in seiner Seele echte Erfahrung, der Realitätszweifel im zweiten Teil des Traumes katastrophenartiges Erlebnis. Diese rationale Philosophie, die so ‚klar und deutlich' verfährt, entsteht im Kampf mit Träumen und Dämonen" (A. Gehlen: Die Bedeutung Descartes' für eine Geschichte des Bewußtseins, in: Archiv für Rechts- und Sozialphilosophie, Bd.30 (1936/37); S.502).

62. P. Natorp: „Le développement de la pensée de Descartes depuis les ‚Regulae' jusqu'aux ‚Méditations'". In: Revue de Métaphysique et de Morale 4 (1896), S.419, faßt die Alternative in der Frage zusammen, ob „la méthode doit s'adapter à l'*objet dejà donné*" oder ob es so sei, „que nul objet n'est donné, auquel la méthode puisse

s'appliquer, puisque l'objet, comme objet de *notre connaissance,* ne peut se former que d'après la loi fondamentale de la méthode de cette connaissance". – Gegen Versuche von Deutungen im Sinne des Kritizismus spricht sich aus M. Gueroult: Descartes selon l'ordre des raisons (cit.), Bd. I, S. 31 f.

63. J. Laporte: Le rationalisme de Descartes (cit.), hebt (z. B. S. 114) die Passivität des Subjekts im Intuitus hervor. In komplexen Ideen werden notwendige Verknüpfungen erfaßt, sofern sie distinkt sind. Die Erkenntnis*arbeit* besteht im wesentlichen darin, die mit den Ideen gegebenen notwendigen Verknüpfungen explizit zu machen. – H. H. Joachim: Descartes's Rules for the Direction of the Mind. London 1957, 31 ff., erklärte *alle* einfachen Naturen für Implikationen, was Beispielen wie „Das Dreieck wird von drei Seiten begrenzt" (d. h. „Wenn x ein Dreieck ist, dann wird es von drei Seiten begrenzt") gerecht wird, nicht aber einfachen Ideen wie „Existenz". Vgl. auch L. J. Beck: The Method of Descartes. Oxford 1952, wo ebenfalls die einfachen Naturen als Beziehungen gedeutet werden.
64. Das Verhältnis der *natures vraies et immuables* zum erkennenden Subjekt war Gegenstand gründlicher Untersuchungen. Während die Anhänger des Kritizismus in den ewigen Wahrheiten ein subjektives Apriori erblicken zu müssen meinten, wendeten sich die an der herkömmlichen Metaphysik orientierten Historiker in Richtung auf eine objektivistische Interpretation. So meint V. Delbos, daß viel eher an Platon als an Kant zu denken sei, wenn von der „nature éternelle et immuable de certaines idées" gesprochen wird, „laquelle implique évidemment une préexistence de la réalité objective de ces idées par rapport à nos âmes" (Delbos: L'idéalisme et le réalisme dans la philosophie de Descartes, in: L'année philosophique 22 (1911), S. 49). Dabei stützt sich Delbos insbesondere darauf, daß die der Seele aufgeprägte, nicht von ihr hervorgebrachte Idee Gottes der Prototyp der *idea innata* ist und daß in den *Passions* allgemein die Passivität des Verstandes festgestellt wird (vgl. Passions I, art. 17; AT XI, 342). Er übersieht jedoch nicht, daß Descartes gelegentlich das Angeborensein als Fähigkeit des Verstandes, Ideen aus sich *hervorzubringen,* auffaßt (vgl. Notae in programma; AT VIII/2, 357 f.).
65. J. Sirven, op. cit., S. 151, erörtert die Lichtsymbolik in Beziehung auf entsprechende Gedanken der Scholastik. Namentlich weist er darauf hin, daß Augustins *De Genesi in litteram* in diesem Zusammenhang eine Rolle gespielt haben dürfte.
66. Hierauf hat treffend L. Brunschvicg: „Mathématique et métaphysique chez Descartes". In: Revue de Métaphysique et de Morale 34 (1927), S. 286, hingewiesen.
67. L. Brunschvicg, op. cit., S. 282, stellt fest: „Nous considérons l'ordre progressif de l'analyse cartésienne, non comme un ordre donné dans la nature et qu'il s'agirait pour l'homme de ‚retrouver', mais comme un ordre que la nature en tant que telle ne peut pas nous fournir, car il est d'essence entièrement spirituelle, et, par suite, c'est à notre intelligence seule qu'il appartient de le constituer". – Dieser Auffassung steht die realistische Deutung gegenüber, wie sie z. B. E. Gilson gibt, wenn er von einem „ordre naturel des choses et des idées que notre pensée doit s'employer à retrouver" spricht (Discours de la méthode. Texte et commentaire. Paris 1947, S. 209).
68. Zur Rolle der Mathematik in der Entwicklung der Methode siehe L. Gäbe: Einleitung zu Descartes' „Regulae ad directionem ingenii", lat. dt., Hamburg 1973, insb. S. XLIII ff., sowie ders.: Descartes' Selbstkritik (cit.), S. 113 ff.
69. J.-L. Marion: Sur l'ontologie grise de Descartes. Paris 1975, erklärt die Tatsache, daß für Descartes (und den Rationalismus des 17. Jhdts. im allgemeinen) die Ma-

thematik zur exemplarischen Wissenschaft wurde, aus einer ontologischen Grundentscheidung, die die Auszeichnung der Mathematik erst ermöglichte. Diese Entscheidung betrifft die Abstraktion von allen inhaltlichen Bestimmungen, die bisher nur für die Mathematik gefordert worden war, nun aber für alle Gegenstände wissenschaftlicher Erkenntnis gefordert wird, so daß für Erkenntnisgegenstände im allgemeinen jene Gewißheit in Anspruch genommen werden kann, die bis dahin der Mathematik vorbehalten zu sein schien.

70. P. Natorp: Descartes' Erkenntnistheorie. Eine Studie zur Vorgeschichte des Kritizismus. Marburg 1882, insb. S. 42 f.

71. Die von M. Gueroult: Nouvelles réflexions sur la preuve ontologique de Descartes. Paris 1955, S. 83, eingeführte Unterscheidung von „certitude psychologique inébranlable et définitive en fait" und „certitude métaphysique de droit" bezeichnet etwas anderes, nämlich den Gegensatz zwischen der Faktizität des Evidenzerlebnisses und der im metaphysischen Sinn objektiven Gültigkeit des Urteils, – kurz: den Unterschied von Gewißheit und Wahrheit.

72. Vgl. Verf.: „Zum Problem des premier principe in Descartes' Metaphysik". In: Kant-Studien 51 (1959/60), S. 176–195. Die in dieser Arbeit entwickelte Auffassung spielte in der 1. Aufl. des vorliegenden Buches eine wichtige Rolle, sie ist aber in der 2. Auflage preisgegeben.

73. Eine ähnliche Erklärung bietet J. Laporte: Le rationalisme de Descartes. Paris 1945, S. 110 f., der ebenfalls dem Axiom „Pour penser il faut être" den Charakter eines Urteils im vollen Sinne des Wortes abspricht und es nur als sozusagen in der Luft hängenden Satz, als „Annahme oder Lexis", gelten läßt. Zu einem effektiven Urteil wird es erst durch die *évidence actuelle* der erfahrenen Existenz. – Den deduktiven Charakter des ersten Prinzips betont J.-M. Beyssade: La philosophie première de Descartes. Paris 1979, S. 237 ff. Das vollzogene Raisonnement erhält allerdings intuitive Gewißheit. Das *Cogito ergo sum* „est la première déduction rigoureuse, mais, quoiqu'il soit aussi une intuition, en tant qu'intuition il n'est pas premier" (S. 243). Da das *Cogito* in der Zeit formuliert wird, aber mit dem Anspruch der Geltung zu *jeder* Zeit, muß dieser Anspruch gerechtfertigt werden, was nur durch den Übergang zu Gott möglich ist: „cette prétention fait figure de pari sur l'assemblage contingent des moments du temps, et, pour conclure de l'actualité de l'évidence à l'omnitemporalité de la science, il nous manque encore la médiation de l'éternel" (S. 265).

74. B. Williams: „The Certainty of the Cogito". In: W. Doney (Hrsg.): Descartes. London/Melbourne 1968 (zuerst in: Cahiers de Royaumont IV, Paris 1962). S. 88–107, deutet eine andersartige Kritik an. „Ich" bezieht sich, wie er betont, unfehlbar auf den Sprecher, isoliert ihn aber von allen anderen und der Welt. Es gibt nichts mehr, von dem das solipsistische Ich unterschieden wäre. Diese Auffassung ist nach Williams so unbefriedigend, daß sie durch eine tiefere Betrachtungsweise abgelöst werden muß. In seinem Descartes- Buch von 1981 deutet er an, daß er den Solipsismus durch eine Betrachtungsweise überwunden sehen möchte, die durch die Anerkennung einer Mehrheit von Subjekten charakterisiert ist. – Man darf aber nicht übersehen, daß schon Descartes die Isolation des Subjekts – die im übrigen nur provisorisch war – durch Hervorhebung der Beziehung des Ich auf die denkunabhängige Wirklichkeit überwunden hat.

75. Es genügt also nicht, mit B. Williams: Descartes. Das Vorhaben der reinen philosophischen Untersuchung. Königstein/Ts. 1981, S. 48 festzustellen, daß Descartes zu

jenen Philosophen gehört, die die Frage „Was kann ich wissen?" für zentral hielten. Dies ist die Grundfrage der Erkenntnistheorie bzw. Erkenntniskritik. Descartes rührte aber bereits an die Frage: „Wie ist Wissen überhaupt möglich?", und dies ist die Grundfrage der Transzendentalphilosophie.

76. Das Ich ist nach der vorgeschlagenen Deutung kein psychologischer Begriff, wie bei H. Gouhier: Essais sur Descartes (cit.), S. 124, wo es heißt: „Le *Je* du *Cogito* est donc un sujet psychologique . . . l'intuition géniale de Descartes est d'avoir compris que le point de départ de la philosophie devait être un fait et qu'un fait véritable implique un rapport liant immédiatement un objet à un sujet . . ." Der Übergang vom *Cogito* zum *Sum res cogitans* ist nach Gouhier deshalb verfehlt, weil mit ihm die Ebene der psychischen Phänomene (le plan des phénomènes psychologiques) verlassen wird.

77. F. Alquié: La découverte métaphysique de l'homme (cit.), S. 183, erklärte das Cogito für unbegreiflich in dem Sinne, in dem das Begreifen mit Objektivieren zu tun hat. In dieser Hinsicht steht es auf derselben Stufe wie die Gotteserkenntnis.

78. J.-L. Marion: L'ontologie grise (cit.), hält für das zentrale Problem der *Regulae* die Frage, was es heiße, ein (Erkenntnis-)Gegenstand zu sein. Descartes' Antwort lautet nach seiner Deutung: Etwas kann für uns Objekt sein, weil es vom Subjekt *erzeugt* wurde. In diesem Sinne stellt sich ihm Descartes als Vorläufer der Transzendentalphilosophie dar. Diese Auffassung spricht er noch deutlicher in seinem Werk: La théologie blanche de Descartes. Paris 1981, aus, in dem die in den Meditationen in Angriff genommene Aufgabe der Auffindung eines sicheren Fundaments des Wissens als Auffindung von Bedingungen der Möglichkeit von Erkenntnis gedeutet wird. – Die transzendentalphilosophische Interpretation spielt auch bei J. Pacho: Ontologie und Erkenntnistheorie. Eine Erörterung ihres Verhältnisses am Beispiel des Cartesianischen Systems. München 1980, insb. S. 24 ff., eine Rolle. Zugleich aber betont Pacho, daß das Ich kein allgemeines oder transzendentales Ich sei, sondern „das konkrete Subjekt eines Tatsachen beschreibenden Satzes (‚Ich denke') und eines Existentialsatzes (‚Ich bin')" (S. 30).

79. Henry G. Frankfurt: „Descartes' Validation of Reason". In W. Doney (Hrsg.): Descartes. London/Melbourne 1968, S. 209–226 (ursprünglich in: American Phil. Quarterly 2 (1965), 149–156), meint, daß Descartes die Gültigkeit (validity) seiner eigenen Intuitionen im Augenblick ihres Stattfindens nicht bezweifeln konnte. – Das dürfte irrig sein: Sie lassen sich zwar nicht in dem Sinne bezweifeln, daß ihre Gewißheit aufgehoben würde; ihre Gültigkeit kann aber im metaphysischen Zweifel aufgehoben werden.

80. Die subjektive Gewißheit als Urteilsnötigung ist noch nicht Wahrheit im Sinne objektiver Gültigkeit. Deshalb muß sie von jener Unkorrigierbarkeit unterschieden werden, mit deren Hilfe G. Nakhnikian: An Introduction to Philosophy (cit.), S. 68 ff., Descartes' Begriff der Evidenz zu präzisieren sucht: p ist für S unkorrigierbar = Df. (i) Es ist möglich, daß S aufmerksam glaubt, daß p, und (ii) „S glaubt aufmerksam, daß p" impliziert „S weiß, daß p" (S. 72).
Wenn „wissen" auf wahre Urteile zu beziehen ist, dann ist „Unkorrigierbarkeit" mehr als subjektive Evidenz. Gerade der Übergang von der (subjektiven) Gewißheit zur (objektiven) Wahrheit steht bei Descartes in Frage. Nur unter dieser Voraussetzung kann sinnvoll davon die Rede sein, daß sich einfachste mathematische Sätze trotz Zustimmungsnötigung bezweifeln lassen. Nakhnikian muß dagegen

diesen Zweifel als „Verirrung" zurückweisen und verfehlt damit Descartes' Intention.

81. Wie sehr sich die im Text vertretene Auffassung von derjenigen F. Alquiés: La découverte (cit.), S. 93, unterscheidet, zeigt sich darin, daß Alquié meint, die Metaphysik bewirke eine „déréalisation du monde", sofern sie die Erfahrungswirklichkeit als etwas bloß Fiktives erscheinen lasse, während im Text davon ausgegangen wird, daß die Cartesianische Metaphysik die realistische Deutung der Sätze der mathematischen Physik ermöglicht. Die Welt der Wissenschaft ist gerade *keine* Fabel, mag Descartes auch gewisse wissenschaftliche Theorien aus Vorsicht als „Fabeln" bezeichnet haben.
82. Die Hauptpunkte der nicht erhaltenen Abhandlung von 1629 über Metaphysik waren „de prouver l'existence de Dieu et celle de nos âmes, lorsqu'elles sont séparées du corps, d'où suit leur immortalité" (an Mersenne, 25. Nov. 1630; AT I, 182). – Das sagt freilich wenig, da nicht klar ist, zu welchem Zweck diese Beweise geführt werden.
83. So Disc. V; AT VI, 43, wo Descartes in bezug auf die Ableitbarkeit der Naturgesetze – allerdings nur der allgemeinsten – aus Sätzen der Metaphysik, speziell aus Sätzen über das Wesen Gottes und der Materie, sagt: „sans appuyer mes raisons sur aucun autre principe que sur les perfections de Dieu . . ."
84. Es ist also zu unterscheiden zwischen der idea „quae me ipsum mihi exhibet" (Med. III; AT VII, 42) und dem „ego" als „substantia" (Med. III; AT VII, 45), obwohl eine Substanz unabhängig von ihrem Wesensattribut nicht distinkt gedacht werden kann. Mit Recht betont J.-M. Beyssade, op. cit., S. 225 f., daß das erste Prinzip keine „nackte" Existenz betreffe. Vielmehr betrifft es, gestützt auf die Gemeinbegriffe „Ich", „Denken" und das Axiom „Um zu denken, muß man sein", die Existenz einer individuellen denkenden Substanz.
85. Äußerst zugespitzt ist die von H. Caton: „Analytic History of Philosophy" (cit.), an mehreren Vertretern der analytischen Descartes-Interpretation (wie B. Williams, E. M. Curley u. a.) geübte Kritik.
86. M. Schlick: Allgemeine Erkenntnislehre. Berlin, 2. Aufl. 1925, S. 78 f.: *Cogito ergo sum* ist keine Erkenntnis, sondern eine versteckte Definition von „Existenz". Das Erleben von Bewußtseinszuständen ist als Quelle des Existenzbegriffs selbst kein Fall, auf den „Existenz" angewendet werden könnte.
87. A. J. Ayer: The Problem of Knowledge. Harmondsworth 1956, Kap. II, Abschn. 3.
88. J. Hintikka: „Cogito ergo sum: Inference or Performance". In: The Phil. Review 71 (1962), S. 3–32. Ähnlich G. Nakhnikian, op. cit., S. 140 ff. Auch B. Williams: Descartes (cit.), S. 63, hält das „Sum" für selbst-verifizierend und unkorrigierbar, während das „Cogito" unkorrigierbar und *evident* ist. Nach Williams hat Descartes beide Aussagen im *Cogito ergo sum* verbunden, aber das „sum" könnte als Gewißheit gewonnen werden, ohne daß einem das „cogito" einfiele. Die Gewißheit, eine *res cogitans* zu sein, läßt sich dagegen nicht ohne Bewußtsein des Denkens erlangen. – Die Schwäche dieser Interpretationsrichtung liegt darin, daß das Ich, auf das sich das „sum" bezieht, offenbar als etwas Unmittelbares und Unvermitteltes aufgefaßt wird. „Sum" und „Cogito" sind aber nicht, wie Williams, S. 52, erklärt, voneinander unabhängig.– Von „Performance" spricht auch J.-L. Marion: La théologie blanche (cit.), S. 370 ff., jedoch mit interessanter transzendentalphilosophischer Wendung: „L'*ego* ne joue son rôle fondamental qu'en pensant selon la référence d'une multiplicité à une unité, bref en rendant possible la *cogitatio*, donc en s'y asservissant"

(S. 392). Obwohl es sich um ein ontisches Fundament handelt, wie Marion meint, spielt hier das Ego nicht als Seiendes eine Rolle, sondern nur insofern, als es eine referentielle Funktion ausübt.

89. Siehe Kap. VI, Abschn. 5.
90. Die Rolle des *Cogito ergo sum* als ersten Prinzips, auf dem die übrigen grundlegenden Sätze der Cartesianischen Philosophie beruhen, wird klar herausgearbeitet von L. J. Beck: The Metaphysics of Descartes. A Study of the Meditations. Oxford 1965. Beck distanziert sich sowohl von einer transzendentalphilosophischen wie von einer empiristischen Deutung des *Cogito ergo sum* und bezieht das erste Prinzip auf ein Datum, das aber kein empirisches, sondern ein intuitiv erfaßtes Datum sein soll, nämlich die notwendige Verknüpfung der einfachen Naturen „Denken" und „Sein".
91. E. Husserl: Erste Philosophie. Husserliana VII, S. 8.
92. Ebda., S. 61.
93. Ebda., S. 63
94. E. Husserl: Cartesianische Meditationen und Pariser Vorträge. Husserliana I, S. 9f. und 63.
95. Ebda, S. 65.
96. M. Heidegger: „Die Zeit des Weltbildes". In: Holzwege. Frankfurt a. M. 1957, S. 69ff., insb. S. 82.
97. M. Merleau-Ponty: Phänomenologie der Wahrnehmung. Berlin 1966, S. 429f.
98. Ebda.
99. J.-P. Sartre: L'Etre et le Néant. Paris 1943, S. 15ff., dt. Das Sein und das Nichts, Reinbeck 1952, S. 15ff.
100. Auf den platonistischen Hintergrund des ontologischen Arguments macht aufmerksam A. Kenny, op. cit., S. 155ff., indem er dessen Grundvoraussetzung mit derjenigen Meinongs identifiziert. Er stellt fest: „It seems to me that if we give Descartes his Meinongian assumptions, there is nothing fallacious in his argument" (S. 164f.) – D. Henrich: Der ontologische Gottesbeweis. Tübingen 1960, vertritt die Ansicht, der ontologische Beweis Descartes' finde sich voll entwickelt nur in den 1. Resp., wo die Existenz aus dem Wesen Gottes mit Hilfe der Vorstellung der ungeheuren *Macht* Gottes gefolgert wird. – Die entsprechenden Ausführungen Descartes' laufen aber nur dann nicht auf eine petitio principii hinaus, wenn „Macht" (potestas, vis) als „Wesensmächtigkeit" verstanden wird (vgl. AT VII, 119). Descartes scheint sich hier den neuplatonistischen Gedanken zu eigen gemacht zu haben, daß jede Wesenheit eine Aktualisierungstendenz habe, die um so stärker sei, je vollkommener die Wesenheit sei.
101. E. Cassirer: Das Erkenntnisproblem in der Philosophie und Wissenschaft der neueren Zeit, 2. Aufl., Bd. I, S. 500, meint: „So ragt das Mysterium jetzt bis mitten in die Grundbegriffe der Wissenschaft hinein, die als Vorbilder jeder Erkenntnis, vor allem klar und dem Geiste völlig durchsichtig gemacht werden müßten." – Zum Unendlichkeitsbegriff bei Descartes vgl. auch J. Vuillemin: Mathématique et métaphysique chez Descartes. Paris 1960, S. 140: „Si, chez Descartes, l'infini est premier par rapport au fini, c'est à titre d'idée et non de méthode, de présence et non de puissance." In diesem Punkte ist seiner Ansicht nach der Cartesianismus der Vergangenheit stärker als der Zukunft zugewandt. – Eine Deutung eigener Art schlägt vor J. M. Beyssade: La philosophie première de Descartes (cit.), S. 274. Indem er es ablehnt, von einer einheitlichen Intuition zu sprechen, in der mit einem Schlag das

Ich und das Unendliche erfaßt würden, deutet er die Gotteserkenntnis als eine Bewegung, in der eine unmittelbare (das Cogito) und eine mittelbare Evidenz (die der Existenz Gottes) miteinander verbunden werden. In den Gottesbeweisen soll es sich gar nicht um zeitlos gültige Raisonnements handeln, sondern um die Explikation der Genese der Gottesidee, in der sich die Beziehung zwischen der Dauer des Endlichen und der Ewigkeit Gottes „ankündigt" (S. 292). Von „Beweis" im herkömmlichen Sinne kann natürlich nicht die Rede sein, wenn ein Vorgehen wie folgt charakterisiert wird: „L'essence agissante *(vis)* de la première preuve par les effets consiste à ranimer, par-delà l'être en puissance d'un progrès indéfini, et sous des idées factices, la réalité objective d'une véritable idée, l'être (re)présenté de l'infini. Mais cette idée est une lumière *(lux)*, elle n'est jamais le tableau déployé qui pourrait tomber, au moins en droit, sous une intuition pleine et instantanée. Elle conduit et elle oriente le regard de l'esprit, loi de ses opérations temporelles saisie par lui et hors de lui dans un Être éternel" (S. 294 f.) – Daß auf diese Weise die Intentionen Descartes', der eine demonstrative Philosophie begründen wollte, angemessen beschrieben werden, wird man bezweifeln müssen.

102. Als Ausflucht charakterisiert das Ausweichen auf die erinnerte Gewißheit A. K. Stout: „The Basis of Knowledge in Descartes". In: Mind 38 (1929), S. 335. – H. Gouhier: La pensée métaphysique de Descartes (cit.), S. 293 ff., will das Vorhandensein eines Zirkels nicht anerkennen, weshalb er von einem „Pseudo-Zirkel" spricht. Die Verfasser der Zweiten Objektionen, die den Vorwurf der Zirkularität erhoben, hätten für das Ende der Fünften Meditation eine Situation angenommen, die derjenigen der beiden ersten Meditationen entspricht, während inzwischen doch der Gottesbeweis der Dritten Meditation geführt worden sei (S. 312). Descartes konnte sich daher in seiner Antwort damit begnügen, das Argument an seinen systematischen Ort zu rücken (S. 313 f.). Er stützte sich mit Recht auf Evidenzen, die der göttlichen Garantie nicht bedürfen. – Auch H. G. Frankfurt: „Descartes' Validation of Reason" (cit.), S. 224, hält den Vorwurf der Zirkularität für ungerechtfertigt, da es Descartes nicht so sehr um die Existenz eines guten Gottes ging als vielmehr darum, daß die recht gebrauchte Vernunft zu dem Ergebnis führt, daß Gott existiert. Es geht m. a. W. um die Verläßlichkeit der vernünftigen Einsicht bzw. um die Entkräftung der skeptischen Bedenken gegen die Verläßlichkeit der Vernunft. – Dies ist so lange plausibel, als die Gewißheit intuitiver Urteile berücksichtigt wird, nicht jedoch, wenn man auf ihre Wahrheit (als objektive Gültigkeit) Bezug nimmt, auf die der metaphysische Zweifel gerichtet ist. – H. Caton: The Origin of Subjectivity (cit.), S. 129, hält die Widerlegung des hyperbolischen Zweifels durch das Argument der *veracitas* für ein Taschenspielerstück: „The Cartesian circle ... appears to be the legerdemain by which things in no need of proof are made to depend on things not susceptible of proof". – Alle Versuche, die Zirkularität zu leugnen, beruhen darauf, daß der hyperbolische Zweifel nicht auf den Anspruch objektiver Gültigkeit bezogen, sondern angenommen wird, daß mit der unbedingten Gewißheit bestimmter Urteile schon deren Wahrheit im absoluten Sinn gegeben sei. Dies ist aber nicht der Fall. – Verblüffend ist die Meinung, die D. J. Marshall jr.: Prinzipien der Descartes-Exegese. Freiburg/München 1979, S. 70 f., vorträgt: Der Zirkel ist vorhanden, belastet Descartes aber nicht, weil er die Gottesbeweise überhaupt nicht für schlüssig hielt.

103. J. Laporte: Le rationalisme de Descartes. Paris 1945, 2. Aufl. 1950, hat hier die Grenze des Cartesianischen Rationalismus erkennen zu können geglaubt. Da er die

Annahme einer gegenstandskonstituierenden Vernunft als wesentlich für den Rationalismus im allgemeinen ansieht und findet, daß bei Descartes die Vernunft nicht den Charakter eines Vermögens der Gegenstandskonstitution hat, stellt er die rationalistische Natur des Cartesianismus in Frage. – Man wird bezweifeln können, daß die angedeutete Kennzeichnung dem Rationalismus im 17. und 18. Jhdt. gerecht wird; andererseits ist zuzugeben, daß Descartes das Vorhandensein rational undurchdringlicher Seinsbereiche anerkannte, was aber nicht bedeutet, daß sie an sich irrational sind, sondern nur, daß die endliche Vernunft nicht die absolute Vernunft ist.

104. Die Priorität des Unendlichen gegenüber dem Endlichen zeigt sich in der Reflexion, sofern sich der Begriff Gottes als ursprünglicher erweisen soll denn der des Ich. Vgl. Med. III; AT VII, 45: „... priorem quodammodo in me esse perceptionem infiniti quam finiti, hoc est Dei quam mei ipsius."

105. Gelegentlich nimmt der Satz, daß Gott bzw. das absolut unendliche Wesen existiert, die Stelle des ersten Prinzips ein, so daß J.-L. Marion: La théologie blanche (cit.), S. 22, mit Recht das Ego nur als relativ fundamental anerkennt. Er weist darauf hin, daß in den *Meditationen* das Ich nicht den Titel eines Fundaments zugesprochen erhält, selbst in dem Augenblick nicht, in dem es die Funktion des Fundaments ausübt. Er erklärt dies damit, daß das Ich nur der Platzhalter des eigentlichen Fundaments, d. i. des absolut unendlichen Wesens, ist: „Le fondement passe de l'ego à Dieu" (S. 22). – Auch J.-M. Beyssade: La philosophie première (cit.), S. 218 f., gesteht dem *Cogito ergo sum* nur in eingeschränktem Sinn den Titel eines ersten Prinzips zu.

106. Da die Wirklichkeit als solche nur vorübergehend ausgeblendet werden kann, sollte man nicht so weit gehen wie Geneviève Rodis-Lewis: L'Œuvre de Descartes (cit.), S. 239, die mit Bezug auf den Zweifel von der „néantisation de Dieu et de l'ensemble du monde" spricht.

107. Zwischen Descartes' Betonung der Endlichkeit des Ich und seiner Feststellung, daß der Wille (wie es Med. IV heißt) und die Erkenntnis (wie Med. V. hervorgehoben wird) unendlich seien, besteht kein Widerspruch, da Wille und Erkenntnis in jedem Fall nur in dem Sinne „unendlich" sein können, daß die Bereiche dessen, was gewollt, und dessen, was erkannt werden kann, offene Bereiche sind. Diese Unendlichkeit ist mit der ontologischen Endlichkeit des Ich durchaus verträglich.

108. J. Vuillemin: Mathématique et métaphysique chez Descartes. Paris 1960, S. 140, erklärt in bezug auf das Unendliche: „Si, chez Descartes, l'infini est premier par rapport au fini, c'est à titre d'idée et non de méthode, de présence et non de puissance. Sur ce point, le cartésianisme est tourné vers le passé, non vers l'avenir. Le moi se découvre comme faculté d'ordre, mais sans pouvoir créateur. Et c'est en rompant avec Descartes, pour déclarer que Dieu est idéal de la raison pure que Kant et Fichte fonderont la philosophie moderne."

109. Zur Lehre von der Geschöpflichkeit der Wahrheiten vgl. J.-L. Marion: Sur la théologie blanche de Descartes.Paris 1981. In der älteren Literatur zum Thema ragt hervor: E. Boutroux: De veritatibus aeternis apud Cartesium. Paris 1874.

110. Im Wahrheitskreationismus sieht J.-L. Marion, op. cit., S. 11, ein Moment, durch das Descartes' Rationalismus wesentlich tangiert ist: „L'horizon de la rationalité doit sa pertinance, pour nous indépassable, à une instauration, donc à une condition inconditionnée qui la rend, elle, conditionnée." Marion bringt den Wahrheitskreationismus mit Descartes' Einstellung gegenüber dem Gedanken der Analogie zwi-

schen Endlichem und Unendlichem in Verbindung. Er meint, „que, dans la perspective de la question de l'analogie, la doctrine de la création des vérités éternelles devient une prise de position de théologie en philosophie ...".

111. An Clerselier, Egmond, 23.4. 1649; AT V, 355.

112. An Clerselier, a.a.O., AT V, 356: „La vérité consiste en l'être, et la fausseté au *non-être* seulement, en sorte que l'idée de l'infini, comprenant tout l'être, comprend tout ce qu'il y a de vrai dans les choses, et ne peut avoir en soi rien de faux ..."

113. P. Natorp: „Le développement de la pensée de Descartes ..." (cit.), S. 426–428. Vgl. auch E. Cassirer: Descartes. Lehre, Persönlichkeit, Wirkung. Stockholm 1939, S. 36f.

114. Die Ansicht, daß die Cartesianischen Gottesbeweise eine Intuition explizieren, vertrat z.B. L. Brunschvicg: „Mathématique et métaphysique chez Descartes". In: Revue de Métaphysique et de Morale 34 (1927), S. 311: Der dem ontologischen Argument zugrunde liegende Gedanke „est congénialement intuitive, pour ce qui concerne Dieu comme pour ce qui regarde le *moi*, sans qu'on puisse même à leur racine établir une séparation réelle entre l'intuition d'existence qui affirme le *moi* et l'intuition d'existence qui affirme Dieu". – Die Annahme rein intuitiver Existenzerkenntnis wird hinfällig, wenn man davon ausgeht, daß Existenzurteile immer den Rahmen einer (mindestens rudimentären) Theorie voraussetzen.

115. Gegen diese Identfikation wendeten sich mit guten Gründen die Anhänger Brentanos, während z.B. C.v. Brockdorff: Descartes und die Fortbildung der cartesianischen Lehre. München 1923, S. 54ff, die voluntaristische Urteiltheorie insoweit verteidigte, als er die von Brentano, Kastil u.a. behauptete scharfe Unterscheidbarkeit von Urteilen und Willensakten bezweifelte, ohne allerdings beide schlechthin identifizieren zu wollen. Die voluntaristische Auffassung des Urteils vertrat auch B. Christiansen: Das Urteil bei Descartes. Ein Beitrag zur Vorgeschichte der Erkenntnistheorie. Freiburg i. Br. 1902.

116. Vgl. zu diesem Thema H. Caton: „Will and Reason in Descartes's Theory of Error". In: The Journal of Philosophy 72 (1975), S. 87–104.

117. J.-M. Beyssade: „L'analyse du morceau de cire". In: H. Wagner (Hrsg.): Sinnlichkeit und Verstand in der deutschen und französischen Philosophie von Descartes bis Hegel. Bonn 1976, S. 9–25, meint, daß nicht die Idee der Ausdehnung, sondern die Idee der Substanz im Wachsbeispiel der Med. II als rein intelligible Idee erwiesen wird (vgl. insb. S. 15–19). – Dies ändert aber nichts daran, daß Descartes die Ausdehnung *als solche* – im Unterschied von bestimmten Ausdehnungsverhältnissen (Modi) – als intellektuelle Idee charakterisiert: Ich kann nach Descartes begreifen, aber nicht anschaulich vorstellen, daß ein materielles Ding (z.B. ein Wachsstückchen) unzählige (innumerabiles) Änderungen seiner Ausdehnung erfahren kann. „Nec igitur comprehensio haec ab imaginandi facultate perficitur" (Med. II; AT VII, 31).

118. In diesem Sinne schreibt E. Bréhier: La philosophie et son passé. Paris 1940, S. 80: „Descartes a radicalement brisé toute solidarité entre le sensible et le matériel; il a libéré le corps matériel de toute référence à nos sens, il en a fait un pur objet de l'intelligence."

119. Zur Cartesianischen Konzeption der Materie vgl. G. Buchdahl: Metaphysics and the Philosophy of Science. Oxford 1969, S. 90ff. Zu Descartes' Entwurf einer mathematischen Physik und den Schwierigkeiten, mit denen dieser Entwurf belastet ist, vgl. St. Gaukroger: „Descartes' Project for a Mathematical Physics". In: Ders.

(Hrsg.): Descartes. Philosophy, Mathematics and Physics. Brighton 1980, S. 97–140.

120. H. Reichenbach: The Rise of Scientific Philosophy. Berkeley/Los Angeles 1954, S. 31, bringt dies mit dem Gewißheitspostulat in Verbindung: „It is the search for certainty which makes the philosopher disregard the contribution of observation to knowledge. Since he wants absolutely certain knowledge, he cannot accept the results of observation; since arguments form probabilities are for him impostors, he turns to mathematics as the only admissible source of truth. The ideal of the complete mathematization of knowledge, of a physics which is of the same type as geometry and arithmetic, springs from the desire to find absolute certainty for the laws of nature."

121. Von dieser Aufgabe meint L. Brunschvicg: „Mathématique et métaphysique chez Descartes" (cit.), S. 297, sie stehe im Mittelpunkt von Descartes' Metaphysik. Diese sei „tournée tout entière vers l'examen des difficultés que la doctrine s'est créée à elle-même par la dualité de la *mathématique pure,* qui est un algèbre, et de la *mathématique universelle,* qui est une physique. Cette dualité ne peut manquer de présenter immédiatement à l'esprit une objection, *l'objection des objections,* comme dira Descartes, et qui lui sera répétée a satiété par les ‚modernes', Gassendi et Roberval, pour le passage de l'étendue mathématique *qui n'est rien d'autre que ma pensée* au corps physique *qui doit, lui, subsister hors de mon esprit*".

122. E. Denissoff: Descartes, premier théoricien de la physique mathématique. Trois Essais sur le ‚Discours de la méthode'. Louvain/Paris 1970, vertritt die Ansicht, das hypothetisch-deduktive Verfahren der „Dioptrique" und der „Météores" sei Descartes' definitives wissenschaftliches Verfahren. – Dem steht entgegen, daß Descartes in einem Brief an P. Vatier vom 22. 3. 1638 ausdrücklich erklärte, er hätte, was er in den „Météores" a posteriori bewiesen habe, auch a priori beweisen können, allerdings nur, wenn er die ganze Physik entwickelt hätte. Er habe die hypothetische Darstellungsweise gewählt, obwohl er glaube, die als Annahmen (suppositions) eingeführten Sätze aus den Prinzipien seiner Metaphysik deduzieren zu können.

123. Selbstverständlich ist hier nicht von speziellen wissenschaftlichen Annahmen die Rede, die sich keineswegs a priori formulieren lassen, wie Descartes wußte. So läßt sich z. B. der Brechungsindex gewisser Medien nur empirisch bestimmen. Descartes hat also niemals eine durchgängig apriorische Physik für möglich gehalten. Mit Recht betont daher Ch. Larmore: „Descartes' Empirical Epistemology". In: St. Gaukroger (Hrsg.): Descartes. Philosophy, Mathematics and Physics. Brighton 1980, S. 6–22, daß die apriorische Begründung physikalischer Sätze nach Descartes beschränkt ist. Er schlägt vor, den Apriorismus dahingehend zu interpretieren, daß empirische Hypothesen stets im Rahmen eines Forschungsprogramms angesiedelt sein müssen (S. 11). Descartes' mechanistische Konzeption wäre als ein solches „apriorisches" Forschungsprogramm (research program) aufzufassen.

124. Descartes' Bedeutung für die Entwicklung der modernen Physik ist größer als die Bewunderer Newtons später wahrhaben wollten. Denn wenn auch nur wenige inhaltliche Ergebnisse Descartes' sich als haltbar erwiesen, so war doch die von Descartes konzipierte Idee einer Physik als axiomatisch-deduktives System höchst folgenreich, wie H. Scholz: Descartes' Bedeutung für die Umgestaltung des abendländischen Geistes. Drei Vorträge von H. Scholz, A. Kratzer, J. Hofmann. Abh. z. Förderung der Westfälischen Landesuniversität, Heft 2. Münster 1951, S. 15, betont hat. Man wird aber kaum so weit gehen können wie E. Cassirer: Descartes (cit.),

S. 67, der meinte: „Nicht die Geschichte der Metaphysik, sondern die Geschichte der Wissenschaft ist es, die das eigentliche und dauernde Erbe Descartes' bewahrt hat." – Im Text wird vielmehr zu zeigen gesucht, daß Descartes' Bedeutung vor allem darin liegt, daß er eine (metaphysische) Theorie der (wissenschaftlichen) Erfahrung entworfen hat.

125. Vgl. M. Pohlenz: Die Stoa, Bd. I. Göttingen 1948, S. 169 f. Zum Verhältnis von stoischen und epikureischen Elementen in Descartes' Moral vgl. M. Gueroult: Descartes selon l'ordre des raisons, Bd. II, Paris 1953, S. 228 ff.

126. Zu der Theorie der „vestiges qui demeurent dans le cerveau" vgl. Brief an [Mesland], [Leyden, 2. 5. 1644?]; AT IV, 114; siehe auch Passions I, 21; AT XI, 344.

127. Passions I, 31; AT XI, 351 f.: „Il est besoin aussi de savoir que, bien que l'âme soit jointe à tout le corps, il y a néanmoins en lui quelque part, en laquelle elle exerce ses fonctions plus particulièrement qu'en toutes les autres."

128. Zum psychophysischen Dualismus vgl. auch H. Gouhier: La pensée métaphysique de Descartes (cit.), S. 321 ff. Gouhier findet bei Descartes die Erfahrung einer bewegenden Aktivität und einer diese begleitenden Passivität, die beide die wesentlich dynamische Einheit des menschlichen Kompositums ausdrücken.

128a. Vgl. Verf., Reaktionen auf die Cartesianische Herausforderung. In: Geschichte der Philosophie VII, Die Philosophie der Neuzeit 1, München 1978, S. 75 ff.

129. Zum psychophysischen Problem siehe das Werk von R. Specht: Commercium mentis et corporis. Über Kausalvorstellungen im Cartesianismus. Stuttgart-Bad Cannstatt 1966.

130. G. Ryle: The Concept of Mind. London 1949 (dt. Der Begriff des Geistes. Stuttgart 1969), Kap. I. – Zur Kritik vgl. Verf.: „Descartes' Mythus oder Ryles Mythus?" In: Archiv für Geschichte der Philosophie 55 (1973), S. 310–333.

131. Zur Psychophysik und ihrer Stellung in Descartes' System vgl. M. Gueroult: Descartes selon l'ordre des raisons, Bd. II (cit.), S. 208 ff., sowie H. Caton: The Origin of Subjectivity (cit.), S. 191 ff.

132. Vgl. Passions II, 107; AT XI, 407, und an Mersenne [18. 3. 1630]; AT I, 134, wo sich eine interessante Vorwegnahme Pavlovscher Beobachtungen findet.

133. P. Mesnard: Essai sur la morale de Descartes. Paris 1936, S. 98 f., stellte fest, Descartes habe zwar programmatisch die Zurückführung der Affekte auf physiologische Gesetzmäßigkeiten gefordert, im Verlauf der Untersuchung aber diesen für die damalige Zeit revolutionären Gedanken nicht festzuhalten vermocht, so daß er immer wieder in rein psychologische Beschreibung abglitt.

Jeder Erklärungsversuch setzt selbstverständlich eine hinreichend genaue Beschreibung der zu erklärenden Zusammenhänge voraus. Deshalb ist auch im Rahmen von Descartes' Projekt eine hinreichende Kennzeichnung der Leidenschaften mit den Mitteln der deskriptiven Psychologie unvermeidlich. Descartes gewinnt sie im Zusammenhang der Klassifikation der psychischen Phänomene, in die allerdings auch schon kausale Annahmen eingehen (vgl. Passions I, 17 ff.):

Bewußtseinsphänomene:

1 Aktive psychische Verhaltensweisen (actions bzw. volontés)
  2 seelische Wirkungen hervorrufend
  2' körperliche Wirkungen hervorrufend
1' passive psychische Verhaltensweisen (passions i. w. S.)
  3 durch seelische Vorgänge bedingt
  3' durch körperliche Vorgänge bedingt

4 auf etwas Körperliches bezogen
5 auf materielle Dinge (z. B. Licht, Wärme ...)
5' auf den eigenen Körper (z. B. Hunger, Schmerz)
4' auf die Seele bezogen (passions i. e. S.)

Im Bereich der durch körperliche Vorgänge (nervös) bedingten Verhaltensweisen ist der erlebnismäßige Bezug ausschlaggebend, der nicht den angenommenen kausalen Zusammenhängen entspricht. So wird das Licht als Eigenschaft materieller Dinge aufgefaßt, während die Lichtempfindung ausschließlich im Bewußtsein besteht und durch Nervenprozesse hervorgerufen wird. Umgekehrt wird z. B. die Freude ausschließlich auf die Seele bezogen; ihre Abhängigkeit von nervösen Vorgängen, durch die sie bedingt ist, findet im unmittelbaren Erlebnis der Freude keinen Niederschlag. Analog verhält es sich bei allen anderen Leidenschaften, so daß sie sich definieren lassen als Perzeptionen, die im unmittelbaren Erleben ausschließlich auf die Seele bezogen werden, aber durch Bewegungen der spiritus animales verursacht sind.

134. Zum Ziel der Affektkontrolle vgl. auch M. Gueroult: Descartes selon l'ordre des raisons, II (cit.), S. 220 ff. Gueroult hebt den naturalistischen Charakter der Cartesianischen Moral hervor.

135. E. Gilson: Commentaire (cit.), S. 231 ff., bestimmt dagegen überzeugend die provisorische Moral als noch nicht metaphysisch gerechtfertigte Moral. Die definitive Moral ist im Gegensatz hierzu prinzipiell gerechtfertigt, blieb aber im großen und ganzen Programm. – In der zusammenfassenden Darstellung der Cartesianischen Ethik von A. Klemmt: Descartes und die Moral. Meisenheim 1971 (Monographien zur phil. Forschung. 83), S. 164 f., wird inhaltliche Übereinstimmung und formale Differenz von provisorischer und definitiver Moral konstatiert, wobei aber die Differenz nicht in der metaphysischen Fundierung erblickt wird.

136. Die Bedeutung der *sagesse* für Descartes' Ethik – auch deren Frühform – hebt hervor A. Klemmt, op. cit., S. 152 ff. (im Anschluß an Mesnard).

137. Das Überwiegen der epikureischen über die stoischen Elemente in Descartes' Ethik konstatiert M. Gueroult: Descartes selon l'ordre des raisons, II (cit.), S. 228 f.

138. Zu Descartes' sozialphilosophischen Anschauungen vgl. R. Lefèvre: L'humanisme de Descartes. Paris 1957, Teil II. Ferner A. del Noce: „Cartesio e la politica". In: Rivista di Filosofia 41 (1950), S. 3–30; ders.: „Spiritualità cartesiana e machiavellismo". In: E. Castelli (Hrsg.): Umanesimo e scienza politica. Roma/Firenze 1949, S. 105–127; sowie P. Mesnard: Essai sur la morale de Descartes (cit.), Excursus: Morale et politique.

139. Zu Descartes' persönlicher Einstellung gegenüber sozialen Fragen vgl. M. Leroy: Descartes social. Paris 1931.

140. M. Gueroult: Descartes selon l'ordre des raisons, II (cit.), S. 240 ff., wies auf die Unmöglichkeit hin, Moral und Medizin als Wissenschaften im Sinne Descartes' zu konstituieren.

141. Vgl. J.-R. Armogathe: Theologia Cartesiana. Den Haag 1977; ferner G. Berti: Introduzione al pensiero religioso di R. Descartes. Padua 1964.

Literaturverzeichnis

Descartes, R.: Œuvres de Descartes, ed. Ch. Adam et P. Tannery, 11 Bde. Paris 1897–1910; Neuaufl. 1964–1967.

–: Œuvres philosophiques, ed. F. Alquié, 3 Bde. Paris 1963, 1967, 1973.

Deutsche Ausgaben:

–: Regulae ad directionem ingenii/Regeln zur Ausrichtung der Erkenntniskraft, lat.-deutsch. Hrsg. von H. Springmeyer, L. Gäbe und H. G. Zekl. Hamburg 1973 (Phil. Bibliothek 262 a; nur der deutsche Text: Phil. Bibl. 262 b).

–: Discours de la méthode/Von der Methode des richtigen Verstandesgebrauches, franz.-deutsch. Hrsg. von L. Gäbe, Hamburg 1969 (Phil. Bibl. 261; nur der deutsche Text: 26 a).

–: Meditationes de prima philosophia/Meditationen über die Grundlagen der Philosophie, lat.-deutsch. Hrsg. von A. Buchenau, L. Gäbe, H. G. Zekl. Hamburg 1977 (Phil. Bibl. 250 a; nur der deutsche Text: 271).

–: Prinzipien der Philosophie. Anhang: Bemerkungen R. Descartes' über ein gewisses ... Programm. Hrsg. von A. Buchenau, Hamburg 1965 (Phil. Bibl. 28).

–: Die Leidenschaften der Seele. Hamburg 1982 (Phil. Bibl. 345).

–: Gespräch mit Burman, lat.-deutsch. Hrsg. von H. W. Arndt, Hamburg 1982 (Phil. Bibl. 325).

–: Dioptrik. Von G. Leisegang. Meisenheim a. G. 1954 (Monographien zur Naturphilosophie, 2).

(Im Text werden Descartes' Werke mit Kurztiteln oder ohne weiteres verständlichen Abkürzungen zitiert, nämlich „Reg." für „Regulae", „Disc." für „Discours", „Med." für „Meditationes", „Princ." für „Principia philosophiae", „Pass." für „Passions de l'âme".)

Adam, Ch.: Descartes, sa vie, son œuvre. Paris 1937.

–: Vie et œuvres de Descartes. Etude historique (= AT XII).

Alquié, F.: La découverte métaphysique de l'homme chez Descartes. Paris 1950.

–: Descartes, l'homme et l'œuvre. Paris 1956.

Armogathe, J.-R.: Theologia Cartesiana. L'explication physique de l'Eucharistie chez Descartes et dom Desgabets. Den Haag 1977.

–: Index des Regulae ad directionem ingenii de R. Descartes. Rom 1976.

Arnold, P.: „Descartes und die Rosenkreuzer". In: Antaios 1 (1959), 227 ff.

Ayer, A. J.: The Problem of Knowledge. Harmondsworth 1957 (Penguin Book A 337).

Baillet, A.: La vie de M. Descartes, 2 Bde. Paris 1961. Neudruck Hildesheim/New York 1972.

Balz, A.: Descartes and the Modern Mind. London 1952.

Beck, L. J.: The Metaphysics of Descartes. Oxford 1965.

–: The Method of Descartes. Oxford 1952.

Berti, G.: Introduzione al pensiero religioso di R. Descartes. Padua 1964.

Beyssade, J.-M.: „L'analyse du morceau de cire". In: H. Wagner (Hrsg.): Sinnlichkeit

und Verstand in der deutschen und französischen Philosophie von Descartes bis Hegel. Bonn 1976, 9–25.
–: La philosophie première de Descartes. Paris 1979.
Bouillier, Fr.: Histoire de la philosophie cartésienne. Paris/Lyon 1854.
Boutroux, E.: De veritatibus aeternis apud Cartesium. Paris 1874 (= Des vérités éternelles chez Descartes. Paris 1927).
Boutroux, P.: Das Wissenschaftsideal der Mathematiker. Leipzig/Berlin 1927 (Wissenschaft und Hypothese. 28).
–: L'imagination et les mathématiques selon Descartes. Paris 1900.
–: „Sur la signification de la Géométrie de Descartes". In: Revue de Métaphysique et de Morale 22 (1914), 814–827.
Bréhier, E.: „La création des vérités éternelles dans le système de Descartes". In: Descartes. Recueil publié par la Revue Philosophique, Paris 1937.
–: La philosophie et son passé (Nouvelle Encyclopédie Philosophique). Paris 1940.
Brockdorff, C. v.: Descartes und die Fortbildung der kartesischen Lehre. München 1923.
Brunschvicg, L.: Descartes et Pascal, lecteurs de Montaigne. Neuchâtel 1945.
–: „Mathématique et métaphysique chez Descartes". In: Revue de Métaphysique et de Morale 34 (1927).
Buchdahl, G.: Metaphysics and the Philosophy of Science. Oxford 1969.
Buddeberg, K. Th.: „Descartes und der politische Absolutismus". In: Archiv für Rechts- und Sozialphilosophie 30 (1936–1937).
Cahné, P.: Index du Discours de la méthode de Descartes. Rom 1977.
Callot, E.: Problèmes du Cartésianisme. Annecy 1956.
Carabellese, P.: Le obbiezioni al Cartesianesimo, 3 Bde. Messina 1945 ff.
Carlini, A.: Il problema di Cartesio. Bari 1948.
Cassirer, E.: Das Erkenntnisproblem in der Philosophie und Wissenschaft der neueren Zeit, Bd. I. Berlin, 2. Aufl., 1911 (Nachdr. Darmstadt 1971).
–: Descartes. Lehre, Persönlichkeit, Wirkung. Stockholm 1939.
Caton, H.: „Analytical History of Philosophy: The Case of Descartes". In: The Philosophical Forum 12 (1982), 273–294.
–: „On the Interpretation of the Meditations". In: Man and World 3 (1970), 224–245.
–: The Origin of Subjectivity. An Essay on Descartes. New Haven/London 1973.
–: „The Problem of Descartes's Sincerity". In: The Philosophical Forum 2 (1971), 355–370.
–: „Tory History of Ideas". In: The Independent Journal of Philosophy, 1982.
–: „Will and Reason in Descartes' Theory of Error". In: The Journal of Philosophy 72 (1975), 87–104.
Combès, J.: Le dessein de la sagesse cartésienne. Paris/Lyon 1960.
Crapulli, G.: René Descartes. Regulae ad directionem ingenii. Den Haag 1966 (Archives internationales d'histoire des idées).
Curley, E. M.: Descartes Against the Skeptics. Cambridge (Mass.) 1978.
del Noce, A.: Art. „Descartes". In: Enciclopedia Filosofica, Bd. I, Rom 1957.
–: „Cartesio e la politica". In: Rivista di Filosofia 41 (1950), 3–30.
Dénisoff, E.: Descartes, premier théoricien de la physique mathématique. Trois essais sur le Discours de la méthode. Louvain/Paris 1970.
Dreyfus, Ginette: „Discussion sur le Cogito et l'axiome ‚Pour penser il faut être'". In Revue Internat. de Philosophie 6 (1952), 117 ff.

Espinas, A.: Descartes et la morale, 2 Bde. Paris 1925.
Fleischer, M.: „Die Krise der Metaphysik bei Descartes". In: Zeitschrift für philos. Forschung 16 (1962), 68 ff.
Frankfurt, H. G. Deamons, Dreamers and Madmen: The Defense of Reason in Descartes' Meditations. Indianapolis 1970.
–: „Descartes's Validation of Reason". In: W. Doney (ed.): Descartes. London/Melbourne 1968, 209–226 (Urspr. in: Am. Phil. Quart. 2 (1965), 149 ff.).
–: „Memory and the Cartesian Circle". In: The Philosophical Review 71 (1962), 502–511.
Franz, M. L. v.: „Der Traum des Descartes". In: Zeitlose Dokumente der Seele. Zürich 1952 (Studien aus dem C. G. Jung-Institut Zürich. 3).
Friedrich, H.: Descartes und der französische Geist. Leipzig 1937.
Gäbe, L.: Descartes' Selbstkritik. Untersuchungen zur Philosophie des jungen Descartes. Hamburg 1972.
–: „Cartelius oder Cartesius. Eine Korrektur zu meinem Buche über ‚Descartes' Selbstkritik'". In: Archiv für Geschichte d. Philosophie 1976.
Gaukroger, St. (Hrsg.): Descartes. Philosophy, Mathematics and Physics. Brighton 1980.
Gehlen, A.: „Die Bedeutung Descartes' für eine Geschichte des Bewußtseins". In: Archiv für Rechts- und Sozialphilosophie 30 (1936/37), 501 ff.
Gilson, E.: Etudes sur le rôle de la pensée médiévale dans la formation du système cartésien. Paris, 2. Aufl. 1930.
–: Index scolastico-cartésien, Paris 1913, 2. Aufl. 1979.
–: René Descartes. Discours de la méthode. Texte et commentaire. Paris, ²1930 u. ö.
–: La liberté chez Descartes et la théologie. Paris 1913.
–: „L'innéisme cartésien et la théologie". In Revue de Métaphysique et de Morale 22 (1914), 500–516.
Gouhier, H.: Essais sur Descartes. Paris 1937 (Neudruck 1949).
–: Cartésianisme et augustinisme au XVIIe siècle. Paris 1978.
–: La pensée religieuse de Descartes. Paris 1924, 2. Aufl. 1972.
–: „Les exigences de l'existence dans la métaphysique de Descartes". In: Revue Internationale de Philosophie 4 (1950), 123 ff.
–: Les premières pensées de Descartes. Paris 1958.
–: La pensée métaphysique de Descartes. Paris 1962.
Gregory, T.: „Dio ingannatore e genio maligno". In: Giornale critico della filosofia italiana 53 (1974), 477–516.
Gueroult, M.: Descartes selon l'ordre des raison, 2 Bde. Paris 1953.
–: Etudes sur Descartes, Spinoza, Malebranche et Leibniz. Hildesheim 1970.
–: „Le cogito et la notion ‚pour penser il faut être'". In: Congrès Descartes. Paris 1937.
–: Nouvelles réflexions sur la preuve ontologique de Descartes. Paris 1955.
Hagmann, M.: Descartes in der Auffassung durch die Historiker der Philosophie. Zur Geschichte der neuzeitlichen Philosophiegeschichte. Winterthur 1955.
Halbfaß, W.: Descartes' Frage nach der Existenz der Welt. Untersuchungen über die cartesianische Denkpraxis und Metaphysik. Meisenheim a. G. 1968 (Monographien zur philos. Forschung. 51).
Hamelin, O.: Le système de Descartes. Paris 1921 (1. Aufl. 1911).
Hannequin, A.: „La preuve ontologique cartésienne défendue contre la critique de Leibniz". In: Revue de Métaphysique et de Morale 4 (1896).

Hayen, A.: La signification métaphysique du cercle cartésien". In: Cartesio nel 3° centennario del Discorso del Metodo. Rivista di Filosofia Neoscolastica, Suppl. spec. al vol. XIX, Mailand 1937.
Henrich, D.: Der ontologische Gottesbeweis. Sein Problem und seine Geschichte in der Neuzeit. Tübingen 1960.
Hintikka, J.: „Cogito, ergo sum: Inference or Performance". In: The Philosophical Review 71 (1962), 3–32.
–: „Cogito, ergo sum as an Inference and a Performance". In: The Philosophical Review 72 (1963), 487–496.
Hoenen, P.: „Le Cogito ergo sum comme intuition et comme mouvement de la pensée". In: Cartesio nel 3° centennario del Discorso del Metodo. Riv. di Fil. Neoscolastica, Suppl. spec. al vol. XIX, Mailand 1937.
Husserl, E.: Cartesianische Meditationen und Pariser Vorträge. Den Haag 1950 (Husserliana. I).
–: Erste Philosophie. Den Haag 1956/1959 (Husserliana. VII–VIII).
Jaspers, K.: Descartes und die Philosophie. Berlin, 3. Aufl. 1956.
Joachim, H. H.: Descartes's Rules for the Direction of the Mind. London 1957.
Kamlah, W.: „Der Anfang der Vernunft bei Descartes, autobiographisch und historisch". In: Archiv für Geschichte und Philosophie 34 (1961), 70 ff.
Kastil, A.: Studien zur neueren Erkenntnistheorie. Bd. I: Descartes. Halle 1909.
Kenny, A.: Descartes. A Study of His Philosophy. New York 1968.
Klemmt, A.: Descartes und die Moral. Meisenheim a. G. 1971 (Monographien zur philos. Forschung. 83).
Koyré, A.: Descartes und die Scholastik. Bonn 1923 (= Essai sur l'idée de Dieu et les preuves de son existence chez Descartes. Paris 1922).
–: Entretiens sur Descartes. New York/Paris 1944.
Krüger, G.: „Die Herkunft des philosophischen Selbstbewußtseins". In: Logos 22 (1933), 225 ff.
Laberthonnière, L.: Etudes sur Descartes, 2 Bde. Paris 1935.
Laporte, J.: Le rationalisme de Descartes. Paris 1945.
Lefèvre, R.: La bataille du Cogito. Paris 1960.
–: La structure du cartésianisme. Lille 1979.
–: La vocation de Descartes. Paris 1956.
–: La métaphysique de Descartes. Paris 1959.
–: Le criticisme de Descartes. Paris 1958.
–: L'humanisme de Descartes. Paris 1957.
Leroy, M.: Descartes, le philosophe au masque, 2 Bde. Paris 1929.
–: Descartes social. Paris 1931.
Levi, A.: „Il problema dell'errore nella filosofia del Descartes". Sonderdruck aus Logos XI, Neapel 1928.
Leyden, W. v.: „Cogito ergo sum". In: Proceedings of the Aristotelian Society 63 (1962/63), 67–82.
Liard, L.: Descartes. Paris 1911.
Löwith, K.: „Das Verhältnis von Gott, Mensch und Welt in der Metaphysik von Descartes und Kant". Sitzungsber. der Heidelberger Akad. d. Wiss., phil.-hist. Klasse, 3. Abh., 1964.
Magnus, B./J. B. Wilbur (Hrsg.): Cartesian Essays: A Collection of Critical Studies. Den Haag 1969.

Marion, J.-L.: Index des Regulae ad directionem ingenii de René Descartes. Rom 1976.
–: Sur la théologie blanche de Descartes. Analogie, création des vérités éternelles et fondement. Paris 1981.
–: Sur l'ontologie grise de Descartes. Savoir aristotélicien et science cartésienne dans les Regulae. Paris 1975.
–: René Descartes. Règles utiles et claires pour la Direction de l'Esprit et la recherche de la vérité. Traduction selon le lexique cartésien et annotation conceptuelle. Den Haag 1977 (Archives Internationales d'histoire des idées. 88).
Maritain, J.: Le songe de Descartes, suivi de quelques essais. Paris 1932.
Marshall Jr., D. J.: Prinzipien der Descartes-Exegese. Freiburg/München 1979.
Mesnard, P.: Essai sur la Morale de Descartes. Paris 1936.
Milhaud, G.: Descardes savant. Paris 1921.
Nakhnikian, G.: An Introduction to Philosophy. New York 1967 (Insbes. Part II: Descartes and the Theory of Knowledge, und Part III: Descartes and the Problem of God).
Natorp, P.: Descartes' Erkenntnistheorie. Eine Studie zur Vorgeschichte des Kritizismus. Marburg 1882.
–: „Die Entwicklung Descartes' von den Regeln bis zu den Meditationen". In: Archiv für Gesch. d. Philosophie 10 (1897) = „Le développement de la pensée de Descartes depuis les ‚Regulae' jusqu'aux ‚Méditations'". In: Revue de Métaphysique et de Morale 4 (1896), 416ff.
Oedingen, K.: „Der genius malignus et summe potens et callidus bei Descartes". In: Kant-Studien 50 (1958), 178 ff.
Oeing-Hanhoff, L.: „Der Mensch in der Philosophie Descartes'". In: Die Frage nach dem Menschen. Festschr. für Max Müller. Freiburg/München 1966, 375–409.
–: „Descartes' Lehre von der Freiheit". In: Philosophisches Jahrbuch der Görres-Gesellschaft 78/I (1971), 1–16.
Olgiati, Fr.: Cartesio. Mailand 1934.
–: La filosofia di Descartes. Mailand 1937.
Pacho, J.: Ontologie und Erkenntnistheorie. Eine Erörterung ihres Verhältnisses am Beispiel des Cartesianischen Systems. München 1980.
Popkin, R.: The History of Scepticism from Erasmus to Descartes. Assen 1960 (2. Aufl.: ... from Erasmus to Spinoza. Berkeley 1979).
Quiring, H.: „Der Traum des Descartes. Eine Verschlüsselung seiner Kosmologie, seiner Methodik und der Grundlage seiner Philosophie". In: Kant-Studien 46 (1954/55), 135ff.
Robinet, A., et al.: Cogito 75. R. Descartes, Méditations métaphysiques. Texte définitif avec indexation automatisée. Paris 1976.
Rochot, B.: „Gassendi et la ‚Logique' de Descartes". In: Revue Philosophique 115 (1955), 300ff.
Röd, W.: Art. „Descartes". In: Die Großen der Weltgeschichte. Bd. V, Zürich 1974, 708–721.
–: Descartes. In: Klassiker des philosophischen Denkens, I (hrsg. von N. Hoerster), München 1982, 156–194.
–: Descartes' Erste Philosophie. Bonn 1971 (Erg.-Hefte der Kant-Studien. 103).
–: „Descartes' Mythus oder Ryles Mythus?" In: Archiv für Geschichte der Philosophie 55 (1973), 310–333 (auch ungarisch unter dem Titel „Ryle Descartes-kritikája ...". In: Magyar filozófiai szemle 1976, 837–854).

–: „Gewißheit und Wahrheit bei Descartes". In: Zeitschr. f. philos. Forschung 16 (1962), 342 ff.

–: „Einige Überlegungen zur Debatte über das ‚Cogito ergo sum' in der Philosophie des 20. Jahrhunderts". In: Studia Cartesiana 1 (1979), 129–143.

–: „L'argument du rêve dans la théorie cartésienne". In: Les Etudes philosophiques 4 (1976), 461–473.

–: „Richtungen der gegenwärtigen Descartes-Forschung". In: Philos. Rundschau 18 (1971), 78–92. (französ. Kurzfassung in: Bulletin Cartésien. Archives de Philosophie 35 (1972), 263–266).

–: „Objektivismus und Subjektivismus als Pole der Descartes-Interpretation". In: Philos. Rundschau 16 (1969), 28–39.

–: „Zum Problem des Premier Principe in Descartes' Metaphysik". In: Kant-Studien 51 (1959/60), 176 ff.

–: „Zur Problematik der Gotteserkenntnis bei Descartes". In: Archiv für Geschichte der Philosophie 43 (1961), 128 ff.

Rodis-Lewis, Geneviève: Descartes et le rationalisme. Paris 1966.

–: L'individualité selon Descartes. Paris 1950.

–: L'œuvre de Descartes, 2 Bde. Paris 1971.

Ryle, G.: Der Begriff des Geistes (= The Concept of Mind, deutsch). Stuttgart 1969 (Insbes. Kap. I: Descartes' Mythos).

Sartre, J.-P.: „La liberté cartésienne". In: Situations I, Paris 1947, 314–335.

Schmidt, G.: Aufklärung und Metaphysik. Die Neubegründung des Wissens durch Descartes. Tübingen 1965.

Scholz, H.: Descartes. In: H. Scholz, A. Kratzer, J. Hofmann: Descartes. Drei Vorträge. Münster 1951 (Abh. z. Förderung d. Westf. Landesuniversität. 2).

–: „Über das Cogito, ergo sum". In: Kant-Studien 36 (1931), 126 ff.

Schrecker, P.: „La méthode cartésienne et la logique". In: Revue Philos. de la France et de l'étranger 123 (1937), 336 ff.

Sebba, G.: Bibliographia Cartesiana. A Critical Guide to the Descartes-Literature 1800–1960. Den Haag 1964 (Archives Intern. d'histoire des idées. 5).

Segond, J.: La sagesse cartésienne et la doctrine de la science. Paris 1932.

Serrus, Ch.: La méthode de Descartes et son application à la métaphysique. Paris 1933.

Sirven, J.: Les années d'apprentissage de Descartes. Albi 1928.

Smith, N. K.: New Studies in the Philosophy of Descartes. London 1952.

Specht, R.: Commercium mentis et corporis. Über Kausalvorstellungen im Cartesianismus. Stuttgart-Bad Cannstatt 1966.

Stout, A. K.: „The Basis of Knowledge in Descartes". In: Mind 38 (1929), 320 ff. und 458 ff.

Vuillemin, J.: Mathématiques et métaphysique chez Descartes. Paris 1960.

Wagner, H.: „Realitas objectiva. Descartes – Kant". In: Zeitschrift für philos. Forschung 21 (1967), 325 ff.

Wahl, J.: Du rôle de l'idée de l'instant dans la philosophie de Descartes. Paris, 2. Aufl. 1953 (1. Aufl. 1920).

Weber, J.-P.: La Constitution du texte des Regulae. Paris 1960.

–: „La méthode de Descartes d'après les Regulae". In: Archives de Philosophie 35 (1972).

–: „Sur la composition de la Regula IV de Descartes". In: Revue de la France et de l'étranger 89 (1964), 1–20.

Williams, B.: Descartes. Das Vorhaben der reinen philosophischen Untersuchung. Königstein 1981 (Athenäum TB 1012).
–: „The Certainty of the Cogito". In: W. Doney (Hrsg.): Descartes. London/Melbourne 1968, 88–107 (urspr. in: Cahiers de Royaumont 4, 1962).
Wundt, M.: „Cogito ergo sum". In: Zeitschr. f. deutsche Kulturphilosophie 10 (1944), 81 ff.

Personenregister

Sachregister